MÉMOIRES
DU DUC
DE SAINT-SIMON

PUBLIÉS PAR

MM. CHÉRUEL ET Ad. REGNIER FILS

ET COLLATIONNÉS DE NOUVEAU POUR CETTE ÉDITION
SUR LE MANUSCRIT AUTOGRAPHE

AVEC UNE NOTICE DE M. SAINTE-BEUVE

TOME ONZIÈME

PARIS
LIBRAIRIE HACHETTE ET Cie
BOULEVARD SAINT-GERMAIN, 79

1874
Tous droits réservés

MÉMOIRES

DU DUC

DE SAINT-SIMON

XI

PARIS. — IMPRIMERIE ARNOUS DE RIVIÈRE ET Cⁱᵉ
RUE RACINE, 26.

MÉMOIRES
DE SAINT-SIMON.

CHAPITRE PREMIER.

M. du Maine, devenu prince du sang, me dit un mot du bonnet, que je laisse tomber. — M. du Maine, sans qu'on pût s'y attendre, s'offre sur l'affaire du bonnet, dont il n'étoit pas question, et à force d'art et d'avance, jette les ducs dans le danger du refus ou de l'acceptation; il répond du Roi, du premier président et du Parlement. — On accepte, et pourquoi, mais malgré soi, les offres du duc du Maine. — M. du Maine répond des princes du sang et de Madame la Princesse. — Merveilles du premier président aux ducs de Noailles et d'Aumont. — Le Roi parle le premier à d'Antin du bonnet; l'échappatoire préparée. — M. du Maine exige un court mémoire au Roi; précautions extrêmes sur ce mémoire. — M. le duc d'Orléans me donne sa parole positive, et Madame la Duchesse aux ducs de la Rochefoucauld, Villeroy et d'Antin, d'être en tout favorables aux ducs sur le bonnet, et la tiennent exactement et parfaitement. — Précédentes avances sur le bonnet à moi et à d'autres ducs[1] froidement reçues, et de plus en plus redoublées par le duc du Maine jusqu'à l'engagement forcé de l'affaire. — Premier président à Marly, tout changé, y reçoit la recommandation de M. le duc d'Orléans et le mémoire du Roi, qui lui parle favorablement. — Éclat du premier président sur le mémoire, contre parole et vérité, de propos délibéré; il fait longtemps le malade. — Premier président visité des ducs de Noailles et d'Antin, leur propose, en équivalent du bonnet, de suivre les présidents entrant et sortant de séance; divers points singulièrement discutés, sans que les deux ducs eussent compté de parler de quoi que ce fût au premier président, lesquels rejettent cette suite et tout équivalent du bonnet. — Inquiétude des présidents; personnage de Maisons, son extraction. — Ruse de Novion qui dévoue Maisons aux présidents. — Dîner engagé chez d'Antin, à Paris, avec le premier président; convives; le Roi y envoie les seigneurs de son service; s'en passe pour la

---

1. Les mots *sur le bonnet* sont répétés ici au manuscrit.

première fois de sa vie; est servi par Souvré, maître de la garde-robe, et cela se répète trois fois, les deux dernières sans repas; simples conférences; tout sans succès. — Premier président manque malhonnêtement au dîner; Maisons s'y trouve; sa conduite; se relie plus que jamais au duc et à la duchesse du Maine, dont il étoit mécontent.

Il y avoit grand nombre d'années que Messieurs du Parlement jouissoient paisiblement de leurs usurpations et de leurs entreprises sur les pairs, dont la foiblesse et l'incurie les laissoit en pleine tranquillité, sans que rien les eût réveillés à cet égard. Lorsque je fis mon compliment à M. du Maine sur son nouvel être de prince du sang, comme on l'a vu en son lieu, il me dit un mot du bonnet dans les protestations qu'il me fit sur les ducs, et personnelles. Je pris cela pour un enthousiasme d'un homme comblé au delà de toutes mesures, qui cherchoit à rabattre l'indignation des plus intéressés, et qui veut ramener à lui par des offres vagues et fausses. Je glissai donc fort légèrement, et j'étouffai une réponse vague dans l'entassement des compliments, en quoi je fus favorisé de l'heure, qui étoit pendant le souper du Roi, comme on l'a vu. J'ai différé exprès à mettre ici cette circonstance pour la rapprocher de l'affaire du bonnet. Je ne sais si, comme je le crus alors, ce propos me fut jeté dans l'esprit que je viens de marquer, ou si dès lors il avoit conçu la noirceur profonde qu'on va expliquer, lorsqu'il seroit parvenu à se faire prince du sang, et que, suivant cette idée, il m'en voulut jeter quelque propos dès qu'il le fut, pour sonder comme cela prendroit. Si ce fut son projet, il ne fut apparemment pas content de l'effet de son amorce, puisqu'il différa longtemps après à la pousser, et que ce fut à d'autres qu'à moi qu'il la présenta, sans m'en plus parler que dans les suites, dont aussi je ne lui donnois pas occasion, car jamais on ne le rencontroit que dans les cabinets du Roi, rarement chez Mme la duchesse d'Orléans où il alloit à des heures rompues, et je n'allois jamais chez lui que pour des compliments publics dont je ne pouvois me dispenser, excepté cette affaire sur Blaye avec le maréchal de Montrevel, dont j'ai parlé en son temps. Il faut encore se rafraîchir la mémoire du caractère du premier président de Mesmes, et de son abandon de tout temps à M. du Maine, qui lui avoit valu une place, dont il étoit entièrement éloigné sans l'intérêt que M. du Maine trouva pressant pour soi de vaincre tous les obstacles pour l'y mettre. Enfin on doit être averti que cette affaire du bonnet qui commença en novembre de cette année, ne rompit qu'en mars de la suivante. Comme elle est de nature à n'en pouvoir interrompre le récit, je l'ai mise la dernière de cette année; et comme elle entre assez avant dans la suivante, je ne la commencerai qu'après avoir achevé ce récit.

Un matin que le Roi, à l'issue de son lever, donnoit dans [son] cabinet l'ordre pour sa journée, comme il le donnoit tous les jours à ceux qui étoient en fonction auprès de lui, en présence des courtisans qui avoient l'entrée de son cabinet en ces heures-là, M. du Maine s'approcha de d'Antin, et sans préliminaire lui parla de l'indécence du bonnet. Il en dit autant deux jours après au duc d'Aumont, puis au duc d'Harcourt, s'offrit à eux avec force compliments, et n'oublia rien pour les exciter là-dessus. Chacun d'eux répondit vaguement et froidement. Aucun d'eux ne se présenta pour être promoteur d'un embarquement, où le temps présent ne permettoit pas de s'engager avec prudence : ils furent surpris de ces propos, mais ils les laissèrent tomber. Ce n'étoit pas pour cela que M. du Maine les avoit tenus. Voyant leur peu de succès, et que ses offres de services n'étoient reçus[1] que par des compliments généraux, il prit à part quelques jours après, toujours au même lieu et à la même heure, le duc de Noailles et d'Antin. Il leur dit qu'il ne comprenoit pas la froideur qu'il trouvoit en ceux à qui il avoit déjà parlé, sur une affaire qui les avoit si animés dans d'autres

---

1. Il y a bien *reçus*, au masculin. *Offre* était autrefois de ce genre. Voyez tome V, p. 142, et tome VII, p. 84.

temps et avec tant de raison; qu'il avoit toujours été choqué d'une indécence si extraordinaire; qu'il n'avoit dit mot tant qu'elle lui avoit servi de distinction; mais qu'à présent qu'il en avoit d'autres, cela lui paroissoit insupportable; qu'il étoit ami de quelques ducs, serviteur en général de tous; qu'il honoroit leur dignité, la première du royaume; qu'il desiroit leur amitié et de la mériter en les servant sur un point aussi intéressant. Enfin il ajouta que son desir étoit si sincère qu'il avoit déjà pressenti le Roi; que ses dispositions étoient favorables; qu'il avoit aussi parlé au premier président, qui, dit-il, gouvernoit le Parlement; qu'il se faisoit fort du premier président, et du Parlement par lui; et qu'il leur pouvoit répondre que le Roi ne feroit aucune difficulté, dès que le Parlement consentiroit. Il revint après à la froideur qu'il avoit remarquée avec tant de surprise; enfin il les pria de se voir quelques-uns ensemble, de se communiquer la conversation qu'il avoit avec eux, et de lui dire après ce qu'ils desireroient de lui.

Les premiers propos avoient fort surpris ceux à qui il les avoit tenus, mais ce compliment redoublé et si marqué les étonna bien davantage. Il leur parut trop pressant, et la chose trop suivie, pour pouvoir se dispenser de se voir entre eux; et le jour même le duc d'Harcourt boîteux, infirme et qui marchoit difficilement, envoya prier quelques-uns des principaux qui se trouvoient à Versailles de venir chez lui un peu avant midi. Nous nous y trouvâmes les ducs de la Rochefoucauld, de Villeroy, de Noailles, d'Aumont, Charost et moi. Harcourt exposa ce qui vient d'être raconté, mais en plus grand détail, et la nécessité de prendre un parti pour répondre à M. du Maine. M. de Noailles, en l'absence de d'Antin, qui n'avoit pu venir, et qui, dès le cabinet du Roi, avoit conté au duc d'Harcourt ce qui venoit de se passer entre M. du Maine, d'Antin et lui, en reprit des circonstances. Il fut après question de raisonner. Personne ne prit à l'hameçon, excepté Noailles et Aumont, et fort légèrement encore.

Tous connoissoient la duplicité de celui qui le jetoit, ennemi des rangs de l'État, de son ordre, de ses règles, pour qui toutes avoient été violées et renversées, dont l'intérêt étoit de maintenir toute confusion, qui regardoit les ducs avec l'éloignement naturel à l'usurpateur de ce qui est le plus cher aux hommes, et qui n'étoit pas tout à coup tombé amoureux d'eux. Tous jugèrent que M. du Maine vouloit engager cette affaire pour commettre les ducs avec le Parlement, se garantir à la mort du Roi, qu'on voyoit diminuer, d'une union qui pouvoit lui être funeste, et abaisser les ducs de plus en plus par le mauvais succès de leur entreprise. On ne put imaginer que cette vue dans cette proposition de M. du Maine, que rien n'avoit amené, et qu'il poussoit avec tant de suite et d'empressement; et dans la vérité il n'y en pouvoit avoir d'autre, comme on l'éprouva enfin bien clairement. On convint donc aisément du motif de ces offres si obligeantes et si pressantes, auxquelles on devoit s'attendre si peu; mais la conduite à tenir avec lui n'étoit pas si facile à résoudre.

De ce moment nous vîmes deux précipices ouverts : le danger des suites, plus que très-apparentes, qu'on vient de toucher en deux mots, de donner dans le panneau qui nous étoit tendu, et la cruauté d'y donner sciemment; et le danger de refuser les empressements du duc du Maine. C'étoit lui déclarer tacitement, mais clairement, qu'on pénétroit son dessein, ou qu'on ne vouloit lui rien devoir, parce qu'on étoit résolu à l'attaquer; et l'un et l'autre exposoit à toutes sortes d'inconvénients et de périls en général et en particulier, dans le degré d'empire où M. du Maine, un avec Mme de Maintenon, étoit parvenu sur l'esprit du Roi. On débattit l'un avec l'autre. Il parut que le péril de donner lieu à M. du Maine de faire passer les ducs pour ses ennemis auprès du Roi étoit encore plus grand que l'autre, qu'accepter ses offres n'étoit point un parti de choix, mais de nécessité, dans l'état où la chose se trouvoit portée; qu'il ne restoit qu'à s'y conduire avec toute la prudence qu'on y pourroit employer; que puisqu'on ne pouvoit s'en défendre, il falloit voir sagement, puisque forcément, quel parti on en pourroit tirer. La réponse fut donc faite dans cet esprit à M. du Maine le lendemain matin, au même lieu où il avoit fait sa proposition, et l'avoit si fort serrée. Il parut ravi et pressé de se mettre en besogne, avec les compliments les plus flatteurs et les protestations les plus fortes. Il répondit des princes du sang, dont l'âge et la situation, dit-il, ne leur permettroient pas de balancer la volonté du Roi. On lui objecta Madame la Princesse et Madame la Duchesse. Sur la première il se mit à rire, à hausser les épaules; et, après quelques courts brocards sur son imbécillité et le peu de crédit qu'elle avoit dans sa famille, il en répondit, et assura qu'elle ne traverseroit pas une affaire qui devenoit à lui la sienne. Sur Madame la Duchesse, il répondit qu'il ne croyoit pas qu'elle se souciât du bonnet, moins encore qu'elle osât rien tenter contre le goût et le vouloir du Roi; qu'au reste on savoit combien il étoit peu à portée d'elle, et que c'étoit aux ducs à lui parler ainsi qu'à M. le duc d'Orléans, duquel il n'osoit se charger. Il exhorta ensuite d'Antin, qui s'étoit approché d'eux parce qu'il étoit averti, de ne perdre pas de temps à en dire un mot au Roi, et assura qu'il verroit incessamment le premier président.

Ce magistrat répondit des merveilles au duc du Maine, sur la parole duquel les ducs d'Aumont et d'Antin le virent, et qui le trouvèrent tout sucre et tout miel. D'Antin n'eut pas la peine d'en parler au Roi; le Roi lui parla le premier. Il lui dit que M. du Maine lui avoit parlé de l'affaire du bonnet; que, pourvu que la chose se passât de concert, il ne demandoit pas mieux que d'ôter ce scandale qu'il trouvoit insoutenable (ce fut son expression), et qu'il seroit fort aise de faire ce plaisir aux ducs. Là étoit la pierre d'achoppement, et dès lors j'eus de plus en plus mauvaise opinion du succès. Je ne fus pas seul de mon avis. M. d'Harcourt craignit, comme moi, l'échap-

patoire préparée dans ce mot « de concert ». D'Antin lui-
même ne savoit trop qu'en penser. MM. de Noailles
et d'Aumont étoient, ou vouloient paroître convain-
cus de la droiture et des bonnes intentions de M. du
Maine et du premier président. Mais l'embarquement
n'avoit pu s'éviter : il étoit fait; il ne s'agissoit plus
que de voguer avec toute la prudence qui s'y pouvoit
mettre.

M. du Maine, conducteur de la barque, voulut que les
ducs présentassent un court mémoire au Roi, pour servir, disoit-il, de base au jugement. Le premier président
le desira aussi. Il fallut donc en passer par là. J'en craignis le piége, Harcourt le sentit aussi; nous en raisonnâmes sans trouver de moyen de le parer. Tout ce qu'il
se put de précaution y fut employé. D'Antin en fut chargé.
Il le fit d'une page de papier à lettre, sage, honnête, mesuré en choses et en termes pour le Parlement et le premier président. Il le montra à M. du Maine, qui le loua et
l'approuva. Il le lut au Roi, qui l'assura qu'il le trouvoit
très-bien, et quoi que ce soit à y reprendre. Il l'envoya au
premier président, avec un billet, par lequel il le prioit de
le corriger, s'il y trouvoit, contre son intention, quelque
chose qui lui parût le mériter, et de le lui renvoyer après,
pour qu'il le présentât au Roi. Il paroît donc que toutes
sortes de précautions étoient prises, puisque, après l'approbation de M. du Maine et celle du Roi, il étoit encore
envoyé à l'examen du premier président, et soumis à sa
correction. Deux jours après, le premier président le renvoya à d'Antin, mais sans lettre; et d'Antin le remit au
Roi, en lui rendant compte du renvoi que lui en avoit fait
le premier président, qui en étoit apparemment content,
ajouta-t-il, puisqu'il le lui avoit renvoyé sans note ni correction; et le Roi le prit de même ou en fit le semblant. Il
loua encore le mémoire et le procédé, et assura d'Antin
qu'il remettroit le mémoire au premier président, la
première fois qu'il le verroit et lui recommanderoit
l'affaire. On verra bientôt la raison du renvoi du mémoire

à d'Antin sans correction, ni notes, ni billet, par le premier président.

Cependant je m'étois chargé de parler à M. le duc d'Orléans sur le bonnet, et les ducs de la Rochefoucauld et de Villeroy à Madame la Duchesse, pour y fortifier d'Antin. Ni eux ni moi ne trouvâmes aucune répugnance ni difficulté à vaincre. Nous eûmes leur parole de consentir purement et simplement au bonnet, et l'un et l'autre convinrent parfaitement que l'indécence en étoit insoutenable. Tous deux aussi tinrent parole exactement et entièrement. Pour le comte de Toulouse, il ne fut pas mention de lui dans une chose que M. du Maine traitoit ainsi de lui-même, outre qu'il n'avoit pas approuvé l'élévation que son frère leur avoit procurée, et qu'il n'étoit pas homme à vouloir s'opposer au bonnet.

Pour ne rien omettre, il faut dire que le duc du Maine, à l'instant qu'il fut prince du sang, et lorsque je lui fis mon compliment le soir même, m'avoit témoigné qu'il voudroit pouvoir finir l'affaire du bonnet, dont il me parloit pour la première fois, à son installation de prince du sang au Parlement, et que ce jour-là fût celui de la fin de cette insoutenable indécence, mais que le temps en étoit si court et si pressé qu'il doutoit que cela se pût exécuter en si peu de jours. Ce leurre ne m'éblouit point, et me parut au contraire un verbiage très-conforme au naturel de celui qui me le tenoit. Le jour qu'il fut au Parlement comme prince du sang, il en parla à d'Antin, et me prit après en particulier, pendant la buvette, pour me renouveler les protestations de ses desirs là-dessus, qu'il comptoit bien montrer efficacement après le voyage de Fontainebleau. Pendant ce voyage, le premier président y fit un tour, et y vit M. du Maine, lequel conta aux ducs de Noailles et d'Antin que le premier président lui avoit parlé du déplaisir qu'il avoit de ce que ces deux ducs avoient rompu trop légèrement quelques conversations qu'ils avoient eues avec lui comme ses amis particuliers, dès qu'il fut premier président, sur le bonnet ; qu'il l'avoit même pressé d'y concourir, puisque, devenu prince du sang, il avoit changé d'intérêt; et qu'il lui répondoit de lui-même et du Parlement là-dessus. Toutes ces avances avoient été reçues avec la dernière froideur, et ne furent communiquées à presque aucun des pairs. Ces deux-là lui dirent que la résolution étoit prise depuis longtemps de demeurer en profond silence, d'éviter les dégoûts qu'une autre conduite attireroit, dans l'impuissance où on se sentoit d'obtenir la moindre justice; et d'Antin ajouta qu'il avoit assuré le Roi qu'il ne l'importuneroit jamais là-dessus.

Au retour de Fontainebleau, M. du Maine parla encore plus fortement au duc de la Force à Sceaux. Il y alloit souvent; il y apprit donc ce qui s'étoit passé à Fontainebleau, la peine où M. du Maine disoit être de n'avoir pu remuer MM. de Saint-Simon, de Noailles et d'Antin. Il ajouta qu'il comptoit sur son amitié, et qu'il lui en demandoit une marque : c'étoit de rendre compte de sa conversation avec lui au plus grand nombre de ducs qu'il pourroit, et de faire qu'ils ne perdissent pas de gaieté de cœur une occasion si favorable, où le premier président répondoit du succès de son côté, et du Parlement, et lui duc du Maine du côté du Roi, auprès duquel il se chargeoit de rompre utilement toutes les glaces. Ce fut dans ce même temps qu'il parla dans le cabinet à trois reprises aux ducs de Noailles, etc., comme je l'ai raconté, et que nous nous assemblâmes chez M. d'Harcourt. Ainsi tout se fit à la fois, parce que M. de la Force parla en même temps à plusieurs autres, qui tous furent aussi d'avis d'accepter les offres de M. du Maine, que nous venions de résoudre, comme on l'a vu, de ne pas refuser parce que le danger nous en parut encore plus grand que celui d'accepter.

C'étoit de Marly que le mémoire avoit été envoyé au premier président, et qu'après son renvoi à d'Antin, il l'avoit remis au Roi, qui l'avoit, comme on l'a dit, déjà vu et approuvé, pour le donner au premier président. Il fut quelque temps à venir à Marly; et lorsqu'il y arriva le matin, d'Antin se trouva au lit avec un gros rhume. Le premier président descendit chez M. du Maine, avec qui il fut seul assez longtemps; puis chez d'Antin, où il trouva les ducs de la Rochefoucauld, Noailles et Aumont. Il leur parut tout différent de ce qu'ils l'avoient vu chez lui; il étoit froncé, et avoit l'air embarrassé. Il dit qu'il n'avoit encore parlé à personne, en attendant les ordres du Roi; mais, sans s'expliquer davantage, il lui échappa que l'usage présent sur le bonnet étoit une chose ancienne, dont le Parlement seroit difficile à se départir. Il se montra pressé d'aller chez le Roi, et laissa ces messieurs fort étonnés d'un changement si grand, si prompt, et si peu attendu. Je l'attendois au passage, dans le salon, avec M. le duc d'Orléans, qui, dès qu'il le vit, alla à lui, lui dit qu'il savoit l'affaire qui étoit sur le tapis, que non-seulement il ne s'y opposoit pas, mais qu'il la trouvoit juste et raisonnable, et qu'il lui feroit plaisir d'y apporter toute facilité. Le premier président paya ce prince de respects généraux, de l'ancienneté de l'usage, et de gravité, et dit qu'il alloit recevoir les ordres du Roi. Il entra aussitôt après dans son cabinet; il y demeura peu et sortit fort allumé. Il trouva en sortant les ducs de Villeroy, Noailles, Aumont, Charost et Harcourt ensemble, à qui il dit fort sèchement que le Roi lui avoit remis un mémoire; qu'il lui avoit permis de consulter le Parlement, et eut la bonté de l'assurer qu'il n'entendoit pas rien exiger d'eux. Passant tout de suite à la prétendue ancienneté de l'usage du bonnet, il s'échauffa dans son discours, les quitta brusquement, et les laissa encore plus étonnés que le matin chez d'Antin, où il ne retourna pas. Il alla chez M. du Maine, d'où il monta en carrosse pour retourner à Paris.

Le Roi manda le lendemain matin à d'Antin par Bontemps qu'il avoit balancé à donner le mémoire au premier président; mais que n'y ayant rien vu que de bien, et se souvenant qu'il l'avoit prié de le donner, il l'avoit fait. D'Antin étant allé le lendemain chez le Roi, il lui dit qu'il avoit dit au premier président de voir le mémoire avec qui il jugeroit à propos de sa Compagnie; que ce que les ducs demandoient lui paroissoit raisonnable; que, pour ce qui le regardoit, il le trouvoit bon; que les princes du sang y consentoient, que c'étoit à lui à examiner ce qu'il y avoit à faire là-dessus, sans en faire une dispute ni un procès, et que cependant il étoit bien aise d'avoir appris que cette affaire, où il ne vouloit forcer personne, se passoit de concert et avec honnêteté entre tous. Le Roi ajouta que le premier président n'avoit pas fait la moindre difficulté, avouant même que les ducs n'avoient pas tort de se plaindre, et répondu qu'il prendroit son temps pour en parler à sa Compagnie, après quoi il viendroit lui en rendre compte. La même chose nous revint par le duc du Maine. Cette facilité dans le cabinet du Roi parut si dissemblable à ce que le premier président avoit montré, avant d'y être entré et après en être sorti, qu'il y en eut qui se persuadèrent qu'il avoit envie de bien faire, mais de se faire valoir, et montrer en même temps à sa Compagnie qu'il n'abandonnoit pas ce qu'elle vouloit croire de son intérêt, parce qu'il s'étoit passé plusieurs choses qui l'avoient fort éloignée de lui. Pour moi, qui avois toujours présent le danger que j'ai expliqué d'avance, et devant les yeux le brouillard du mémoire exigé sans la moindre nécessité, communiqué au premier président, et renvoyé sans réponse d'approbation ni d'improbation, je ne pus m'endormir sur ce que je ne voyois point, et M. d'Harcourt fut encore en cela de mon avis.

Jusqu'alors le secret entier avoit été si exactement gardé, qu'il y a lieu de s'étonner qu'il eût[1] duré six semaines parmi tant de personnes, sans qu'il en eût transpiré quoi que ce fût. A quatre jours de là, il éclata par les plaintes que les magistrats faisoient à Paris, et qui revinrent à Marly, du mémoire qui leur avoit été communiqué. Le premier président avoit assemblé chez lui les présidents à mortier Novion, Maisons, Aligre, Lamoignon

---

1. Saint-Simon a écrit *eut*, à l'indicatif.

et Portail, le doyen du Parlement le Nain, et les conseillers Dreux, le Ferron, Ferrand, laïques, le Meusnier, Robert et de Vienne, clercs. Ils voulurent trouver dans les premières lignes du mémoire un souvenir malin des troubles de la minorité du Roi; ils s'en montrèrent extrêmement blessés, et ne trouvèrent rien de propre à les calmer dans les expressions du premier président. Ce fut lui qui s'éleva le premier sur le mémoire, qui excita les autres, et qui tâcha de rendre le mécontentement contagieux dans le Parlement.

D'Antin lui en écrivit sa surprise et ses plaintes par une lettre très-mesurée qu'il communiqua auparavant à quelques ducs. Il le somma sur leur parole réciproque, donnée en présence du duc de Noailles : lui, de lui envoyer le mémoire avant de le présenter au Roi, ce qu'il avoit exécuté, le premier président, d'y remarquer et d'y corriger même ce qu'il voudroit, et lui renvoyer ainsi, s'il y trouvoit quelque chose qui le méritât; parole qu'il n'avoit pas tenue, puisqu'il le lui avoit renvoyé sans remarque ni correction, et s'en plaignoit si amèrement après. Il ajoutoit que sa conduite n'étoit pas celle de gens qui eussent dessein d'offenser, puisqu'il avoit remis ce mémoire à leur censure avant de s'en servir; et il finissoit par expliquer l'endroit dont ils se plaignoient d'une manière sans réplique, par[ce] qu'en effet il y falloit donner d'étranges contorsions pour y entendre ce que d'Antin n'avoit jamais pensé à y mettre. Il ne s'y agissoit en effet que de l'intérêt de la maison de Guise, et du duc de Guise qui, pour s'acquérir le Parlement pendant la Ligue, avoit le premier souffert dans le serment de pair à sa réception, l'addition de la qualité de conseiller. Or cette qualité y étoit supprimée depuis longtemps, et le souvenir du temps de la Ligue avoit des endroits qui faisoient[1] honneur au Parlement. Cependant la pierre étoit jetée, elle fit tout son effet.

Presque en même temps, le premier président tomba

---

1. *Foisoit*, au manuscrit.

malade, ou le fit. Il craignoit un abcès dans la tête, qui est un mal qui ne se voit point. Un voyage à sa campagne lui parut nécessaire à sa santé; il en revint avec la goutte et fit durer tout cela deux mois. La raison ou le prétexte étoit bon pour éloigner la réponse à rendre au Roi, attiser le feu, et bien prendre toutes ses mesures. On le soupçonna ainsi; et ce soupçon lui attira une visite des ducs de Noailles et d'Antin ensemble, qui lui dirent, en entrant, qu'ils ne venoient point pour lui parler d'affaires, mais pour savoir des nouvelles de sa santé; mais lui leur en voulut parler. Il entra d'abord dans une explication légère sur le bruit que le mémoire excitoit. Il ne fit qu'effleurer; par l'extrême embarras d'avoir à répondre au silence qu'il avoit gardé sur ce mémoire, qu'il avoit eu à examiner et à corriger à son gré avant qu'on en fit usage, et qui l'avoit renvoyé sans rien témoigner. Les autres ne voulurent pas aigrir les choses plus qu'elles l'étoient; ainsi personne ne chercha qu'à sauter par-dessus.

De là, le premier président leur fit une proposition, qui les surprit extrêmement. Rogue ou accort, selon le personnage qu'il avoit affaire, il exposa le plus amiablement du monde aux deux ducs qu'il n'étoit ni le seul président, quoique le premier, ni le maître de sa Compagnie, quoiqu'il en fût le chef; que les autres présidents, communs avec lui dans le même intérêt, ne le considéroient pas avec les mêmes yeux que lui; qu'il trouvoit en eux une opposition fort vive; que la Compagnie y prenoit beaucoup de part; qu'il n'avoit pas oublié que le désir de l'union avoit fait naître la pensée de finir les contestations qui l'altéroient; que ce seroit la remplir, et lever en même temps tous les obstacles, si les ducs vouloient se relâcher de quelque chose en faveur des prétentions des magistrats du Parlement. A une proposition si singulière de gens qui peu à peu avoient, comme on l'a vu ci-dessus, tout emblé[1] aux ducs de force ou d'artifice, la réponse fut

1. Voyez tome I, p. 46 et note 1, et tome II, p. 245 et note 1.

que ce qu'on demandoit étoit juste, ou ne l'étoit pas ; qu'il s'agissoit de supprimer une incivilité très-indécente, et une nouveauté sans fondement aucun, telle que la séance d'un conseiller au bout de chaque banc des pairs l'étoit avouée par eux-mêmes ; qu'il n'étoit donc question, quant à ce point, que de le remettre dans l'ordre ancien de tout temps ; et qu'à l'égard du bonnet, s'ils ne le vouloient pas donner, d'ôter au moins une manière d'insulte, qui, tant qu'elle subsisteroit, ne pouvoit cesser d'être une pierre de scandale ; que ni l'un ni l'autre par sa nature ne demandoit de compensation ; que, de plus il ne restoit rien aux pairs dont ils se pussent dépouiller, après l'avoir été en tant de manières.

Le premier président, toujours doux et honnête, n'oublia rien de poli ni de respectueux, mais insistant toujours sur un équivalent dans un esprit, à ce qu'il protesta souvent, d'accord et de paix, il leur fit deux propositions : pour la première, il leur dit qu'il n'étoit pas convenable à des personnes qui, comme eux, se plaignoient de l'indécence et de la nouveauté de certains usages, d'en soutenir eux-mêmes de pareils ; que tel étoit celui des pairs de rester en séance quand la cour levoit celle des bas siéges, ce qui étoit indécent pour tout le Parlement. L'autre proposition fut de suivre les présidents tant en entrant qu'en sortant de séance. Il ajouta qu'avec cela tout seroit bientôt agréablement fini. MM. de Noailles et d'Antin avoient une réponse péremptoire à la première proposition, s'ils avoient bien voulu se souvenir de l'usage qu'ils avoient vu tant de fois. Ils n'avoient qu'à répondre que cette nouveauté cesseroit aussitôt que la petite porte, par où l'avocat qui a le barreau de la cheminée entre deux pas dans le parquet pour conclure, ne seroit plus fermée, pour forcer les pairs à demeurer séants comme ils faisoient depuis cette nouveauté, puisque, avant qu'elle fût pratiquée, la séance se levoit en bas comme en haut, les pairs et les magistrats se levant en même temps, le premier des pairs marchant le long du banc et tous les autres à sa suite vers cette petite, porte, en même temps que le premier président, suivi des magistrats, marchoit vers l'ouverture qui est entre la chaire de l'interprète et celle du greffier. Mais ces deux ducs, sans alléguer cette raison, à laquelle le premier président n'avoit point de réponse, se contentèrent d'avouer la nouveauté et l'indécence de demeurer en place quand la cour levoit et se contentèrent de donner un change, en mettant sur le tapis d'ôter l'indécence du refus réciproque du salut entre les pairs et les présidents lorsqu'ils entrent en séance, condamnée par l'usage des princes du sang qui se lèvent également, et entièrement pour chaque pair et pour chaque président qui arrive à la séance. Le premier président se tira de l'embarras de substituer l'honnêteté réciproque à la malhonnêteté réciproque, par dire que cela ne regardoit que les présidents, au lieu que demeurer en séance quand la cour levoit étoit une indécence pour tout le Parlement.

MM. de Noailles et d'Antin n'étoient point allés chez le premier président pour rien discuter avec lui. Ils n'avoient ni mission ni encore moins pouvoir de rien; et ce n'étoit pas aussi le dessein du premier président de convenir de quelque chose, mais d'entasser des difficultés auxquelles on n'avoit pas lieu de s'attendre après ce qui s'étoit passé avec M. du Maine, et de lui-même à ces deux ducs. Ce point de levée de séance en demeura donc là, pour venir au second, qui étoit le grand point d'ambition des présidents, pour en tirer après toutes les suites et les conséquences que leur orgueil et leur art leur auroit suggérées[1]. Aussi ces deux ducs, qui ne l'ignoroient pas, par ce qui en avoit été jeté en d'autres occasions, ne mollirent pas sur cet article. Le premier président allégua l'exemple du grand Condé, dont j'ai parlé en son lieu. A cela les deux ducs répondirent qu'inséparables des princes du sang, ils les suivroient en quelque rang qu'ils voulussent bien s'abaisser; qu'ainsi c'étoit non à eux,

---

1. Il y a au manuscrit *suggéré*, sans accord.

mais à ces princes, qu'il devoit s'adresser là-dessus. Le premier président, se sentant si adroitement rétorquer la force qu'il comptoit tirer de son argument, répondit, un peu ému, qu'il ne croyoit pas que ces princes se souciassent d'en faire difficulté, à moins que les pairs ne la leur insinuassent; mais qu'indépendamment de cela, l'exemple de M. le Tellier, archevêque-duc de Reims, et de M. de Gordes, évêque-duc de Langres, leur témoignoit que cette suite des présidents n'étoit pas nouvelle. MM. de Noailles et d'Antin rappelèrent au premier président ce qui se trouve ici plus haut sur cette bévue de ces deux prélats; et lui déclarèrent nettement que jamais les pairs ne renouvelleroient un abus, unique en ces prélats, si court encore et fini sans plainte, après avoir eu sa source dans l'usage aboli aussitôt qu'introduit par les princes du sang.

Ce fut par où finit cette longue visite. Elle se termina par les civilités et les protestations qui l'avoient commencée. Le premier président leur dit qu'il verroit incessamment Messieurs du Parlement sur cette affaire, et le Roi ensuite dès que sa santé le lui permettroit, qu'il trouvoit se rétablissant tous les jours. En effet, il ne tarda guère après à sortir et à rendre à la marquise de Crequy, à M*me* de Beringhen et à M*me* de Vassé ses assiduités accoutumées. Les deux premières étoient sœurs du duc d'Aumont, et la dernière, fille de M*me* de Beringhen et logeant avec elle.

Les présidents étoient cependant fort en peine, parce qu'ils n'étoient pas dans la confidence du duc du Maine, ni dans celle du premier président. J'ai assez parlé ailleurs de Novion et de Maisons pour les faire connoître. Ce dernier avoit profité des dégoûts que le premier président et le Parlement se donnoient sans cesse. Quoique Novion fût de même nom que les Gesvres, et que le premier président n'oubliât rien pour faire l'homme de qualité, Maisons les effaçoit là-dessus l'un et l'autre. Ces Longueils sortoient récemment d'un huissier fieffé du village de

Longueil, en Normandie, où tout est plein de titres qui en font foi. Le surintendant des finances, qui étoit aussi président à mortier et grand-père de celui-ci, s'enta, par l'autorité de sa place, sur la maison des anciens seigneurs de Longueil, de la terre desquels ce village est le chef-lieu, qui étoit éteinte, qui avoit eu des gouverneurs de Normandie, et qui étoit très-bonne et très-ancienne. Elle s'apppeloit Longueil, du nom de son fief, qui étoit une belle terre et qui a été depuis dans la maison de Longueville, comme l'aïeul du surintendant s'appeloit aussi Longueil, mais du nom du village dont il étoit. La faveur et la place du surintendant avoit établi cette fausseté, et le Parlement s'applaudissoit d'avoir, de père en fils, un président de l'ancienne chevalerie. Il avoit su en profiter; et, en gagnant comme on l'a vu la cour et la ville, il avoit conservé le bon sens de ménager le Parlement de plus en plus, dont les membres lui savoient un gré infini du bon accueil qu'ils en recevoient, et de trouver comme l'un d'eux avec eux un seigneur de cette naissance, et qui vivoit avec ce qu'il y avoit de plus distingué à la ville et à la cour. Le crédit qu'il s'étoit acquis dans le Parlement lui faisoit effacer tous les autres présidents, et le premier président même, qui, en ayant emporté la première place à la pointe du crédit du duc du Maine, se trouva trop heureux de faire sa cour à Maisons, qui passoit même pour le gouverner, et pour ne s'en donner la peine que lorsqu'il lui convenoit de la prendre.

Novion craignit tout de lui; il n'ignoroit pas son ambition, à laquelle la cour le pouvoit servir plus utilement que des gens de robe. Il n'espéra donc rien de lui sur le bonnet qu'autant qu'il l'intéresseroit puissamment, et il eut assez d'esprit pour le faire d'un seul coup, par les deux passions qui ont le plus de pouvoir sur la plupart des hommes. Il l'alla trouver chez lui, où accommodant son air et son ton à ce qu'il vouloit faire, il lui dit qu'il venoit implorer sa protection pour le Parlement. La surprise d'un compliment si étrange ne fit que mieux sentir ce que

Novion lui vouloit dire, d'autant plus qu'il ne tarda pas à s'expliquer. Maisons trembla de perdre en un moment tout ce qu'il avoit pris tant de soins de s'acquérir dans sa Compagnie. Il vouloit en être le dictateur, et considéroit cette situation comme la base de toute la fortune à laquelle il tendoit par les amis qu'il s'étoit faits à la cour, et dont sans cette maîtresse roue, l'amitié lui deviendroit inutile. La légèreté de la cour ne lui parut pas comparable en choix avec la solidité d'une Compagnie toujours subsistante, que les derniers exemples relevoient, avec l'espérance de ceux qui pouvoient être prochains. Il connut assez le monde pour compter sur son adresse auprès de ses amis de la cour, au moins sur la facilité de la réconciliation après l'affaire finie, au lieu qu'en ne prenant pas parti tout de bon il se perdoit sans retour avec ses confrères, et par eux avec le Parlement, auquel ils persuadèrent qu'ils soutenoient moins leur propre distinction que celle du Parlement en leurs personnes. Ce fut l'époque du changement de Maisons. Jusque-là il s'étoit extrêmement mesuré. Il s'étoit contenté d'ambiguïtés, et de laisser voir une sorte de suspension, pressant toutefois les ducs de ses amis, moi, entre autres, de ne pas empêcher les princes du sang de les suivre, ce qui, consenti par ses princes, levoit toute difficulté à l'égard des ducs, et tout obstacle du côté du Parlement pour changer ce qu'ils desiroient. Tel étoit le langage de Maisons.

Le récit que les ducs de Noailles et d'Antin firent aux autres ducs de leur visite au premier président commença à les détromper de ses bonnes intentions; car pour sa droiture, il y avoit maintes années que personne en France n'en étoit plus la dupe, ou plutôt ne l'avoit jamais été. Ses amis avoient fort assuré les ducs qu'il ne faisoit le difficile que pour s'acquérir plus de confiance dans sa Compagnie, et se mettre en état de la ramener. Ses délais, ses difficultés entassées répondoient peu à ses paroles si précises, si expresses, si nettes, données par lui aux mêmes ducs, et à eux et à plusieurs autres par le duc du Maine. On y avoit donc compté, et nullement sur des équivalents dont il n'avoit jamais été la moindre question, et sur la plus légère mention desquels on ne se seroit jamais embarqué, parce qu'on l'auroit pu éviter sur un si bon prétexte, sans montrer à M. du Maine un dangereux refus personnel. Il ne s'agissoit que du bonnet, et, par ce qui s'étoit de là engrené, du conseiller sur le bout du banc des pairs dont le premier président et M. du Maine avoient même parlé les premiers comme d'une nouveauté également ridicule, inutile et insoutenable; les autres usurpations dont ils avoient gardé le silence n'avoient pas été mises sur le tapis par les ducs, trop accoutumés à perdre pour entreprendre de regagner tant de larcins à la fois.

Cependant le voyage de Marly s'avançoit. Le premier président étoit dans les rues et ne parloit point d'y aller. M. du Maine trouvoit cette conduite un peu étrange, en l'excusant cependant, et répondoit toujours de lui. On y voulut voir encore plus clair, et pour serrer la mesure, on engagea un dîner à Paris chez d'Antin, sous prétexte d'exposer sa belle maison et ses magnifiques meubles à la censure et au bon goût en ce genre du premier président, mais en effet pour avancer l'affaire. Il promit de s'y rendre avec le président de Maisons et les duchesses d'Elbœuf et de Lesdiguières, sœurs de beaucoup d'esprit, ses amies intimes, dont la mère étoit Mesmes, héritière d'Avaux si connu par l'éclat, le nombre et le succès de ses ambassades, frère aîné du grand-père du premier président. Elles ne tenoient rien de la crasse maternelle, pas même leur propre mère qui en étoit; elles étoient de plus amies intimes aussi, et cousines germaines d'Antin, enfants du frère et de la sœur. Il fut convenu que les ducs de la Rochefoucauld, la Force, Guiche, Villeroy, Noailles et Aumont en seroient. Ce dernier étoit en année de premier gentilhomme de la chambre; et, par un hasard presque unique, ni M. de Bouillon, grand chambellan, ni pas un des autres premiers gentilshommes de la chambre n'étoient à Marly, ni à portée d'y venir par absence ou maladie : cela fit un cas qui n'étoit jamais arrivé, et qui devint l'étonnement de toute la cour. Le Roi, infiniment attaché à tout l'extérieur possible, n'avoit jamais vu les fonctions de ses grands officiers auprès de sa personne tomber à de moindres qu'eux ; et ces cinq titulaires, avec leurs survivanciers, s'étoient tellement entendus pour l'assiduité du service qu'il n'y avoit point de mémoire qu'il eût été suppléé plus de deux ou trois fois, et encore par M. de la Rochefoucauld, grand maître de la garde-robe. Malgré ce grand attachement du Roi à la dignité de son service, il ordonna au duc d'Aumont et au duc de la Rochefoucauld d'aller dîner à Paris chez d'Antin, quoi qu'ils pussent lui représenter l'un et l'autre, et dit qu'il le vouloit ainsi, et que Souvré, maître de la garde-robe en année, le serviroit. J'écris les faits avec exactitude, je supprime les réflexions. Souvré étoit allé avec congé passer quelques jours à Paris, où le Roi l'envoya chercher, et, pour n'y pas revenir, il y eut après deux autres conférences à Paris, où le Roi voulut encore que les mêmes assistassent, et fut encore, ces deux divers jours qui font trois en huit ou dix jours, servi uniquement par Souvré.

Les conviés, tous en liaison particulière avec le premier président, qui avoit toute sa vie fait son capital d'être du plus grand et du meilleur monde, avoient été choisis par rapport à lui, arrivèrent chez d'Antin ; ils y attendirent assez longtemps ; enfin, Maisons vint, chargé des excuses du premier président, qui s'étoit, dit-il, trouvé un peu incommodé, et qui ne laissa pas le jour même de souper chez la marquise de Crequy avec Mme de Vassé. Ce procédé préparoit mal la matière : on y entra pourtant avant et après dîner. Tout roula sur l'origine ancienne ou nouvelle du bonnet, sur sa plus qu'indécence, sur l'équivalent de la suite des présidents. Maisons, avec tout son esprit, son monde, ses adresses, fut souvent réduit à l'embarras, même au silence ; mais l'opiniâtreté ne se démentit point, et cette partie se sépara d'une manière fort infructueuse. Maisons en eut honte; il pria d'Antin à l'oreille de passer chez lui sur le soir, où tête à tête ils seroient plus libres. Je n'ai point pénétré le projet de ce convy[1] : mais d'Antin y fut, et rien n'avança entre eux deux plus qu'avec toute la Compagnie. Maisons de ce moment prit ouvertement couleur. Il n'avoit pu digérer qu'après avoir fait toute sa vie une cour plus secrète que publique au duc du Maine et avoir eu lieu de s'en promettre tout, il eût fait Mesmes premier président, et Voysin chancelier, gens d'âge et de santé à le laisser pourrir sur le grand banc. Il n'avoit vu, depuis ces extrêmes dégoûts, M. du Maine que le moins qu'il avoit pu, et ce qu'il n'avoit seulement osé omettre pour ne pas s'en faire un ennemi. Tout à coup il retourna à Sceaux, où le duc du Maine alloit de deux jours l'un, et d'où Mme du Maine ne sortoit point. Il y redoubla ses visites plusieurs fois la semaine, y fut souvent seul avec Mme du Maine, et en tiers avec elle et son mari; et à Versailles alloit souvent chez lui, et longtemps dans son cabinet tête à tête. Toute rancune fut déposée, et pour les ducs avec qui il étoit en liaison, et il ne feignit[2] plus de se montrer absolument contraire avec les paroles les plus douces et les plus dorées.

CHAPITRE II.

Duc d'Aumont essaye de me tonneler[3] sur la suite des présidents. — Délais sans fin du premier président; il est mandé à Marly, et pressé par le Roi très-favorablement pour les ducs; sort furieux; impudence de ses plaintes et des propos qu'il faisoit semer; cause de son dépit. — Maisons mène Aligre au duc et à la duchesse du Maine demander grâce pour le Parlement. — Efforts de Maisons à me persuader, et à quelques autres, la suite des présidents. — Le

---

1. De cette invitation.
2. Voyez tome V, p. 111 et note 1.
3. Voyez tome IV, p. 443, note 2.

Roi cru de moitié avec le duc du Maine; raisons de [ne] le pas croire; opinion du Roi du duc du Maine. — Profondeurs du duc du Maine. — Embarras du premier président; manéges qui font durer l'affaire. — Noires impostures du premier président au Roi contre les ducs, à qui le Roi les fait rendre aussitôt; éclat sans mesure contre le premier président. — Premier président se plaint au Roi du duc de Tresmes, dont il a peu de contentement. — Affront fait au premier président de Novion par le duc d'Aumont, dans la chambre du Roi, tout près de lui, dont il ne fut rien. — Double embarras du duc du Maine avec le premier président, avec les ducs; engage les ducs, et toujours malgré eux, à une conférence à Sceaux avec la duchesse du Maine seule. — Personnage étrange du duc d'Aumont. — Conférence à Sceaux entre la duchesse du Maine et les ducs de la Force et d'Aumont. — Propositions énormes de la duchesse du Maine. — Monstrueuses paroles de la duchesse du Maine, qui terminent la conférence. — Exactitude du récit de la conférence de Sceaux. — Le duc du Maine introduit Madame la Princesse, dont il avoit nommément répondu, et finit l'affaire du bonnet en le laissant comme il étoit. — Évidence du jeu du duc du Maine. — Je visite le duc du Maine, et lui tiens les plus durs propos. — Réflexion sur le péril de former des monstres de grandeur. — Réflexion sur le bonnet; présidents ne représentent point le Roi au Parlement; les pairs y ont sur eux la droite, etc., tant aux hauts siéges qu'aux bas siéges. — Comparaison du chancelier, qui se découvre au conseil pour prendre l'avis des ducs, et du premier président. — Étrange pension donnée au premier président.

Deux jours après, le duc d'Aumont m'envoya dire qu'il seroit bien aise de m'entretenir le lendemain matin chez le Roi. Je soupçonnois déjà ce que je ne pouvois me persuader, mais toutefois je ne voulus pas refuser ce rendez-vous : je n'en fus pas dans la peine. Le lendemain matin, comme je voulois aller chez le Roi, je vis le duc d'Aumont entrer dans ma chambre; j'étois sorti lorsqu'il avoit envoyé chez moi, il n'eut donc point de réponse, et il ne vouloit pas manquer une conversation où il se promettoit tout de son esprit et de son éloquence. Il avoit en effet beaucoup de l'un et de l'autre, mais il n'avoit rien de plus. Il entra d'abord en matière, exposa les difficultés qu'il voyoit se multiplier dans une affaire qui n'avoit été entreprise que sur les facilités qui s'y étoient d'abord présentées, livra le premier président comme un homme sans parole et sans foi, à qui tout seroit bon pour conserver son bonnet, remontra fortement l'aversion du Roi à prononcer dès ce que [il] s'agiroit de le faire en juge, exagéra le dégoût d'être éconduits d'une entreprise telle et si mûrement délibérée, conclut que, tout valant mieux que d'y échouer, il falloit suivre les présidents.

J'écoutai tout en grand silence et beaucoup d'attention. Je lui représentai que ce seroit une belle récompense d'une civilité qui ne se refuse pas à un honnête domestique d'autrui, lorsqu'on lui parle, de l'artifice d'avoir changé l'ordre des réceptions des pairs, de la violence de leur avoir fermé la petite porte du barreau de la lanterne par où ils sortoient, en même temps que les présidents et les autres magistrats par entre la chaire de l'interprète et celle du greffier, que nous souffrions dans le bonnet une entreprise soutenue de l'intérêt des princes du sang d'abord, fortifié depuis de celui des bâtards que nous ne pouvions empêcher, mais en nous récriant toujours contre; au lieu que d'accorder de suivre les présidents, ce seroit la dernière ignominie, se faire de simples conseillers, et mettre au-dessus de ce que la plus haute noblesse peut espérer de plus grand, des gens du tiers état, que nous voyons assis et couverts de nos hauts siéges, parler à genoux et découverts dans les bas siéges, c'est-à-dire sur notre marchepied comme légistes, dont ces bas siéges, devenus tels de marchepied qu'ils étoient, sont encore le monument, et leur séance comme leur posture est le monument de leur état essentiel de légistes et de tiers état; que pour comprendre l'usage que les présidents feroient de ce consentement et de l'introduction de marcher à leur suite pour entrer et sortir de séance, on n'avoit qu'à se souvenir de celui qu'ils avoient fait de leur usurpation d'opiner devant nous aux lits de justice, malgré l'infinie disproportion d'y seoir et d'y parler, qui les avoit[1] conduits de degré en degré à opiner avant les fils de

---

1. *Avoient*, au manuscrit.

France, enfin devant la Reine mère et régente; qu'il ne falloit point se flatter que la position des princes du sang entre eux et nous, quand il seroit possible qu'ils les voulussent suivre, nous préservât de leurs entreprises fondées sur ce nouvel usage que nous aurions accordé, parce que l'état des princes du sang étoit invulnérable, et leur rang aujourd'hui plus que jamais, duquel nous ne serions pas reçus à faire bouclier, et qu'au lieu de l'union que nous devions nous proposer de la levée des excès offensants, ce seroit par nous-mêmes, et par notre propre fait, ouvrir une large porte à toutes les plus folles prétentions, et à la défensive de notre part la plus honteuse, quand, contre toute apparence, après tant d'énormes exemples, ils ne réussiroient à rien. Je supprime ici beaucoup d'autres raisons qui seroient plus en leur place dans un morceau à part, mais qui n'existe point parce qu'il n'y a pas eu lieu; et je conclus qu'il étoit de notre plus pressant intérêt de rejeter un hameçon si grossier, et de détourner les princes du sang par les plus vives remontrances de consentir à suivre les présidents s'il étoit possible qu'ils fussent ébranlés à le faire.

Le duc d'Aumont insista sur les mêmes principes, ou plutôt motifs, qui l'avoient amené; et, avec beaucoup de fleurs, se rabattit à me vouloir persuader que nous n'avions rien à craindre, ayant les princes du sang entre nous et les présidents à leur suite, et me conjurer d'y porter M. le duc d'Orléans. Je répondis froidement que je serois méchant avocat d'une cause que je tenois aussi mauvaise, et que ce prince de plus s'étoit fort moqué avec moi d'une idée si ridicule à leur égard, et si visiblement nuisible aux pairs. Pressé à l'excès par un homme fort abondant, et que je vis déterminé à ne point sortir de ma chambre, je lui dis que tout ce que ma déférence lui pouvoit accorder étoit de contribuer à une assemblée où cette matière des princes du sang fût de nouveau mise en délibération, mais nombreuse et non autrement, où chacun exposeroit ses raisons et où la pluralité décideroit; et qu'au cas qu'il y passàt de faire ce que l'on pourroit pour persuader les princes du sang de suivre les présidents, je verrois là-dessus M. le duc d'Orléans, non pour lui dire ces raisons où je n'en trouvois aucune, mais pour lui exposer respectueusement les desirs qu'on avoit cru devoir former. De guerre lasse ou autrement, M. d'Aumont se contenta de ce qu'il remportoit; mais en s'en allant, il me pria de l'attendre chez moi le lendemain matin à pareille heure pour raisonner du fruit de nos communes réflexions. Cette seconde conversation fut plus courte; nous demeurâmes tous deux dans nos mêmes sentiments.

On se lassoit cependant des délais du premier président; ils n'étoient plus fondés sur sa Compagnie, puisqu'il avoit tenu plusieurs assemblées chez lui là-dessus; ni sur sa santé, puisqu'il étoit tous les matins à la grand'-chambre, et les après-dînées dans les rues. Il étoit même bien peu respectueux pour le Roi de différer si longtemps, et sans prétexte, de lui rendre compte d'une affaire qu'il lui avoit recommandée, et à laquelle il lui avoit dit qu'il ne trouvoit point de difficulté. A la fin d'Antin en parla au Roi, sur ce qu'il vit que ces lenteurs ne tendoient qu'à soulever le Parlement, comme on le va voir, et commettre les ducs avec ses membres. Il se garda bien pourtant d'alléguer cette raison au Roi; il y en avoit assez d'autres à dire. On avoit sagement résolu de mépriser tout, de ne relever rien, de ne faire pas la plus légère plainte, mais d'aller droit au fait, sans se détourner ni à droite ni à gauche, et sans l'embarrasser d'épines. Le Roi fit donc dire au premier président de lui venir parler : il fallut obéir. Le Roi lui dit qu'il étoit enfin temps de donner sa réponse; que ce que les ducs demandoient lui sembloit juste; qu'il seroit bien aise que cela fût; qu'il n'entendoit pas commander, mais qu'il lui seroit agréable que cette affaire finît incessamment à leur satisfaction. Sur plusieurs difficultés alléguées par le premier président, le Roi lui dit qu'il ne lui avoit pas paru difficile d'abord; qu'il étoit surpris de ce changement; qu'il y avoit assez longtemps que l'affaire traînoit ; que de façon ou d'autre il desiroit qu'il ne tardât plus à donner la réponse qu'il s'étoit chargé de lui rendre. Le premier président s'excusa sur sa santé comme il put, et sortit tout enflammé du cabinet du Roi.

C'étoit encore à Marly. Il y étoit entré doux, poli, gracieux, accueillant tout le monde, sur tous les ducs qu'il rencontra; mais il n'étoit plus le même, son audience l'avoit entièrement changé. Les ducs qui se trouvèrent sous sa main en furent surpris. Il se plaignit à eux avec amertume qu'ils vouloient étrangler leur affaire, qu'il étoit inouï qu'on eût cette précipitation; il allégua sa maladie. Il lui échappa même que d'Antin avoit bien recordé[1] le Roi, brossa[2] à travers la compagnie, et disparut. Il ne disoit pas la cause principale de son chagrin, qui fut su[3], avec le reste de la conversation que je viens de rapporter, une demi-heure après de d'Antin, à qui le Roi le dit aussitôt que le premier président l'eut quitté. Un petit nombre de membres du Parlement avoient tenu force propos sur les ducs : que le Roi faisoit trop de pairs; qu'il falloit les traiter comme de simples conseillers, et n'en souffrir pas plus de douze en séance à la fois. Le Roi le sut de point en point, et se trouva fort choqué de la licence de ces Messieurs; et le froid et le silence de d'Antin, à qui il en avoit parlé, l'aigrit encore davantage. Il sentit apparemment par là la même différence de procédé qu'il y en avoit dans les personnes, et que ces discours portoient moins sur les ducs que sur son autorité. Il en parla fortement au premier président, lui ordonna positivement d'en marquer son mécontentement à sa Compagnie et aux impertinents, et le chargea fort expressément d'arrêter toute sorte de discours sur cette affaire et sur les ducs. C'étoit saper par les fondements les projets du premier

---

1. Voyez tome VI, p. 335 et note 1.
2. Voyez tome V, p. 121 et note 3.
3. Ce participe est bien au singulier.

président, qui vouloit étouffer l'affaire par les procédés et les éclats, et s'en tenir extérieurement à côté tant qu'il pourroit ; de là vint le dépit et la colère qu'il ne put cacher en sortant du cabinet du Roi.

Bientôt après Maisons donna une autre scène. Initié, comme il l'étoit de nouveau, avec M. et Mme du Maine sur cette affaire, et sans cesse en particulier avec eux, il ne devoit pas être tourmenté de leur part. Ce fut donc moins son inquiétude, qu'un concert de comédie pris avec eux, qui lui fit choisir le plus imbécile, non pas de ses confrères mais du Parlement entier, pour le leur mener. Il leur présenta donc le président Aligre pour leur demander grâce pour le Parlement, car ce fut ainsi qu'ils se mirent à parler d'une affaire qui étoit toute particulière aux présidents. Maisons n'alloit pas là pour réussir. Aussi furent-ils payés de toutes les civilités imaginables, dont sur la parole de Maisons, mais qui ne disoit pas la véritable bonne, Aligre et lui se retirèrent contents. Toutefois il falloit finir. Le Roi s'en étoit expliqué. Les présidents trouvoient un si monstrueux avantage à lâcher le bonnet pour être suivis, qu'ils ne voulurent rien oublier pour y réussir.

On a vu en son lieu les liaisons que Maisons étoit venu à bout de me faire prendre avec lui, et combien il les avoit cultivées. Il avoit lestement glissé sur le refroidissement, et plus encore, qu'y avoient mis de ma part les procédés de cette affaire du bonnet. Avec autant de monde que le duc d'Aumont, plus d'esprit, et surtout de profondeur encore et de manége, il se mit dans la tête qu'il n'étoit pas impossible de me persuader, et que, venant à y réussir, j'entraînerois tous les autres. Ma franchise, et la vivacité qu'on m'attribuoit, lui faisoient espérer qu'il découvriroit par moi notre dernier mot sur cette affaire. Il s'attacha aussi à d'Antin, et il attaqua tous ceux qu'il crut pouvoir gagner, faisant croire à chacun d'eux qu'il ne parloit qu'à lui, pour donner plus de poids à ses paroles. J'eus donc à essuyer des visites aussi longues que fréquentes, et des péroraisons où à travers l'impatience j'admirois la souplesse et la fécondité qui par cent tours divers tendoit toujours au même but. L'esprit, le tour, les *sproposito*[1] suppléoient d'ordinaire aux raisons, et sa patience fut inaltérable aux coups de boutoir que mon impatience porta souvent sur les parlements et leurs usurpations. L'utilité de l'union pour le bien de l'État, dans les circonstances que l'âge du Roi laissoit envisager de près, fut par lui tournée de toutes les manières, parce qu'il me faisoit l'honneur de me croire fort susceptible d'une si grande raison; et il ne se rebuta point de la réponse, si présente et si péremptoire, que c'étoit à eux à la mettre entre nous par la restitution d'une usurpation de si nouvelle date et de si injurieuse nature, non à nous à l'acheter par un avilissement volontaire et inconcevable. Cette persécution dura jusqu'à la bombe qui fit tout sauter, et qui en attendant se chargeoit.

Les plus profondes noirceurs laissent bien des embarras, quoique tissues par tout l'art, l'esprit et l'expérience, et appuyées du plus puissant crédit. L'affaire ne pouvoit plus durer, j'en abrége mille choses qui ne donneroient pas plus de connoissance que celle qui se peut tirer de ce récit, de l'esprit qui enfanta ce projet, qui en ourdit la trame, et qui la conduisit jusqu'au bout, et de celui dans lequel les ducs s'y conduisirent, après avoir été forcés comme on l'a vu. Le respect dû à la mémoire d'un grand roi dont je suis né sujet ne me permet pas de le soupçonner d'avoir été de moitié là-dessus avec son bâtard favori. Indépendamment de cette grande raison, c'est ici le lieu d'expliquer ce qu'on sait par lui-même de ce qu'il pensoit de M. du Maine, et l'équité m'y engage aussi.

Il est souvent échappé au Roi de dire dans son intérieur, et je l'ai su de plusieurs de ceux qui en ont été témoins en diverses occasions, entre autres de Maréchal,

---

1. Voyez tome VI, p. 78, note 1.

premier chirurgien du Roi, et qui étoit l'honneur et la vérité même, et à qui personne ne l'a disputé, que le Roi disoit que M. du Maine avoit à la vérité beaucoup d'esprit et de talents, mais qu'il n'en savoit rien faire ; que toutes ses journées se passoient entre son assiduité auprès de lui à ses heures, la chasse où il étoit tout seul, et son cabinet de Versailles ou de Sceaux où il étoit aussi tout seul, et où son temps étoit partagé entre la prière, la lecture et les fonctions de ses charges où il travailloit beaucoup ; que c'étoit un idiot avec tout son esprit, qui ne savoit jamais quoi que ce soit qui se passât hors la sphère de ses charges, qui ne se soucioit point de le savoir, qui n'avoit pas la moindre vue, et rouloit du jour au jour, et qui, étant fort plaisant, amusant et de bonne compagnie, étoit sauvage au point de ne vouloir voir personne, et d'apprendre quelquefois les choses qui occupoient la cour, et qui étoient arrivées un mois et souvent deux et trois auparavant ; qui ne pensoit jamais à soi, et qui étoit de son propre aveu incapable de gouverner sa propre maison. Le Roi s'en étoit expliqué ainsi plusieurs fois avant la mort de Monsieur et de Madame la Dauphine ; et il n'est pas impossible, qu'avec la ténacité prodigieuse qu'il avoit dans les impressions qu'il avoit une fois prises, que les violences, que nous avons vu qu'il souffrit depuis pour porter ses bâtards jusqu'à la couronne et les affermir par son testament, ne lui aient été assez adroitement masquées du bien de l'État et du péril des établissements, de la grandeur et de la personne même de M. du Maine, pour qu'il ne soit jamais revenu de cette impression sur lui. Elle fut le chef-d'œuvre de son ambition et de sa politique, et de la profondeur de sa connoissance du Roi, qui le conduisit à tout. Ce fut aussi celui de l'art de Mme de Maintenon, qui l'y aida de tous ses soins, et qui tenoit souvent de lui le même langage. Or, le Roi disposé de la sorte, comme il est très-certain qu'il le fut toujours avant la mort de Monsieur et Madame la Dauphine, et très-douteux qu'il ait changé depuis d'opinion, quelques raisons qu'il en ait pu avoir, sa conduite se trouve éclaircie.

M. du Maine, qui veut ouvrir un précipice sous les ducs, qui les rende, pour son intérêt, irréconciliables avec le Parlement, a beau jeu d'engager le Roi, avec un air de modestie et de contentement du nouvel état de prince du sang où il l'a élevé et les siens, de le rendre favorable sur le bonnet où il n'a plus d'intérêt que commun avec les princes du sang, avec qui il partage tant d'autres distinctions. L'intérêt des bâtards rendoit le Roi contraire au bonnet, et il y devient favorable, lorsqu'il voit leur intérêt à regagner tant de gens considérables, par l'abrogation d'une nouveauté sans fondement et très-injurieuse. M. du Maine, sûr du premier président, ne risque rien à mettre le Roi ainsi dans cette affaire; il connoissoit bien sa répugnance extrême pour toute décision. Il s'en met à l'abri en flattant cette répugnance. Non-seulement il lui donne le bonnet comme une affaire de concert, mais il va au-devant de tout, jusqu'à faire que, dès la première fois que le Roi en parle au premier président, c'est en l'assurant expressément qu'il n'entend rien commander, et qu'il lui renouvelle d'autres fois encore la même assurance. Par là M. du Maine s'assure que, quoi qu'il puisse arriver, le Roi ne décidera rien, et laissera les ducs dans la nasse, à qui, s'ils le pressoient, il aura sa réponse toute prête : qu'il n'est entré dans cette affaire que parce qu'elle lui a été présentée de concert; qu'il a promis dès le premier jour au premier président de ne point commander; qu'il lui a dit, en faveur des ducs, qu'il trouvoit ce qu'ils demandent juste et raisonnable, et qu'il auroit fort agréable qu'ils fussent contents; que c'est tout ce qu'il pouvoit faire; qu'après l'engagement pris de ne point commander, et de leur su, et n'y être entré qu'à cette condition, il ne peut aller plus loin. Ainsi M. du Maine jouoit sa comédie en sûreté, et s'étoit habilement mis à couvert d'avoir la main forcée, mais elle ne pouvoit finir que par un éclat, et c'étoit son embarras. Il vouloit s'en mettre à l'abri, le premier président ne vouloit pas l'essuyer tout seul, et c'est ce qui fit traîner l'affaire.

Le duc du Maine vouloit engager le premier président en des procédés, et se cacher derrière lui. Ce magistrat en sentoit les conséquences; mais asservi à M. du Maine qui le cajoloit avec douceur, et à Mme du Maine qui le traitoit avec impétuosité, il se trouvoit étrangement en presse; et, outre les grands avantages dont lui et les autres présidents se flattoient de l'échange du bonnet avec leur suite, cette voie le tiroit de tout embarras, et laissoit à son tour M. du Maine dans la nasse, qui n'auroit rien fait pour soi, et n'auroit fait que l'avantage des présidents, avec une union passagère des ducs avec le Parlement, mais qui eût suffi pour ruiner tout ce qu'il avoit acquis de grandeur et de puissance, ce qu'il craignoit mortellement. Dans ce détroit néanmoins, il n'en fit aucun semblant. Il sentit que montrer sa crainte de cet accord montreroit trop la corde; il espéra que les ducs ne se laisseroient pas prendre à un hameçon si grossier, et il ne s'y trompa pas. M. d'Aumont eut beau faire, il n'ébranla aucun de ceux sans le concours desquels rien ne se pouvoit faire; au pis aller, M. du Maine étoit sur ses pieds, par le Roi, d'empêcher les princes du sang de consentir à suivre les présidents, moyennant quoi il n'étoit pas possible de croire les ducs assez destitués de sens pour vouloir se séparer de ces princes et se livrer à une si honteuse prostitution. Le premier président, qui sentoit qu'il n'y avoit pourtant que cette suite qui pût le tirer du détroit où M. du Maine l'avoit engagé, et qui, léger et présomptueux comme il étoit, n'en vit l'affre que lorsqu'il y toucha, allongeoit toujours, dans l'espérance que le duc d'Aumont et Maisons, à force d'art, d'éloquence, d'intrigue et de délais, réussiroient enfin à persuader les ducs d'en sortir par là, après quoi il s'excuseroit à M. du Maine sur les présidents qui l'auroient forcé, parmi lesquels il n'avoit que sa voix, lesquels avoient mis le Parlement de leur côté, et ce qu'il n'y avoit aucun lieu de pouvoir imaginer, les ducs aussi. Il prolongea donc tant qu'il put, et au delà de toute mesure, de rendre réponse au Roi.

Outré de rage de se voir trompé enfin dans l'espérance qu'il avoit conçue, piqué à l'excès d'avoir été arrêté par le Roi sur les propos qu'il avoit fait semer sur cette affaire et sur les ducs, et d'être privé de faire faire les éclats par un gros de gens de robe inconnus dont il seroit le moteur, et se donneroit cependant pour amiable compositeur, brouillé pour brouillé comme il prévit bien qu'il alloit l'être avec les ducs par le refus du bonnet après tout ce qu'il avoit si nettement et si positivement promis plusieurs fois, et forcé enfin d'aller rendre réponse au Roi, il lui dit que les ducs faisoient entre eux des assemblées continuelles sous prétexte de cette affaire, mais en effet dans les vues d'un avenir qu'on ne devoit prévoir qu'avec horreur, et la plupart d'eux plus qu'aucuns, par les grâces dont Sa Majesté les avoit comblés; qu'ils étoient les plus grands ennemis de ses enfants naturels; qu'ils prenoient toutes leurs mesures ensemble pour les dépouiller dès que Sa Majesté ne seroit plus, et en même temps pour se rendre les seuls maîtres des affaires. Qu'il y avoit plus : que, flattés par les malheurs qui en si peu de temps ont détruit une partie de la maison royale, ils comptoient bien que ce qui en restoit ne dureroit guère, de faire après comme en Pologne et comme l'exemple de la Suède les y invitoit, rendre la couronne élective, et choisir l'un d'entre eux pour la porter. Ce furent les principaux points qui furent avancés au Roi par le premier président, et qui furent accompagnés des réflexions les mieux ajustées à de si horribles impostures. Elles ne laissèrent pas de frapper le Roi, qui les raconta un quart d'heure après à d'Antin comme touché, effrayé, mais en suspens et cherchant éclaircissement. Il ne fut pas difficile. D'Antin lui parla avec tant de netteté sur des inventions si éloignées de toutes pensées, et si évidemment sur l'impossibilité de les concevoir et d'en espérer sans la plus parfaite folie, que le Roi, peiné d'en avoir été ému, et piqué contre la hardiesse d'une délation si atroce et en même temps si absurde, permit à d'Antin d'en instruire les ducs, pour qu'ils sussent à quel homme ils avoient affaire. D'Antin ne laissa pas échapper l'occasion d'un parallèle aisé entre les ducs et le Parlement sur la fidélité, l'obéissance et l'attachement au Roi; et sans la précaution que l'habile duc du Maine avoit su prendre de faire engager le Roi au Parlement, en la personne du premier président, de ne point commander, le bonnet eût été emporté de ce coup de haute lutte. L'exposé seul est dans sa simple et pure vérité plus fort que tous les commentaires. On se contentera de dire que l'instrument étoit digne de celui qui s'en servoit, et n'étoit pas inférieur aux plus exécrables usages, et avec un front d'airain, et avoir tout promis et aux ducs et au Roi même, sans que les ducs eussent pensé à rien et rien demandé.

D'Antin, dans le reste de la journée, rendit compte à plusieurs ducs de ce que[1] le Roi lui avoit permis de les informer. On peut juger avec quel effet. En moins de deux jours tous les ducs se donnèrent parole de ne jamais voir le premier président, et de ne garder avec lui aucunes sortes de mesures en choses et en paroles, d'y entraîner leurs familles, et d'en user comme avec un ennemi public et un imposteur perfide et déshonoré : ce n'est pas trop dire. L'éclat fut porté aussi loin qu'il le put être, et se soutint très-longtemps dans tout le feu que méritoit une scélératesse, et gratuite, d'une nature aussi complétement infâme. L'imposteur fut étourdi d'un unisson auquel il ne s'étoit pas attendu des ducs. M. d'Aumont, et peut-être quelques autres qui ne l'étoient que de nom, et dont il se servoit parmi eux, n'osèrent plus le voir; et cet homme qui avoit toujours fait son capital de la cour et du grand monde, se trouva en un instant délaissé de ce qui par les ducs, leurs plus proches familles et leurs amis

---

1. Il y a bien *que*, et non *dont*, au manuscrit.

plus particuliers, en faisoient[1] la partie la plus considérable. Aucun ne le salua, et hors des insultes personnelles, indécentes à faire à un homme qui, par état, ne porte point d'épée, il n'est affronts qu'il ne reçût tous les jours. Outré d'un état si pénible, et qui n'étoit pas prêt à finir, et appuyé du duc du Maine, il saisit une occasion de se plaindre au Roi. Le duc de Tresmes avoit fait entrer peu à peu tout le monde au lever du Roi, et l'avoit laissé dans l'antichambre. Il obtint que le Roi dit[2] au duc de Tresmes qu'il ne devoit pas faire servir sa charge à sa vengeance particulière, mais sans aigreur, et d'ailleurs fut sourd à tout ce que le premier président lui put dire, et ne se voulut mêler de rien.

Le Roi avoit oublié que, lorsque après l'opération de la fistule, il commença à voir du monde dans son lit, le duc d'Aumont, père de celui dont il s'agit ici, étoit en année, et les ducs très-offensés des entreprises du premier président de Novion. Il vint à Versailles à l'heure qu'on devoit bientôt voir le Roi, et pria l'huissier de dire au duc d'Aumont qu'il étoit là; le duc d'Aumont le laissa jusque vers la fin du fruit du dîner du Roi dans l'antichambre, ayant fait entrer tout ce qui pouvoit entrer. A la fin il le fit appeler. Il ne put se mettre en vue du Roi, qui étoit au lit. Il attendit que le monde sortît, et comme il commençoit à s'écouler, il s'approcha du balustre. Le duc d'Aumont, qui l'observoit, l'y laissa entrer deux pas pour qu'il ne pût s'en dédire, et le tira après fort rudement par sa robe, et lui dit rudement aussi : « Où allez-vous? sortez ; des gens comme vous n'entrent pas dans le balustre si le Roi ne les appelle pour leur parler. » Novion, déjà outré de sa longue attente dans l'antichambre, fut si confondu qu'il n'eut pas un mot à répondre. Il se retira plein de honte et de rage, et comme il n'avoit point de bâtard derrière lui, il n'osa s'en plaindre, et demeura avec l'affront.

M. du Maine, ravi d'avoir mis ainsi les ducs hors de

---

1. Saint-Simon a bien écrit *faisoient*, au pluriel.
2. Ce verbe est bien à l'indicatif.

toute mesure avec le premier président, ne laissoit pas
d'être en peine de la conclusion. Les impostures n'avoient
pas fait l'effet sur le Roi qu'ils en avoient tous deux espéré;
et M. du Maine se voyoit avec beaucoup d'angoisse découvert à travers le premier président. Il n'en sentoit pas
moins du désespoir où il voyoit ce magistrat des suites de
ses impostures, parce qu'il ne vouloit pas se brouiller
avec un homme qui avoit son secret et qu'il avoit mis à
la tête du Parlement. Il voulut donc montrer que rien ne
le rebutoit pour chercher des expédients de sortir honnêtement les ducs d'une affaire où il les avoit embarqués
par force sur sa parole, et sur celle du premier président;
et, en finissant, le tirer, s'il étoit possible, de l'embarras
étrange où il l'avoit livré. Il se mit donc à montrer aux
ducs ses désespoirs, ses desirs, toujours son espérance,
glissant légèrement de foibles excuses du premier président. On ne lui répondoit que par des révérences sé-
rieuses et silencieuses, qui lui donnoient fort à penser.
Enfin il proposa aux mêmes ducs à qui il s'étoit adressé
sur le bonnet une conférence à Sceaux avec Mme la duchesse du Maine seule, qui n'avoit point encore paru à
découvert dans cette affaire, dans laquelle il espéroit
qu'on pourroit trouver de bons expédients. Ce qu'on va
voir qu'il s'y traita montrera dans la dernière évidence le
dernier degré de sa puissance sur l'esprit du Roi, et l'excès
de ses inquiétudes sur tout ce qu'il en avoit obtenu. Les
ducs s'en défendirent tant qu'ils purent et jusqu'à l'opiniâtreté; mais, à force de recharges et d'empressements
les plus vifs et les plus redoublés, la même raison qui les
avoit embarqués avec lui malgré eux dans l'affaire du
bonnet les entraîna encore à céder, quoique ils vissent assez
que [il] n'y avoit rien à en attendre qu'un prétexte à faire
casser la corde sur eux. Ce fut donc à qui n'iroit point.

M. d'Aumont, qui tôt après ne se cacha plus guère d'a-
voir été un pigeon privé[1], profita du refus de chacun

1. *Pigeon privé*, homme qu'on fait entrer dans quelque complot pour
trahir ceux qui y prennent part. (*Dictionnaire de M. Littré.*)

pour se proposer. On se regarda; il n'étoit pas encore assez à découvert pour lui faire un affront public, et c'en eût été un de le refuser; ainsi, tout se faisant par force dans l'embarquement et dans toute la suite de cette affaire, ce fut force d'y consentir; mais comme on étoit aussi bien éloigné de se fier en lui, on proposa tout de suite qu'il en falloit mettre un autre avec lui. Le duc d'Aumont demanda pourquoi, et se mit à pérorer pour y aller tout seul. S'il n'avoit pas été plus que suspect déjà, cette offre si aisée d'aller, cet empressement d'y aller seul auroit dû ouvrir les yeux. L'embarras fut du compagnon. La commission de soi n'étoit rien moins qu'agréable; l'union de M. d'Aumont la rendoit encore plus dégoûtante. Heureusement M. de la Force, dont j'aurai lieu de parler ailleurs, se proposa, et il fut accepté avec joie. Il avoit beaucoup d'esprit; il étoit fort instruit; il étoit fort duc et pair, et très-incapable de gauchir. Il étoit depuis longtemps beaucoup de la société de Mme la duchesse du Maine; enfin, il étoit l'ancien du duc d'Aumont, il avoit fort la parole en main, et entre eux deux c'étoit sur lui qu'elle devoit naturellement rouler. Il n'avoit pas été des derniers à voir clair sur la conduite du duc d'Aumont, et il fut de plus bien averti de s'en défier continuellement à Sceaux, et de l'y regarder et se conduire comme avec le croupier de Mme du Maine. Parmi tant de choses sinistres dans cette affaire, ce fut un bonheur que tout fût bon au duc de la Force pourvu qu'il se mêlât de quelque chose, et que ce goût lui eût donné envie de doubler le duc d'Aumont.

Les voilà donc tous deux à Sceaux à jour marqué, qui suivit de fort près le consentement arraché d'y aller. Mme la duchesse du Maine les y reçut avec des politesses et des empressements nonpareils; et, un moment après leur arrivée, elle les mena dans son cabinet, où elle fut en tiers avec eux. Là, Mme du Maine, après tous les jargons de préface, leur dit nettement que, puisque c'étoit M. du Maine qui les avoit engagés dans cette affaire, qu'il s'étoit fait fort d'y réussir, qu'ils la regardoient comme si principale surtout depuis qu'elle avoit été embarquée et qu'elle sembloit avoir mal bâté, il étoit raisonnable que M. du Maine mît le tout pour le tout pour les en bien sortir; mais qu'aussi étoit-il juste qu'il fût assuré d'eux qu'il n'obligeroit pas des ingrats, et qu'ils entrassent avec lui en des engagements sur lesquels il pût compter. A ce début, ces Messieurs se regardèrent l'un l'autre, et parurent fort surpris d'une proposition qu'ils entendoient pour la première fois de leur vie; et si elle fut moins nouvelle au duc d'Aumont, il joua bien d'abord.

Mᵐᵉ du Maine, qui s'en aperçut, et qui sans doute s'y étoit bien attendue, les cajola l'un après l'autre, puis les ducs en général, leur dit qu'ils ne devoient point s'étonner de ce qu'elle leur proposoit; qu'il étoit de leur intérêt d'emporter ce qui étoit entamé; de celui de M. du Maine de s'assurer de tant de grands seigneurs qui n'avoient pas vu sans peine ses diverses élévations; qu'il en étoit bien informé il y avoit longtemps; qu'il ne laissoit pas de desirer leur amitié, et qu'ils le voyoient bien par les démarches qu'il avoit faites sur cette affaire; mais qu'il entendoit aussi que le succès les lui concilieroit de manière à éteindre en eux leurs anciens déplaisirs à son égard, et à former un attachement (quelle expression!) dont il se pût assurer; que c'étoit sur quoi elle les prioit de lui répondre. Là-dessus force compliments, force verbiages : mais elle leur déclara qu'elle ne s'en contentoit point. Eux répondirent qu'ils ne savoient rien de plus à répondre que lui dire les sentiments qu'ils lui exposoient, puisque, ne s'agissant de rien de précis, ils n'avoient rien à refuser ni à accepter. Mᵐᵉ du Maine, voyant que tous ses propos ne les faisoient point s'avancer, et que M. de la Force, comme l'ancien, prenoit toujours la parole sur M. d'Aumont sans jamais la lui laisser, prit son parti de parler la première. Elle leur dit donc qu'après toutes les grâces dont le Roi venoit de combler M. du

Maine, et particulièrement celle de l'habileté[1] à succéder à la couronne, il n'avoit plus rien à en desirer, mais qu'en même temps il n'étoit pas assez peu considéré pour ne pas voir que cette disposition, et d'autres qui avoient précédé celle-là, pouvoient, non pas être contestées après le Roi (elle ne disoit pas ce qu'elle en pensoit), qui les avoit bien solidement munies de tout ce qui les pouvoit bien assurer, mais donner occasion d'aboyer (quel terme !), de crier, d'exciter les princes du sang, jeunes et sans expérience, quoique si liés à eux par les alliances si proches et si redoublées, donner envie aux pairs de se joindre à eux contre M. du Maine, enfin de les tracasser; que M. du Maine vouloit éviter cet inconvénient, jouir paisiblement de tout ce qui lui avoit été accordé, et que c'étoit à eux à voir s'ils se vouloient engager à lui sur ce pied-là d'une manière non équivoque.

Le duc d'Aumont saisit la parole. Le duc de la Force la lui prit à l'instant, en l'interrompant sur ce qu'il enfiloit plus que des compliments. Après en avoir fait quelques-uns, la Force se mit à vanter la solidité de tout ce que M. du Maine avoit obtenu, la solennité des formes qui y avoient été gardées, conclut que c'étoit là une terreur panique sur des choses que personne n'avoit aucun moyen d'attaquer. La duchesse du Maine répondit que, s'ils n'avoient point de moyens, il n'en falloit pas conserver la volonté; que cela ne se prouvoit point par des propos, mais par des choses; que c'étoit à eux à voir quelles étoient ces choses dans lesquelles ils voudroient s'engager. Le duc de la Force, de plus en plus surpris de tout ce qu'il entendoit, et qui voyoit déjà où elle en vouloit venir, se défendit sur ce qu'ils n'imaginoient rien au delà de ce qu'il venoit de lui dire; qu'il y ajouteroit de plus toutes les protestations qu'elle estimeroit l'assurer de leurs intentions; qu'elle avoit vu que pas un d'eux n'avoit opposé quoi que ce fût à toutes les volontés du

---

1. Voyez tome X, p. 256 et note 2, et p. 260 et note 1.

Roi à l'égard du duc du Maine ; et revint encore à leur solidité. Mme du Maine, forcée enfin d'articuler, leur déclara que si c'étoit sincèrement qu'ils parloient, tant pour eux que pour les autres ducs, il ne leur coûteroit rien de leur donner une assurance par écrit de soutenir après le Roi ce qu'il avoit réglé de son vivant pour ses fils naturels et de [1] leur postérité, tant pour leurs rangs et honneurs que pour la succession à la couronne.

M. de la Force, qui dès le commencement de cette forte conversation avoit prévu cette proposition, la supplia de considérer ce qu'elle leur proposoit ; de faire réflexion si des sujets, quels qu'ils fussent, pouvoient sans crime s'arroger l'autorité et le droit de confirmer les dispositions du Roi vivant et régnant, enfin de jeter les yeux sur la juste jalousie du Roi de son autorité, et sur les folles calomnies que le premier président avoit osé leur imputer à ce même égard d'autorité, et au Roi même, lesquelles ils ne pouvoient ignorer, puisque le Roi les avoit aussitôt après rendues au duc d'Antin avec permission d'en informer les ducs, lequel lui en avoit démontré la noirceur et la folie. Le duc de la Force continuoit en étendant sa réponse ; mais la duchesse du Maine, qui avoit eu à peine la patience de l'écouter jusque-là, l'interrompit avec un feu qu'elle ne put contenir. Elle lui dit qu'elle s'en étoit toujours bien doutée, que les ducs ne cherchoient que des échappatoires ; mais que pour celle-là elle les tenoit, et qu'elle leur répondoit que non-seulement le Roi ne seroit point offensé de l'écrit qu'elle leur demandoit, mais qu'il leur en sauroit même fort bon gré, et que M. du Maine s'en faisoit fort. Le duc d'Aumont profita prestement de l'étourdissement où cette vive réponse jeta le duc de la Force, et de la réflexion dans laquelle il tomba, quelque prévoyance qu'il en eût eue. « Monsieur, lui dit Aumont, si nous ne trouvons plus de difficulté comme Madame l'assure, et que M. du Maine

---

1. Ce mot *de* est bien au manuscrit.

s'en fait fort, que risquons-nous ? et au contraire cette assurance de notre part n'est qu'honorable. »

La Force retint l'indignation dont cette apostrophe le saisit, et avec un sourire modeste lui répondit : « Mais qui nous assurera, Monsieur, que ce que le Roi approuvera aujourd'hui par considération pour M. le duc du Maine, ne lui soit pas empoisonné demain contre nous sur son autorité, à laquelle nous aurions attenté par la concurrence de la nôtre; et contre M. le duc du Maine même qui, non content de toute celle de la majesté royale, auroit en sus montré qu'il comptoit ce concours de notre part nécessaire, et qu'il y a eu recours? Qui nous assurera que le premier président, dans la rage qu'il témoigne, que le Parlement, dans l'aliénation où il l'a mis de nous, n'aura pas encore plus de jalousie que le Roi de nous voir confirmer ce que cette Compagnie a solennellement enregistré; et que dans le temps que ces Messieurs n'épargnent rien pour nous réduire au simple état de membres de leurs corps, comme eux-mêmes et sans rien qui nous en distingue, ils ne feront pas tous leurs efforts pour traiter d'attentat cette autorité arrogée par-dessus, et en confirmation de la leur? Madame, se tournant vers la duchesse du Maine, cela est trop délicat, ajouta-t-il; il n'est aucun de nous qui en osât tenter le hasard. » Mme du Maine rageoit et le montroit bien à son visage. Ce coup de partie embrassoit tout, soit en effet pour l'assurer des ducs une bonne et solide fois, comme elle le témoignoit, soit pour les perdre sans ressource auprès du Roi, en quoi M. du Maine, qui répondoit de Sa Majesté à cet égard, et qui avoit tant et si fort répondu du premier président, en auroit usé avec la même perfidie, soit pour les perdre avec les princes du sang, sans la moindre participation desquels cette assurance par écrit étoit demandée et eût été accordée, soit avec le Parlement, soit avec le public, qui auroit vu les ducs disposer autant qu'il étoit en eux de leur propre et seule autorité, par un écrit signé d'eux, du droit de succéder à la couronne, sans nulle cause que leur desir du bonnet et la volonté de la duchesse du Maine, que le duc du Maine eût dédite, protesté qu'elle avoit imaginé l'écrit de sa tête sans son su, l'avoit demandé sans la moindre participation de sa part, répondu du Roi par lui, de son chef et sans lui en avoir jamais parlé, si ce désaveu lui eût convenu dans la suite, comme on lui a vu faire depuis en chose où il y alloit de plus pour l'État et pour lui, comme on le verra en son lieu. C'étoit donc là un coup tellement de partie que la duchesse du Maine se contint, ne se rebuta point, et se mit à répliquer, dupliquer et à faire les derniers efforts pour l'emporter à force d'esprit et d'autorité sur M. de la Force, à qui seul elle avoit affaire, le pied ayant déjà si bien glissé au duc d'Aumont. Celui-ci se voulut mêler une ou deux fois dans la dispute, mais il fut toujours repoussé par l'autre, qui, lui mettant la main sur le bras, ne s'interrompoit point, et lui étouffa toujours la parole.

La duchesse du Maine, se trouvant à bout, céda enfin à sa colère. Elle dit à ces Messieurs qu'elle voyoit bien qu'eux ni leurs confrères ne se pouvoient regagner; qu'ils mettoient en avant une vaine crainte du Roi duquel elle leur répondoit, une vaine crainte d'ailleurs, une vaine modestie sur eux-mêmes, surtout beaucoup d'esprit et de compliments à la place de réalités nécessaires; qu'ils vouloient leur fait, et se réserver entiers pour ce qui leur conviendroit dans l'avenir; que c'étoit à M. du Maine et à elle à savoir s'en garantir; et qu'elle vouloit bien leur dire (et ceci est étrangement remarquable, d'autant plus qu'elle n'a rien oublié, ni M. du Maine, pour le bien effectuer depuis, comme on le verra en son lieu), qu'elle vouloit bien leur dire, pour qu'ils n'en pussent douter, que quand on avoit une fois acquis l'habileté[1] de succéder à la couronne, il falloit, plutôt que se la laisser arracher, mettre le feu au milieu et aux quatre coins du royaume. Ce furent ses dernières paroles. En les achevant elle se

---

1. Voyez ci-dessus, p. 38 et note 1.

leva brusquement, sans toutefois qu'il lui fût échappé quoi que ce soit contre ces deux ducs ni contre les ducs en général. On se quitta avec beaucoup de compliments forcés d'une part, et de respects de l'autre qui ne l'étoient pas moins, le duc de la Force ayant toujours l'œil sur le duc d'Aumont, qui n'osa rien dire en particulier à la duchesse du Maine, ni la suivre. Ils partirent aussitôt de Sceaux, et vinrent rendre compte de leur voyage.

Ce qui vient d'être raconté de la conversation de Sceaux est copié mot à mot sur le rapport qui en fut fait par le duc de la Force, en présence du duc d'Aumont, qui n'y trouva rien à ajouter, à diminuer ni à changer. Il parut si important et en même temps si curieux qu'il fut écrit sur-le-champ même, et c'est d'où il a été pris. On n'en a omis que ce que ce premier écrit omit, qui est un fatras de répliques et de dupliques de part et d'autre, qui n'étoient que des répétitions continuelles en d'autres termes des premiers, et pour ainsi dire des propos matrices, qui furent écrits, et qu'on a exactement copiés. On en usera ici comme on a fait sur les impostures du premier président au Roi, c'est-à-dire qu'on supprimera tout commentaire. Le simple narré est non-seulement au-dessus de tous ceux qu'on pourroit faire, mais il se peut dire que la proposition de la duchesse du Maine, et la menace de sa part de culbuter l'État, et sa déclaration de le faire plutôt que perdre la succession à la couronne, surpassent non-seulement toute attente, mais toute imagination. Resteroit à savoir le véritable projet de cet engagement de conférence avec la duchesse du Maine. Étoit-ce un panneau tendu au desir du bonnet, à l'embarras honteux de l'état actuel de cette affaire; et à la sottise espérée des ducs que cet écrit d'assurance, pour les en accabler après par le Roi, par les princes du sang, par le Parlement, par le public? et il semble que le personnage infâme de délateur et d'imposteur que le premier président venoit de faire auprès du Roi contre les ducs conduise à le penser. N'étoit-ce aussi que la peur extrême du futur qui saisissoit un moment d'espérance d'obtenir cet écrit, avec dessein effectif de faire donner le bonnet, et de laisser le premier président dans la nasse après s'être assuré des ducs, et peut-être du Roi à cet égard d'avance? Mais qui pourroit sonder les profondeurs du gouffre noir et sans fond du sein du duc du Maine, qui se substituoit son épouse après avoir paru plus qu'il ne vouloit dans la conduite affreuse du premier président? Dieu les a jugés tous deux, il n'appartient pas aux hommes de le faire.

Quel qu'en ait été le dessein, il manqua, grâces au duc de la Force, qui se voyant trahi par son adjoint, conserva toute la présence de son esprit et de son courage pour s'en tirer habilement et nettement, sans donner prise le moins du monde. M. du Maine, comblé au moins d'avoir commis les ducs avec le premier président par un si vif éclat, et le Parlement par lui, ne perdoit point de vue son premier projet de faire casser la corde sur les ducs sans qu'il parût y avoir part, et délivrer en même temps le premier président de faire au Roi une réponse nettement négative. Cette réponse de plus ou de moins, après ce qu'il avoit dit au Roi des ducs, ne lui auroit pas, à leur égard, gâté sa robe davantage. Mais soit que le premier président crût en avoir assez fait, soit que M. du Maine craignît de se manifester davantage par cette dernière démarche, soit encore, supposé que le Roi ne fût pas de la partie, qu'il craignît que, piqué de la conduite du premier président, il ne se fâchât jusqu'à décider le bonnet en faveur des ducs, le duc du Maine eut recours à une nouvelle scène, à travers laquelle il ne parut l'auteur de tout le jeu que plus manifestement : ce fut d'y amener Madame la Princesse. Il ne pouvoit néanmoins ignorer que, dès le commencement de l'affaire, il avoit répondu des princes du sang, et d'elle nommément, si bien qu'il usa pour elle du mot de happelourde[1], du terme d'imbé-

---

1. Une happelourde, au sens propre, est une pierre précieuse fausse.

cile, qui étoit comptée pour rien, et qui ne s'étoit jamais mêlée de rien dans sa famille ni dehors, qui n'auroit osé penser à s'opposer à l'inclination du Roi, et qui ne branleroit jamais au moindre mot que lui son gendre lui diroit. Cela ne fut pas dit par lui pour une fois aux ducs, mais à plusieurs, et plusieurs fois répété, en répondant lui-même, et y mêlant des plaisanteries du peu de cas qu'il y avoit à en faire. Mais l'affaire pressoit, il falloit une issue, il choisit celle-là, où il n'en trouva point d'autre. Dans cet instant Madame la Princesse devint un esprit, une femme de tête et d'autorité, qui alla parler au Roi pour sa famille. Elle dit que Monsieur le Prince lui avoit toujours parlé du bonnet comme de la plus chère distinction des princes du sang sur les pairs; qu'elle avoit trop de respect pour sa mémoire, pour ses sentiments, pour ses volontés, pour l'intégrité du rang des princes du sang, pour ne pas supplier le Roi, de toutes ses forces de n'y rien innover. Là-dessus le Roi dit à d'Antin qu'il étoit fâché de cette fantaisie qui avoit pris à Madame la Princesse; qu'il ne pouvoit la persuader ni passer par-dessus; et qu'il ne vouloit plus ouïr parler du bonnet. D'Antin, qui vit bien que c'étoit une chose préparée, ne laissa pas de répondre de son mieux. Mais il parut clairement que le Roi étoit convenu avec M. du Maine d'en sortir de cette façon, et rien ne le put ébranler.

Rien de si transparent que ce personnage de Madame la Princesse. Personne n'ignoroit le peu de figure qu'elle avoit fait dans sa famille toute sa vie, ni les mépris et les duretés avec lesquels Monsieur le Prince l'avoit sans cesse traitée jusqu'à sa mort, bien loin de lui parler du bonnet, ni même de la moindre chose la plus domestique. Avec des millions dont elle pouvoit disposer, elle n'eut pas le moindre crédit ni moyen d'éteindre le feu que le testament de Monsieur le Prince fit naître parmi ses enfants; et si on a vu en son lieu qu'elle fit résoudre en un instant, par l'autorité du Roi, qu'elle alla trouver, le double mariage de Monsieur le Duc et de M. le prince de Conti, c'est qu'elle fut guidée et poussée par l'intérêt de Mlle de Conti, brusquement, et à l'insu de tous, et que ce qu'elle apprit au Roi, par la trahison de Mlle de Conti, du mariage, résolu entre M. et Mme la duchesse d'Orléans et Mme la princesse de Conti, de Mlle de Chartres et de M. le prince de Conti, sans que le Roi en sût le premier mot, le détermina sur-le-champ à montrer son autorité en le rompant et faisant en même temps épouser Mlle de Bourbon à M. le prince de Conti, et Mlle de Conti à Monsieur le Duc. Ici le Roi, loin d'être piqué contre les ducs, l'étoit contre le premier président, et le crédit de Madame la Princesse n'avoit jamais paru en aucune existence auprès du Roi. M. du Maine n'apprit rien aux ducs sur Madame sa belle-mère; mais les ducs, toujours en soupçon, voulurent se faire assurer par lui plusieurs fois, non d'elle, trop incapable pour en avoir rien à craindre, sûrs surtout que nous étions de Madame la Duchesse par nous-mêmes qui étoit très-bien avec elle, mais que, par les assurances qu'il nous donnoit de Madame la Princesse, jusqu'à nous répondre d'elle plusieurs fois, comme on l'a vu, il se trouvât hors d'état de nous la produire, comme il n'eut pas honte après tout cela de faire, pour s'en servir contre nous. Madame la Princesse, de plus, n'avoit ni grâce, ni prétexte, ni raison; on ira même plus loin, elle n'avoit pas droit ni caractère de s'opposer à ce que Madame sa belle-fille consentoit pour Messieurs ses enfants, beaucoup moins à ce que M. le duc d'Orléans, eux si reculés, lui fils du frère unique du Roi et père du premier prince du sang, consentoit pour soi, pour lui et pour sa postérité. Il n'y eut donc personne qui ne reconnût le duc du Maine à travers Madame la Princesse, sans lequel le Roi, disposé comme il le paroissoit, et si accoutumé à ne compter Madame la Princesse que par l'extérieur de princesse du sang, lui eût bien demandé de quoi elle se mêloit, quand M. le duc d'Orléans et Madame la Duchesse consentoient à chose que lui-même trouvoit juste et raisonnable; ou plutôt, sans M. du Maine, le bonnet eût été accordé ou refusé qu'elle ne l'auroit peut-être pas su de six mois après, de la façon dont elle vivoit. Personne donc, même des non-intéressés, ne prit aux plaintes de M. du Maine, qui disoit à qui vouloit l'entendre que Madame la Princesse lui avoit bien lavé la tête d'avoir mis en avant l'affaire du bonnet. Elle finit donc de cette manière. D'Antin dit aux ducs ce que le Roi lui avoit déclaré après avoir écouté Madame la Princesse, qui lui alla parler huit ou dix jours après la conférence de Sceaux.

J'avois toujours été dans cette affaire, depuis la première conférence que j'ai marqué que nous eûmes cinq ou six ensemble chez le maréchal d'Harcourt pour délibérer sur l'embarquement, et M. du Maine m'avoit raccroché plusieurs fois à Marly, quoique je l'évitasse, pour m'en parler avant l'éclat du premier président. Je ne dissimulerai pas que je fus outré de nous voir le jouet de l'art et de la puissance de M. du Maine, et de la scélératesse du premier président. Ce fut un samedi au soir que d'Antin nous rendit à Versailles la réponse définitive du Roi. J'eus la nuit devant moi. Elle ne put me persuader de laisser M. du Maine jouir paisiblement du plein et plus que plein succès de ses souplesses; ce terme, je pense, n'est pas trop fort. Il m'avoit répondu de soi, de Madame la Princesse, des princes du sang, du premier président, du Parlement, comme aux autres ducs; il m'avoit fait les mêmes protestations de son désir et de sa bonne foi; il m'avoit même pressé dans les premiers temps de m'assurer du consentement de M. le duc d'Orléans. Aucun péril ne me put persuader une servitude assez basse pour lui laisser ignorer ce que je sentois. Je n'y voulus embarquer personne avec moi, mais je ne pus souffrir qu'il le portât plus loin. Je logeois dans l'aile neuve de plein pied à la tribune, lui dans la même aile en bas, tout auprès de la grand'porte de la chapelle. Le lendemain dimanche, je le fis guetter au sortir de la chapelle. Jamais les fêtes et dimanches il n'y manquoit grand'messe, vêpres et le salut, et toutefois sa piété ne trompoit personne. Il alloit souvent à complies, à la prière, au sermon toujours quand il y en avoit, et au salut les jeudis.

Dès que je fus averti, je descendis chez lui. Je le trouvai seul dans son cabinet, qui me reçut l'air ouvert, de la manière du monde la plus polie et la plus aisée. Je n'ouvris la bouche qu'après que je fus assis dans mon fauteuil, et M. du Maine dans le sien. Alors d'un air fort sérieux, je lui dis ce que j'avois appris. M. du Maine blâma Madame la Princesse, tomba sur elle, s'excusa, s'affligea. Je l'interrompis pour lui nommer seulement et gravement le premier président. M. du Maine voulut un peu l'excuser, et promptement ajouta qu'il ne falloit point désespérer de l'affaire ni la regarder comme finie; que pour lui il ne cesseroit d'y travailler, et qu'il ne seroit jamais content qu'il n'en fût venu à bout. Sans m'émouvoir je l'écoutai, puis lui dis toutes les impostures du premier président au Roi contre les ducs, que le Roi avoit rendues sur-le-champ à d'Antin, avec permission de nous les dire, duquel je les savois; et de là je traitai le premier président sans mesure, mais sans colère, avec un simple air du plus profond mépris et de l'horreur de sa scélératesse. Ce n'étoit pas que je comptasse lui rien apprendre, mais lui montrer que je n'ignorois rien; et tout de suite, le regardant fixement entre deux yeux : « C'est vous, Monsieur, continuai-je, qui nous avez engagés malgré nous dans cette affaire; c'est vous qui nous avez répondu du Roi, du premier président, et par lui du Parlement; c'est vous qui nous avez répondu de Madame la Princesse; c'est vous qui la faites intervenir maintenant, après avoir fait jouer au premier président un si indigne personnage; enfin c'est vous, Monsieur, qui nous avez manqué de parole, et qui nous rendez le jouet du Parlement et la risée du monde. » M. du Maine, toujours si vermeil et si désinvolte [1], devint interdit et pâle comme un mort. Il voulut s'excuser en balbutiant, et témoigner sa consi-

---

1. Voyez tome III, p. 272 et note 1, et tome X, p. 178.

dération pour les ducs, et en particulier pour moi. Je l'écoutois sans avoir ôté un moment les yeux de sur les siens. Enfin, fixant les yeux de plus en plus sur lui, je l'interrompis et lui dis d'un ton élevé et fier, mais toujours tranquille et sans colère : « Monsieur, vous pouvez tout, vous nous le montrez bien et à toute la France ; jouissez de votre pouvoir et de tout ce que vous avez obtenu, » mais en haussant la tête et la voix et le regardant jusqu'au fond de l'âme : « Il vient quelquefois des temps où on se repent trop tard d'en avoir abusé, et d'avoir joué et trompé de sens froid[1] tous les principaux seigneurs du royaume en rang et en établissements, qui ne l'oublieront jamais ; » et brusquement je me lève, et tourne pour m'en aller sans lui laisser le moment de répondre. Le duc du Maine, l'air éperdu d'étonnement et peut-être de dépit, me suivit, balbutiant encore des excuses et des compliments. J'allai toujours, sans me tourner, jusqu'à la porte. Là, je me tournai, et d'un air d'indignation je lui dis : « Oh ! Monsieur, me conduire après ce qui s'est passé, c'est ajouter la dérision à l'insulte. » Je passai à l'instant la porte, et m'en allai sans regarder derrière moi.

La même après-dînée je racontai cette visite aux autres ducs de point en point. Je ne sais si beaucoup l'eussent voulu faire, mais tous en parurent très-satisfaits. Nul ne le fut plus que moi. Je n'ai point su ce que M. du Maine fit de cette conversation, dont il n'avoit, je pense, éprouvé encore de pareille. S'il en parla au Roi, s'il s'en ouvrit à Mme de Maintenon, s'il la tint secrète de sa part, c'est ce que je n'ai point démêlé, et dont je me mis peu en peine. Si le Roi l'a sue, il a fait comme s'il ne la savoit pas ; Mme de Maintenon de même. Jamais Mme de Saint-Simon et moi ne nous en sommes aperçus. Personne de chez M. du Maine, ni de Sceaux, n'en a jamais parlé. On peut juger que M. du Maine et moi ne retournâmes pas l'un chez l'autre, et ne nous cherchions pas. Nous nous ren-

---

1. Voyez tome I, p. 221 et note 1, et tome II, p. 255 et note 1.

contrions rarement alors; M. du Maine s'arrêtoit et me saluoit bas, et de la façon la plus marquée : son pied-bot l'obligeoit à s'arrêter ainsi quand il vouloit saluer quelqu'un par une véritable révérence; je lui répondis fidèlement par une demie, toujours marchant; et nous vécûmes ainsi jusqu'à la mort du Roi.

Quoique les réflexions gâtent souvent des Mémoires, il est difficile de s'empêcher d'en faire ici sur le renversement de toutes lois, droits et ordre pour des élévations sans mesure. Ceux qui les obtiennent regardent comme ennemis tout ce qui n'approuve pas leur fortune, et comme des gens à perdre tous ceux qui dans d'autres temps les y pourroient troubler. Semblables aux tyrans qui ont asservi leur patrie, ils craignent tout, ils se défient de tout, des hommes de sens et de courage dont l'état est blessé de cette étrange élévation; ils se croient tout permis contre eux, et la crainte de déchoir devient en eux une passion si supérieure à tout autre sentiment, qu'il n'est crime dont ils puissent avoir horreur, dès qu'il devient utile à la conservation de ce qu'ils ont usurpé.

On voit ici le plus noir dessein du duc du Maine amené à succès par les plus noirs procédés, et en même temps les plus profondément pourpensés. La fausseté, la trahison, la perfidie, les manquements de parole sans cesse multipliés, la violence adroite pour attirer forcément dans ses piéges, les divers personnages également soutenus, le dernier abus d'une âme de boue, que comme telle il a mise sur le chandelier, à qui il fait souffler comme il veut le froid et le chaud, qu'il rend traître jusque sans le plus léger prétexte, et dont il se sert enfin pour faire vomir au Roi les impostures les plus absurdes, mais les plus infernales contre tout ce que sa cour a de plus distingué et qui l'approche de plus près. A force de se cacher derrière des gazes, et de multiplier les horreurs, on sent qu'il est auteur et moteur de toutes les machines, et qu'il n'oublie rien pour n'être point aperçu. Il se voue aux ténèbres, et les ténèbres mêmes le rejettent. On les voit ensuite, lui et son infâme instrument, tenter tout pour se tromper l'un l'autre : le premier président pour obtenir des ducs de suivre les présidents, et laisser M. du Maine dans la nasse; M. du Maine chercher à s'assurer des ducs en leur donnant ce qu'ils vouloient; en laissant le premier président dans le fond du bourbier que sa servitude à ce maître perfide lui avoit fait creuser à lui-même. Couverts enfin l'un et l'autre de tout ce qui peut rendre les hommes plus méprisables et plus odieux, sans plus de ressource de n'être pas vus tels et à plein découverts, on voit M. du Maine se servir de son épouse, et abuser du respect dû à sa naissance de fille du premier prince du sang, pour faire nettement et distinctement les propositions les plus criminelles et en même temps les plus farcies de toutes les sortes de poisons, et qui, dans la rage de ne les pouvoir faire accepter, ose déclarer que, plutôt que se voir arracher ce qui n'est pas dans le pouvoir des rois, ni dans la nature des choses de donner, je veux dire la succession à la couronne, ils mettront le feu au milieu et aux quatre coins du royaume. Est-ce une issue de la couronne qui parle? Est-ce quelqu'un dont les frères et les neveux y sont incontestablement appelés? Le plus mortel ennemi de nos rois, de nos princes, de notre patrie, pourroit-il emprunter de la plus furieuse rage des paroles qui en fussent plus le langage? Et ce langage est celui d'une princesse du sang qui a oublié ce qu'elle est, et la reconnoissance de tous les biens, charges et grandeurs qu'a obtenus le mari qu'elle a épousé, qui ont passé à ses enfants, qui tous sont les premiers doubles adultérins que le soleil ait vus paroître, et que les lois violées ont soufferts hors du néant et de la non-existence; menace enfin qui, selon toutes les lois et suivant encore toute politique, en cela parfaitement d'accord avec les lois, mérite ce qu'on n'oseroit exprimer. Et à qui s'adresse-t-elle pour vomir cette criminelle menace? à des gens du plus grand état, qu'elle regarde comme ses ennemis, et que dans ce moment elle rend tels, et à qui elle ne craint pas de le dire. On verra dans la suite qu'il n'a pas tenu à elle, ni à son mari, caché alors derrière elle tant qu'il put, et jusqu'à la dernière comédie, comme il s'y cachoit ici, qu'ils n'aient renversé l'État et livré la France en proie.... Que n'auroit-on pas à ajouter?

Mesmes, trop vil pour s'arrêter à lui, et qui, par ce qu'on vient d'en voir, s'est montré par trop infâme pour ne pas déshonorer par le seul attouchement qui en voudroit réfléchir ou produire, laissera sauter par-dessus son infecte pourriture pour faire une courte réflexion sur le bonnet.

On en a vu ci-dessus la nouveauté, l'art et la plus qu'indécence; elle est telle que les présidents eux-mêmes sont forcés de l'avouer. Toute leur défense est de se couvrir du nom et de la majesté du Roi qu'ils prétendent représenter tous ensemble en leur commune présidence, et c'est par cette représentation qu'ils essayent de soutenir leurs prétentions. La fausseté de cet allégué se découvre en ce que les représentants du Roi auroient la première place dans le lieu et la fonction de leur représentation. Or il est de fait que ce sont les pairs qui l'ont sur eux, tant aux hauts siéges qu'aux bas siéges, puisqu'ils sont à la droite du coin du Roi, au haut bout derrière lequel il n'y a point de passage, et du côté de la cheminée, du côté du barreau de préférence, du côté de la place et du plaidoyer des gens du Roi. Si on a nouvellement changé la cheminée, il demeure constant que c'est une nouveauté; et le côté droit, à ce qui vient d'en être expliqué, demeure en existence et en évidence. Il faut donc dire que les présidents président au nom du Roi, et non pas que des légistes pour leur argent le représentent. Cette représentation est même si fausse à leurs propres yeux qu'ils ne la pouvoient alléguer en présence du Roi en lit de justice. Ils ne pouvoient pas même s'appuyer sur la simple présidence, puisque la présence du chancelier la leur ôte, et les efface totalement. Néanmoins on les a vus usurper d'opiner en lit de justice, non-seulement devant les pairs et les princes du sang, mais devant les fils de France, et devant la Reine mère et régente ; et les mouvements qu'ils se donnèrent montrent bien que c'étoit pour leurs personnes uniquement, et dans lesquels ils engagèrent le Parlement d'entrer, quoiqu'il n'y eût pas le moindre intérêt, lorsque cette affaire fut enfin portée devant le Roi en 1662, qui, très-contradictoirement, jugea contre eux pour les pairs ce qui a toujours subsisté depuis. Il est donc évident, par cet exemple dont on se contente ici, que ce n'est ni par la représentation du Roi, qu'ils n'ont point, ni par la présidence, qu'ils exercent en son nom, qu'ils osent soutenir l'énorme usurpation du bonnet, et que, si le Roi les obligeoit d'articuler à quel titre, ils demeureroient confondus.

Mais que pouvoient-ils alléguer au Roi là-dessus, en leur laissant même soutenir cette représentation fausse et idéale, dès que le Roi consent pour ce qui le regarde, et qu'il dit au premier président que ce que les ducs demandent lui paroît juste et raisonnable, et qu'il desire qu'ils soient contents ? c'étoit les mettre au pied du mur. Aussi le premier président n'osa jamais faire une dernière réponse au Roi ; et ce fut pour l'en délivrer que M. du Maine n'eut pas honte, après avoir tant de fois répondu de Madame la Princesse, de l'amener enfin sur la scène pour finir l'affaire comme on l'a vu.

Finissons par un mot fort court. Le chancelier va au Parlement toutes les fois que bon lui semble, y préside, et y efface totalement le premier président et tous les autres présidents ; il y déplace le premier président en l'absence du Roi ; il est le supérieur du Parlement. Quand cette Compagnie va chez lui le haranguer, et il n'est point de chancelier à qui cela n'arrive, c'est par députés, parmi lesquels sont le premier président et d'autres présidents à mortier. Le premier président lui porte la parole et le traite toujours de *Monseigneur ;* la députation est très-légèrement conduite par le chancelier, qui prend la main sur le premier président et sur tous, et, à l'ordinaire de la vie, ne donne la main chez lui à aucun magistrat, ni la chancelière, qui a d'ailleurs un rang fort inférieur au sien, ne donne aussi la main chez elle ni à la première présidente, ni à aucune femme de robe, et la donne néanmoins à toutes les autres, à la différence du chancelier, qui ne la donne qu'aux gens titrés. Voilà donc une supériorité entière du chancelier sur le premier président et sur tous les parlements[1], qui, en corps, et le premier président en particulier, lui écrivent *Monseigneur*, et en reçoivent réponse fort disproportionnée. Le conseil privé, ou des parties, qui casse les arrêts du Parlement, n'a qu'un seul président qui est le chancelier. En prenant les avis il est couvert, et le demeure lorsque les conseillers d'État se découvrent lorsqu'il les nomme pour opiner. Il n'ôte son chapeau qu'en nommant le doyen du conseil, et le nomme Monsieur le doyen, et non par son nom comme il fait tous les autres conseillers d'État. Lorsqu'il y a eu des pairs, même M. de Vitry, qui n'étoit que duc à brevet, et conseiller d'État d'épée, le chancelier s'est toujours découvert pour eux, et l'exemple de Messieurs de Reims et de Noyon en est récent. Que l'on compare maintenant le chancelier et le premier président, et leur très-différent usage, qu'est-il possible que les présidents y répondent qui se puisse souffrir? En voilà assez sur cette étrange affaire qui gagna le mois de mars 1715. Sa nature a obligé à un récit de suite et non interrompu; reprenons maintenant les matières accoutumées, et revenons sur nos pas au 1ᵉʳ janvier 1715. Toutefois il ne faut pas que l'empressement de finir une si désagréable matière fasse omettre que M. du Maine avoit payé d'avance le premier président, presque immédiatement avant de l'entamer. Ce magistrat, qui étoit un panier percé qui jetoit à tout, et beaucoup en breloques, avoit toujours grand besoin d'argent, et se gouvernoit fort par ce continuel desir. Il avoit

---

1. Il y a bien *parlements*, et non *présidents*, au manuscrit.

quatre cent mille francs de brevet de retenue qu'il avoit payés à son prédécesseur; il n'eut pas honte d'en demander la jouissance par une nouvelle pension de vingt mille francs, ni le duc du Maine de la solliciter auprès du Roi, qui n'étoit plus à portée de refuser quoi que ce fût à ce très-cher bâtard, et cher en toutes les sortes.

CHAPITRE III.

1715. — Grillo vient faire au Roi les remerciements de la reine d'Espagne. — Trois cent mille livres de brevet de retenue au duc de Bouillon sur son gouvernement d'Auvergne; trois mille livres de pension à Arpajon; six mille à Celi, intendant à Pau. — Électeur de Bavière à Versailles; électeur de Cologne y prend congé du Roi, et retourne dans ses États. — Mariage du prince héréditaire d'Hesse-Cassel avec la sœur du roi de Suède. — Mort de la princesse d'Isenghien Pot, sans enfants. — Mort et caractère et famille du comte de Grignan; sa dépouille. — Mort et caractère du maréchal de Chamilly; sa dépouille. — Caractère, vie, conduite et mort de Fénelon, archevêque de Cambray. — Menées de Fleury, évêque de Fréjus, pour être précepteur de Louis XV. — Origine de la haine implacable et de la persécution sans bornes ni mesure de Fleury, évêque de Fréjus, depuis cardinal et maître du royaume, contre le P. Quesnel et les jansénistes. — La Parisière, évêque de Nîmes, Zopyre du P. Tellier; son invention ultramontaine; sa misérable mort. — Mort et caractère de l'abbé de Lyonne et d'Henriot, évêque de Boulogne. — Gesvres, archevêque de Bourges, obtient la nomination au cardinalat des deux rois de Pologne, Stanislas et électeur de Saxe. — Languet fait évêque de Soissons, et quelques autres bénéfices donnés. — Mort et caractère de la duchesse de Nevers; infructueuse malice de Monsieur le Prince.

Cette année commença par les remerciements que la reine d'Espagne fit au Roi des présents qu'elle en avoit reçus par le duc de Saint-Aignan. Elle lui dépêcha le marquis Grillo, noble génois, qu'elle affectionnoit et qu'elle fit grand d'Espagne dès qu'elle s'y fut rendue maîtresse.

M. de Bouillon obtint cent mille écus de brevet de retenue sur son gouvernement d'Auvergne; le marquis d'Arpajon mille écus de pension; et Harlay, fils de l'ambassadeur plénipotentiaire à la paix de Ryswick, deux mille. Il étoit intendant à Pau. Le Roi ne se démentit jamais en la moindre chose de sa préférence distinguée et marquée en tout de la robe sur l'épée, et du bourgeois sur le noble.

L'électeur de Bavière tira dans le petit parc, ce qui étoit une faveur où les fils de France avoient rarement atteint, joua après chez Madame la Duchesse, soupa et joua chez d'Antin, ne vit point le Roi, et s'en retourna. On sut en même temps que le roi de Suède, qui étoit toujours à Stralsund, avoit accordé la princesse Ulrique, sa sœur, au prince héréditaire de Hesse-Cassel, qui l'alloit épouser à Stockholm. C'est le même prince qui avoit toujours servi dans les armées des alliés contre la France, et qui fut battu en Italie par Medavid presque en même temps de la levée du siége de Turin. L'électeur de Cologne prit congé du Roi dans son cabinet l'après-dînée, pour retourner enfin dans ses États; il entra et sortit de chez le Roi à l'ordinaire par les derrières.

Mme d'Isenghien mourut en couche d'un enfant mort. Elle étoit Pot, fille unique du dernier marquis de Rhodes, et je crois la dernière de cette illustre et ancienne maison. Elle étoit brouillée avec sa mère, qui étoit Simiane, nièce du feu évêque-duc de Langres, malgré laquelle elle s'étoit mariée. Sa mort fit la réconciliation.

Le comte de Grignan, seul lieutenant général et commandant de Provence et chevalier de l'ordre, gendre de Mme de Sévigné, qui en parle tant dans ses lettres, mourut à quatre-vingt-trois ans dans une hôtellerie, allant de Lambesc à Marseille. C'étoit un grand homme, fort bien fait, laid, qui sentoit fort ce qu'il étoit, fort honnête homme, fort poli, fort noble, en tout fort obligeant, et universellement estimé, aimé et respecté en Provence, où, à force de manger et de n'être point aidé, il se ruina. Il ne lui restoit que deux filles : Mme de Vibraye, fille de la sœur de la duchesse de Montausier, que les mauvais traitements de la dernière Mme de Grignan Sévigné forcèrent à un mariage fort inégal, et qui fut toujours brouillée avec eux; et Mme de Simiane, fille de la Sévigné, adorée de sa mère comme elle l'étoit de la sienne. Elle avoit épousé Simiane par amour réciproque. Il avoit peu servi, et il étoit premier gentilhomme de la chambre de M. le duc d'Orléans, léger emploi alors, mais qui par l'événement lui valut la lieutenance générale de Provence, dont le Roi n'avoit pas disposé lorsqu'il mourut.

Le maréchal de Chamilly mourut à Paris le 7 janvier, après une longue maladie, à soixante-dix-neuf ans. C'étoit un grand et gros homme, fort bien fait, extrêmement distingué par sa valeur, par plusieurs actions, et devenu célèbre par la défense de Grave. On en a parlé ailleurs à diverses reprises. Il étoit fort homme d'honneur et de bien, et vivoit partout très-honorablement; mais il avoit si peu d'esprit qu'on en étoit toujours surpris, et sa femme, qui en avoit beaucoup, souvent embarrassée. Il avoit servi jeune en Portugal, et ce fut à lui que furent écrites ces fameuses *Lettres portugaises*, par une religieuse qu'il y avoit connue et qui étoit devenue folle de lui. Il n'eut point d'enfants. Son nom étoit Bouton, dont il y a eu des chambellans des derniers ducs de Bourgogne, province d'où ils étoient. Il ne laissa vacant que le gouvernement de Strasbourg, que le Roi donna au maréchal d'Huxelles, qui fut un beau morceau ajouté à son gouvernement d'Alsace où néanmoins il ne retourna plus. La vérité est que, pour plus de trente mille [livres] de rente, que valoit Strasbourg, il en rendit douze mille d'appointements du gouvernement de Brisach.

En ce même commencement de janvier, Fénelon, aujourd'hui conseiller d'État d'épée, lieutenant général, gouverneur du Quesnoy et chevalier de l'ordre, après avoir été longtemps ambassadeur en Hollande, entra chez moi à Versailles comme j'achevois de dîner. Il me dit fort affligé qu'il venoit d'apprendre par un courrier que l'archevêque de Cambray, son grand-oncle, étoit extrêmement mal ; et qu'il me venoit prier d'obtenir de M. le duc d'Orléans de lui envoyer Chirac, son médecin, sur-le-champ, et de lui prêter ma chaise de poste. Je sortis de table aussitôt. J'envoyai chercher ma chaise, et allai chez M. le duc d'Orléans, qui envoya chercher Chirac, et lui ordonna de partir et de demeurer à Cambray tant qu'il y seroit nécessaire. Entre l'arrivée de Fénelon chez moi et le départ de Chirac il n'y eut pas une heure, et il alla tout de suite à Cambray. Il trouva l'archevêque hors d'espérance et d'état à tenter aucun remède. Il y demeura néanmoins vingt-quatre heures, au bout desquelles il mourut. Ainsi, moi qu'il craignoit tant auprès de M. le duc d'Orléans pour les temps futurs, ce fut moi qui lui rendis le dernier service. Ce personnage a été si connu et si célèbre, qu'après ce qui s'en voit en divers endroits ici, il seroit inutile de s'y beaucoup étendre, quoique il ne soit pourtant pas possible de ne s'y arrêter pas un peu.

On a vu ici sa naissance d'ancienne et bonne noblesse, décorée d'ambassades, de divers emplois, d'un collier du Saint-Esprit sous Henri III, et d'alliances ; sa pauvreté, ses obscurs commencements, ses tentatives diverses vers les jansénistes, les jésuites, les Pères de l'Oratoire, le séminaire de Saint-Sulpice, auquel enfin non sans peine il s'accrocha, et qui le produisit aux ducs de Chevreuse et de Beauvillier ; le rapide progrès qu'il fit dans leur estime, la place de précepteur des enfants de France qu'elle lui valut, ce qu'il en sut faire, les sources et les progrès de la catastrophe de ses opinions et de sa fortune ; les ouvrages qu'il composa, ceux qui y répondirent ; les adresses qu'il employa et qui ne purent le sauver, la disgrâce de ses partisans, de ses amis, de ses protecteurs, à combien peu il tint qu'elle n'entraînât la ruine des ducs de Chevreuse et de Beauvillier, et l'incomparable action de Noailles, archevêque de Paris, depuis cardinal, qui le brouilla pour longtemps avec le duc son frère et sa belle-sœur ; les divers contours de son affaire, qu'il porta enfin à Rome, où le Roi fit agir en son nom comme partie contre lui; sa condamnation canoniquement acceptée par toutes les assemblées des provinces ecclésiastiques du royaume de l'obéissance du Roi; la promptitude, la netteté, l'éclat de sa soumission et sa conduite admirable dans sa propre assemblée provinciale avec Valbelle, évêque de Saint-Omer, qui s'en déshonora; enfin le bonheur qu'il eut de se conserver en entier, et pour toujours, le cœur et l'estime de Mgr le duc de Bourgogne, des ducs de Chevreuse et de Beauvillier, et de tous ses amis, sans l'affoiblissement d'aucun, malgré la roideur et la profondeur de sa chute, la persécution toujours active de Mme de Maintenon, le précipice ouvert du côté du Roi, et dix-sept années d'exil; tous aussi vifs que lui, aussi attentifs, aussi faisant leur chose capitale de ce qui le regardoit, aussi assujettis à sa direction, aussi ardents à profiter de tout pour le remettre en première place que les premiers moments de sa disgrâce, et tous avec la plus grande mesure de respect pour le Roi, mais sans s'en cacher, et moins qu'aucun d'eux les ducs de Chevreuse et de Beauvillier, toute leur famille et Mgr le duc de Bourgogne même.

Ce prélat étoit un grand homme maigre, bien fait, pâle, avec un grand nez, des yeux dont le feu et l'esprit sortoient comme un torrent, et une physionomie telle que je n'en ai point vu qui y ressemblât, et qui ne se pouvoit oublier, quand on ne l'auroit vu qu'une fois. Elle rassembloit tout, et les contraires ne s'y combattoient pas. Elle avoit de la gravité et de la galanterie, du sérieux et de la gaieté; elle sentoit également le docteur, l'évêque et le grand seigneur; ce qui y surnageoit, ainsi que dans toute sa personne, c'étoit la finesse, l'esprit, les grâces, la décence, et surtout la noblesse. Il falloit effort pour cesser de le regarder. Tous ses portraits sont parlants, sans toutefois avoir pu attraper la justesse de l'harmonie qui frappoit dans l'original, et la délicatesse de chaque caractère que ce visage rassembloit. Ses manières y répondoient dans la même proportion, avec une aisance qui en donnoit aux autres, et cet air et ce bon goût qu'on ne tient que de l'usage de la meilleure compagnie et du grand monde, qui se trouvoit répandu de soi-même dans toutes ses conversations ; avec cela une éloquence naturelle, douce, fleurie; une politesse insinuante, mais noble et proportionnée; une élocution facile, nette, agréable; un air de clarté et de netteté pour se faire entendre dans les matières les plus embarrassées et les plus dures; avec cela un homme qui ne vouloit jamais avoir plus d'esprit que ceux à qui il parloit, qui se mettoit à la portée de chacun sans le faire jamais sentir, qui les mettoit à l'aise et qui sembloit enchanter, de façon qu'on ne pouvoit le quitter, ni s'en défendre, ni ne pas chercher à le retrouver. C'est ce talent si rare, et qu'il avoit au dernier degré, qui lui tint tous ses amis si entièrement attachés toute sa vie, malgré sa chute, et qui, dans leur dispersion, les réunissoit pour se parler de lui, pour le regretter, pour le desirer, pour se tenir de plus en plus à lui, comme les Juifs pour Jérusalem, et soupirer après son retour, et l'espérer toujours, comme ce malheureux peuple attend encore et soupire après le Messie. C'est aussi par cette autorité de prophète, qu'il s'étoit acquise[1] sur les siens, qu'il s'étoit accoutumé à une domination qui, dans sa douceur, ne vouloit point de résistance. Aussi n'auroit-il pas longtemps souffert de compagnon s'il fût revenu à la cour et entré dans le conseil, qui fut toujours son grand but; et une fois ancré et hors des besoins des autres, il eût été bien dangereux non-seulement de lui résister, mais de n'être pas toujours pour lui dans la souplesse et dans l'admiration.

Retiré dans son diocèse, il y vécut avec la piété et l'application d'un pasteur, avec l'art et la magnificence d'un homme qui n'a renoncé à rien, qui se ménage tout le

---

1. *Acquis*, sans accord, au manuscrit.

monde et toutes choses. Jamais homme n'a eu plus que lui la passion de plaire, et au valet autant qu'au maître ; jamais homme ne l'a portée plus loin, avec une application plus suivie, plus constante, plus universelle ; jamais homme n'y a plus entièrement réussi. Cambray est un lieu de grand abord et de grand passage ; rien d'égal à la politesse, au discernement, à l'agrément avec lequel il recevoit tout le monde. Dans les premières années on l'évitoit, il ne couroit après personne ; peu à peu les charmes de ses manières lui rapprochèrent un certain gros. A la faveur de cette petite multitude, plusieurs de ceux que la crainte avoit écartés, mais qui desiroient aussi de jeter des semences pour d'autres temps, furent bien aises des occasions de passer à Cambray. De l'un à l'autre tous y coururent. A mesure que Mgr le duc de Bourgogne parut figurer, la cour du prélat grossit ; et elle en devint une effective aussitôt que son disciple fut devenu Dauphin. Le nombre de gens qu'il avoit accueillis, la quantité de ceux qu'il avoit logés chez lui passants par Cambray, les soins qu'il avoit pris des malades et des blessés qu'en diverses occasions on avoit portés dans sa ville, lui avoient acquis le cœur des troupes. Assidu aux hôpitaux et chez les moindres officiers, attentif aux principaux, en ayant chez lui en nombre et plusieurs mois de suite jusqu'à leur parfait rétablissement, vigilant en vrai pasteur au salut de leurs âmes, avec cette connoissance du monde qui les savoit gagner et qui en engageoit beaucoup à s'adresser à lui-même, et il ne se refusoit pas au moindre des hôpitaux qui vouloit aller à lui, et qu'il suivoit comme s'il n'eût point eu d'autres soins à prendre, il n'étoit pas moins actif au soulagement corporel. Les bouillons, les nourritures, les consolations des dégoûts, souvent encore les remèdes, sortoient en abondance de chez lui ; et dans ce grand nombre un ordre et un soin que chaque chose fût du meilleur en sa sorte qui ne se peut comprendre. Il présidoit aux consultations les plus importantes ; aussi est-il incroyable jusqu'à quel point il devint l'idole des gens de guerre, et combien son nom retentit jusqu'au milieu de la cour.

Ses aumônes, ses visites épiscopales réitérées plusieurs fois l'année, et qui lui firent connoître par lui-même à fond toutes les parties de son diocèse, la sagesse et la douceur de son gouvernement, ses prédications fréquentes dans la ville et dans les villages, la facilité de son accès, son humanité avec les petits, sa politesse avec les autres, ses grâces naturelles qui rehaussoient le prix de tout ce qu'il disoit et faisoit, le firent adorer de son peuple; et les prêtres dont il se déclaroit le père et le frère, et qu'il traitoit tous ainsi, le portoient tous dans leurs cœurs. Parmi tant d'art et d'ardeur de plaire, et si générale, rien de bas, de commun, d'affecté, de déplacé, toujours en convenance à l'égard de chacun; chez lui abord facile, expédition prompte et désintéressée; un même esprit, inspiré par le sien, en tous ceux qui travailloient sous lui dans ce grand diocèse; jamais de scandale ni rien de violent contre personne; tout en lui et chez lui dans la plus grande décence. Ses matinées se passoient en affaires du diocèse. Comme il avoit le génie élevé et pénétrant, qu'il y résidoit toujours, qu'il ne se passoit point de jour qu'il ne réglât ce qui se présentoit, c'étoit chaque jour une occupation courte et légère. Il recevoit après qui le vouloit voir, puis alloit dire la messe, et il y étoit prompt; c'étoit toujours dans sa chapelle, hors les jours qu'il officioit, ou que quelque raison particulière l'engageoit à l'aller dire ailleurs. Revenu chez lui, il dînoit avec la compagnie, toujours nombreuse, mangeoit peu et peu solidement, mais demeuroit longtemps à table pour les autres, et les charmoit par l'aisance, la variété, le naturel, la gaieté de sa conversation, sans jamais descendre à rien qui ne fût digne et d'un évêque et d'un grand seigneur; sortant de table il demeuroit peu avec la compagnie. Il l'avoit accoutumée à vivre chez lui sans contrainte, et à n'en pas prendre pour elle. Il entroit dans son cabinet et y travailloit quelques heures, qu'il prolongeoit s'il faisoit mauvais temps et qu'il n'eût rien à faire hors de chez lui.

Au sortir de son cabinet il alloit faire des visites ou se promener à pied hors la ville. Il aimoit fort cet exercice et l'allongeoit volontiers ; et, s'il n'y avoit personne de ceux qu'il logeoit, ou quelque personne distinguée, il prenoit quelque grand vicaire et quelque autre ecclésiastique, et s'entretenoit avec eux du diocèse, de matières de piété ou de savoir ; souvent il y mêloit des parenthèses agréables. Les soirs, il les passoit avec ce qui logeoit chez lui, soupoit avec les principaux de ces passages d'armées quand il en arrivoit, et alors sa table étoit servie comme le matin. Il mangeoit encore moins qu'à dîner, et se couchoit toujours avant minuit. Quoique sa table fût magnifique et délicate, et que tout chez lui répondît à l'état d'un grand seigneur, il n'y avoit rien néanmoins qui ne sentît l'odeur de l'épiscopat et de la règle la plus exacte, parmi la plus honnête et la plus douce liberté. Lui-même étoit un exemple toujours présent, mais auquel on ne pouvoit atteindre ; partout un vrai prélat, partout aussi un grand seigneur, partout encore l'auteur de *Télémaque*. Jamais un mot sur la cour, sur les affaires, quoi que ce soit qui pût être repris, ni qui sentît le moins du monde bassesse, regrets, flatterie ; jamais rien qui pût seulement laisser soupçonner ni ce qu'il avoit été, ni ce qu'il pouvoit encore être. Parmi tant de grandes parties un grand ordre dans ses affaires domestiques, et une grande règle dans son diocèse ; mais sans petitesse, sans pédanterie, sans avoir jamais importuné personne d'aucun état sur la doctrine.

Les jansénistes étoient en paix profonde dans le diocèse de Cambray, et il y en avoit grand nombre ; ils s'y taisoient, et l'archevêque aussi à leur égard. Il auroit été à desirer pour lui qu'il eût laissé ceux de dehors dans le même repos ; mais il tenoit trop intimement aux jésuites, et il espéroit trop d'eux, pour ne leur pas donner ce qui ne troubloit pas le sien. Il étoit aussi trop attentif à son petit troupeau choisi, dont il étoit le cœur, l'âme, la vie et l'oracle, pour ne lui pas donner de temps en temps la pâture de quelques ouvrages qui couroient entre leurs mains avec la dernière avidité, et dont les éloges retentissoient. Il fut rudement réfuté par les jansénistes; et il est vrai de plus que le silence en matière de doctrine auroit convenu à l'auteur si solennellement condamné du livre des *Maximes des saints;* mais l'ambition n'étoit rien moins que morte; les coups qu'il recevoit des réponses des jansénistes lui devenoient de nouveaux mérites auprès de ses amis, et de nouvelles raisons aux jésuites de tout faire et de tout entreprendre pour lui procurer le rang et les places d'autorité dans l'Église et dans l'État. A mesure que les temps orageux s'éloignoient, que ceux de son Dauphin s'approchoient; cette ambition se réveilloit fortement, quoique cachée sous une mesure qui certainement lui devoit coûter. Le célèbre Bossuet, évêque de Meaux, n'étoit plus, ni Godet, évêque de Chartres. La constitution avoit perdu le cardinal de Noailles; le P. Tellier étoit devenu tout-puissant. Ce confesseur du Roi étoit totalement à lui ainsi que l'élixir du gouvernement des jésuites; et la Société entière faisoit profession de lui être attachée depuis la mort du P. Bourdaloue, du P. Gaillard et de quelques autres principaux qui lui étoient opposés, qui en retenoient d'autres, et que la politique des supérieurs laissoit agir, pour ne pas choquer le Roi ni Mme de Maintenon contre tout le corps; mais ces temps étoient passés, et tout ce formidable corps lui étoit enfin réuni. Le Roi, en deux ou trois occasions depuis peu, n'avoit pu s'empêcher de le louer. Il avoit ouvert ses greniers aux troupes dans un temps de cherté et où les munitionnaires étoient à bout, et il s'étoit bien gardé d'en rien recevoir, quoique il en eût tiré de grosses sommes en le vendant[1] à l'ordinaire. On peut juger que ce service ne demeura pas enfoui, et ce fut aussi ce qui fit hasarder pour la pre-

---

1. En vendant le grain.

mière fois de nommer son nom au Roi. Le duc de Chevreuse avoit enfin osé l'aller voir, et le recevoir une autre fois à Chaulnes; et on peut juger que ce ne fut pas sans s'être assuré que le Roi le trouvoit bon.

Fénelon, rendu enfin aux plus flatteuses et aux plus hautes espérances, laissa germer cette semence d'elle-même; mais elle ne put venir à maturité. La mort si peu attendue du Dauphin l'accabla, et celle du duc de Chevreuse, qui ne tarda guère après, aigrit cette profonde plaie; la mort du duc de Beauvillier la rendit incurable, et l'atterra. Ils n'étoient qu'un cœur et qu'une âme, et, quoique ils ne se fussent jamais vus depuis l'exil, Fénelon le dirigeoit de Cambray jusque dans les plus petits détails. Malgré sa profonde douleur de la mort du Dauphin, il n'avoit pas laissé d'embrasser une planche dans ce naufrage. L'ambition surnageoit à tout, se prenoit à tout. Son esprit avoit toujours plu à M. le duc d'Orléans. M. de Chevreuse avoit cultivé et entretenu entre eux l'estime et l'amitié, et j'y avois aussi contribué par attachement pour le duc de Beauvillier, qui pouvoit tout sur moi. Après tant de pertes et d'épreuves les plus dures, ce prélat étoit encore homme d'espérances; il ne les avoit pas mal placées. On a vu les mesures que les ducs de Chevreuse et de Beauvillier m'avoient engagé de prendre pour lui auprès de ce prince, et qu'elles avoient réussi de façon que les premières places lui étoient destinées, et que je lui en avois fait passer l'assurance par ces deux ducs dont la piété s'intéressoit si vivement en lui, et qui étoient persuadés que rien ne pouvoit être si utile à l'Église, ni si important à l'État, que de le placer au timon du gouvernement; mais il étoit arrêté qu'il n'auroit que des espérances. On a vu que rien ne le pouvoit rassurer sur moi, et que les ducs de Chevreuse et de Beauvillier me l'avouoient. Je ne sais si cette frayeur s'augmenta par leur perte, et s'il crut que, ne les ayant plus pour me tenir, je ne serois plus le même pour lui, avec qui je n'avois jamais eu aucun commerce, trop jeune avant son exil, et sans nulle occasion depuis. Quoi qu'il en soit, sa foible complexion ne put résister à tant de soins et de traverses. La mort du duc de Beauvillier lui donna le dernier coup. Il se soutint quelque temps par effort de courage, mais ses forces étoient à bout. Les eaux, ainsi qu'à Tantale, s'étoient trop persévéramment retirées du bord de ses lèvres toutes les fois qu'il croyoit y toucher pour y éteindre l'ardeur de sa soif.

Il fit un court voyage de visite épiscopale, il versa dans un endroit dangereux, personne ne fut blessé, mais il vit tout le péril, et eut dans sa foible machine toute la commotion de cet accident. Il arriva incommodé à Cambray, la fièvre survint, et les accidents tellement coup sur coup qu'il n'y eut plus de remède; mais sa tête fut toujours libre et saine. Il mourut à Cambray le 7 janvier de cette année, au milieu des regrets intérieurs, et à la porte du comble de ses desirs. Il savoit l'état tombant du Roi, il savoit ce qui le regardoit après lui. Il étoit déjà consulté du dedans et recourtisé du dehors, parce que le goût du soleil levant avoit déjà percé. Il étoit porté par le zèle infatigablement actif de son petit troupeau, devenu la portion d'élite du grand parti de la constitution par la haine des anciens ennemis de l'archevêque de Cambray, qui ne l'étoient pas moins de la doctrine des jésuites, qu'il s'agissoit, de tolérée à grand'peine qu'elle avoit été depuis son père Molina, de rendre triomphante, maîtresse et unique. Que de puissants motifs de regretter la vie; et que la mort est amère dans des circonstances si parfaites et si à souhait de tous côtés! Toutefois il n'y parut pas. Soit amour de la réputation, qui fut toujours un objet auquel il donna toute préférence, soit grandeur d'âme, qui méprise enfin ce qu'elle ne peut atteindre, soit dégoût du monde si continuellement trompeur pour lui, et de sa figure qui passe, et qui alloit lui échapper, soit piété ranimée par un long usage, et ranimée peut-être par ces tristes mais puissantes considérations, il parut insensible à tout ce qu'il quittoit, et uniquement occupé de ce qu'il alloit trouver, avec une tranquillité, une paix, qui n'excluoit que le trouble, et qui embrassoit la pénitence, le détachement, le soin unique des choses spirituelles et de son diocèse, enfin une confiance qui ne faisoit que surnager à l'humilité et à la crainte.

Dans cet état, il écrivit au Roi une lettre sur le spirituel de son diocèse, qui ne disoit pas un mot sur lui-même, qui n'avoit rien que de touchant et qui ne convînt au lit de la mort à un grand évêque. La sienne, à moins de soixante-cinq ans, munie des sacrements de l'Église, au milieu des siens et de son clergé, put passer pour une grande leçon à ceux qui survivoient, et pour laisser de grandes espérances de celui qui étoit appelé. La consternation dans tous les Pays-Bas fut extrême. Il y avoit apprivoisé jusqu'aux armées ennemies, qui avoient autant et même plus de soin de conserver ses biens que les nôtres. Leurs généraux et la cour de Bruxelles se piquoient de le combler d'honnêtetés et des plus grandes marques de considération, et les protestants pour le moins autant que les catholiques. Les regrets furent donc sincères et universels dans toute l'étendue des Pays-Bas. Ses amis, sur tous son petit troupeau, tombèrent dans l'abîme de l'affliction la plus amère. A tout prendre, c'étoit un bel esprit et un grand homme. L'humanité rougit pour lui de Mᵐᵉ Guyon, dans l'admiration de laquelle, vraie ou feinte, il a toujours vécu, sans que ses mœurs aient jamais été le moins du monde soupçonnées, et est mort après en avoir été le martyr, sans qu'il ait été jamais possible de l'en séparer. Malgré la fausseté notoire de toutes ses prophéties, elle fut toujours le centre où tout aboutit dans ce petit troupeau, et l'oracle suivant lequel Fénelon vécut et conduisit les autres.

Si je me suis un peu étendu sur ce personnage, la singularité de ses talents, de sa vie, de ses diverses fortunes, la figure et le bruit qu'il a fait dans le monde, m'ont entraîné, persuadé aussi que je ne devois pas moins au feu duc de Beauvillier pour un ami et un maître qui lui fut si cher, et pour montrer que ce n'étoit pas merveilles qu'il en fût aussi enchanté, lui qui avec sa candeur n'y vit jamais que la piété la plus sublime, et qui n'y soupçonna pas même l'ambition. Tout étoit si exactement compassé chez Monsieur de Cambray qu'il mourut sans devoir un sou et sans nul argent.

Un prélat plus heureux pour le monde, mais qui n'a voulu rendre que soi heureux, jeta en ce temps-ci le premier fondement d'un règne qui a étonné l'Europe, et qui en même temps est devenu le plus grand et le plus solide malheur de la France. Je parle du trop fameux Fleury, qui a rendu à Dieu depuis plus de deux ans les comptes de sa longue vie et de sa toute-puissante et funeste administration, dont il n'est pas temps de parler. On a vu p. 171[1] ses plus qu'obscurs commencements, ses progrès par cause plus que louche, avec quels efforts et combien tard il devint évêque de Fréjus, et la prédiction du Roi au cardinal de Noailles, qui lui arracha cet évêché malgré lui. Il y languissoit loin de la cour et du grand monde, où il n'osoit venir que rarement. On a vu aussi, p.   [2], comment il tâchoit de s'en dédommager en Provence et en Languedoc; l'étrange conduite qu'il eut, pour un évêque françois, lorsque Monsieur de Savoie vint à Fréjus pour l'expédition de Toulon; la juste colère du Roi, et l'art et la hardiesse que Torcy employa pour lui parer les plus grandes marques d'indignation; mais l'ambition ne se rebute d'aucun obstacle. Il avoit toute sa vie été courtisan du maréchal de Villeroy. Il voyoit Mme de Dangeau et Mme de Lévy dans l'intimité de Mme de Maintenon et dans toutes les parties intérieures du Roi. Il avoit toujours cultivé Dangeau et sa femme, où la bonne compagnie de la cour étoit souvent, et qui étoient amis intimes du maréchal de Villeroy. Il s'initia auprès de Mme de Lévy, et la

---

1. Pages 147-150 de notre tome II.
2. Saint-Simon a laissé cette indication en blanc. Voyez tome V, p. 306 et suivantes.

subjuga par ses manières, son liant, son langage. A la faveur suprême où il vit le maréchal de Villeroy auprès du Roi, ramené, puis porté par Mme de Maintenon sans cesse, il ne douta pas qu'il ne fût dans les dispositions du Roi, surtout depuis qu'il le vit successeur des places du duc de Beauvillier dans le conseil. Il avoit toujours courtisé M. du Maine; et de tout cela, il conclut que, marchant par ces deux dames, il pourroit se faire nommer précepteur. Toutes deux étoient parfaitement à lui; Mme de Dangeau pouvoit beaucoup sur le maréchal de Villeroy. Celui-ci et M. du Maine étoient dans les mesures les plus intimes, dont Mme de Maintenon étoit le lien. Les jésuites le connoissoient trop pour s'y fier; et c'est ce qui détermina sa fortune.

Mme de Maintenon les haïssoit; on en a vu ailleurs les raisons. Le maréchal de Villeroy ne les aimoit pas intérieurement plus qu'elle. M. du Maine en savoit trop pour vouloir un précepteur de leur main, conduit, instruit et soutenu par eux. Les deux dames rompirent la glace auprès de Mme de Maintenon, elles furent bien reçues. Mme de Dangeau parla au maréchal de Villeroy, qui devint aisément favorable à un homme qu'il avoit protégé toute sa vie jusqu'à l'avoir quelquefois logé chez lui. Il s'en ouvrit à M. du Maine, qui, n'ayant rien contre Fleury, et, voyant le goût de Mme de Maintenon, se rendit aisément à le porter. Ces mesures prises, Fleury comprit qu'il falloit ôter tout prétexte au refus en quittant un évêché situé à l'extrémité du royaume. Sur ces espérances, il demanda à s'en défaire sous prétexte de sa santé. Le P. Tellier, tout habile et prévoyant qu'il fût, n'en sentit pas le piége. La démarche lui parut indifférente, c'étoit un évêché à remplir d'une de ses créatures, il ne songea qu'à en être quitte à bon marché, en ne donnant à Fleury qu'une légère abbaye. Celle de Tournus vaqua bientôt après; elle lui fut offerte, et Fleury l'accepta sans marchander. En attendant, pressé de pouvoir veiller de près au grand objet qui lui faisoit quitter Fréjus, il fit un mandement d'adieu à ses diocésains, dont le tour ne fut pas fort approuvé ; le démon en sut profiter.

Fleury, dont la science, les mœurs ni la religion n'avoit jamais fait le capital de sa vie, avoit toujours évité les questions de doctrine. Peu aimé des jésuites et lié avec la meilleure compagnie, il ne s'étoit pas contraint de blâmer l'inquisition et la tyrannie qui s'exerçoit sur le jansénisme, et avoit toujours laissé son diocèse en paix. L'idée d'être précepteur le fit changer de conduite ; il voulut ranger les écueils, et aller au-devant de tout en matière si délicate et si sûrement exclusive, tellement que les derniers six mois de son épiscopat à Fréjus ne furent employés qu'à la recherche de la doctrine, des livres, des confesseurs, et à tourmenter le peu de religieuses de son diocèse. Comme il vouloit du bruit, il en fit plus que de mal ; mais ce bruit, qui entroit si bien dans ses vues, et que ses amis surent faire valoir à la cour, retentit jusque dans les Pays-Bas et dans la retraite du fameux P. Quesnel[1]. Il venoit d'achever son septième mémoire pour servir à l'examen de la constitution, qui n'a été imprimé qu'en 1716, et il travailloit à la préface lorsque, irrité du nouveau personnage de persécuteur que Fleury venoit de prendre, il reçut le mandement de ses adieux à ses diocésains. Il ne put résister au desir de châtier le nouveau zèle de Fleury par le ridicule de cette pièce, qu'il sut enchâsser dans sa préface avec l'ironie la plus amère, la plus méprisante, et qui en effet mit en pièces ce beau mandement. *Inde iræ.* Fleury, avec son air doux, riant, modeste, étoit l'homme le plus superbe en dedans et le plus implacable que j'aie jamais connu. Il ne le pardonna pas au P. Quesnel ; et c'est la cause unique qui a produit en Fleury cette fureur jusqu'à lui inouïe, et qui s'est porté[2] sans cesse aux derniers excès de cruauté et de tyrannie contre les jansénistes et les anticonstitutionnaires, et

---

1. Voir dans les pièces l'extrait du P. Quesnel sur ce prélat. (*Note de Saint-Simon.*) Voyez tome I, p. 420, note 1.
2. Il y a bien *porté*, et non *portée*, au manuscrit.

les infernales mesures pour les perpétuer après sa mort, aux dépens de l'Église et de l'État.

A propos de la constitution, un trait du P. Tellier et de ses créatures, arrivé en ce même temps-ci, ne sera pas déplacé en ce lieu, et mérite d'y tenir place. La Parisière, homme de la condition la plus obscure, et dont le savoir ne consistoit qu'en manéges et en intrigues, avoit succédé au savant et célèbre Fléchier en l'évêché de Nîmes. C'étoient là les gens d'élite du P. Tellier. Instruit par lui, il fit sourdement le zélé contre la constitution, refusa même de l'accepter; et par cette démarche s'initia aux états de Languedoc, parmi les évêques. Il y fit si bien son personnage qu'étant député pour le clergé par les états, il reçut défense de venir à la cour, et les états ordre de nommer un autre évêque. Cette éclatante disgrâce acheva de lui ouvrir tous les cœurs opposés à la constitution. Il sut donc le nombre des évêques, des curés, des supérieurs séculiers et réguliers, les prêtres, les moines, les personnes principales séculières qui ne vouloient point de la constitution, leurs forces en capacité, en zèle, en amis, en soutiens, en un mot tout le secret de gens opprimés qui se concertent. Ce nouveau Zopyre mit en mémoires toutes ses connoissances et les envoya au P. Tellier. Quant il se crut en état de n'avoir plus rien à apprendre, il monta tout à coup en chaire dans sa cathédrale, fit un sermon foudroyant contre les réfractaires aux ordres du Roi et du Pape, reçut là même la constitution de la manière la plus précise et la plus absolue; et peu de jours après montra un ordre du Roi pour lui rendre la députation des états, dont il apporta les cahiers à Versailles avec un front d'airain. Ce fut lui qui dans la suite se licencia de donner l'exemple de consulter les évêques et les universités d'Espagne, de Portugal et d'Italie, sur la constitution, qui n'avoient garde de n'y pas adhérer, dans la frayeur de l'Inquisition, et dans l'opinion ultramontaine de l'infaillibilité du Pape. Ce malheureux, abhorré partout et dans son diocèse, y mourut banqueroutier, et en homme sans foi ni loi, quelques années après.

L'abbé de Lyonne, fils du célèbre ministre d'État, mourut aussi en ce mois de janvier. Ses mœurs, son jeu, sa conduite, l'avoient éloigné de l'épiscopat et de la compagnie des honnêtes gens. Il étoit extrêmement riche en bénéfices, qui lui donnoient de grandes collations. L'abus qu'il en faisoit engagea sa famille à lui donner quelqu'un qui y veillât avec autorité. Il fallut avoir recours à celle du Roi, par conséquent aux jésuites, puisqu'il s'agissoit de biens et de collations ecclésiastiques. Ils découvrirent un certain Henriot, de la plus basse lie du peuple, décrié pour ses mœurs et pour ses friponneries. Ce fut leur homme; ils le firent tuteur de l'abbé de Lyonne, chez lequel il s'enrichit par la vente de toutes ses collations. Ce nonobstant, Henriot, valet à tout faire, parut un si grand sujet au P. Tellier, et si à sa main, qu'il le chargea dans Paris de plusieurs commissions extraordinaires dans des couvents de filles, appuyé par Pontchartrain, qui se délectoit de mal faire, et qui faisoit bassement sa cour au P. Tellier. Tous deux firent l'impossible auprès du Roi pour le faire évêque, sans que jamais le Roi, qui étoit instruit sur ce compagnon, les voulût écouter. Les chefs de la constitution se firent un capital de le faire évêque dans la régence, et réussirent enfin à le faire évêque, ou pour mieux dire, loup de Boulogne, à la mort de M. de Langle. Rien en tout ne pouvoit être plus parfaitement dissemblable. Henriot, connu et par conséquent parfaitement méprisé et détesté, y vécut et y mourut en loup. Ce fut un des premiers évêques que le cardinal Fleury voulut sacrer. Il en fit la cérémonie à Fontainebleau dans la paroisse, au scandale universel. Pour revenir à l'abbé de Lyonne, il passa toute sa vie dans la dernière obscurité. Il logeoit à Paris dans son beau prieuré de Saint-Martin des Champs, où tous les matins, les vingt dernières années de sa vie, il buvoit depuis cinq heures du matin jusqu'à midi, vingt et quelquefois vingt-deux pintes d'eau de la

Seine, sans se pouvoir passer à moins, outre ce qu'il en avaloit encore à son dîner. Il n'étoit pas fort vieux, et ne laissoit pas d'avoir de l'esprit et des lettres.

On a vu en son lieu, p.   ¹, en parlant du vieux duc de Gesvres, et de tout ce qu'il fit auprès du Roi contre son fils revenant de Rome, pour l'empêcher d'être archevêque de Bourges, quel étoit ce prélat, et combien il étoit en faveur auprès d'Innocent XI, dont il étoit camérier d'honneur, et en espérance de la pourpre romaine, lorsque l'éclat arrivé entre le Roi et le Pape, pour la franchise du quartier des ambassadeurs, fit en 1688 rappeler tous les François de Rome; et que l'archevêché de Bourges lui fut donné en récompense des espérances qu'il perdoit, contre l'usage constamment observé jusqu'alors de ne donner les archevêchés qu'à des évêques. Cet abbé, devenu ainsi archevêque de plein saut, ne perdit jamais de vue le chapeau qu'il avoit tant espéré. Il avoit conservé à Rome des amis et un commerce secret. Il avoit réussi à s'acquérir l'amitié de Croissy, et de Torcy, secrétaire d'État des affaires étrangères. Il avoit accoutumé le Roi à trouver bon qu'il fît de son mieux pour devenir cardinal. La nomination du roi Jacques, qu'il avoit eue d'abord, n'ayant pu réussir, il trouva moyen de se faire donner celle de Pologne par le roi Stanislas, dans le court intervalle de son règne; et il fut encore assez habile pour obtenir la même grâce de l'électeur de Saxe, après qu'il fut remonté sur ce trône. Ce chapeau faisoit toute l'occupation et la vie de l'archevêque de Bourges. On verra qu'il attendit encore des années, qui lui parurent bien longues, et pendant lesquelles il travailla sans cesse à son objet, auquel à la fin il arriva.

Le Roi, contre sa coutume de ne donner les bénéfices que les jours qu'il avoit communié le matin, le samedi saint, la veille de la Pentecôte, de l'Assomption, de la Toussaint et de Noël, en donna à la mi-janvier de cette

---

1. Voyez tome II, p. 273, et tome V, p. 295-298.

année, mais seulement au fils plus que disgracié de corps, de mœurs et d'esprit, de son ministre des finances, et à trois favoris de la constitution. L'abbé Desmarets, qui avoit déjà une grosse abbaye et d'autres bénéfices, eut l'abbaye de Saint-Antoine aux Bois; et l'abbé de Montbazon la riche abbaye du Gard, près de Metz, de plus de cinquante mille livres de rente. Le cardinal de Rohan s'étoit enfin trop entièrement vendu au P. Tellier, et ce Père avoit encore trop besoin de lui pour ne se le pas assurer de plus en plus. Languet, de la plus nouvelle et petite robe du parlement de Dijon, qui étoit aumônier de Mme la duchesse de Bourgogne, et que je voyois sans cesse dans les antichambres des dames du palais, eut l'évêché de Soissons, où il fit bientôt après parler de son zèle pour la constitution. Le frère d'Argenson, si nécessaire dans Paris, et à l'oreille du Roi, aux jésuites, passa du triste évêché de Dol à l'archevêché d'Embrun, vacant par la mort de Brûlart Genlis, le plus ancien des archevêques; et Dol fut donné au fils de Sourches qui pourrissoit aumônier du Roi en grand mépris.

La duchesse de Nevers mourut en ce temps-ci. On a assez fait connoître quelle elle étoit, et le duc de Nevers son mari, p. 602 et 3[1], pour n'avoir ici besoin que d'une addition légère. Peu de femmes l'avoient surpassée en beauté. La sienne étoit de toutes les sortes, avec une singularité qui charmoit. On ne se pouvoit lasser de lui entendre raconter les aventures de ses voyages d'Italie. Monsieur le Prince avoit été extrêmement amoureux d'elle. Il voulut lui donner une fête sous un autre prétexte, et c'étoit l'homme du monde qui s'y entendoit le mieux. Mais comme il n'étoit pas moins malin qu'amoureux, il imagina d'engager M. de Nevers de faire les vers de la pièce qui devoit être le principal divertissement de la fête, et dont toute la galanterie étoit pour Mme de Nevers. Il le cajola si bien que M. de Nevers lui promit de

1. Pages 175-178 de notre tome V.

faire ces vers, et il y réussit au delà des espérances de
Monsieur le Prince. Il prépara donc sa fête, dans le double
plaisir de plaire à sa dame et de se moquer du mari.
Celui-ci, tout jaloux, tout Italien, tout plein d'esprit qu'il
fût, n'avoit pas conçu le plus léger soupçon de cette fête,
quoique il n'ignorât pas l'amour de Monsieur le Prince.
Quatre ou cinq jours avant celui de la fête, il découvrit de
quoi il s'agissoit ; il n'en dit mot, et partit le lendemain
pour Rome avec sa femme, où il demeura longtemps, et à
son tour se moqua bien de Monsieur le Prince. Mme de
Nevers a plus de soixante ans étoit encore parfaitement
belle, lorsqu'elle mourut d'une maladie fort courte. Depuis qu'elle étoit veuve, elle étoit devenue fort avare, et
ne quittoit plus la duchesse du Maine.

CHAPITRE IV.

Chute de la princesse des Ursins. — Réflexions. — Comtesse douairière d'Altamire camarera-mayor, et le prince de Cellamare grand écuyer de la reine. — Cardinal del Giudice rappelé ; Macañas et Orry chassés d'Espagne. — Pompadour remercié, et le duc de Saint-Aignan ambassadeur en Espagne. — Tolède donné à un simple curé. — Mort de la duchesse d'Aveiro et du marquis de Mancera. — Succès de la reine près du roi d'Espagne ; sa préférence pour les Italiens. — Mort de la comtesse de Roye à Londres ; sa famille. — Mariage du comte de Poitiers avec Mlle de Malause. — Mariage d'Ancezune avec une fille de Torcy ; les Caderousses. — Mariage du fils d'O avec une fille de Lassay, et d'Arpajon avec la fille de Montargis. — Statue avortée du maréchal de Montrevel. — Ambassadeur de Perse, plus que douteux, à Paris ; son entrée ; sa première audience ; sa conduite ; magnificences étalées devant lui. — Citation à Malte sans effet comme sans cause effective ; le grand prieur y va sans avoir pu voir le Roi. — Cent mille francs à Bonrepaus. — La Chapelle, un des premiers commis de la marine tout à Pontchartrain, et sa femme chassés[1] par la jalousie et les artifices de Pontchartrain. — Électeur de Bavière visite à Blois la reine de Pologne, sa belle-mère ; fait à Compiègne la noce de sa maîtresse avec le comte d'Albert ; prend congé du Roi à Versailles en particulier, et s'en va dans ses États.

1. Le manuscrit porte *chassé*, au singulier.

On a vu que la princesse des Ursins s'étoit enfin perdue avec le Roi et Mme de Maintenon. Le Roi ne lui avoit pu pardonner l'audace de sa souveraineté, l'obstacle que son opiniâtreté, voilée de celle qu'elle inspiroit au roi d'Espagne, avoit mis si longtemps à sa paix, malgré tout ce que le Roi avoit pu faire, et qui ne vint à bout de faire abandonner cette folie, qu'aucun des alliés n'avoit voulu écouter, qu'en lui déclarant enfin qu'il l'abandonneroit à ses propres forces. Le Roi avoit vivement senti la frayeur que le roi d'Espagne ne l'épousât, et ensuite l'autorité sans voile et sans bornes qu'elle avoit prise sur le roi d'Espagne, dans la solitaire captivité où elle le retenoit au palais de Medina Celi. Enfin le Roi se sentit piqué jusqu'au fond de l'âme du mariage de Parme, négocié et conclu sans lui en avoir donné la moindre participation. Roi partout, et dans sa famille plus que partout ailleurs, s'il étoit possible, il n'étoit pas accoutumé à voir marier ses enfants en étranger. Le choix en soi ne lui pouvoit plaire, et la manière y ajouta tout. Mme de Maintenon qui, comme on l'a vu, n'avoit jamais soutenu et porté Mme des Ursins au point d'autorité et de puissance où elle étoit parvenue que pour régner par elle en Espagne, ce qu'elle ne pouvoit espérer par les ministres, sentit vivement l'affranchissement de son joug, par l'indépendance entière dont elle gouverna depuis la mort de la reine, et l'abus qu'elle faisoit avec si peu de ménagement de toute la confiance du roi d'Espagne. Elle fut encore plus sensible que le Roi à la frayeur de la voir reine d'Espagne, elle qui avoit manqué par deux fois sa déclaration de reine de France, si positivement promise. Enfin la souveraineté, qui la laissoit si loin derrière Mme des Ursins, l'avoit rendue son ennemie; et le mariage de Parme, fait à l'entier insu du Roi et d'elle, ne lui laissoit plus d'espérance d'influer sur l'Espagne par la princesse des Ursins. La perte de celle-ci fut donc conclue entre le Roi et Mme de Maintenon, mais d'une manière si secrète, devant et depuis, que je n'ai connu personne qui ait pénétré de qui ils se servirent, ni ce qu'ils firent pour l'exécuter. Il est de la bonne foi d'avouer ses ténèbres, et de ne donner pas des fictions et des inventions à la place de ce qu'on ignore. Il faut raconter l'événement avec exactitude, et ne donner après ses courtes réflexions que pour ce qu'elles peuvent valoir.

La reine d'Espagne s'avançoit vers Madrid, avec ce qui avoit été la recevoir aux frontières, d'équipages, de maison et de gardes du roi d'Espagne. Alberoni étoit à sa suite depuis Parme, et le duc de Saint-Aignan depuis le lieu où il l'avoit jointe en France. La princesse des Ursins avoit pris auprès d'elle la charge de camarera-mayor, comme elle l'avoit auprès de la feue reine, et avoit nommé toute sa maison, qu'elle avoit remplie de ses créatures, hommes et femmes. Elle n'avoit eu garde de quitter le roi de loin ; ainsi elle le suivit à Guadalaxara, petite ville appartenant au duc del Infantado, qui y a fait un panthéon aux cordeliers beaucoup plus petit que celui de l'Escurial, sur le même modèle, et qui, pour la richesse et l'art, ne lui cède guère en beauté. J'aurai lieu d'en parler ailleurs. Guadalaxara est sur le chemin de Madrid à Burgos, par conséquent de France, à peu près de distance de Madrid quelque chose de plus que de Paris à Fontainebleau. Le palais qu'y ont les ducs de l'Infantade[1] est vaste, beau, bien meublé, et en est habité quelquefois. Ce fut jusque-là que le roi d'Espagne voulut s'avancer, et dans la chapelle de ce palais qu'il résolut de célébrer son mariage, quoique il l'eût été, comme on l'a vu, à Parme par procureur. Le voyage fut ajusté des deux côtés, de façon que le roi n'arriva à Guadalaxara que la surveille de la reine.

Il fit ce petit voyage accompagné de ceux que la princesse des Ursins avoit mis auprès de lui, pour lui tenir toujours compagnie et n'en laisser approcher qui que ce soit. Elle suivoit dans son carrosse pour arriver en même temps ; et dès en arrivant, le roi s'enfermoit seul avec

---

1. Telle est ici l'orthographe de ce nom, que Saint-Simon écrit habituellement *del Infantado*. Voyez sept lignes plus haut.

elle, et ne voyoit plus personne jusqu'à son coucher. Les retardements des chemins et de la saison avoient conduit à Noël. Ce fut le 22 décembre que le roi d'Espagne arriva à Guadalaxara. Le lendemain 23, surveille de Noël, la princesse des Ursins partit avec une très-légère suite pour aller à sept lieues plus loin à une petite villette nommée Quadraqué, où la reine devoit coucher ce même soir. Mme des Ursins comptoit aller jouir de toute la reconnoissance de la grandeur inespérable qu'elle lui procuroit, passer la soirée avec elle, et l'accompagner le lendemain dans son carrosse à Guadalaxara. Elle trouva à Quadraqué la reine arrivée; elle mit pied à terre en un logis qu'on lui avoit préparé vis-à-vis et tout près de celui de la reine. Elle étoit venue en grand habit de cour et parée. Elle ne fit que se rajuster un peu, et s'en alla chez la reine. La froideur et la sécheresse de sa réception la surprit d'abord extrêmement; elle l'attribua d'abord à l'embarras de la reine, et tâcha de réchauffer cette glace. Le monde cependant s'écoula par respect pour les laisser seules.

Alors la conversation commença. La reine ne la laissa pas continuer, se mit incontinent sur les reproches qu'elle lui manquoit de respect par l'habillement avec lequel elle paroissoit devant elle, et par ses manières. Mme des Ursins, dont l'habit étoit régulier, et qui, par ses manières respectueuses et ses discours propres à ramener la reine, se croyoit bien éloignée de mériter cette sortie de sa part, fut étrangement surprise et voulut s'excuser; mais voilà tout aussitôt la reine aux paroles offensantes, à s'écrier, à appeler, à demander des officiers des gardes, et à commander avec injure à Mme des Ursins de sortir de sa présence. Elle voulut parler et se défendre des reproches qu'elle recevoit; la reine redoublant de furie et de menaces se mit à crier qu'on fît sortir cette folle de sa présence et de son logis, et l'en fit mettre dehors par les épaules. A l'instant elle appelle Amenzaga, lieutenant des gardes du corps, qui commandoit le détachement qui étoit auprès d'elle, et en même temps, l'écuyer qui commandoit ses équipages; ordonne au premier d'arrêter Mme des Ursins et de ne la point quitter qu'il ne l'eût mise dans un carrosse avec deux officiers des gardes sûrs et une quinzaine de gardes autour du carrosse; au second, de faire sur-le-champ venir un carrosse à six chevaux et deux ou trois valets de pied, de faire partir sur l'heure la princesse des Ursins vers Burgos et Bayonne, et de ne se point arrêter. Amenzaga voulut représenter à la reine qu'il n'y avoit que le roi d'Espagne qui eût le pouvoir qu'elle vouloit prendre; elle lui demanda fièrement s'il n'avoit pas un ordre du roi d'Espagne de lui obéir en tout, sans réserve et sans représentation. Il étoit vrai qu'il l'avoit, et que qui que ce fût n'en savoit rien.

Mme des Ursins fut donc arrêtée à l'instant et mise en carrosse avec une de ses femmes de chambre, sans avoir eu le temps de changer d'habit ni de coiffure, de prendre aucune précaution contre le froid, d'emporter ni argent ni aucune autre chose, ni elle ni sa femme de chambre, et sans aucune sorte de nourriture dans son carrosse, ni chemise, ni quoi que ce soit pour changer ou se coucher. Elle fut donc embarquée ainsi avec les deux officiers des gardes, qui se trouvèrent prêts dans le moment ainsi que le carrosse, elle en grand habit et parée comme elle étoit sortie de chez la reine. Dans ce très-court tumulte elle voulut envoyer à la reine, qui s'emporta de nouveau de ce qu'elle n'avoit pas encore obéi, et la fit partir à l'instant. Il étoit lors près de sept heures du soir, la surveille de Noël, la terre toute couverte de glace et de neige, et le froid extrême et fort vif et piquant, comme il est toujours en Espagne. Dès que la reine sut la princesse des Ursins hors de Quadraqué, elle écrivit au roi d'Espagne par un officier des gardes qu'elle dépêcha à Guadalaxara. La nuit étoit si obscure qu'on ne voyoit qu'à la faveur de la neige.

Il n'est pas aisé de se représenter l'état de Mme des Ursins dans ce carrosse. L'excès de l'étonnement et de l'étourdissement prévalut d'abord, et suspendit tout autre sentiment; mais bientôt la douleur, le dépit, la rage et le désespoir se firent place. Succédèrent à leur tour les tristes et profondes réflexions sur une démarche aussi violente et aussi inouïe, d'ailleurs si peu fondée en cause, en raisons, en prétextes même les plus légers, enfin en autorité, et sur l'impression qu'elle alloit faire à Guadalaxara; et de là les espérances en la surprise du roi d'Espagne, en sa colère, en son amitié et sa confiance pour elle, en ce groupe de serviteurs si attachés à elle dont elle l'avoit environné, qui se trouveroit si intéressé à exciter le roi en sa faveur. La longue nuit d'hiver se passa ainsi tout entière, avec un froid terrible, rien pour s'en garantir, et tel que le cocher en perdit une main. La matinée s'avança; nécessité fut de s'arrêter pour faire repaître les chevaux; mais pour les hommes il n'y a quoi que ce soit dans les hôtelleries d'Espagne, où on vous indique seulement où se vend chaque chose dont on a besoin. La viande est ordinairement vivante; le vin épais, plat et violent; le pain se colle à la muraille; l'eau souvent ne vaut rien; de lits, il n'y en a que pour les muletiers; en sorte qu'il faut tout porter avec soi; et Mme des Ursins ni ce qui étoit avec elle n'avoient chose quelconque. Les œufs, où elle en put trouver, furent leur unique ressource, et encore à la coque, frais ou non, pendant toute la route.

Jusqu'à cette repue des chevaux, le silence avoit été profond et non interrompu. Là il se rompit. Pendant toute cette longue nuit, la princesse des Ursins avoit eu le loisir de penser aux propos qu'elle tiendroit, et à composer son visage. Elle parla de son extrême surprise, et de ce peu qui s'étoit passé entre la reine et elle. Réciproquement les deux officiers des gardes, accoutumés comme toute l'Espagne à la craindre et à la respecter plus que leur roi, lui répondirent ce qu'ils purent du fond de cet abîme d'étonnement dont ils n'étoient pas encore revenus. Bientôt il fallut atteler et partir. Bientôt aussi la princesse des Ursins trouva que le secours qu'elle espéroit du roi d'Espagne tardoit bien à lui arriver. Ni repos, ni vivres, ni de quoi se déshabiller jusqu'à Saint-Jean de Luz. A mesure qu'elle s'éloignoit, que le temps couloit, qu'il ne lui venoit point de nouvelles, elle comprit qu'elle n'avoit plus d'espérances à former. On peut juger quelle rage succéda dans une femme aussi ambitieuse, aussi accoutumée à régner publiquement, aussi rapidement et indignement précipitée du faîte de la toute-puissance par la main qu'elle avoit elle-même choisie pour être le plus solide appui de la continuation et de la durée de toute sa grandeur. La reine n'avoit point répondu aux deux dernières lettres que Mme des Ursins lui avoit écrites; cette négligence affectée lui avoit dû être de mauvais augure, mais qui auroit pu imaginer un traitement aussi étrange et aussi inouï?

Ses neveux, Lanti et Chalais, qui eurent permission de l'aller joindre, achevèrent de l'accabler. Elle fut fidèle à elle-même. Il ne lui échappa ni larmes, ni regrets, ni reproche, ni la plus légère foiblesse; pas une plainte, même du froid excessif, du dénûment entier de toutes sortes de besoins, des fatigues extrêmes d'un pareil voyage. Les deux officiers qui la gardoient à vue n'en sortoient point d'admiration. Enfin elle trouva la fin de ses maux corporels et de sa garde à vue à Saint-Jean de Luz, où elle arriva le 14 janvier, et où elle trouva enfin un lit, et d'emprunt de quoi se déshabiller, et se coucher, et manger. Là elle recouvra sa liberté. Les gardes, leurs officiers et le carrosse qui l'avoit amenée s'en retournèrent; elle demeura avec sa femme de chambre et ses neveux. Elle eut loisir de penser à ce qu'elle pouvoit attendre de Versailles. Malgré la folie de sa souveraineté si longuement poussée, et sa hardiesse d'avoir fait le mariage du roi d'Espagne sans la participation du Roi, elle se flatta de trouver encore des ressources dans une cour qu'elle avoit si longuement domptée. Ce fut de Saint-Jean de Luz qu'elle dépêcha un courrier chargé de lettres pour le Roi, pour Mme de Maintenon, pour ses amis. Elle y rendit brèvement[1] compte du coup de foudre qu'elle venoit d'essuyer, et demandoit la permission de venir à la cour pour y rendre compte plus en détail. Elle attendit le retour de son courrier en ce premier lieu de liberté et de repos, qui par lui-même est fort agréable. Mais ce premier courrier parti, elle le fit suivre par Lanti chargé de lettres écrites moins à la hâte et d'instructions, qui vit le Roi dans son cabinet à Versailles le dernier janvier, avec lequel il ne demeura que quelques moments. On sut par lui que, dès que Mme des Ursins eut dépêché son premier courrier, elle avoit envoyé à Bayonne faire des compliments à la reine douairière d'Espagne, qui ne voulut pas les recevoir. Que de cruelles mortifications à la chute du trône ! Revenons maintenant à Guadalaxara.

L'officier des gardes que la reine y dépêcha avec une lettre pour le roi d'Espagne, dès que la princesse des Ursins fut hors de Quadraqué, trouva le roi qui s'alloit bientôt coucher. Il parut ému, fit une courte réponse à la reine, et ne donna aucun ordre. L'officier repartit sur-le-champ. Le singulier est que le secret fut si bien gardé qu'il ne transpira que le lendemain sur les dix heures du matin. On peut penser quelle émotion saisit toute la cour, et les divers mouvements de tout ce qui se trouva à Guadalaxara. Personne toutefois n'osa parler au roi, et on étoit en grande attente de ce que contenoit sa réponse à la reine. La matinée achevant de s'écouler sans qu'on ouït parler de rien, on commença à se persuader que c'en étoit fait de Mme des Ursins pour l'Espagne. Chalais et Lanti se hasardèrent de demander au roi la permission de l'aller trouver, et de l'accompagner dans l'abandon où elle étoit ; non-seulement il le leur permit, mais il les chargea d'une lettre de simple honnêteté par laquelle il lui manda qu'il étoit bien fâché de ce qu'il s'étoit passé, qu'il n'avoit pu opposer son autorité à la volonté de la

---

1. Voyez tome VII, p. 422 et note 1.

reine, qu'il lui conservoit ses pensions et qu'il auroit soin de les lui faire payer. Il tint parole, et tant qu'elle a vécu depuis elle les a toujours très-exactement touchées.

La reine arriva l'après-midi de la veille de Noël, à l'heure marquée, à Guadalaxara, comme s'il ne se fût rien passé. Le roi de même la reçut à l'escalier, lui donna la main, et tout de suite la mena à la chapelle, où le mariage fut aussitôt célébré de nouveau, car en Espagne la coutume est de marier l'après-dînée; de là dans sa chambre, où sur-le-champ ils se mirent au lit avant six heures du soir pour se lever pour la messe de minuit. Ce qui se passa entre eux sur l'événement de la veille fut entièrement ignoré. Il n'y en eut pas plus d'éclaircissement dans la suite. Le lendemain, jour de Noël, le roi déclara qu'il n'y auroit aucun changement dans la maison de la reine, toute composée par Mme des Ursins, ce qui remit un peu le calme dans les esprits. Le lendemain de Noël, le roi et la reine seuls ensemble dans un carrosse, et suivis de toute la cour, prirent le chemin de Madrid, où il ne fut pas plus question de la princesse des Ursins que si jamais le roi d'Espagne ne l'eût connue. Le Roi son grand-père ne marqua pas la plus légère surprise à la nouvelle que lui en apporta un courrier que le duc de Saint-Aignan lui dépêcha de Quadraqué même, dont toute la cour fut remplie d'émotion et d'effroi, après l'y avoir vue si triomphante.

Rassemblons maintenant quelques traits qui aideront à percer ces ténèbres : ce mot échappé du Roi à Torcy, qu'il ne put entendre, qu'il rendit à Castries, son ami, et chevalier d'honneur de Mme la duchesse d'Orléans, par qui nous le sûmes, et que dans son mystère je jugeai qu'il s'agissoit de la princesse des Ursins et d'une disgrâce; une querelle d'Allemand, sans raison apparente, sans cause, sans prétexte, faite au premier instant du tête-à-tête par la reine à la princesse des Ursins, et subitement poussée au delà des dernières extrémités. Peut-on penser qu'une fille de Parme, élevée dans un grenier

par une mère impérieuse, eût osé prendre d'elle-même
une hardiesse de cette nature, inouïe à l'égard d'une personne de cette considération à tous égards, dans la
confiance entière du roi d'Espagne et régnante à découvert, à six lieues du roi d'Espagne, qu'elle n'avoit pas
encore vu ? La chose s'éclaircit par l'ordre si fort inusité
et si secret qu'Amenzaga avoit du roi d'Espagne d'obéir
en tout à la reine sans réserve et sans réplique, et qu'on
ne sut qu'à l'instant de l'ordre qu'elle lui donna de l'arrêter
et de la faire partir; la tranquillité avec laquelle le Roi et
le roi d'Espagne, chacun de son côté, reçurent le premier
avis de cet événement, et l'inaction entière du roi d'Espagne, la froideur de sa lettre à Mme des Ursins, et sa
parfaite incurie de ce qu'une personne, si chérie encore
la veille, pouvoit devenir jour et nuit par des chemins
pleins de glace et de neige, dénuée de tout sans exception. Il faut se souvenir que l'autre fois que le Roi fit
chasser la princesse des Ursins, pour l'ouverture de la
lettre de l'abbé d'Estrées au Roi et la note qu'elle avoit
mise dessus, on n'osa hasarder l'exécution en présence du
roi d'Espagne. Le Roi voulut exprès qu'il partît pour la
frontière de Portugal, et que de là il signât l'ordre qui fut
porté à la princesse des Ursins de partir, et de se retirer
en Italie. Ce second tome ressemble fort en cela au premier. Ajoutons, ce que j'ai su du maréchal de Brancas,
que, longtemps après cette dernière disgrâce, Alberoni,
alors petit compagnon, et qui suivit la reine de Parme à
Madrid, avoit conté qu'étant pendant ce voyage seul un
soir avec elle, elle lui parut agitée, se promenant à grand
pas dans la chambre, prononçant de fois à autre des mots
entrecoupés, puis s'échauffant, il entendit le nom de
Mme des Ursins lui échapper, et tout de suite : « Je la
chasserai d'abord. » Il s'écria à la reine et voulut lui
représenter le danger, la folie, l'inutilité de l'entreprise,
dont il étoit tout hors de lui. « Taisez-vous sur toutes
choses, lui dit la reine, et que ce que vous avez entendu
ne vous échappe jamais. Ne me parlez point, je sais bien

ce que je fais. » Tout cela ensemble jette une grande lumière sur une catastrophe également étonnante en la chose et en la manière, et fait bien voir le Roi auteur, le roi d'Espagne consentant et contribuant par l'ordre si extraordinaire donné à Amenzaga, et la reine actrice et chargée de l'exécution, en quelque sorte que ce fût, par les deux rois. La suite en France confirmera cette opinion.

La chute de la princesse des Ursins fit de grands changements en Espagne. La comtesse d'Altamire fut nommée en sa place camarera-mayor. C'étoit une des plus grandes dames d'Espagne. Elle étoit d'elle duchesse héritière de Cardone. Son mari étoit mort il y avoit quelques années, ayant passé par les plus grands emplois et par l'ambassade de Rome. J'aurai lieu de parler d'elle ailleurs, de ses enfants, de leurs alliances. Cellamare, neveu du cardinal del Giudice, fut nommé son grand écuyer; et le cardinal del Giudice ne tarda pas à retourner à Madrid, et en considération. Par une suite naturelle, Macañas fut disgracié; lui et Orry eurent ordre de sortir d'Espagne, ce dernier sans voir le roi, avec la malédiction publique. Il fut très-mal reçu ici; mais ses provisions étoient bien faites. Mancañas emporta les regrets de tout le monde, ceux du roi même, qui lui continua ses pensions et sa confiance, et s'en servit au dehors en plusieurs choses et affaires secrètes. Pompadour, qui n'avoit été nommé ambassadeur en Espagne que pour amuser Mme des Ursins, fut remercié, et le duc de Saint-Aignan revêtu de ce caractère, comme il pensoit à s'en revenir après avoir conduit la reine à Madrid.

Cette princesse n'oublia rien pour plaire au roi son mari, et y réussit au delà de ses espérances. Elle aimoit fort les Italiens, et les avança toujours tant qu'elle put, quels qu'ils fussent, au préjudice de tous autres, dont les Espagnols et les Flamands furent fort jaloux. Ce crayon léger suffira pour le présent. Le roi d'Espagne fit en ce temps-ci une action qui fut extrêmement applaudie. Un simple curé s'étoit tellement accrédité par sa vie et sa conduite, qu'il se trouva en état de rendre des services très-considérables dans les temps les plus calamiteux. Il fit fournir la nourriture à la cavalerie et aux troupes par le pays, et beaucoup de soldats. Il procura aussi des dons en argent, et sans s'être jamais montré ni approché de la cour, ni changé rien[1] en la simplicité de sa vie. Tolède vaquoit depuis assez longtemps; c'étoit l'objet des plus ardents desirs du cardinal del Giudice, et des manéges du duc de Giovenazzo, son frère, qui étoit conseiller d'État. Le curé fut choisi; et quand sa nomination fut partie pour Rome, le cardinal del Giudice eut permission de revenir à la cour. La duchesse d'Aveiro mourut en même temps à Madrid; elle étoit mère du duc d'Arcos et du duc de Baños; elle avoit figuré toute sa vie. On en a suffisamment parlé ailleurs, ainsi que du marquis de Mancera, qui, à cent sept ans, mourut aussi en même temps, et l'un et l'autre à Madrid. On a si souvent parlé de cet illustre vieillard qu'on n'y ajoutera rien davantage.

La comtesse de Roye mourut fort âgée en Angleterre. Elle y avoit perdu son mari depuis quelques années, et elle y laissa deux filles, l'une veuve sans enfants du comte de Strafford, l'autre fille, et un fils non marié. Elle étoit sœur de MM. les maréchaux-ducs de Duras et de Lorges. On a vu ailleurs comme la révocation de l'édit de Nantes fit retirer le comte et la comtesse de Roye en Danemark, les grands établissements qu'ils y eurent, la ridicule aventure qui les leur fit quitter pour passer en Angleterre, où ils n'en trouvèrent aucun. Elle étoit très-opiniâtre huguenote, et avoit empêché la conversion de son mari. Mme de Pontchartrain, le comte de Roucy-Blansac, le chevalier de Roye et le marquis de Roye étoient aussi ses enfants, demeurés en France.

Une autre sœur de ces deux maréchaux et de la com-

---

1. Ni avoir rien changé.

tesse de Roye avoit épousé M. de Malause, des bâtards de Bourbon. Le calvinisme et le peu de dot avoit fait ce mariage. Il en avoit eu un fils qui laissa plusieurs enfants, entre autres une fille élevée à Paris à la Ville-l'Évêque. Nous avions tous grand'envie de la marier ; M. et Mme de Lauzun en prirent assez de soin. Sa mère étoit morte ; et la veuve de son père étoit fort extraordinaire, et ne sortoit point de ses terres de Languedoc. Nous sûmes que le comte de Poitiers étoit arrivé à Paris pour faire ses exercices. Il étoit de la branche de Saint-Vallier, de cette grande et illustre maison, et il étoit le seul mâle de cet ancien nom. Son père et sa mère étoient morts ; il avoit dix-huit ou dix-neuf ans, et de grandes terres en Franche-Comté. Il desiroit une alliance, un appui, et les moyens d'avoir des emplois de guerre et de cheminer ; il trouva ce qu'il desiroit dans la plus proche parenté de Mlle de Malause ; et nous un grand seigneur dont le nom étoit pour aller à tout, les biens pour le soutenir grandement, et le personnel à souhait. Il n'y eut donc pas grande difficulté en ce mariage, qui se fit à l'hôtel de Lauzun.

Torcy maria une de ses filles à d'Ancezune, fils de Caderousse et de Mlle d'Oraison, et petit-fils du vieux Caderousse ; leur nom est Cadart, leur bien au comtat d'Avignon. Le vieux Caderousse s'étoit ruiné à ne rien faire, son fils et sa belle-fille avoient achevé à jouer. La paresse du fils l'avoit enterré de bonne heure. Son père avoit fait l'esprit et l'important, puis le dévot. Il avoit primé où il avoit pu, fort à l'hôtel de Bouillon, et avoit fort été autrefois dans les bonnes compagnies. Il y avoit encore à glaner en mettant quelque ordre à leurs biens. Ils vouloient pousser d'Ancezune, et se trouvoient sans crédit ; Torcy vouloit donner peu à sa fille, et le mariage se fit. Par l'événement, d'Ancezune se trouva aussi obscur et aussi paresseux que son père, impuissant de plus, et quitta bientôt le service sans avoir presque servi ni paru à la cour. Il se jeta à Sceaux, où il fut un des inutiles tenants de Mme du Maine aussi bien que son père. Ils avoient pourtant tous de l'esprit et fort orné, mais la paresse les écrasa. Le fils avoit fait une campagne aide de camp du maréchal de Boufflers. Excédé de cette vie, on le vint éveiller un matin à cinq heures, et lui dire que le maréchal étoit déjà à cheval : « Comment, dit-il, à cheval, et je n'y suis pas ! tire mon rideau, je ne suis pas digne de voir le jour ; » et se rendormit de plus belle. Le père étoit duc du Pape, ce qui est moins que rien : nul rang ni distiction à Rome, ni nulle autre part qu'à Avignon, où ils ont quelques distinctions chez le vice-légat, à quoi elles se bornent toutes. Mme de Torcy ne voulut jamais faire casser le mariage pour impuissance, car cela lui fut proposé. Mme d'Ancezune, fort laide et avec beaucoup d'esprit, de grâces, d'intrigue, de manége, d'agaceries, eut un moment le don de plaire. Elle crut après devoir se jeter dans la plus haute dévotion ; l'ennui l'en tira bientôt, et le goût de l'intrigue la fit frapper à bien des portes. Son père enfin l'arrêta, et sa santé après eut de quoi l'occuper, sans changer son goût ni ses grâces.

Lassay avoit une fille de la bâtarde de Monsieur le Prince qu'il avoit épousée, et dont la tête étoit fort égarée. Il la maria au fils d'O ; c'étoit la faim et la soif. Madame la Princesse fit leur noce chez elle.

Le marquis d'Arpajon, lieutenant général et chevalier de la Toison d'or, épousa en même temps une fille de Montargis, garde du trésor royal, extrêmement riche, dont la mère étoit fille de Mansart.

Le maréchal de Montrevel, bas et misérable courtisan, avoit imaginé d'imiter le feu maréchal-duc de la Feuillade, et de donner à Bordeaux le vieux réchauffé de sa statue et de sa place des Victoires. Il vivoit d'industrie, toujours aux dépens d'autrui, comme il avoit fait toute sa vie. Il voulut donc engager la ville de Bordeaux à toute la dépense de la fonte de la statue, de son érection et de la place qu'il destinoit pour elle. La ville n'osa refuser tout à fait, mais s'y prêta mal volontiers. Montrevel, qui en avoit déjà fait sa cour au Roi, se flatta de l'appui de son autorité, mais il trouva Desmarets en son chemin, à qui les négociants et le commerce de Bordeaux furent plus chers que cette folie violente. Elle avorta ainsi, et Montrevel retourna à Bordeaux plein de dépit et chargé de confusion.

Un ambassadeur de Perse étoit arrivé à Charenton, défrayé depuis son débarquement; le Roi s'en fit une grande fête, et Pontchartrain lui en fit fort sa cour. Il fut accusé d'avoir créé cette ambassade, en laquelle en effet il ne parut rien de réel, et que toutes les manières de l'ambassadeur démentirent, ainsi que sa misérable suite et la pauvreté des présents qu'il apporta. Nulle instruction ni pouvoir du roi de Perse, ni d'aucun de ses ministres. C'étoit une espèce d'intendant de la province de   [1], que le gouverneur chargea de quelques affaires particulières de négoce, que Pontchartrain travestit en ambassadeur, et dont le Roi presque seul demeura la dupe. Il fit son entrée le jeudi 7 février à Paris, à cheval, entre le maréchal de Matignon et le baron de Breteuil, introducteur des ambassadeurs, avec lequel il eut souvent des grossièretés de bas marchand; et tant de folles disputes sur le cérémonial avec le maréchal de Matignon, que, dès qu'il l'eut remis à l'hôtel des ambassadeurs extraordinaires, il le laissa là sans l'accompagner dans sa chambre, comme c'est la règle, et s'en alla faire ses plaintes au Roi, qui l'approuva en tout, et trouva l'ambassadeur très-mal-appris. Sa suite fut pitoyable. Torcy le fut voir aussitôt. Il s'excusa à lui sur la lune d'alors, qu'il prétendoit lui être contraire, de toutes les impertinences qu'il avoit faites; et obtint par la même raison de différer sa première audience, contre la règle qui la fixe au surlendemain de l'entrée.

Dans ce même temps, Dippy mourut, qui étoit interprète du Roi pour les langues orientales. Il fallut faire

1. Le nom de la province est resté en blanc au manuscrit.

venir un curé d'auprès d'Amboise, qui avoit passé plusieurs années en Perse, pour remplacer cet interprète. Il s'en acquitta très-bien, et en fut mal récompensé. Le hasard me le fit fort connoître et entretenir. C'étoit un homme de bien, sage, sensé, qui connoissoit fort les mœurs et le gouvernement de Perse, ainsi que la langue, et qui, par tout ce qu'il vit et connut de cet ambassadeur, auprès duquel il demeura toujours tant qu'il fut à Paris, jugea toujours que l'ambassade étoit supposée, et l'ambassadeur un marchand de fort peu de chose, fort embarrassé à soutenir son personnage, où tout lui manquoit. Le Roi, à qui on la donna toujours pour véritable, et qui fut presque le seul de sa cour qui le crût de bonne foi, se trouva extrêmement flatté d'une ambassade de Perse sans se l'être attirée par aucun envoi. Il en parla souvent avec complaisance, et voulut que toute la cour fût de la dernière magnificence le jour de l'audience, qui fut le mardi 19 février; lui-même en donna l'exemple, qui fut suivi avec la plus grande profusion.

On plaça un magnifique trône, élevé de plusieurs marches, dans le bout de la galerie, adossé au salon qui joint l'appartement de la Reine, et des gradins à divers étages de bancs des deux côtés de la galerie, superbement ornée ainsi que tout le grand appartement. Les gradins les plus proches du trône étoient pour les dames de la cour, les autres pour les hommes et pour les bayeuses; mais on n'y laissoit entrer hommes ni femmes que fort parées.[1] Le Roi prêta une garniture de perles et de diamants au duc du Maine, et une de pierres de couleur au comte de Toulouse. M. le duc d'Orléans avoit un habit de velours bleu, brodé en mosaïque, tout chamarré de perles et de diamants, qui remporta le prix de la parure et du bon goût. La maison royale, les princes et princesses du sang et les bâtards s'assemblèrent dans le cabinet du Roi.

---

1. Ce participe est bien au féminin.

Les cours, les toits, l'avenue, fourmilloient de monde, à quoi le Roi s'amusa fort par ses fenêtres, et y prit grand plaisir en attendant l'ambassadeur, qui arriva sur les onze heures dans les carrosses du Roi, avec le maréchal de Matignon et le baron de Breteuil, introducteur des ambassadeurs. Ils montèrent à cheval dans l'avenue, et, précédés de la suite de l'ambassadeur, ils vinrent mettre pied à terre dans la grande cour, à l'appartement du colonel des gardes, par le cabinet. Cette suite parut fort misérable en tout, et le prétendu ambassadeur fort embarrassé et fort mal vêtu, les présents au-dessous du rien. Alors le Roi, accompagné de ce qui remplissoit son cabinet, entra dans la galerie, se fit voir aux dames des gradins; les derniers étoient pour les princesses du sang. Il avoit un habit d'étoffe or et noir, avec l'ordre pardessus, ainsi que le très-peu de chevaliers qui le portoient ordinairement dessous; son habit étoit garni des plus beaux diamants de la couronne, il y en avoit pour douze millions cinq cent mille livres; il ployoit sous le poids, et parut fort cassé, maigri et très-méchant visage. Il se plaça sur le trône, les princes du sang et bâtards debout à ses côtés, qui ne se couvrirent point. On avoit ménagé un petit degré et un espace derrière le trône pour Madame et pour Mme la duchesse de Berry qui étoit dans sa première année de deuil, et pour leurs principales dames. Elles étoient là incognito et fort peu vues, mais voyant et entendant tout. Elles entrèrent et sortirent par l'appartement de la Reine, qui n'avoit pas été ouvert depuis la mort de Madame la Dauphine. La duchesse de Ventadour étoit debout à la droite du Roi, tenant le Roi d'aujourd'hui par la lisière. L'électeur de Bavière étoit sur le second gradin avec les dames qu'il avoit amenées; et le comte de Lusace, c'est-à-dire le prince électoral de Saxe, sur celui de la princesse de Conti, fille de Monsieur le Prince. Coypel, peintre, et Boze, secrétaire de l'Académie des inscriptions, étoient au bas du trône, l'un pour en faire le tableau, l'autre la relation. Pontchartrain n'avoit rien oublié pour flatter le Roi, lui faire accroire que cette ambassade ramenoit l'apogée de son ancienne gloire, en un mot le jouer impudemment pour lui plaire.

Personne déjà n'en étoit plus la dupe que ce monarque. L'ambassadeur arriva par le grand escalier des ambassadeurs, traversa le grand appartement, et entra dans la galerie par le salon opposé à celui contre lequel le trône étoit adossé. La splendeur du spectacle acheva de le déconcerter. Il se fâcha une fois ou deux pendant l'audience contre son interprète, et fit soupçonner qu'il entendoit un peu le françois. Au sortir de l'audience, il fut traité à dîner par les officiers du Roi, comme on a accoutumé. Il fut ensuite saluer le Roi d'aujourd'hui dans l'appartement de la Reine, qu'on avoit superbement orné, de là voir Pontchartrain et Torcy, où il monta en carrosse pour retourner à Paris. Les présents, aussi peu dignes du roi de Perse que du Roi, consistèrent en tout en cent quatre perles fort médiocres, deux cents turquoises fort vilaines, et deux boîtes d'or pleines de baume de mumie[1], qui est rare, sort d'un rocher renfermé dans un autre[2], et se congèle un peu par la suite du temps. On le dit merveilleux pour les blessures. Le Roi ordonna qu'on ne défît rien dans la galerie ni dans le grand appartement. Il avoit résolu de donner l'audience de congé dans le même lieu et avec la même magnificence qu'il avoit donné cette première audience à ce prétendu ambassadeur. Il eut pour commissaires Torcy, Pontchartrain et Desmarets, dont Pontchartrain se trouva fort embarrassé.

Le grand maître de Malte, persuadé que les Turcs alloient attaquer son île, fit faire aux chevaliers les citations pour s'y rendre. Il envoya des vaisseaux à Marseille, tant pour les passer que pour lui en apporter force munitions de guerre et de bouche. Le grand prieur, qui faisoit toujours son séjour à Lyon, fit demander au Roi la per-

---

1. Le nom persan de ce précieux baume est *mumia*, du mot *moum*, qui signifie *cire*.

2. Une tache d'encre rend ce mot difficile à lire.

mission de venir prendre congé de lui pour y aller. Il fut refusé de voir le Roi et de s'approcher de Paris, et eut liberté de se rendre à Malte. Le Roi y destina quatre bataillons des troupes de terre, et deux de celle[1] de la marine, cent canonniers, beaucoup de mineurs, le tout payé par la Religion; l'électeur de Trèves, comme grand prieur de Castille, deux bataillons à ses dépens; mais ces troupes eurent bientôt un contre-ordre, ainsi que Renaut, lieutenant général des armées navales, que le grand maître avoit obtenu du Roi. Le grand prieur, qui étoit allé à Malte, y fut salué, en arrivant, de vingt-trois coups de canon, et reçu par tous les grand-croix et les carrosses du grand maître, à ce que le grand prieur fit publier. Les chevaliers les plus pressés en furent pour leur voyage, les autres furent contremandés, les Turcs n'avoient aucun dessein sur Malte.

Le Roi donna cent mille francs à Bonrepaus, qu'il lui avoit promis il y avoit longtemps, en considération des dépenses qu'il avoit faites pendant ses ambassades en Danemark et en Hollande.

La Chapelle, un des premiers commis de la marine, fut subitement chassé, son emploi donné; lui et sa femme eurent ordre en même temps de se retirer à Paris. C'étoient deux personnes que leurs qualités et leurs talents avoient fort distingués[2] de leur état, et qui l'un et l'autre s'étoient acquis beaucoup d'amis considérables. La Chapelle et sa femme avoient toujours été dans la confiance du chancelier, de la chancelière, de M. et de Mme de Pontchartrain. La Chapelle faisoit plusieurs lettres de la main de Pontchartrain, qu'il contrefaisoit fort bien, et lui avoit donné ainsi la réputation de bien écrire. Pontchartrain, délivré de famille, entra en jalousie du mérite et des amis de la Chapelle et de sa femme. Il résolut de s'en défaire; et, pour y parvenir à coup sûr, de s'en faire encore un mérite. Le jansénisme et le P. Tellier firent son

---

1. Il y a bien *celle*, au singulier,
2. Nous avons déjà vu cet emploi du masculin après le mot *personne*.

affaire. Il eut le dépit que tout ce qu'il y eut de considérable à Versailles, en hommes et en femmes, accourut chez ces exilés, au moment que la chose fut sue, et que personne ne se méprit à l'auteur, qui en encourut de plus en plus la haine et la malédiction publique.

L'électeur de Bavière alla, de sa petite maison de Saint-Cloud, voir la reine de Pologne, sa belle-mère, qu'il n'avoit jamais vue. Il ne coucha point à Blois, où elle étoit, et s'en revint aussitôt. Il étoit pressé de retourner à Compiègne faire le mariage du comte d'Albert avec M{{lle}} de Montigny, sa maîtresse publique depuis bien des années. Elle étoit des bâtards de Brabant, sœur du feu prince de Berghes, grand d'Espagne, et chevalier de la Toison d'or, gendre du duc de Rohan Chabot. Le comte d'Albert n'avoit rien, l'électeur le faisoit subsister. Il trouvoit de grands biens dans ce mariage, dont l'infamie avoit toujours été rejetée par le duc de Chevreuse avec toute l'indignation qu'elle méritoit. Sa mort leva le principal obstacle ; il passa sur tous les autres. Outre les solides avantages que lui fit l'électeur, il y ajouta toute l'aisance de la vie, en le faisant son grand écuyer, avec la permission du Roi. La noce s'en fit à Compiègne, sans aucun parent du comte d'Albert, d'où, incessamment après, tout ce bagage, et la cour, et les équipages de l'électeur, prirent le chemin de la Bavière. Ce prince vit le Roi dans son cabinet par les derrières au sortir du sermon, l'après-dînée du vendredi 22 mars, à Versailles. Le Roi l'embrassa à diverses reprises ; et l'électeur prit congé, et s'en retourna à Paris, chez d'Antin, où il soupa avec Madame la Duchesse et beaucoup de dames. Il y joua et y coucha, et partit le lendemain matin pour retourner dans ses États.

CHAPITRE V.

Mort à Rome du cardinal de Bouillon; précis de sa vie; cause et genre de sa mort; son caractère. — Cardinal de Bouillon méprisé et délaissé à Rome. — Imagine pour les cardinaux la distinction de conserver leur calotte sur leur tête parlant au Pape, lesquels lui en donnent le démenti; la rage l'en saisit, et il en crève. — Personnel du cardinal de Bouillon. — Belle et singulière retraite du cardinal Marescotti; quel il fut; sa mort. — Voyage du duc et de la duchesse de Savoie en Sicile; conduite de ce nouveau roi dans sa famille et avec son fils aîné; rare mérite de ce prince, et sa mort, causée par la jalousie et les duretés de son père. — Voysin, comme chancelier, va prendre sa place au Parlement. — Tallart, démis à son fils, ne peut être pair; son fils l'est fait au lieu de lui. — Affaires de Suisse en deux mots; renouvellement très-mal à propos de l'alliance des seuls cantons catholiques avec la France. — Changements en Espagne; Orry, chassé d'Espagne et de la cour en France; Veragua et Frigilliane chefs des conseils de marine et du commerce, et de celui des Indes; Cellamare ambassadeur en France; Chalais et Lanti ont défense de retourner en Espagne; Giudice chef des affaires étrangères et de justice, et gouverneur du prince des Asturies; P. Robinet chassé; P. Daubenton confesseur du roi d'Espagne en sa place; leur caractère. — Flotte et Renaut en liberté; réconciliation de M. le duc d'Orléans avec le roi d'Espagne. — Alonzo Manriquez fait duc del Arco, grand d'Espagne et grand écuyer; son caractère et sa fortune; Valouse premier écuyer. — Montalègre sommelier du corps; sa fortune, son caractère. — Valero vice-roi du Mexique; sa fortune, son caractère. — Princesse des Ursins à Paris; dégoûts qu'elle essuie; je passe huit heures de suite tête à tête avec elle. — Court et triste voyage de la princesse des Ursins à Versailles; elle obtient quarante mille livres de rentes sur la Ville, au lieu de sa pension de vingt mille livres.

Le cardinal de Bouillon mourut à Rome le 7 mars de cette année, à soixante et onze ans et six mois; il y fit une fin digne de sa vie. Quoique on ait souvent parlé de lui en ces *Mémoires*, la singularité de ce personnage si étrange mérite au moins un court abrégé par dates. Il étoit né à Turenne, le 24 août 1643, dans l'apogée de sa plus proche famille. On a vu par quel art le Roi se crut quitte à bon marché de lui donner sa nomination, qui le fit cardinal, 5 août 1669. Il n'avoit pas vingt-six ans faits. En décembre 1671, à vingt-huit ans et quelques mois, il fut grand aumônier de France par la mort du cardinal Ant. Barberin, et eut rapidement les abbayes de Cluni, Saint-Ouen de Rouen, Saint-Waast d'Arras, Saint-Martin de Pontoise, Saint-Pierre de Beaujeu, Tournus, et Vigogne. Il se trouva aux conclaves où furent élus Clément X, Innocent XI, Alexandre VIII, Innocent XII et Clément XI qu'il sacra évêque avant son couronnement. Il ouvrit la porte sainte à Rome pour le grand jubilé de 1700, par l'indisposition du Pape et celle du doyen du sacré collége, dont il étoit sous-doyen, et dont sa vanité fit faire des tableaux. Il devint doyen et évêque d'Ostie et de Velletri par la mort du cardinal Cibo, de la manière qui a été rapportée. Il fut aussi grand doyen de Liége et prévôt de Strasbourg, et songea toujours à se revêtir ou ses neveux de ces deux évêchés. Le premier lui coûta un exil avec la déclaration formelle du Roi contre lui, l'autre le précipita dans l'abîme d'où il ne put sortir.

L'éclat de M. de Turenne, son oncle, le mit fort avant dans la faveur du Roi. La brouillerie ouverte de ce fameux capitaine avec le puissant Louvois lui ouvrit la confiance du Roi, parce que M. de Turenne obtint que tout ce qu'il écriroit au Roi de l'armée, et ce que le Roi lui écriroit aussi, ne passeroit point par Louvois, mais uniquement par le cardinal de Bouillon. Louvois ne voyoit pas moins les lettres de M. de Turenne, et n'étoit guère moins maître des ordres et des réponses du Roi à M. de Turenne; mais, comme il étoit censé ignorer les unes et les autres, c'étoit au Roi que ce général écrivoit au lieu du secrétaire d'État, et le Roi, au lieu du secrétaire d'État, qui lui faisoit réponse, ou qui directement lui envoyoit ses ordres. Cela faisoit donc un commerce continuel entre le Roi et le cardinal de Bouillon, à qui, pour abréger des écritures, le Roi disoit mille choses et mille détails de bouche, pour les mander de sa part à son oncle, cela qui initioit d'autant plus le cardinal de Bouillon dans les affaires que

M. de Turenne se mêloit aussi assez souvent de projets, de négociations et de commerces secrets, du su du Roi, qui, pendant qu'il étoit sur la frontière ou à l'armée, passoient tous[1] par le cardinal de Bouillon. La présence de M. de Turenne à la cour l'y rehaussoit encore, et sa mort même fut une occasion d'entrer de plus en plus avec le Roi et d'en être mieux traité, par la commune douleur, et un surcroît de grandeur par la majesté de ses obsèques, où néanmoins le Roi défendit tout titre et toute qualité de prince. Le duc de Bouillon et le comte d'Auvergne, ses frères, étoient, l'un, grand chambellan et gouverneur d'Auvergne ; l'autre avoit succédé à M. de Turenne au gouvernement de Limosin, et à la charge de colonel général de la cavalerie. Ses deux sœurs avoient épousé, l'une le duc d'Elbœuf, l'autre un frère de l'électeur de Bavière, oncle de Madame la Dauphine. Mme de Bouillon, avec des sœurs et des cousines germaines si prodigieusement établies, vivoit en reine de Paris ; et la comtesse d'Auvergne avoit presque des États en Hollande.

Le cardinal de Bouillon vivoit dans la plus brillante et la plus magnifique splendeur. La considération, les distinctions, la faveur la plus marquée éclatoient en tout ; il se permettoit toutes choses, et le Roi souffroit tout d'un cardinal. Nul homme si heureux pour ce monde, s'il avoit bien voulu se contenter d'un bonheur aussi accompli ; mais il l'étoit trop pour pouvoir monter plus haut, et le cardinal de Bouillon, accoutumé par le rang accordé à sa maison aux usurpations et aux chimères, croyoit reculer quand il n'avançoit pas. Ses diverses tentatives déplurent. Il prétendit, au mariage de Madame la Duchesse, manger avec le Roi à la noce ; il y échoua, avec l'indignation du Roi, qui le chassa, et qui bientôt après l'empêcha publiquement d'être élu évêque de Liége. Il se raccrocha, se remit mieux que jamais, et fut souvent

---

1. *Toutes*, au manuscrit.

chargé des affaires du Roi à Rome, et de son secret aux conclaves. On a vu les liaisons qui le firent retourner à Rome en 1697, et obtenir en même temps la coadjutorerie de Cluni pour son neveu l'abbé d'Auvergne. On a vu la hardiesse et la duplicité avec laquelle il trompa le Pape et le Roi, pour faire ce même neveu cardinal, et combien sa plus que fourberie fut reconnue à Versailles et au Vatican. On a vu le personnage qu'il fit dans l'affaire et dans la condamnation du livre de Fénelon, archevêque de Cambray, ce qui commença sa disgrâce; et la fureur avec laquelle il se conduisit sur la coadjutorerie de Strasbourg en 1700, qui la combla. La désobéissance formelle à ses rappels réitérés en France lui coûta[1] sa charge, dont il fut privé, et la saisie de tous ses revenus. Il voulut être doyen du sacré collége. Il subit, après y être parvenu, son exil à Cluni, à la fin de 1700. Pendant dix ans, il n'est souplesse ni bassesse qu'il ne tentât, comme on l'a vu, ni misère d'orgueil qu'il ne montrât sans cesse. Il s'occupa à lutter contre les moines de Cluni. Il y essuya sans cesse les plus grands dégoûts, et quelquefois des affronts. Le désespoir qu'il conçut d'une situation si différente de celle qui avoit achevé de le gâter et de le perdre lui fit prendre le parti de l'évasion, et enfanta cette lettre également folle, ingrate, insolente et criminelle, qu'il écrivit au Roi. La mort de son neveu, déserteur en Hollande, le dégoût de ses hauteurs, l'orgueilleux dérangement de ses manières, tournèrent bientôt en mépris le grand accueil qu'il avoit reçu aux Pays-Bas. Son procédé avec la duchesse d'Aremberg, et l'indigne mariage de sa fille, veuve de son neveu, qu'il fit pour devenir maître des biens des enfants qu'il avoit laissés, la conviction juridique et publique de cette infamie, celle du procès qu'il perdit là-dessus contre la duchesse d'Aremberg, achevèrent de le déshonorer, et de lui rendre le séjour des Pays-Bas insupportable. Il

---

1. Saint-Simon a écrit : *lui coûtèrent.*

n'avoit plus que Rome où pouvoir aller. Il sentit, par l'expérience qu'il en avoit déjà faite, tout le poids de ses différentes situations sur ce grand théâtre. Il y alla donc e plus lentement qu'il put, et y arriva vers Pâques de 1712.

Le mépris et l'embarras de l'y voir l'y avoient devancé. Il espéra en vain des égards, que le Pape ne lui put refuser pour la part qu'il avoit eue à son exaltation, et pour avoir été sacré de sa main. Il attendit des retours de son crédit et de sa magnificence passée; il se flatta de retrouver des amis de son ancienne splendeur, et des généreux touchés de sa fortune présente; enfin il compta sur la grandeur de la place de doyen du sacré collége, qu'il se promettoit de bien faire valoir. Saisi dans tous ses revenus, il ne jouissoit que d'Ostie. Il avoit eu soin de beaucoup épargner et amasser pendant son exil, mais ces sommes, quelque considérables qu'elles fussent, il n'y toucha qu'à regret et le moins qu'il put. Il se mit donc au noviciat des jésuites, ses inaltérables amis dans tous les temps, et il y vécut en cardinal pauvre. Tout ce qui n'étoit pas brouillé sans mesure avec le Roi n'osa le voir, ni avoir secrètement avec lui aucun commerce. L'échange de Sedan non consommé jusqu'à cette heure, et le rang de sa maison, l'un et l'autre si aisé à détruire, lui furent une cruelle bride qui le retint de se livrer publiquement aux ennemis de la France, qui même le méprisèrent trop pour le rechercher. Il fut donc sans crédit à Rome, n'y eut que la considération d'écorce qui ne se put refuser au doyen des cardinaux, avec les accès au Pape, que cette place, et ce qu'on a vu de personnel entre eux, lui avoit acquis, mais sans aucune estime. On peut juger ce qu'un homme si prodigieusement et en même temps si bassement superbe, aussi touché du petit comme du grand, dut souffrir d'un contraste si accablant sur ce premier théâtre de l'univers, où il se trouvoit si honteusement en spectacle. Parmi ces tourments, et dans la première place à Rome après le Pape, cet orgueilleux imagina d'introduire une distinction nouvelle.

C'est la coutume en Italie parmi les ecclésiastiques d'ôter sa calotte en parlant à un beaucoup plus grand que soi, et les cardinaux ont toujours les leurs à la main lorsqu'ils parlent au Pape. Le cardinal de Bouillon trouva qu'il seroit d'une grande distinction pour les cardinaux de conserver seuls leur calotte sur leur tête en parlant au Pape ; il lui en parla, le Pape sourit, et ne voulut pas le refuser ; mais il y mit que cela ne se feroit que de concert, et avec le consentement de tous les cardinaux. Bouillon en parla aux plus considérables, mais en petit nombre, jugeant des autres par lui-même, persuadé qu'ils seroient tous ravis de cette distinction, de l'invention de laquelle ils lui sauroient le meilleur gré du monde. Ceux à qui il en parla lui répondirent ambigument ; ils ne voulurent ni s'engager à cette fantaisie ni prêter le collet au cardinal de Bouillon, qui plein de son idée crut les avoir persuadés, et qu'ils persuaderoient les autres. Incontinent après, il y eut un consistoire indiqué. Le Pape y est au haut bout seul, assis dans un fauteuil, les cardinaux sur des bancs des deux côtés ; et, après que ce qui se doit passer en consistoire est achevé, le doyen des cardinaux se lève et va parler au Pape, et après lui tous les cardinaux qui veulent lui dire quelque chose. Les matières finies, le cardinal de Bouillon alla le premier parler au Pape, ayant sa calotte sur la tête. Dès qu'on s'en aperçut, voilà un murmure général qui s'éleva jusqu'à l'interrompre. Il retourna assez embarrassé à sa place, mais il le fut bien davantage lorsqu'il vit aller les autres cardinaux au Pape, et tous la calotte à la main. Il ne put, malgré son trouble, s'empêcher de faire signe à ceux à qui il avoit parlé de mettre leur calotte sur leur tête ; ce fut sans succès auprès de chacun. Il frémissoit de sa place et le montroit ; il n'y gagna que la honte, et il sortit du consistoire plein de dépit et de confusion. Ce fut bien pis lorsqu'il apprit que le sacré collège se vouloit plaindre au Pape d'une innovation qu'un particulier, quoique doyen, n'étoit pas en droit de faire, et d'en demander justice et réparation. Le Pape, à la vérité, détourna cet orage par son autorité en faveur de Bouillon, mais il le blâma fort d'avoir hasardé la chose sans en être convenu avec tous les cardinaux, comme il le lui avoit prescrit. Le bruit n'en continua que plus fort parmi le sacré collége, qui élit le Pape, qui est si intéressé en sa grandeur, qui tient de lui toute la sienne, et qui n'en connoît point à ses dépens, bien loin de se trouver flatté de cette imagination de Bouillon, dont l'orgueil et les chimères lui étoient toujours suspectes[1], et qui avoit perdu toute considération personnelle et toute estime parmi les cardinaux, la prélature, et partout à Rome, qui se moqua cruellement de lui ; qui, dans les premiers jours, avoit aigri son affaire pensant la renouer en parlant à d'autres cardinaux. Les propos furent si unanimes, si vifs, si peu ménagés, qu'il en fut encore plus touché que de l'affront public d'avoir échoué. Alors il ne put plus se cacher à lui-même le mépris et l'aversion dans lesquels il étoit généralement tombé, lui qui jusqu'alors s'étoit toujours efforcé de se persuader le contraire. Il en tomba malade aussitôt de rage, et de rage il en mourut en cinq ou six jours, chose étrange pour un homme si familiarisé avec la rage, et qui en vivoit depuis plusieurs années. Personne à Rome ne le regretta, ni en France, si ce n'est peut-être les Bouillons. Le Roi le méprisa au point de ne pas même nommer son nom.

Le cardinal de Bouillon étoit un homme fort maigre, brun, de grandeur ordinaire, de taille aisée et bien prise. Son visage n'auroit eu rien de marqué s'il avoit eu les yeux comme un autre ; mais, outre qu'ils étoient fort près du nez, ils le regardoient tous deux à la fois jusqu'à faire croire qu'ils s'y vouloient joindre. Cette boucherie, qui étoit continuelle, faisoit peur, et lui donnoit une physionomie hideuse. Il portoit des habits gris, doublés de rouge, avec des boutons d'or d'orfévrerie à pointes

---

1. Cet adjectif est bien au féminin.

d'assez beaux diamants ; jamais vêtu comme un autre, et toujours d'invention, pour se donner une distinction. Il avoit de l'esprit mais confus, savoit peu, fort l'air et les manières du grand monde, ouvert, accueillant, poli d'ordinaire, mais tout cela étoit mêlé de tant d'air de supériorité qu'on étoit blessé même de ses politesses. On n'étoit pas moins importuné de son infatigable attention au rang qu'il prétendoit jusqu'à la minutie, à primer dans la conversation, à la ramener toujours à soi ou aux siens avec la plus dégoûtante vanité. Les besoins le rendoient souple jusqu'au plus bas valetage. Il n'avoit d'amis que pour les dominer et se les sacrifier. Vendu corps et âme aux jésuites, et eux réciproquement à lui, il trouva en eux mille importantes ressources dans les divers états de sa vie, jusqu'à des instruments de ses félonies. Sa vie en aucun temps n'eut d'ecclésiastique et de chrétien que ce qui servoit à sa vanité.

Son luxe fut continuel et prodigieux en tout; son faste le plus recherché, et le plus industrieux pour établir et jouir de toute la grandeur qu'il imaginoit. Ses mœurs étoient infâmes, il ne s'en cachoit pas; et le Roi, qui abhorra toujours ce vice jusque dans son propre frère, le souffrit dans M. de Vendôme et dans le cardinal de Bouillon, non-seulement sans peine, mais il en fit longtemps ses favoris. Peu d'hommes distingués se sont déshonorés aussi complétement que celui-là, et sur autant de chapitres les plus importants. Ses débauches, son ingratitude, ses félonies; la fabrication du cartulaire de Brioude pour se faire descendre des ducs d'Aquitaine, juridiquement prouvée, condamnée, lacérée, le faussaire condamné sur son propre aveu, les Bouillons forcés d'avouer tout au Roi et aux juges, et le cardinal de Bouillon prouvé et avoué l'inventeur et celui qui avoit mis de Bar en besogne de cette fabrication, de concert avec son frère et ses neveux; le trait de double tromperie, lui chargé des affaires du Roi à Rome, pour duper le Roi et le Pape l'un par l'autre pour faire l'abbé d'Auvergne cardinal; le spectacle de désobéissance donné à Rome; sa prétention de n'en devoir point au Roi; la folie de sa lettre en s'évadant; l'infamie et la cause plus infâme encore du mariage qu'il fit de sa nièce avec Mesy, plaidée et prouvée juridiquement aux Pays-Bas; toutes les misères qui précédèrent sa fuite; l'audace de se faire élire abbé de Saint-Amand par avarice, contre les bulles du Pape, sur la nomination du Roi; on ne finiroit pas si on vouloit reprendre toutes les manières dont il s'est déshonoré, et les excès de son ingratitude et de ses félonies, lui qui devoit au Roi les biens, les charges, les dignités, le rang, les établissements de sa maison, après ce qu'elle avoit commis contre Henri IV qui le premier l'avoit élevée, Louis XIII et Louis XIV dans sa minorité, et qui lui-même ne fut doyen des cardinaux, en désobéissant avec tant d'éclat, que par avoir été cardinal à vingt-six ans de la nomination du Roi. Il eut en mourant la vanité de nommer six cardinaux pour ses exécuteurs testamentaires, lui qui ne pouvoit disposer de rien en France, et qui n'avoit que ce qu'il avoit porté d'argent, de pierreries et d'argenterie à Rome. On peut dire de lui qu'il ne put être surpassé en orgueil que par Lucifer, auquel il sacrifia tout comme à sa seule divinité.

Je ne puis mieux placer la conduite d'un autre cardinal si édifiante, si sage et si sainte, qu'en contraste avec celle du cardinal de Bouillon, et qui par sa singularité même mérite la curiosité, parce qu'elle n'a point eu d'exemple auparavant ni d'imitateurs après, et je ne l'avancerai que de deux mois. Galeas Marescotti, né [le] 1er octobre 1627, étoit d'une famille de Rome noble, ancienne, alliée à la maison des Ursins et à d'autres fort considérables. Il fut d'abord archevêque de Corinthe *in partibus*, nonce en Pologne, après en Espagne, pendant la minorité de Charles II. Clément X le fit cardinal, 27 mai 1675, à moins de quarante-huit ans. Il s'étoit acquis beaucoup de réputation de piété et de savoir dans sa prélature, et de capacité dans ses nonciatures; et il passa depuis pour un des plus hommes d'honneur et de bien, et des plus habiles du sacré collége. Aussi y passa-t il par toutes les plus grandes charges qui se donnent au mérite. Il fut légat de Ferrare, et ensuite secrétaire d'État, deux emplois dont le premier n'a qu'un temps limité, l'autre finit avec le pape qui l'a donné. Il eut depuis plusieurs emplois importants, entre autres celui de préfet du saint-office, et qui l'est tellement que les papes se le sont presque toujours réservé depuis. Il eut d'autres préfectures, la protection des dominicains et d'autres grands ordres, et devint en 1708 chef de l'ordre des cardinaux-prêtres. Il avoit alors plus de quatre-vingts ans, et ne voulut point passer à son tour d'option dans l'ordre des cardinaux-évêques. Peu de temps après il cessa tout commerce ordinaire, et se renferma aux fonctions indispensables.

Lorsqu'il se fut accoutumé peu à peu à cette sorte de séparation, qui étoit grande pour lui, parce qu'il étoit extrêmement honoré, visité et consulté, il pria le Pape de disposer de ses emplois, et de le dispenser de toute fonction de cardinal, résolu de ne plus entrer même au conclave. Sa santé étoit vigoureuse, et sa tête comme à cinquante ans. Le Pape résista longtemps, et céda enfin à ses instances. Il déclara en même temps qu'il ne recevroit plus les visites des nouveaux cardinaux, ni celles des ambassadeurs, qu'il n'en rendroit aucune, et pour y couper court, il alla prendre congé du Pape, et le supplier de le dispenser de plus aller à son palais. Il se renferma dans le sien, d'où il ne sortit plus que pour aller rarement dire la messe dehors certains jours fort solennels. Il partagea tout son temps entre la prière et les lectures spirituelles, dans une continuelle préparation à la mort. Comme il étoit fort aimé et fort honoré, et qu'il étoit savant, il choisit ce qu'il y avoit de plus pieux et de plus doctes religieux de tous les ordres, et à qui leurs emplois le pouvoient permettre, pour venir tous les jours chez lui à une heure marquée, toujours la même ; de manière que, depuis le moment qu'il se levoit jusqu'à celui qu'il se couchoit, il n'étoit pas un moment seul, et changeoit de compagnie presque toutes les heures. Il prioit avec les uns, les autres lui faisoient des lectures sur lesquelles ils faisoient des réflexions, enfin il y en avoit qui après son repas servoient une heure à sa récréation. Parmi ces exercices rien de foible ni de triste, mais toujours une grande présence de Dieu et du compte qu'il se préparoit à lui rendre, sans jamais rien de vain ni de mondain. Il avoit été fort aumônier toute sa vie, il le devint encore davantage. Au mois de mai de cette année, il remit au Pape tout ce qu'il avoit de bénéfices et de pensions sur des bénéfices, et ne conserva que le revenu de son patrimoine. Il fut visité par Clément XI plusieurs fois, et par les papes ses successeurs, sans qu'il ait jamais retourné en leurs palais. Les cardinaux non-seulement l'invitèrent d'entrer aux conclaves qu'il y eut depuis, et l'en pressèrent inutilement, mais quoique [il] fût demeuré chez lui, et que les cardinaux n'aient point de voix quand ils ne sont pas dans le conclave, il ne laissa pas d'en être consulté plusieurs fois, et d'influer sur les élections qui s'y firent. Benoît XIII l'alla voir aussitôt après son exaltation, et les autres papes lui firent le même honneur. Il ne démentit pas d'un seul point la vie qu'il avoit embrassée, jusqu'à sa mort, arrivée le 3 juillet 1726, ayant joui d'une bonne santé jusqu'à cette dernière maladie, et de toute sa tête jusqu'à la mort, qui eut toutes les marques de celles des prédestinés. Il avoit près de quatre-vingt-dix-neuf ans, et fut regretté comme s'il n'en avoit eu que cinquante, des pauvres surtout dont il étoit le père, sans toutefois avoir fait tort à sa famille. Le Pape assista lui-même à ses obsèques avec le sacré collége, il avoit plus de cinquante ans de cardinalat. Disons encore un mot d'Italie.

Le duc de Savoie, nouveau roi de Sicile, étoit allé, comme on l'a dit, en prendre possession, s'y faire couronner, connoître le pays et les gens, et en tirer tout ce qui lui fut possible. Il avoit mené la reine sa femme, qui y fut aussi couronnée, et laissé à Turin un conseil bien choisi, de peu de personnes, pour gouverner en son absence. Il avoit offert la régence à la duchesse sa mère, qui le pria de l'en dispenser. Jamais il ne lui avoit pardonné de l'avoir voulu faire roi de Portugal, en épousant l'infante sa cousine germaine, et y allant demeurer. Il lui pardonnoit aussi peu d'être toute françoise, et adorée dans tous ses États et dans sa cour. Sa jalousie avoit été fort poussée, ainsi que les dégoûts qu'il lui avoit donnés. Il n'y avoit entre eux qu'une sèche bienséance. Ces raisons firent que la régence fut froidement offerte, et sagement refusée. L'épouse, aussi françoise que la mère, n'étoit pas plus heureuse. La belle-mère et la belle-fille vécurent toute leur vie dans la plus intime amitié et dans la confiance la plus parfaite. C'est ce qui obligea le roi de Sicile à la mener avec lui, pour qu'elle ne fût pas régente, et Madame Royale par elle. Il déclara régent le prince de Piémont, son fils aîné, qui étoit grand et bien fait pour son âge, et qui d'ailleurs promettoit toutes choses. Il chargea le conseil qu'il laissa de l'instruire et de lui rendre compte de tout pour le former aux affaires, et d'essayer quelquefois avec opiniâtreté à le laisser faire en certaines choses pour voir comment il s'y prendroit.

Le jeune prince s'appliqua et devint capable jusqu'à étonner le conseil; et par la facilité de son accès, la sagesse et la justesse de ses réponses, sa modestie, sa politesse, son desir de plaire et d'obliger, le déplaisir qu'il montroit quand il étoit obligé de refuser, et l'adoucissement qu'il y savoit mettre, lui acquirent tous les cœurs. C'en étoit trop pour un père jaloux, qui eût été au désespoir d'avoir un fils sans talents pour gouverner, mais qui, jaloux de son ombre, et qui avoit trop de pénétration pour ne pas sentir qu'il étoit redouté, mais nullement aimé dans sa cour ni dans son pays, trouvoit un fils aîné, de seize ans, trop avancé dans l'estime et dans l'affection générale, et qui l'avoit trop bien su mériter. Son accueil à son retour et ses louanges à son fils furent fort sèches. Après le premier compte rendu, il ne l'admit plus en aucunes affaires, et les ministres eurent défense de lui rien communiquer. Le jeune prince sentit amèrement un procédé si peu mérité, et le souffrit sans se plaindre ni paroître même mécontent. Son père l'étoit infiniment de voir sa cour également empressée autour du prince, et après son retour en user par amour et par attachement pour son fils comme si déjà il eût régné. Il lui refusa donc jusqu'aux plus petites choses pour le décréditer, et pour diminuer cette foule et cette complaisance que tous prenoient en lui par la crainte de déplaire et de reculer la fortune. Le prince y fut extrêmement sensible, sans se déranger en rien de sa modestie, de ses respects et de ses devoirs. Cependant le carnaval arriva; les dames qui, pendant la régence du prince, lui avoient fait leur cour chez Madame Royale, et en étoient fort connues, lui demandèrent un bal. Il ne crut pas déplaire en s'engageant d'en demander la permission au roi son père. Les affaires n'avoient aucun trait avec un bal, et ce plaisir étoit de son âge, de la saison, et convenoit dans une cour. Il en fit donc la demande. Le roi de Sicile, qui le vouloit décréditer et le mortifier en toutes façons, le refusa avec la plus grande dureté : ce fut la dernière, après tant d'autres, et la dernière goutte qui fit verser le verre.

Le prince ne put soutenir un traitement si barbare, si peu mérité, souffert avec tant de respect et de douceur, et auquel il n'apercevoit ni bornes ni mesures. La fièvre le prit la nuit; il en confia la cause à la princesse de Carignan, sa sœur naturelle, qui me l'a conté, et à qui il avoit accoutumé de s'ouvrir uniquement sur les traitements qu'il recevoit. Il l'assura qu'il avoit le cœur flétri et qu'il n'en reviendroit pas, et avec peu de regret à la vie sous un tel père. Il ne parla pas si librement aux médecins, mais il les assura toujours qu'il n'en reviendroit pas; et avec la même douceur il se disposa à la mort, et ne pensa plus qu'à l'autre vie. Sa maladie ne dura que cinq ou six jours; les deux princesses, mère et grand'mère, la cour, la ville étoient dans le dernier désespoir. Le malheureux père y tomba lui-même; il sentit en ces derniers jours tout ce que valoit son fils, tout ce qu'il alloit perdre, et ne put se dissimuler qu'il en étoit le bourreau. Mais l'impression étoit faite; ses caresses tardives ne purent ramener le prince à la vie. Si ce père, barbarement politique, avoit pu lire dans l'avenir et voir de si loin quel traitement le fils qui lui restoit lui préparoit, son désespoir eût été au comble. Il eut la douleur de perdre un fils accompli, généralement reconnu et goûté comme tel, d'en voir sa cour, sa ville, ses États dans la plus vive douleur, et dans la conviction entière que sa jalousie l'avoit fait mourir. Retournons maintenant en France.

Voysin regorgeoit des plus grands dons de la fortune : chancelier et garde des sceaux, ministre et secrétaire d'État au département de la guerre avec plus d'autorité que Louvois, conseil intime de Mme de Maintenon et de M. du Maine, instrument du testament du Roi, et de tout ce que sa vieille et son bâtard se proposoient encore d'en arracher, ministre unique de l'affaire de la constitution, et dans la plus intime confiance et dépendance des chefs de ce redoutable parti, et l'âme aussi cautérisée qu'eux, il nageoit dans la plus solide et la plus entière confiance du Roi, et dans la puissance la plus étendue. Il voulut jouir de sa gloire, et aller triompher au Parlement en qualité de chancelier de France, où son propre grand-père paternel avoit été longtemps greffier criminel, et sans être monté plus haut crut avoir fait une fortune. Le chancelier de Pontchartrain et bien d'autres chanceliers n'y avoient jamais été, et il se trouvera peu ou point d'exemple qu'aucun y ait été sans occasion nécessaire, et seulement comme celui-ci pour le plaisir et la vanité d'y aller. Il s'y fit suivre par plus de cent officiers, et accompagner de tout ce qui lui fut permis de conseillers d'État et de maîtres des requêtes. Il n'oublia rien de la pompe de sa marche, de sa réception et de sa reconduite. Son discours montra plus de fortune que de talents. Aucun pair ni prince du sang ne s'y trouva ; ils ne marchent point pour la robe.

Tallart séchoit sur pied de n'avoir encore rien recueilli d'avoir livré le cardinal de Rohan au P. Tellier jusqu'à en avoir fait son esclave. La jalousie le perçoit de voir que cela même eût fait les princes de Rohan et d'Espinoy ducs et pairs, tandis qu'on le laissoit, et qu'il étoit d'autant plus pressé qu'il voyoit le Roi diminuer tous les jours. Il ne voulut pas en être la dupe, et fit tant de bruit aux Rohans et au P. Tellier, qu'ils n'osèrent le pousser à bout. Vouloir et pouvoir étoit même chose auprès du Roi et de Mme de Maintenon pour les maîtres de la constitution. Elle leur étoit trop chère et sacrée pour se dispenser d'en payer les dettes, et elle n'en avoit contracté aucune si utile que celle que Tallart s'étoit acquise sur elle en lui livrant le cardinal de Rohan. Tallard fut donc déclaré pair de France ; mais quand il en fallut venir à la mécanique des expéditions, la chose fut trouvée impossible, parce qu'il n'avoit qu'un duché vérifié qu'il avoit cédé à son fils en le mariant. On tourna, on chercha, mais à la fin il fallut que le père se contentât, en enrageant, que la pairie fût érigée pour son fils, et demeurer lui comme il étoit.

Le comte du Luc, ambassadeur en Suisse, fit en ce temps-ci une faute dont la France et la Suisse se ressentent encore. Les cantons catholiques et protestants étoient depuis longtemps animés les uns contre les autres ; la longue affaire de l'abbé de Saint-Gall les avoit mis aux prises, et quelquefois aux armes. L'intérêt de la maison d'Autriche entretint sous main ce feu pour abaisser les cantons les uns par les autres et en profiter. Passionei, jeune, emporté, violent et sans expérience, y étoit nonce du Pape, et il aigrit les choses de plus en plus. Du Luc étoit tout occupé du renouvellement de l'alliance de la France avec tout le corps helvétique, et les ministres de la maison d'Autriche à l'empêcher, à quoi rien n'étoit plus propre que d'entretenir la division dans la République. Du Luc espéra forcer les protestants par les catholiques, plus nombreux à la vérité, mais incomparablement plus foibles; il conclut le renouvellement d'alliance avec ces derniers. Les cantons protestants, animés par les émissaires de Vienne, de Londres, de Hollande, imputèrent ce traité à affront, et n'ont jamais voulu ouïr parler depuis de renouveler leur alliance avec la France, et les armes à la main s'en sont souvent vengés sur les cantons catholiques, et leur ont durement fait sentir leur supériorité.

Pendant que la princesse des Ursins s'acheminoit lentement vers Paris, sa catastrophe produisit de grands changements en Espagne. Orry l'avoit devancée et trouva en arrivant à Paris défense d'approcher de la cour; il courut même fortune de la prison et de pis. Le cardinal del Giudice [fut] non-seulement rappelé, comme on l'a vu, mais mis à la tête des affaires politiques, de justice et religion; le duc de Veragua eut celles de la marine et du commerce; le vieux marquis de Frigilliane fut fait chef du conseil des Indes; le marquis de Bedmar le demeura du conseil de guerre; et le prince de Cellamare, fils du duc de Giovenazzo, conseiller d'État, frère du cardinal del Giudice, qui venoit, comme on l'a vu, d'être fait grand écuyer de la reine, fut nommé ambassadeur en France. Chalais et Lanti, neveux de Mme des Ursins, qui avoient eu, comme on l'a vu, permission de la joindre en chemin, et qu'elle avoit envoyés l'un après l'autre devant elle à Paris, y reçurent défense de retourner en Espagne, ce qui embarrassa fort Lanti, qui étoit Italien et n'avoit rien ici, et Chalais encore plus, à qui le Roi refusoit la jouissance du rang et des honneurs de grand d'Espagne, qu'il ne lui avoit permis qu'à cette condition-là d'accepter.

Peu de jours après, le cardinal del Giudice fut fait gouverneur du prince des Asturies, emploi fort étrange pour un prêtre. Dans ce rayon de fortune, qui avoit déjà, comme on l'a vu, expatrié Macañas, il n'oublia point la générosité avec laquelle le P. Robinet avoit résisté à sa faveur, jointe alors à l'autorité de Mme des Ursins, pour l'archevêché de Tolède que le cardinal et la princesse demandoient vivement, et que Giudice fut au moment d'obtenir, lorsque avec l'applaudissement général de la cour, de la ville, de toute l'Espagne, le P. Robinet l'emporta, et le fit donner à cet illustre curé de village dont j'ai parlé ailleurs. Un prêtre et un Italien n'oublie guère. Giudice profita de sa faveur pour faire chasser Robinet, qui se retira en France, où il vécut très-content simple jésuite à Strasbourg, sans se mêler de rien. Le P. d'Aubanton, lors assistant du général des jésuites à Rome, celui-là même qui, seul avec le cardinal Fabroni, avoit concerté et fabriqué la constitution *Unigenitus*, fut rappelé au confessionnal du roi d'Espagne. Ce changement de confesseur fut un grand et long malheur pour les deux couronnes. Robinet n'avoit nul intérêt, aucune ambition, n'étoit point entaché d'ultramontanisme, et n'étoit jésuite qu'autant que l'honneur et la conscience le lui permettoient. Il étoit solidement homme de bien ; aussi vouloit-il le bien pour le bien, et y étoit également hardi et sage. Toute la cour et toute l'Espagne l'aimoit, l'honoroit, s'y confioit : il ne s'en élevoit et ne s'en estimoit pas davantage, et il étoit droit, vrai et ennemi de toute intrigue. On verra ailleurs le parfait contraste de son successeur avec lui.

Un mois après, Flotte et Renaut furent mis en liberté. La chute de Mme des Ursins fit voir clair au roi d'Espagne sur bien des choses. C'étoit elle qui avoit fait arrêter ces deux domestiques de M. le duc d'Orléans, et qui, soutenue de Mme de Maintenon par leur haine commune, et de Monseigneur, poussé par la cabale qui le gouvernoit, ne visoit pas à moins qu'à la tête de M. le duc d'Orléans, comme je l'ai raconté en son lieu. La reine d'Espagne, qui devenoit fort maîtresse, ne cherchoit qu'à détruire ce que Mme des Ursins avoit édifié ; peut-être l'âge et la santé du Roi la persuadèrent-ils tacitement de raccommoder le roi d'Espagne avec un prince à qui on ne pouvoit, le cas arrivant, ôter la régence. Ainsi, sans que M. le duc d'Orléans y songeât, ni personne pour lui, le roi d'Espagne écrivit au Roi qu'ayant enfin reconnu l'innocence de Flotte et de Renaut, et la fausseté des accusations faites contre eux, il avoit ordonné qu'on les mît en liberté. Le roi d'Espagne ajouta dans la même lettre que, dans le desir qu'il avoit de se réconcilier avec M. le duc d'Orléans, il laissoit au Roi d'en ordonner la manière. La surprise fut grande à la réception de cette lettre, et la rage de Mme de Maintenon. Un pareil désaveu, sur une affaire qu'on avoit poussée si étrangement loin auprès du Roi, lui pouvoit faire ouvrir les yeux sur des calomnies plus atroces et plus domestiques. M. du Maine en trembla, et glissa sur ce fâcheux pas avec adresse et silence. M. le duc d'Orléans écrivit au roi d'Espagne, de concert avec le Roi, et en reçut une réponse la plus honnête. Flotte et Renaut reçurent ordre de M. le duc d'Orléans d'aller à Madrid remercier le roi et la reine, dont ils furent bien reçus, et de revenir aussitôt en France où ils voudroient, excepté Paris et ses environs, pour prévenir sagement les questions et les propos qu'on se plairoit à leur faire tenir. Ils touchèrent promptement en Espagne de quoi payer toutes les dettes qu'ils y avoient faites, et la dépense de leur retour, par ordre de M. le duc d'Orléans, qui leur donna à leur arrivée une gratification et une pension honnête.

Il faut achever les changements d'Espagne, d'autant que je ne les préviens que de six semaines. Alonzo Manriquez étoit un homme de qualité, et le seul pour qui le roi d'Espagne eut invariablement une amitié constante. Il aimoit aussi le roi avec attachement; il étoit grand de taille, aisée, fort bien fait, avec un noble air et un visage agréable, et, chose rare pour un Espagnol, il étoit blond et avoit de belles dents. Son esprit étoit médiocre, mais sage et mesuré au dernier point, éloigné de se mêler d'affaires et de cabales, et tout aussi éloigné de faire sa cour à aucun ministre, même à la princesse des Ursins ; d'ailleurs l'homme le plus affable, le plus poli, le plus gracieux, de l'accès le plus facile. Son affection pour le roi d'Espagne lui en avoit donné pour les François. Il n'étoit pas riche, mais autant qu'il le pouvoit généreux et libéral. Dès qu'il fut grand seigneur, il devint magnifique et conserva les mêmes mœurs. Il étoit fort réservé à rendre de bons offices et à parler au roi pour quelqu'un, non que l'inclination ne l'y portât, mais il en sentoit le danger avec un prince aussi dépendant d'autrui. C'étoit un des plus grands toréadors de toute l'Espagne, et qui se consoloit le moins qu'on eût banni ces combats, où il avoit fait de grandes folies avec une grande valeur. C'est lui qui fut obligé de se retirer dans un couvent au plus vite, en attendant que sa grâce lui fût expédiée, et qui la fut promptement, pour avoir sauté à bas de son cheval et tiré le pied de la feue reine de son étrier, tombée et traînée par le sien, à qui il sauva ainsi la vie. Sa femme, qui avoit beaucoup de mérite, qui étoit Enriquez, et avec qui il a toujours vécu dans la plus grande union, avoit souvent des musiques chez elle, et ils en eurent une fort bonne à eux quand ils se virent en état de figurer. Ils voyoient beaucoup plus de monde que tous les autres seigneurs espagnols, et bien plus librement. Alonzo Manriquez fut majordome du roi, puis premier écuyer, qui ne ressemble en rien au nôtre, comme on le verra ailleurs. Il quitta en ce temps-ci cette charge, parce qu'il fut fait grand sous le titre de duc del Arco[1], et qu'un grand d'Espagne ne peut être premier écuyer.

Valouse, gentilhomme de Provence, nourri page du Roi, puis écuyer particulier de M. le duc d'Anjou, qui l'avoit suivi en Espagne, où, avec peu d'esprit, il se gouverna toujours fort sagement, et se maintint dans les bonnes grâces de son maître et des divers gouvernements, fut fait premier écuyer. Le roi d'Espagne fit en même temps

---

1. Saint-Simon a écrit ici *de l'Arco*.

persuader au duc de la Mirandole, qui étoit grand écuyer, de se démettre de cette charge, en lui en conservant les honneurs et les appointements ; il y consentit, et le duc del Arco fut fait grand écuyer. Il étoit aussi gentilhomme de la chambre, et seul en exercice avec le marquis de Santa-Cruz, majordome-major de la reine. J'aurai ailleurs occasion de parler de ces deux seigneurs. Le duc del Arco ne ploya jamais sous Alberoni, qui ne l'aimoit pas, mais qui n'osa jamais se hasarder de l'entamer. C'étoit un des plus honnêtes et des plus accomplis hommes d'Espagne, doux, modeste, mais digne et haut aussi dans les occasions. Il montra beaucoup de valeur dans les campagnes d'Italie et d'Espagne, qu'il fit à la suite de son maître. Il étoit aussi parfaitement désintéressé avant et depuis sa fortune. Il ne demanda jamais rien au roi pour soi ; il avoit une des moindres commanderies de Saint-Jacques et n'en voulut point d'autres. Il portoit cet ordre à la boutonnière, comme ils font tous, et avoit le portrait du roi d'Espagne au revers de sa médaille.

La charge de sommelier du corps ou de grand chambellan vaquoit depuis la mort du duc d'Albe, arrivée à Paris pendant son ambassade, en sorte qu'il ne l'avoit jamais faite. L'ancien des gentilshommes de la chambre l'exerce dans le cas d'absence ou de vacance ; et c'étoit le marquis de Montalègre, grand d'Espagne, qui l'étoit, et qui avoit toujours suppléé. Il étoit Guzman, et avoit épousé une sœur du marquis de los Balbazès, qui étoit Spinola. Il avoit été une espèce de favori de Charles II, qui lui avoit donné la compagnie des hallebardiers qu'il avoit encore, qui étoit lors la seule garde des rois d'Espagne, avec certaines canailles[1] de lanciers en petit nombre, et qui ne suivoient qu'à cheval, qui demandoient l'aumône à la porte du palais. Philippe V les abolit en arrivant en Espagne, et mit les hallebardiers sur le pied et avec l'habillement des Cent-Suisses de la garde

---

1. Saint-Simon a écrit *certaine* au singulier, et *canailles* au pluriel.

du Roi. Ce marquis de Montalègre étoit un fort honnête homme, assez borné, qui ne se mêloit de rien, mais poli, honnête, généreux, et qui vivoit fort retiré, à l'espagnole.

Le duc de Liñarez, vice-roi du Mexique, avoit obtenu son rappel. Il étoit vice-roi de l'avénement de Philippe V à la couronne, et lui avoit envoyé de grands secours d'argent. Le marquis de Valero fut envoyé à sa place. Il étoit frère du duc de Bejar et oncle de Zuniga, qu'on a vu servir dans nos armées. Le roi d'Espagne avoit toujours aimé ce marquis de Valero ; il l'avoit en arrivant trouvé majordome, et avoit toujours cherché à l'élever. C'étoit un vrai Espagnol, plein d'honneur, de courage et de fidélité, mais austère et inflexible, et qui n'étoit pas sans capacité. A son retour il fut grand d'Espagne et sommelier du corps avec beaucoup de crédit, dont il n'abusa jamais, et s'en servit utilement pour le roi et la monarchie. Ce fut dommage qu'il ne vécut[1] pas assez. Il n'eut point d'enfants, et sa grandesse retourna à des neveux.

Enfin la princesse des Ursins arriva à Paris, et vint descendre et loger chez le duc de Noirmonstiers, son frère, dans une petite maison des Jacobins, qu'il occupoit dans la rue Saint-Dominique, porte à porte de la mienne. Ce voyage dut lui paroître bien différent du dernier qu'elle avoit fait en France, où elle avoit paru la reine de la cour. Peu de gens, outre ses anciens amis et ceux de son ancienne cabale, la vinrent voir, et néanmoins quelques curieux s'y mêlèrent ; ce qui fit assez de concours les premiers jours, après quoi les visites s'éclaircirent, et la solitude domina dès qu'on eut vu le succès de son voyage à Versailles, qu'on lui laissa attendre plusieurs jours. M. le duc d'Orléans, raccommodé avec le roi d'Espagne, sentit qu'il étoit solidement de son intérêt, encore plus que d'une foible vengeance, de montrer par quelque éclat que ce n'étoit qu'à la haine et à l'artifice de la prin-

---

1. Ce verbe est bien à l'indicatif.

cesse des Ursins qu'il devoit celui de son affaire d'Espagne, qui avoit été si près de lui porter la tête sur l'échafaud. Mme de Maintenon, qui avec M. du Maine, et tous leurs puissants ressorts, soutenus de l'intérêt de la cabale de Meudon, étoient ceux qui avoient poussé à l'extrémité cette affaire, que Mme des Ursins leur avoit présentée[1]. Mais les temps étoient changés, Monseigneur étoit mort, et la cabale de Meudon anéantie. Mme de Maintenon avoit tourné le dos à Mme des Ursins; ainsi M. le duc d'Orléans, libre à l'égard de cette dernière ennemie, ne crut pas [la[2]] devoir ménager. Il y fut poussé par Mme la duchesse d'Orléans, et plus encore par Madame, tellement qu'il pria le Roi de défendre à la princesse des Ursins de se trouver en pas un lieu, même dans Versailles, où Mme la duchesse de Berry, Madame, M. et Mme la duchesse d'Orléans se pourroient rencontrer, lesquels firent en même temps une défense étroite à toutes leurs maisons de la voir, et demandèrent la même chose aux personnes qui leur étoient particulièrement attachées. Cet éclat fit un grand bruit, montra à découvert l'abandon de Mme de Maintenon, l'inconsidération du Roi, et devint un grand embarras pour la princesse des Ursins.

Je n'avois pu trouver que M. le duc d'Orléans eût tort dans cette conduite, qui faisoit retomber à plomb sur les artifices tout ce qu'on avoit voulu lui imputer, et qui se trouvoit très-heureusement placée au moment de la liberté rendue à Flotte et à Renaut, et de sa réconciliation avec le roi d'Espagne. Mais je lui représentai qu'ayant toujours été ami particulier de Mme des Ursins, laissant à part sa conduite envers lui, et ne mettant point de proportion dans mon attachement pour lui avec mon amitié pour elle, je ne pouvois oublier les marques qu'elle m'en avoit toujours données, particulièrement en ce dernier voyage si triomphant, comme je l'ai expliqué en son temps, et

---

1. Cette phrase est inachevée.
2. *La* est au manuscrit, mais biffé. Après le verbe *ménager*, les mots *l'autre* ont été écrits en interligne, puis effacés.

qu'il me seroit dur de ne la point voir. Nous capitulâmes donc, et M. et Mme la duchesse d'Orléans me permirent de la voir deux fois : une alors, l'autre quand elle partiroit, avec parole que je n'irois pas à la troisième, et que Mme de Saint-Simon ne la verroit point, à cause d'eux et de Mme la duchesse de Berry, ce que nous digérâmes mal volontiers, mais il en fallut passer par là. Comme je voulus au moins profiter de ma bisque, je fis dire à Mme des Ursins les entraves où je me trouvois, et que, voulant au moins la voir à mon aise le très-peu que je le pouvois, je lui laisserois passer les premiers jours et son premier voyage à la cour avant de lui demander audience. Mon message fut très-bien reçu, elle savoit depuis longues années où j'en étois avec M. le duc d'Orléans, elle ne fut point surprise de ces entraves, et me sut au contraire bon gré de ce que j'avois obtenu. Quelques jours donc après qu'elle eut été à Versailles, j'allai chez elle à deux heures après midi. Aussitôt elle ferma sa porte sans exception, et je fus tête à tête avec elle jusqu'après dix heures du soir.

On peut juger combien de choses passent en revue dans un aussi long entretien. Je lui trouvai la même amitié et la même ouverture, beaucoup de sagesse sur M. le duc d'Orléans et les siens, et de franchise sur tout le reste. Elle me conta sa catastrophe sans jamais y mêler le Roi, ni le roi d'Espagne, duquel elle se loua toujours ; mais sans se lâcher sur la reine, elle me prédit ce qu'on a vu depuis. Elle ne me dissimula rien de sa surprise, des mauvais traitements, jusqu'aux grosses injures de propos délibéré, de son départ, de son voyage, de son état, de tout ce qu'elle avoit essuyé. Elle me parla fort naturellement aussi de son voyage de Versailles, de sa désagréable situation à Paris, de la feue reine, du roi d'Espagne, des diverses personnes qui de son temps y avoient figuré dans le gouvernement et dehors, enfin des vues incertaines et diverses d'une honnête retraite, dont le lieu étoit combattu dans son esprit. Ces huit heures de conversation avec une personne qui y fournissoit tant de choses curieuses me parurent huit moments. L'heure du souper, même tardive, nous sépara, avec mille protestations vraies et réciproques, et un pareil regret entre elle et Mme de Saint-Simon de ne pouvoir se voir. Elle me promit de m'avertir de son départ à temps de passer encore une journée ensemble.

Son voyage à Versailles se passa peu agréablement. Elle alla, le matin du mercredi 27 mars, dîner à Versailles chez la duchesse du Lude qui y demeuroit toujours. Elle y resta jusqu'à une demi-heure près de celle que le Roi devoit passer chez Mme de Maintenon, où elle alla l'attendre seule avec elle; elle n'y demeura guère plus en tiers avec eux, et se retira après à la ville, chez Mme Adam, femme d'un premier commis des affaires étrangères, qui lui donna à souper et à coucher, et où elle fut très-peu visitée. Le lendemain elle dîna chez la duchesse de Ventadour, et s'en retourna à Paris. Elle obtint peu après de remettre sa pension du Roi, moyennant une augmentation en rentes sur l'hôtel de ville, dont elle eut quarante mille livres de rente. Cela étoit, outre l'augmentation du double, plus solide qu'une pension, qu'elle ne doutoit pas de perdre dès que M. le duc d'Orléans en deviendroit le maître. Elle songeoit à se retirer en Hollande; mais les états généraux ne voulurent point d'elle à la Haye ni à Amsterdam. Elle avoit compté sur la Haye. Elle pensa alors à Utrecht, mais elle s'en dégoûta bientôt, et tourna ses projets sur l'Italie. Elle ne retourna plus à la cour que pour en prendre congé. M. du Maine, en reconnoissance des grandeurs qu'elle avoit procurées à M. de Vendôme en Espagne, lui valut cette grâce pécuniaire du Roi.

CHAPITRE VI.

Le comte de Lusace et les princes d'Anhalt et de Darmstadt à la chasse avec le Roi. — Bolingbroke à Paris; sa catastrophe. — Stairs ambassadeur d'Angleterre à Paris; son caractère. — Mariage du fils unique du comte de Matignon, fait duc, avec la fille aînée du prince de Monaco, et ses étranges concessions et conditions. — Cinq cent mille [francs], etc., sur le non-complet des troupes, donnés au chancelier Voysin. — Le Camus, premier président de la cour des aides, prévôt et grand maître des cérémonies de l'ordre. — Mort de la comtesse d'Acigné; du duc de Richelieu; de la princesse d'Harcourt; de Sézanne, dont la Toison est donnée à un de ses neveux. — Mort du docteur Burnet, évêque de Salisbury, et de l'abbé d'Estrades. — Mariage de Castelmoron avec la fille de Fontanieu; d'Heudicourt avec la fille de Surville; du troisième fils du duc de Rohan avec la comtesse de Jarnac; de Cayeux avec la fille de Pompone; de Saint-Sulpice avec la fille du comte d'Estaing. — Éclipse de soleil. — Bout de l'an de M. le duc de Berry; le Roi fait quitter le grand deuil avant le temps à Mme la duchesse de Berry, et la mène jouer dans le salon à Marly; elle en obtient quatre dames pour la suivre : Mmes de Coettenfao, de Brancas, de Clermont, de Pons; Mmes d'Armentières et de Beauvau succèdent peu après aux deux premières. — Mort de Mme de Coettenfao, qui me donne presque tout son bien, que je rends sans y toucher à M. de Coettenfao. — Précaution nouvelle et extraordinaire du parlement de Paris contre les fidéicommis. — Coettenfao m'envoie furtivement pour soixante mille livres de belle vaisselle, qu'il me force après d'accepter. — Dernier voyage du Roi à Marly; la reine d'Angleterre à Plombières; Chamlay, en apoplexie, va à Bourbon. — Effiat à Marly; crayon de ce personnage; étrange trait de lui avec moi — Mme de Nassau à la Bastille. — Maladie de Mme la duchesse d'Orléans, dont on tâche de profiter. — Paris ouverts en Angleterre sur la mort prochaine du Roi, qui par hasard les voit dans une gazette d'Hollande. — Prince de Dombes visité par les ambassadeurs comme les princes du sang; adresse là-dessus du duc du Maine; il obtient la qualité et le titre de prince du sang pour lui et sa postérité, et pour son frère, par une nouvelle et très-précise déclaration du Roi, incontinent enregistrée au Parlement. — Sainte-Maure conserve les livrées et les voitures de M. le duc de Berry. — Prince électoral de Saxe prend congé du Roi dans son cabinet à Marly; Mme de Maintenon lui fait les honneurs de Saint-Cyr. — Mort de du Casse; sa fortune, son caractère. [— Mort de Nesmond, évêque de Bayeux.]

Le Roi alla de Versailles courre le cerf dans la forêt de

Marly, et y fit donner des chevaux au comte de Lusace, c'est-à-dire le prince électoral de Saxe, au palatin son gouverneur, et aux princes d'Anhalt et de Darmstadt ; et le lendemain il convia dans la galerie le comte de Lusace à la volerie, où Sa Majesté alloit.

Un autre étranger arriva en même temps, qui éprouva le sort ici de la princesse des Ursins. Je parle du lord Saint-Jean, plus connu sous le nom de vicomte de Bolingbrocke, par les mains duquel avoit passé le traité de Londres qui força les alliés à conclure la paix d'Utrecht, et lequel, dans la fin de la négociation de Londres, fut envoyé ici passer huit ou dix jours par la reine Anne, où il fut reçu avec tant de distinction, comme je l'ai marqué en son lieu. Son sort en Angleterre avoit changé comme celui de la princesse des Ursins en Espagne, avec cette différence que notre cour fut bien fâchée de la disgrâce de ce ministre, et de n'oser le voir. Le nouveau roi avoit changé tout le ministère, et remis les whigs en place, d'où il avoit chassé les torys. Ces premiers profitèrent de ce retour pour exercer leurs haines particulières. Ils attaquèrent les ministres de la reine Anne, et leur firent un crime d'avoir fait la paix. Prior, qui s'en étoit fort mêlé sous ces ministres de la reine Anne, vendit leur secret et ce qu'il put avoir de papiers à leurs persécuteurs, qui étoient aussi les siens, pour se tirer d'oppression par cette infamie. Bolingbroke, le plus noté de tous pour avoir eu la principale part à la paix, se trouva aussi dans le plus grand danger, et en même temps le moins établi. Il lutta un temps, et lorsqu'il vit qu'il n'y avoit point de ressource, il fit un discours très-nerveux en plein Parlement, et en même temps très-libre et très-fort contre la harangue du roi d'Angleterre, et tout de suite passa en France. Il vint demeurer à Paris, mais sans aller à la cour, ni voir publiquement nos ministres et nos personnages. J'aurai ailleurs lieu de parler de lui.

Il y avoit déjà quelque temps que le lord Stairs étoit ici de la part du roi d'Angleterre, avec la patente d'ambassadeur, dont il fut fort longtemps sans prendre le caractère. C'étoit un Écossois grand et bien fait, qui avoit l'ordre du Chardon ou de Saint-André d'Écosse. Il portoit le nez au vent avec un air insolent, qu'il soutenoit des plus audacieux propos sur les ouvrages de Mardick, les démolitions de Dunkerque, le commerce, et toutes sortes de querelles et de chicanes, en sorte qu'on le jugeoit moins chargé d'entretenir la paix, et de faire les affaires de son pays, que de causer une rupture. Il poussa si loin la patience et la douceur naturelle de Torcy, que ce ministre ne voulut plus traiter avec lui. Stairs même étoit si peu mesuré dans les audiences qu'il demandoit fréquemment, et avec la plus grande hauteur, que le Roi prit le parti de ne le plus entendre. Il tâchoit à se mêler avec ce qu'il pouvoit de meilleure compagnie, qui se lassa bientôt de ses discours, dont il répandoit l'impudence aux promenades publiques, aux spectacles et chez lui, où il cherchoit à s'attirer du monde par sa bonne chère. J'aurai lieu plus d'une fois de parler de ce personnage, qui ne sut que trop bien jouer le sien et faire peur, tandis qu'il en mouroit intérieurement lui-même, et avec grande raison. C'étoit un homme d'esprit, de toute espèce d'entreprises, qui étoit dans les troupes, où il avoit servi sous le duc de Marlborough, et qui haïssoit merveilleusement la France. Il parloit aisément, éloquemment, et démesurément sur tous chapitres, avec la dernière liberté.

Le Roi fit à Monsieur le Grand les grâces les plus singulières et les plus sans exemple, pour M. de Monaco, son gendre, qui s'étoit raccommodé avec lui depuis la rupture, qui a été racontée, du mariage du fils du comte de Roucy avec sa fille, auquel Mme de Monaco et Monsieur le Grand son père ne voulurent jamais consentir, et qui n'avoit pas en effet de quoi remplir par ses biens les vues que M. de Monaco s'étoit proposées. Il n'avoit que des filles, et il étoit hors d'espérance d'avoir d'autres enfants. Il étoit mal dans ses affaires, il cherchoit franchement à trafiquer sa dignité avec sa fille aînée. Il n'avoit point de crédit, la

paresse italienne l'avoit retenu à Monaco depuis la mort
de son père, il n'en sortit même plus, mais il espéra tout
du crédit de Monsieur le Grand, et il ne s'y trompa point.
Les grandes barrières de la succession à la couronne
étoient franchies; après celles-là nulles autres ne pouvoient sembler considérables et les grâces en ce genre
accordées à M. de la Rochefoucauld ne pouvoient pas être
refusées à son rival perpétuel en faveur. Il falloit à M. de
Monaco un homme de qualité qui voulût bien quitter à
jamais, pour soi et pour sa postérité, son nom, ses
armes, ses livrées, pour prendre en seul le nom, les
armes et les livrées de Grimaldi. Il étoit nécessaire aussi
qu'il fût assez riche pour donner quelque argent à M. de
Monaco, se charger de la dot de ses deux filles cadettes, et
payer outre cela un grand nombre de gros créanciers qui
tourmentoient M. de Monaco. Ce n'étoit pas tout encore;
il falloit quelque fonds et un ample viager à l'abbé de
Monaco son frère, lequel y tenoit ferme pour céder ses
droits. Il falloit de plus que tout cela fût si net et si assuré
que M. de Monaco fût libéré parfaitement, et à son aise et
en repos pour tout le reste de sa vie.

Le défaut de moyens avoit rompu l'affaire du fils du
comte de Roucy. Matignon, grâces aux trésors qu'il avoit
tirés du ministère de Chamillart et à sa propre économie,
avoit de quoi satisfaire à tant de grands besoins de M. de
Monaco. Il n'avoit pu réussir à se faire duc d'Estouteville;
il n'étoit point en situation d'espérer que le Roi le fît duc
et pair de pure grâce; il se livra donc à une occasion
unique d'acheter cette dignité, pour en parler franchement. Son marché fait avec M. de Monaco, il fut question
de la seule chose qui le lui avoit fait faire, en laquelle
toute impossibilité se trouvoit, si on n'eût pas été dans
un temps où le Roi ne vouloit plus rien trouver d'impossible. Valentinois avoit été érigé en duché-pairie pour
mâles uniquement, et les femelles exclues, en 1642, en
faveur du grand-père de M. de Monaco, lorsqu'il chassa
de Monaco la garnison espagnole, qu'il y en reçut une

françoise, et qu'il se mit sous la protection de la France : première difficulté pour faire passer la dignité à une femelle. Elle subsistoit en la personne de M. de Monaco, elle n'étoit donc pas éteinte, conséquemment point susceptible d'érection nouvelle. Il est vrai que Henri Gondi, duc de Retz, petit-fils du maréchal-duc de Retz, et par sa mère du duc de Longueville, n'ayant que deux filles, obtint en 1634, c'est-à-dire vingt-cinq ans avant sa mort, une érection nouvelle de Retz en faveur de Pierre Gondi avec rang nouveau, en épousant la fille aînée de H. Gondi, duc de Retz, sa cousine issue de germaine, énormité dont jusqu'alors on n'avoit point vu d'exemple, et qui même n'avoit pas été imaginée. Ce Pierre Gondi, nouveau duc de Retz, en même temps que son beau-père démis, étoit frère du fameux coadjuteur de Paris, si connu sous le nom de dernier cardinal de Retz, et père de la duchesse de Lesdiguières, dernière Gondi en France, mère du duc de Lesdiguières, gendre du maréchal-duc de Duras. Tout cela fut accordé à M. de Monaco; mais comme les énormités n'ont plus de bornes quand les justes barrières sont une fois franchies, en voici d'autres qu'il obtint.

Au cas que M. de Monaco pût avoir un fils, tout lui retournoit, et la dignité même de duc et pair de l'ancienneté de 1642; le fils de Matignon demeuroit duc sa vie durant comme un duc et pair démis, et son fils ne pouvoit jamais prétendre d'y revenir ni les siens, mais il reprenoit, mais sans aucun rang ni honneurs, son nom, ses armes, ses livrées, ainsi que toute la postérité du fils de Matignon et de la fille de Monaco. Ainsi M. de Monaco vendit sa dignité et sa fille très-chèrement, et se réserva de la retenir s'il avoit un fils. Rien de plus monstrueux ne se pouvoit imaginer après l'habilité à la couronne, et les grandeurs des bâtards du Roi et de Mme de Montespan. Ce prodige de concession n'eut pas lieu parce que M. de Monaco n'eut point de fils. Il y eut encore d'autres choses passées entre M. de Monaco et M. de Matignon, touchant la réversion des biens en cas de naissance d'un fils.

Comme le mariage ne se pouvoit faire sans aplanir auparavant des difficultés intrinsèques, et qu'il étoit pourtant très-nécessaire d'en bien assurer le fondement, toutes ces monstrueuses concessions furent énoncées par un brevet du 24 juillet 1715. Le 20 octobre suivant, six semaines après la mort du Roi, le fils de Matignon épousa à Monaco la fille aînée de M. de Monaco. Au mois de décembre suivant, les lettres d'érection furent expédiées conformément en tout au brevet du 24 juillet précédent; en quoi M. le duc d'Orléans, régent, ni le conseil de régence, ne trouvèrent point de difficulté, parce que la concession du feu Roi avoit été publique, qu'ils en avoient tous connoissance, et que ce brevet, expédié du vivant du Roi, en faisoit foi. Par les mêmes raisons le Parlement enregistra sans difficulté les lettres d'érection, le 2 septembre 1716, dès qu'elles y furent présentées, et le nouveau duc de Valentinois y fut reçu comme pair de France le 14 décembre suivant.

Le Roi fit présent à Voysin, chancelier et secrétaire d'État ayant le département de la guerre, du revenant-bon du non-complet des troupes, qu'il dit aller à cinq cent mille francs. Cette libéralité étoit bien due aux services de cette âme damnée de la constitution, de Mme de Maintenon et de M. du Maine, et à l'unique dépositaire des manéges et du testament du Roi; mais il fit étrangement crier le public, dont ce front d'airain eut toute honte bue.

Sa Majesté accorda à le Camus, encore fort jeune, la place et l'exercice de premier président de la cour des aides qu'avoit son grand-père, et l'agrément de la charge de prévôt et grand maître des cérémonies de l'ordre, que lui vendit Pontchartrain en retenant les marques de l'ordre.

La comtesse d'Acigné, dernière, par elle et par son défunt mari, de cette bonne et ancienne maison de Bretagne, mourut fort âgée à Paris. Le duc de Richelieu, son gendre, et qui n'avoit de fils que de sa fille, la suivit de fort près, à quatre-vingt-six ans. J'en ai suffisamment parlé en plusieurs endroits pour le faire connoître, ainsi que de la princesse d'Harcourt, sœur de la duchesse de Brancas, qui mourut assez brusquement chez elle à Clermont, et qui ne laissa de regrets à personne.

Sézanne, frère de père du duc d'Harcourt, et de mère de la duchesse d'Harcourt, étoit mort depuis quelque temps d'une longue maladie, dont il avoit rapporté d'Italie les premiers commencements, et à laquelle les médecins ne connurent rien. Le duc de Mantoue avoit un sérail de maîtresses dont il étoit fort jaloux. Sézanne ne s'en contraignit pas, et on crut qu'il en avoit été payé à l'italienne. Il ne laissa point d'enfants. C'étoit un jeune homme bien fait, que la fortune de son frère avoit gâté, qui sans cela eût valu quelque chose, et qui ne se fit point regretter. Son frère lui avoit fait donner la Toison qui lui étoit destinée; il envoya un de ses fils cadets en reporter le collier en Espagne, dans l'espérance qu'il lui seroit donné, en quoi son espérance ne fut pas trompée.

Le fameux docteur Burnet, évêque de Salisbury, si connu par ses ouvrages, et par le secret qu'il eut de l'entreprise du prince d'Orange sur l'Angleterre, avec lequel il y passa lors de la révolution whig, le plus déclaré pour ce parti malgré son épiscopat, mourut en ce même temps.

L'abbé d'Estrades mourut aussi à Chaillot, où sa pauvreté lui avoit fait louer une maison depuis bien des années pour y vivre à meilleur marché et en retraite. Il étoit fils du maréchal d'Estrades, et avoit très-bien réussi à Venise et à Turin, où il avoit été ambassadeur, mais il s'y étoit fort endetté. Il vécut fort exemplairement et fort solitairement à Chaillot. Ses dettes étoient presque toutes payées. Il avoit l'abbaye de Moissac et dix mille francs de pension sur les abbayes de l'abbé de Lyonne. On auroit pu se servir fort utilement de lui, mais on ne vouloit que des gens qui pussent et voulussent bien se ruiner, et non pas de ceux qui s'étoient déjà ruinés en ambassades.

M. de Lauzun maria Castelmoron, son neveu, qui n'étoit pas riche, à la fille de Fontanieu, qui de laquais de Crosat étoit devenu son commis, puis son caissier, et qui y avoit acquis de grands biens avec lesquels il s'étoit poussé, et étoit devenu, pour son argent, garde-meuble de la couronne, qui est l'inspection en détail de tous les meubles faits et à faire pour le Roi, et de l'ameublement et du démeublement de toutes les maisons royales. Heudicourt épousa, pour se recrépir, une fille de Surville; et Cayeux, fils de Gamaches, épousa la fille de M. de Pompone, fils du ministre d'État. Le troisième fils du duc de Rohan épousa aussi sa cousine de même nom, comtesse de Jarnac, veuve sans enfants d'un cadet de Montendre la Rochefoucauld, dont elle n'avoit point eu d'enfants[1]. Ce fut une fortune pour ce troisième cadet du duc de Rohan qu'elle préféra au second; mais elle stipula qu'il quitteroit le service et Paris, et qu'il iroit vivre avec elle à Jarnac, qui est un fort beau lieu en Poitou, dont elle ne vouloit point sortir. Elle parloit en héritière très-riche à un cadet qui n'avoit rien, et qui se trouva heureux de l'épouser et de se conformer à toutes ses volontés.

Le marquis de Saint-Sulpice Crussol épousa en même temps la fille du comte d'Estaing, qui fut longtemps depuis chevalier de l'ordre.

Le Roi, étant à Marly, s'arrêta dans ses jardins avant la messe, pour s'y amuser à voir une éclipse de soleil, sur les neuf heures du matin. Toutes les dames y étoient longtemps auparavant. Cassini, fameux astronome, y étoit venu de l'Observatoire avec des lunettes pour la faire bien remarquer, le vendredi 3 mai. Le lendemain on fit, à Saint-Denis, le bout de l'an de M. le duc de Berry, où l'évêque de Séez, Turgot, officia, qui avoit été son premier aumônier; M. le duc d'Orléans et quelques princes du sang s'y trouvèrent.

Dès le lendemain, le Roi fit quitter le grand deuil à

---

1. Cette répétition est du fait de Saint-Simon.

Mᵐᵉ la duchesse de Berry, qui devoit durer encore six semaines, et la mena lui-même dans le salon, où il la fit jouer. On a vu souvent ici combien le Roi étoit peiné du grand deuil, et le peu de mesures qu'il y garda dans sa plus proche famille. Mᵐᵉ la duchesse de Berry souhaitoit fort d'avoir des dames, depuis la mort de Madame la Dauphine, à l'instar des dames du palais. Il y avoit longtemps que Mᵐᵉ de Saint-Simon avoit obtenu du Roi que Mᵐᵉ de Coettenfao, femme de son chevalier d'honneur, pût la suivre quand Mᵐᵉ de Saint-Simon et Mᵐᵉ de la Vieuville ne le pourroient pas. Cette dernière étoit à Paris, hors d'espérance que sa santé se rétablît. Mᵐᵉ la duchesse de Berry obtint donc quatre dames, mais sans titre de dames du palais. Elle proposa Mᵐᵉ de Coettenfao ; la marquise de Brancas, dont il a été parlé plus d'une fois ; Mᵐᵉ de Clermont, dont le mari avoit été capitaine des gardes de M. le duc de Berry, et qui étoit fille de Mᵐᵉ d'O, et Mᵐᵉ de Pons, dont le mari avoit été maître de la garde-robe de M. le duc de Berry. Elles furent toutes quatre acceptées par le Roi pour accompagner Mᵐᵉ la duchesse de Berry, et deux à deux à Marly, avec quatre mille livres d'appointements. La marquise de Brancas n'en fit jamais de fonction, et s'en alla en Provence, d'où elle ne revint plus ; et Mᵐᵉ de Coettenfao mourut fort peu de temps après cette nomination. Quelque temps après Mᵐᵉˢ d'Armentières et de Beauvau eurent leurs places.

La mort de Mᵐᵉ de Coettenfao me donna des affaires auxquelles je ne m'attendois pas. Elle étoit peu de chose, fille d'un conseiller au Parlement et d'une fille de cette Mᵐᵉ de Motteville, dont nous avons de si bons Mémoires de la régence de la reine Anne d'Autriche. Mᵐᵉ de Coettenfao n'avoit point d'enfants ni d'héritiers proches. Son mari, qui étoit depuis bien des années extrêmement de mes amis, et que j'avois fait chevalier d'honneur de Mᵐᵉ la duchesse de Berry, m'avoit prié, les trois dernières campagnes, de lui garder une cassette, en cas de mort de la remettre à sa femme. Elle tomba fort malade, et

m'envoya prier, à Marly où j'étois, de lui aller parler à
Paris. J'y fus aussitôt; elle se hâta de me remettre la
même cassette, sans me rien dire au delà, ni de ce qu'elle
contenoit, ni de ce qu'elle vouloit que j'en fisse, et achevà
de me parler derrière un paravent, car elle étoit encore
debout, fort troublée de ce que sa mère, avec qui elle
logeoit, entra dans la chambre. J'emportai la cassette
chez moi, et retournai à Marly. A huit ou dix jours de là
elle mourut. Il fallut articuler cette cassette, et l'envoyer
ouvrir chez le lieutenant civil.

On y trouva un testament, par lequel elle me donnoit
tout ce dont elle pouvoit disposer, qui alloit à plus de
cinq cent mille francs. J'entendis aisément, sans que
personne m'en ouvrît la bouche, ce que c'étoit que ce
grand présent. Je le dis à Coettenfao et à son frère, évêque
d'Avranches, et je pris toutes mes mesures pour recueillir
cette succession et la remettre sur-le-champ à Coettenfao.
Les héritiers et la mère se préparèrent à me la disputer,
moi à me défendre. Je me croyois bien fort, parce que,
qui que ce soit ne m'ayant parlé de ce legs, encore moins
de l'objet de son usage, j'étois en état de jurer là-dessus
en plein Parlement; mais il venoit d'y intervenir tout
nouvellement un arrêt fort étrange en haine de ces sortes
de fidéicommis.

Mme d'Isenghien Rhodes, morte sans enfants, avoit
donné tout son bien à l'abbé de Thou, homme de la plus
grande probité, et fort de ses amis et de M. d'Isenghien.
Il n'avoit pas su le moindre mot de ce legs que par l'ouverture du testament, encore moins lui avoit-on insinué
l'usage; il étoit donc en mêmes termes où je me trouvois,
et en toute liberté de jurer là-dessus en plein Parlement.
Mais le Parlement alla plus loin qu'il n'avoit encore fait; et
par une nouveauté qu'il introduisit, et dont il n'y avoit point
encore eu d'exemple, non-seulement il exigea de l'abbé
de Thou le serment accoutumé, qu'il n'avoit eu aucune
connoissance du legs à lui fait, ni que ce legs fût en effet
un fidéicommis pour le rendre à un autre; mais il exigea

son serment de garder le legs à son profit, et de le donner à personne, à faute de quoi le testament seroit cassé et déclaré nul. Je ne sais comment l'abbé de Thou l'entendit; mais voyant le testament cassé à faute de serment de garder le legs et de le donner à personne, il sauta le bâton, et prêta le serment, au moyen duquel le legs lui fut payé.

Pour moi, qui ne voulois du mien que pour le remettre à M. de Coettenfao, parce que je voyois bien qu'il ne pouvoit m'avoir été fait que pour cet usage, je ne voulus pas hasarder le serment que l'abbé de Thou avoit prêté; et pour l'éviter, j'évoquai l'affaire au parlement de Rouen sur les parentés de ceux qui me disputoient, parce que le parlement de Rouen, où il m'étoit resté des amis depuis le procès que j'y avois gagné contre M. de Brissac, la duchesse d'Aumont, etc., ne s'étoit pas encore avisé du serment que le parlement de Paris avoit fait prêter à l'abbé de Thou, et que j'espérois bien qu'il ne me l'imposeroit pas. Pour achever cette affaire tout de suite, elle s'instruisit à Rouen. Mes parties s'y rendirent, et y publièrent que je ne soutenois ce procès que par bienséance, que je ne me souciois point du succès, parce qu'on jugeoit bien que ce n'étoit pas pour moi que je plaidois, et que je le prouvois par mon absence. Coettenfao et l'évêque d'Avranches, qui étoient à Rouen, m'en avertirent. Je partis deux jours après pour m'y rendre, malgré les affaires dont j'étois alors occupé. Je vis tous les juges et mes anciens amis; je ne négligeai rien de tout ce qui pouvoit servir au gain du procès; et je demeurai huit ou dix jours à montrer que c'étoit très-sérieusement et pour moi que je le soutenois, et que je n'oubliois rien pour l'emporter. Ce voyage changea la face de l'affaire; la mère et les héritiers eurent peur et me firent proposer un accommodement. Je le refusai, et en avertis Coettenfao et son frère. Je leur dis que, comme ils savoient bien, par ce que je leur en avois déclaré d'abord, que je n'en mettrois pas un sou dans ma poche, m'accommoder ou non, m'accommoder d'une façon ou d'une autre m'étoit chose entièrement indifférente ; que c'étoit à eux à voir ce qui leur convenoit le mieux, et à me faire agir en conséquence. Malgré mon refus, les parties me firent faire encore des propositions ; et tant fut procédé que Coettenfao et son frère réglèrent l'accommodement de manière que la plus grande partie me fut cédée. Alors Coettenfao et son frère aimèrent mieux cela que l'incertitude d'un arrêt et les longueurs de la chicane. Ils me prièrent d'y passer, et je signai l'accommodement avec les parties, et le moment d'après je fis les signatures et tout ce qui étoit nécessaire pour que tout ce qui me revenoit fût mis, sans entrer en mes mains, entre celles de M. de Coettenfao, qui toucha tout aussitôt.

A quatre ou cinq mois de là, lui et son frère firent faire une belle et bonne vaisselle à mes armes, avec un secret profond et fort bien observé jusqu'à deux jours près qu'elle fut apportée chez moi, et laissée par des crocheteurs, sans dire ce que c'étoit que ces ballots, ni de quelle part. Ils s'enfuirent dès qu'ils les eurent déchargés. Mlle d'Avaise, demoiselle de bon lieu et de grande vertu, mais pauvre, qui étoit à Mme la duchesse d'Orléans avec distinction, et que j'avois fait faire première femme de chambre de Mme la duchesse de Berry, en avoit découvert quelque chose et nous en avertit. Il y avoit pour plus de vingt mille écus de vaisselle. Nous en parlâmes à Coettenfao, qui nia tant qu'il put, mais qui le put jusqu'au bout, et qui ne la voulut jamais reprendre, quelque chose que Mme de Saint-Simon et moi pussions faire. Nous n'en avions que de faïence depuis que tout le monde avoit envoyé la sienne à la Monnoie. Ainsi l'affaire de cette succession finit de la sorte galamment des deux parts. Je sus après que cette cassette, que je gardai trois campagnes de suite à Coettenfao, contenoit cette disposition de sa femme. Il étoit riche de lui ; cette augmentation ne lui nuisoit pas, car il vivoit à l'armée et partout fort honorablement. Il étoit lieutenant général distingué par ses actions et par son désintéressement, et adoré et très-estimé dans la maison du Roi, où il étoit premier sous-lieutenant des chevau-légers de la garde. Je lui fis donner devant moi parole par M. le duc d'Orléans, régent alors, de le faire chevalier de l'ordre à la première promotion qu'il y auroit; mais ce prince en avoit tant donné de pareilles qu'il trouva plus court de ne point faire de promotion, et de manquer à toutes plutôt qu'à plusieurs, parce qu'il ne pouvoit excéder le nombre des cent, porté par les statuts.

Le Roi partit le mercredi 12 juin pour Marly : ce fut son dernier voyage ; et la reine d'Angleterre partit le lendemain en litière pour aller prendre les eaux de Plombières, plus encore pour y voir le roi son fils. Chamlay, dont j'ai parlé souvent, et qui étoit de tous les voyages de Marly, tomba en apoplexie, et partit aussitôt pour Bourbon. Son logement fut donné au marquis d'Effiat. La santé du Roi diminuoit à vue d'œil, et M. du Maine, à qui le marquis d'Effiat étoit vendu de longue main, sans que M. le duc d'Orléans le voulût croire ni rien diminuer de sa confiance en lui, étoit nécessaire à M. du Maine dans un aussi long Marly, où le Roi pouvoit mourir, et où il étoit si important d'être bien informé des mesures de M. le duc d'Orléans, et de lui en faire inspirer de fausses. C'étoit un homme de sac et de corde, d'autant plus dangereux qu'il avoit beaucoup d'esprit et de sens, fort avare, fort particulier, fort débauché, mais avec sobriété pour conserver sa santé. Il étoit grand chasseur, et jusqu'à ces derniers temps longtemps chez lui, fort seul avec les chiens de M. le duc d'Orléans. Il avoit, comme on l'a vu, empoisonné la première femme de Monsieur, avec le poison que le chevalier de Lorraine lui avoit envoyé de Rome, duquel il fut toute sa vie intime et du maréchal de Villeroy. Je ne lui avois jamais parlé lorsqu'il vint à Marly. Je n'ignorois pas ses menées avec M. du Maine, même avec Mme de Maintenon, et tout me déplaisoit en lui.

Lorsqu'il fut à Marly, et ce fut au bout de quatre jours de l'arrivée, Mme la duchesse d'Orléans me fit de grandes plaintes du délabrement et de la mauvaise administration des biens et revenus de M. le duc d'Orléans, me vanta la capacité et le mérite du marquis d'Effiat, son attachement pour M. le duc d'Orléans, son déplaisir de voir aller ses affaires en décadence, la facilité avec laquelle il les remettroit en bon état et les revenus plus qu'au courant, si on lui en vouloit donner le soin et l'autorité, qu'il ne vouloit pas demander, mais qu'il accepteroit volontiers par amitié s'ils lui étoient offerts; qu'elle en avoit raisonné avec lui sur ce pied-là. Elle ajouta qu'elle voudroit fort que je connusse le marquis d'Effiat, avec force louanges pour lui et pour moi; et conclut par me prier de parler à M. le duc d'Orléans du dérangement de ses affaires, du mauvais effet que cela faisoit, pour un prince destiné à l'administration publique dans une minorité, et de lui proposer d'en remettre le soin et l'autorité au marquis d'Effiat. Je ne goûtai rien de tout cela. Je me défendis des nouvelles connoissances; et on verra en son lieu que Mme la duchesse d'Orléans étoit bien moins femme que sœur. Je lui dis que j'avois toute ma vie observé de ne parler jamais à M. le duc d'Orléans de ses affaires, ni du Palais-Royal; que je me trouvois si bien de cette coutume que je ne pouvois la changer. Ma fermeté n'ébranla point la sienne. Elle me pressa, elle me tourmenta, et me força enfin de représenter à M. le duc d'Orléans le discrédit, et les suites de la mauvaise administration de ses affaires, de prendre mon temps que le marquis d'Effiat seroit avec lui, qu'il m'appuieroit dans cette conversation, que je viendrois à proposer tout de suite à M. le duc d'Orléans de prier Effiat de s'en mêler avec toute autorité, qu'il ne le refuseroit pas en face, ni d'Effiat d'y entrer pour les rectifier.

Deux jours après, sans avoir vu le marquis d'Effiat, je le trouvai chez M. le duc d'Orléans, où je ne serois pas entré en tiers sans la promesse que Mme la duchesse d'Or-

léans m'avoit arrachée. Nous causâmes quelque temps de
choses indifférentes; enfin je fis ma réprésentation, et
tout de suite ma conclusion. Ils me laissèrent tous deux
dire jusques au bout; et quand j'eus fini, M. le duc d'Orléans me dit qu'il ne savoit pas où je prenois le dérangement de ses affaires, et le mauvais effet qu'il faisoit dans
le public; de là il se mit à en vanter le bon ordre. Je répondis que je croyois pourtant en être bien informé, et
par gens qui n'y prenoient d'autre intérêt que le sien;
puis regardant le marquis d'Effiat, qui avoit gardé là-
dessus le plus profond silence, je dis à M. le duc d'Orléans
de demander à d'Effiat ce qu'il en savoit et pensoit, qui
en pouvoit être mieux informé peut-être que les personnes
qui m'avoient parlé. Là-dessus d'Effiat me dit qu'elles
étoient sûrement très-mal informées, qu'il n'avoit jamais
suivi de près les choses qui ne le regardoient point, mais
qu'il en savoit pourtant assez pour pouvoir m'assurer que
les affaires de M. le duc d'Orléans étoient dans le meilleur
ordre du monde, les mieux administrées, et renchérit
longuement sur ce que M. le duc d'Orléans m'avoit répondu. Ils se renvoyèrent même la balle l'un à l'autre
avec complaisance, tandis que j'étois plongé dans un
silence d'admiration et d'indignation. J'en sortis enfin
par témoigner que j'étois ravi qu'on se fût mépris là-
dessus en me parlant; et peu à peu la conversation se
remit sur choses indifférentes; c'étoit ce que je souhaitois
pour lever le siége avec bienséance. Je n'en perdis pas
le moment; et je passai tout de suite chez Mme la duchesse
d'Orléans, à qui je dis d'arrivée de ne me parler de sa
vie de son marquis d'Effiat, et lui contai ce qui venoit de
se passer. Elle m'en parut fort étonnée, mais point dé-
prise du marquis d'Effiat, qui tenoit à elle par des endroits plus chers; mais j'y gagnai qu'elle n'osa jamais
plus me nommer son nom. J'évitai depuis fort aisément
de rencontrer Effiat chez M. le duc d'Orléans, et de l'approcher dans le salon où lui aussi ne me cherchoit pas;
mais force politesses de sa part dans ces lieux publics

quand l'occasion s'en offroit, sans se rebuter de la froideur des miennes. Il n'est pas temps encore de parler de tout cet intérieur de M. et de Mme la duchesse d'Orléans, et de ce peu de gens qui encore alors approchoient de ce prince.

A propos d'honnêtes gens, le marquis de Nesle avoit une sœur fort laide, qui avoit épousé un Nassau, de branche très-cadette, qui servoit l'Espagne d'officier général, et qui avoit eu la Toison. C'étoit la faim et la soif ensemble. Le mari étoit un fort honnête homme et brave, d'ailleurs un fort pauvre homme, qui avoit laissé brelander sa femme à son gré, qui vivoit de ce métier et de l'argent des cartes. Toute laide qu'elle étoit, elle avoit eu des aventures vilaines qui avoient fait du bruit. Le mari se fâcha, elle prit le parti de le plaider; de part et d'autre il se dit d'étranges choses. Le mari à la fin présenta un placet au Roi, par lequel il lui demandoit, sans toutefois en avoir besoin, la permission d'accuser sa femme d'adultère, et d'attaquer en justice ceux qui l'avoient commis avec elle. Il y avoit encore pis : il prétendoit avoir preuve en main qu'elle avoit voulu l'empoisonner et qu'il l'avoit échappé belle. Les Maillis s'effrayèrent de l'échafaud, et obtinrent qu'elle seroit conduite à la Bastille; elle en est sortie depuis, et a bien fait encore parler d'elle. Elle n'a point eu d'enfants, et son mari est mort longtemps après cette aventure. On l'a crue mariée depuis à un avocat obscur.

Les mêmes personnes, qui n'avoient rien oublié, par leurs manéges et par leurs émissaires, pour persuader le Roi, Paris, toute la France et les pays étrangers de mettre les malheurs domestiques de la maison royale sur le compte de M. le duc d'Orléans, et qui de temps en temps savoient renouveler et entretenir ces bruits avec art, ne laissèrent pas tomber une maladie de Mme la duchesse d'Orléans, qui fut bizarre, longue, et où les médecins dirent qu'ils n'entendoient rien. Elle étoit pourtant facile à comprendre; et, sans être médecin, je la lui avois prédite. Ces princesses ont toutes des fantaisies que rien ne peut détourner.

Celle-ci, non contente d'un magnifique appartement et très-complet à Versailles, s'avisa de se faire un cabinet d'un bouge cul-de-sac à la ruelle de son lit, qui lui servoit d'une garde-robe, où on ne voyoit clair que par le haut d'un vitrage qui donnoit sur la galerie. Elle y fit une cheminée et des ornements tant qu'elle put. Le lieu étoit si petit qu'il contenoit à peine cinq ou six personnes, encore à la faveur d'un grand enfoncement qu'elle fit faire en grattant et cavant un gros mur vis-à-vis la cheminée, où elle pratiqua une niche à se coucher tout de son long. Il la fallut enduire de plâtre pour unir ce qui étoit rompu et raboteux partout; la boiser auroit trop étréci. Elle la meubla donc par-dessus ce plâtre qu'on ne faisoit que mettre, et tout aussitôt elle y passa ses journées. Je l'avertis que rien n'étoit si pernicieux que ce plâtre neuf dans lequel elle étoit couchée; je lui en citai force exemples. Je lui rappelai la mort de cette forte et robuste maréchale d'Estrées, qui mourut pour avoir eu les prémices d'une chambre neuve à Marly. Rien ne prit; elle en fut châtiée. Des douleurs partout et une fièvre irrégulière, tantôt forte, tantôt foible; une soif continuelle et point d'appétit; c'étoit moins une maladie en forme qu'une langueur insupportable. Elle se lassa enfin des remèdes et des médecins, s'affranchit des uns et des autres, et avec le temps elle guérit parfaitement sans secours, au grand regret, je pense, de qui en avoit préparé l'affreux paquet à M. le duc d'Orléans, quelques fortes raisons d'ailleurs de toute espèce qu'il pût y avoir de desirer sa conservation.

Quoique il ne soit pas encore temps de parler de l'état de la santé du Roi, on la voyoit décliner sensiblement, et son appétit, qui étoit fort grand et toujours égal, très-considérablement diminué. Si l'attention y étoit grande au milieu de sa cour, où il n'avoit pas néanmoins changé la moindre chose en la manière accoutumée de sa vie ni en l'arrangement divers de ses journées, toujours les mêmes dans leur diversité, les pays étrangers n'y étoient pas moins attentifs et guère moins bien informés. Les paris s'ouvrirent donc en Angleterre que sa vie passeroit ou ne passeroit pas le 1er septembre, c'est-à-dire environ trois mois, et, quoique le Roi voulût tout savoir, on peut juger que personne ne fut pressé de lui apprendre ces nouvelles de Londres. Il se faisoit ordinairement lire les gazettes de Hollande en particulier par Torcy, souvent après le conseil d'État. Un jour qu'à cette heure-là Torcy lui faisoit cette lecture qu'il n'avoit point parcourue auparavant, il rencontra ces paris à l'article de Londres; il s'arrêta, balbutia et les sauta. Le Roi, qui s'en aperçut aisément, lui demanda la cause de son embarras, ce qu'il passoit et pourquoi; Torcy rougit jusqu'aux blancs des yeux, dit ce qu'il put, enfin que c'étoit quelque impertinence indigne de lui être lue. Le Roi insista; Torcy aussi, dans le dernier embarras; enfin il ne put résister aux commandements réitérés; il lui lut les paris tout du long. Le Roi ne fit pas semblant d'en être touché, mais il le fut profondément, et au point que s'étant mis à table incontinent après, il ne put se tenir d'en parler en regardant la compagnie, mais sans faire mention de la gazette.

C'étoit à Marly, où quelquefois j'allois faire ma cour au commencement du petit couvert, et le hasard fit que j'y étois ce jour-là. Le Roi me regarda comme les autres, mais comme exigeant quelque réponse. Je me gardai bien d'ouvrir la bouche, et je baissai les yeux. Cheverny, homme pourtant fort sage, ne fut pas si discret, et fit une assez longue et mauvaise rapsodie de pareils bruits, venus de Vienne à Copenhague, pendant qu'il y étoit ambassadeur, il y avoit dix-sept ou dix-huit ans. Le Roi le laissa bavarder, et n'y prit point. Il parut touché en homme qui ne le vouloit pas paroître. On vit qu'il fit ce qu'il put pour manger et pour montrer qu'il mangeoit avec appétit. Mais on remarquoit en même temps que les morceaux lui croissoient à la bouche : cette bagatelle ne laissa pas d'augmenter la circonspection de la cour, surtout de ceux qui, par leur position, avoient lieu d'y être plus attentifs que les autres. Il se répandit qu'un aide de camp de Stairs, retourné depuis peu en Angleterre, avoit donné occasion à ces paris, par ce qu'il avoit publié de la santé du Roi. Stairs, à qui cela revint, s'en montra fort peiné, et dit que c'étoit un fripon qu'il avoit chassé.

Il parut que cette aventure fut un coup d'éperon pour combler de plus en plus la grandeur des bâtards. M. du Maine sentoit qu'il n'avoit point de temps à perdre, et secondé de Mme de Maintenon et des manéges du chancelier, il sut profiter de tous les moments. Rien n'avoit été si long ni plus difficile que de ployer les ambassadeurs à traiter les bâtards du Roi comme les princes du sang. A la fin ils les visitèrent comme ces princes, et n'y mirent plus de différence. M. du Maine voulut que ses enfants eussent le même honneur que lui à cet égard, puisque comme lui ils étoient déclarés et leur postérité habiles à succéder à la couronne. Il se servit habilement de l'occasion du dernier de tous les ambassadeurs et du frère de sa créature la plus abandonnée. Le bailli de Mesmes avoit été nommé à l'ambassade de Malte en France, à la sollicitation du Roi, séduit par M. du Maine, lequel avoit décoré son entrée de tous ses gens et de tous ses chevaux. L'ordre de Malte est trop sous la main du roi de France pour oser lui déplaire, et contester un cérémonial si desiré. Le frère du premier président n'étoit pas non plus pour faire le difficile, tellement que ce fut lui qui, le premier de tous les ambassadeurs, visita en pleine cérémonie le prince de Dombes, comme il avoit visité tous les princes du sang et les deux bâtards. Cette démarche fit grand bruit, et déplut également aux ambassadeurs, pour qui la planche étoit faite, et aux princes du sang; ceux-ci cherchèrent à s'en venger et ne firent qu'approfondir la plaie.

A huit jours de là, M. du Maine présenta une requête au Parlement, dans le cours du procès de la succession de

Monsieur le Prince, dans laquelle il prenoit la qualité de prince du sang. Il s'y croyoit fondé par l'édit bien enregistré, qui le rendoit habile et les siens à succéder à la couronne, qui est la qualité distinctive et qui fait l'essence des princes du sang. Monsieur le Duc s'y opposa, et avec M. le prince de Conti, quoique uni d'intérêt en ce procès avec M. du Maine, demanda juridiquement la radiation de la qualité de prince du sang, mal à propos prise par le duc du Maine : cela fit grand bruit, mais il fut court ; car autres huit jours après, il parut une nouvelle déclaration qui enjoignit au Parlement d'admettre en tous actes judiciaires et jugements le titre et la qualité de prince du sang pour le duc du Maine, sa postérité et le comte de Toulouse, et de n'en faire en quoi que ce soit la moindre différence d'avec les princes du sang, toutefois après le dernier de tous. La déclaration témoigne surprise, et quelque chose de plus, de ce que cette qualité et titre avoit pu être contestée et souffrir la moindre difficulté, après la manière dont les précédents édits enregistrés étoient énoncés. Celui-ci fut aussi enregistré tout aussitôt qu'il fut porté au Parlement.

Sainte-Maure, qui avoit été premier écuyer de M. le duc de Berry, s'avisa en quittant son deuil de demander permission au Roi de conserver, sa vie durant, et à ses dépens, les livrées de ce prince et ses armes à ses voitures. Les dernières étoient pour entrer à ce moyen comme ceux qui ont les honneurs du Louvre[1], l'autre pour user lentement toutes les livrées, qui lui pouvoient durer toute sa vie, et en épargner les habits. Il se trouva que Hautefort, qui avoit été premier écuyer de la Reine, oncle paternel de tous les Hauteforts, et que sa charge avoit fait chevalier de l'ordre, avoit eu la même concession. Sur cet exemple, le Roi l'accorda à Sainte-Maure.

Le comte de Lusace, c'est-à-dire le prince électoral de Saxe, maintenant électeur et roi de Pologne, après son

1. Voyez tome III, p. 117, note 1, et p. 444.

père, vint prendre congé du Roi dans son cabinet à Marly, qui lui fit beaucoup d'honnêtetés, et au palatin de Livonie, qui étoit le surintendant de sa conduite et de son voyage, et qui s'étoit acquis par la sienne, ici et partout, beaucoup de réputation. Le Roi envoya au comte de Lusace une épée de diamants de quarante mille écus, au palatin de Livonie son portrait enrichi de fort beaux diamants, et le même présent, mais moindre en valeur, au baron Haagen, gouverneur du prince. Il avoit témoigné souhaiter fort de voir Saint-Cyr, et cela s'étoit toujours différé. Mᵐᵉ de Maintenon lui avoit donné jour au dimanche 2 juin. Elle l'y attendoit, et, après lui avoir fait voir toute la maison, elle lui avoit préparé la comédie d'*Esther*, jouée par les demoiselles; mais la fièvre prit au prince, qui envoya faire ses excuses, et supplier Mᵐᵉ de Maintenon que la bonté qu'elle avoit ne fût que différée, et cela fut remis au mardi 11 juin, qu'il se trouva en état d'y aller. Il partit peu de jours après pour la Saxe. Il se conduisit avec beaucoup de sagesse, de politesse, et pourtant de dignité, et vit fort la meilleure compagnie.

Du Casse mourut fort âgé, et plus cassé encore de fatigues et de blessures. Il étoit fils d'un vendeur de jambons de Bayonne, et de ce pays-là, où ils sont assez volontiers gens de mer. Il aima mieux s'embarquer que suivre le métier de son père, et se fit flibustier. Il se fit bientôt remarquer parmi eux par sa valeur, son jugement, son humanité. En peu de temps ses actions l'élevèrent à la qualité d'un de leurs chefs. Ses expéditions furent heureuses, et il y gagna beaucoup. Sa réputation le tira de ce métier pour entrer dans la marine du Roi, où il fut capitaine de vaisseau. Il se signala si bien dans ce nouvel état, qu'il devint promptement chef d'escadre, puis lieutenant général, grades dans lesquels il fit glorieusement parler de lui, et où il eut encore le bonheur de gagner gros sans soupçon de bassesse. Il servit si utilement le roi d'Espagne, même de sa bourse, qu'il eut la Toison, qui n'étoit pas accoutumée à tomber sur de pareilles épaules. La considération générale qu'il s'étoit acquise même du Roi et de ses ministres, ni l'autorité où sa capacité et ses succès l'avoient établi dans la marine ne purent le gâter. C'étoit un grand homme maigre, commandeur de Saint-Louis, qui avec l'air d'un corsaire, et beaucoup de feu et de vivacité, étoit doux, poli, respectueux, affable, et qui ne se méconnut jamais. Il étoit fort obligeant, et avoit beaucoup d'esprit avec une sorte d'éloquence naturelle, et, même hors des choses de son métier, il y avoit plaisir et profit à l'entendre raisonner. Il aimoit l'État et le bien pour le bien, qui est chose devenue bien rare.

Nesmond, évêque de Bayeux, mourut aussi, doyen de l'épiscopat en France, à quatre-vingt-six ans. C'étoit de ces vrais saints qui attirent, malgré eux, une vénération qu'on ne peut leur refuser, et dont la simplicité donne à tous les moments à rire. Aussi, disoit-on de lui, qu'il disoit la messe tous les matins, et qu'il ne savoit plus après ce qu'il disoit du reste de la journée. L'innocence parfaite de ses mœurs, jointe à un esprit très-borné, lui laissoit échapper des ordures à tous propos, dont il n'avoit pas le moindre soupçon, et qui rendoient sa compagnie embarrassante aux femmes, jusque-là que la présidente Lamoignon, sa nièce, renvoyoit sa fille, qui épousa depuis le président Nicolaï, dès qu'il entroit chez elle. La même cause le rendoit dangereux sur le prochain, dont il parloit très-librement. On le lui faisoit remarquer après. Il disoit que c'étoient choses publiques qui n'apprenoient rien à personne. S'il trouvoit qu'il eût blessé les gens, il ne balançoit pas à leur aller demander pardon. Il reprit un jour un de ses curés d'avoir été à une noce. Le curé se défendit sur l'exemple de Notre-Seigneur aux noces de Cana. « Voyez-vous, Monsieur le curé, répliqua-t-il, ce n'est pas là ce qu'il a fait de mieux. » Quel blasphème dans une autre bouche! Ce bon homme croyoit fort bien répliquer et d'une manière édifiante, et il est vrai aussi que de lui on le prenoit de même.

C'étoit un vrai pasteur, toujours résidant, tout occupé du soin de son diocèse, de ses visites, de ses fonctions jusque tout à la fin de sa vie, et avec plus d'esprit et de sens que Dieu ne lui en avoit donné pour tout le reste. Il étoit riche de patrimoine ; son évêché l'étoit aussi : il eut l'industrie de le doubler sans grever personne. Il vivoit fort honorablement, mais sans délicatesse, fort épiscopalement avec modestie et avec économie. Au bout de l'année, il ne lui restoit pas un écu, et tout alloit aux pauvres et en bonnes œuvres. Tant que le roi Jacques a vécu en France, il lui donnoit tous les ans dix mille écus, et jamais on ne l'a su qu'après la mort de l'évêque, non plus que quantité d'autres œuvres nobles et grandes qui faisoient marier et subsister la pauvre noblesse de son diocèse. Ses gens le tenoient de court tant qu'ils pouvoient sur les aumônes de sa poche, et lui les trompoit tant qu'il pouvoit aussi pour donner. Allant à Paris, quelqu'un lui dit qu'il prieroit quelqu'un de ses gens de se charger de cent louis d'or qu'il avoit à payer à un tel à Paris. L'évêque répondit qu'il s'en vouloit charger lui-même, et n'eut point de patience qu'il ne les eût. Par les chemins il donnoit à tous les pauvres, aux hôpitaux, aux pauvres couvents des lieux par où il passoit. Ses gens n'imaginoient pas d'où il avoit pris de quoi faire des aumônes si abondantes. Elles furent au point qu'il donna la dernière pistole avant d'arriver à Paris. Le lendemain qu'il y fut arrivé, il dit à celui qui avoit soin de ses affaires et qu'il savoit avoir de l'argent à lui, d'aller porter cent louis à un tel, et ce fut par là que ses gens surent d'où étoient venues les aumônes du voyage. Le Roi, qui connoissoit sa vertu, le traitoit avec bonté, et une sorte de considération même dans le peu qu'il paroissoit devant lui, et le bon évêque étoit libre avec le Roi, comme s'il l'eût vu tous les jours. C'étoit le meilleur et le plus doux des hommes, avec un air quelquefois grondeur, et le plus éloigné de toute voie de fait et d'autorité. Nul bruit jamais dans son diocèse, qu'il laissa dans la plus profonde paix, et ses affaires en grand ordre. Sa mort fut le désespoir des pauvres et l'affliction amère de tout son diocèse. Il ne laissoit pourtant pas d'être dangereux en vespéries¹, mais ce n'étoit qu'avec des gens qu'il ne savoit plus par où prendre, et ce trait, entre beaucoup d'autres, montrera le zèle qui l'animoit. Il avoit un procès considérable au parlement de Rouen, qui l'obligea d'y aller. Un des premiers présidents à mortier, et qui par sa capacité et son autorité menoit le plus la grand'chambre et le reste de la Compagnie, avoit chez lui une femme mariée qu'il entretenoit publiquement, et il avoit forcé la sienne par ses mauvais traitements à se mettre dans un couvent. Le bon évêque alla donc chez ce président, qui étoit un de ses juges, pour l'entretenir de son affaire. Le portier dit qu'il n'y étoit pas. Le prélat insista, le portier l'assura que le président étoit sorti, mais que s'il vouloit entrer et voir Madame en l'attendant, qu'elle y étoit. « Comment? Madame, s'écria l'évêque; eh! de bon cœur, ajouta-t-il, je suis ravi de joie; et depuis quand est-elle revenue chez Monsieur le président? — Mais ce n'est pas Madame sa femme, répondit le portier, dont je parle, c'est de Madame.... — Fi, fi, fi, répliqua l'évêque avec feu, je ne veux point entrer, c'est une vilaine, une vilaine, je vous le dis, une vilaine que je ne veux pas voir, dites-le bien à Monsieur le président de ma part, et que cela est honteux à un magistrat comme lui de maltraiter comme il fait Madame sa femme, une honnête femme et vertueuse comme elle est, et donner ce scandale, et vivre avec cette gueuse, et encore à son âge. Fi, fi, fi, cela est infâme, dites-le lui bien de ma part, encore une fois, et que je ne reviendrai pas ici. » Voilà la belle sollicitation que fit ce bon homme. Le rare est qu'il gagna son procès, et que ce président l'y servit à merveilles. Il ne se raccommoda pourtant pas avec lui. Ce conte fit rire toute la ville de Rouen, et vint jusqu'à Paris. J'ai connu si peu d'évêques qui ressem-

1. Voyez tome V, p. 215 et note 1.

blassent à celui-ci que je n'ai pu me refuser tout cet article.

CHAPITRE VII.

Mort du cardinal Sala; son extraction, sa fortune, son caractère. — Bissy cardinal; extraction des Bissy. — Trois autres cardinaux italiens. — Extraction, caractère et fortune de Massei. — Mœurs et caractère du nonce Bentivoglio. — Jésuites obtiennent un arrêt qui rend leurs religieux renvoyés par leurs supérieurs capables de revenir à partage dans leurs familles jusqu'à l'âge de trente-trois ans. — Majorque, etc., soumis au roi d'Espagne par le chevalier d'Hasfeld, qui en a la Toison; prostitution inouïe des Toisons; Rubi, chef de la révolte de Catalogne; quel. — Premier président marie sa seconde fille au fils d'Ambres; succès de ce mariage; quelles étoient les deux filles du premier président. — Mariage du duc de la Rocheguyon avec Mlle de Toiras. — Cellamare, ambassadeur d'Espagne, arrive à Paris, puis à Marly, où il s'établit; petitesse du Roi sur [Courtenvaux]. — Boulainvilliers; quel il étoit; son caractère; ses prédictions vraies et fausses. — Voysin obtient six cent mille [livres] de gratification sur le non-complet des troupes. — Le Roi veut aller faire enregistrer la constitution en lit de justice sans modification; curieux entretien là-dessus par ses suites entre M. le duc d'Orléans et moi, mais sans effet, parce que le Roi ne put aller au Parlement. — Mort et caractère de Chauvelin, avocat général; sa dépouille. — Sédition des troupes sur le pain. — Belle fin et mort du maréchal Rosen. — Duc d'Ormond se sauve d'Angleterre en France. — Princesse des Ursins prend congé du Roi à Marly, où je la vois pour la dernière fois. — Incertitude de la princesse des Ursins où fixer sa demeure; elle se hâte de gagner Lyon, puis Chambéry; s'établit à Gênes, enfin à Rome; sa vie à Rome jusqu'à sa mort.

Le cardinal Sala, prélat d'une autre trempe, mourut peu de jours après, allant à Rome prendre son chapeau. C'étoit un Catalan de la lie du peuple, qui se trouva de l'esprit et de l'ambition, et qui, pour se tirer de sa bassesse et tenter la fortune, se fit bénédictin dans le pays. Le hasard fit que l'archiduc étant venu à Barcelone, ses écuyers prirent le père de Sala pour son cocher. Le fils chercha à mettre ce hasard à profit, et à se faire connoître à l'archiduc, et compter par ses ministres. Son esprit étoit tout à fait tourné à l'intrigue et à la sédition. Il la jeta dans tous les monastères de la ville et de la province, et y parut partout comme le chef, le conducteur et le plus séditieux. Il rendit en effet de grands services à l'archiduc par sa hardiesse et par l'adresse de ses manéges, tellement qu'il parut nécessaire à ce prince d'élever Sala pour le mettre en état de servir plus en grand. Cette considération le fit évêque de Girone. Ses progrès séditieux furent tels dans cette dignité que l'archiduc le fit passer à l'évêché de Barcelone, où il se rendit si considérable même à l'archiduc, qu'il en obtint sa nomination au cardinalat, et de forcer le Pape, malgré sa juste répugnance pour un tel sujet, de le déclarer cardinal, lorsque la prospérité des armes des alliés eut obligé le Pape de reconnoître enfin l'archiduc comme roi d'Espagne, et de n'oser déplaire en rien à l'Empereur.

Le roi d'Espagne se tint fort offensé de cette promotion, et proscrivit Sala sans y avoir égard. Lorsque la Catalogne se trouva hors de moyens de soutenir sa révolte, et que Barcelone se vit menacée d'un siége et des châtiments de sa rébellion, les chefs, pour la plupart, gagnèrent les montagnes, ou sortirent du pays. Sala s'embarqua et gagna Avignon comme il put. Il y fut châtié par des infirmités qui l'y retinrent presque toujours au lit, mais sans amortir l'esprit de sédition qui lui étoit passé en nature. Il n'oublia rien pour retourner à Barcelone, malgré le roi d'Espagne. L'Empereur en pressa le Pape de tout son pouvoir, et le Pape, qui redoutoit sa puissance en Italie, et qui n'ignoroit pas l'affection de l'archiduc, lors empereur, pour Sala, chercha à ébranler le roi d'Espagne par toutes sortes de voies, et ne cessoit de lui représenter la violence de tenir un évêque éloigné de son troupeau, et banni de son diocèse. La fermeté du roi d'Espagne fit trouver au Pape un tempérament pour gagner du temps, sans offenser les deux monarques. Ce fut d'ordonner à Sala de venir avant toutes choses recevoir son chapeau. Il partit donc là-dessus d'Avignon, enragé de n'avoir pu réussir à retourner à Barcelone, malgré le roi d'Espagne, et se mit en chemin pour aller à Rome. Il mourut étant fort près d'y arriver, et finit ainsi l'embarras du Pape, de l'Empereur et du roi d'Espagne, à son occasion. Le roi d'Espagne, maître de la Catalogne et de Barcelone, y nomma sans difficulté un autre évêque, à qui le Pape envoya des bulles aussitôt après.

Cet honnête cardinal fut tout en même temps dignement remplacé dans le sacré collége par un prélat de moins basse étoffe, d'autant de feu et d'ambition, et à qui les moyens ne coûtèrent pas davantage pour arriver à ce but de la dernière fortune ecclésiastique, auquel il travailloit depuis si longtemps par toute espèce de moyens, qui ne furent peut-être pas si ouvertement odieux, puisque les mêmes occasions n'existoient pas pour lui, mais qui en autres genres n'en durent guère à ceux-là en valeur intrinsèque, comme on en [a] vu divers traits répandus ici en divers temps, et comme on en remarquera d'autres tous parfaitement conformes à la prophétie qu'on a vue ici, et la parfaite connoissance qu'avoit son père de ce fils lui en avoit fait faire la prophétie. On juge bien à ces derniers mots que je parle de Bissy, évêque de Meaux et abbé de Saint-Germain des Prés, qui, par l'autorité du Roi et les intrigues intéressées des jésuites, auxquels de toute sa vie il étoit vendu corps et âme, parvint à faire consentir aux couronnes que sa promotion fût avancée. Elle la fut donc de près de quatre ans, puisqu'il fut fait lui quatrième avec trois Italiens, qui étoient : un Caraccioli, évêque d'Averse, illustre encore plus par la sainteté de sa vie que par sa naissance; Scotti, gouverneur de Rome, et Marini, maître de chambre du Pape.

Massei, camérier confident du Pape, vint apporter la barrette au nouveau cardinal. Massei étoit fils du trompette de la ville de Florence; il étoit entré domestique du prélat Albano, dès sa jeunesse. C'étoit un homme d'esprit et de sens, qui étoit de bonnes mœurs, sage et mesuré. Ces qualités plurent à son maître, qui peu à peu l'éleva dans sa médiocre maison, et lui donna une confiance qui fut toujours constante. Le prélat Albano, devenu cardinal, le fit son maître de chambre, puis camérier, lorsqu'il fut parvenu au souverain pontificat. Je m'étends sur Massei, parce qu'il succéda enfin à Bentivoglio à la nonciature de France, où il se fit autant aimer, estimer et considérer par ses bonnes et droites intentions, et la sagesse et la mesure de sa conduite que l'autre s'y étoit fait abhorrer comme le plus dangereux fou, le plus séditieux, et le plus débauché prêtre, et le plus chien enragé qui soit venu d'Italie, peut-être même pendant la Ligue. Longtemps après Massei fut cardinal et fort regretté en France, qu'il ne quitta qu'avec larmes, et où il auroit voulu passer sa vie, s'il avoit pu y avoir de quoi vivre avec dignité, et que le cardinalat eût pu compatir avec la nonciature. Il n'en sortit pas avec moins d'estime à Rome, où tôt après il eut une des trois grandes légations, qu'il exerça avec la même capacité. Il vit encore, avec la même capacité à quatre-vingts ans, évêque d'Ancône. Il vint de l'abbaye Saint-Germain des Prés, dans un carrosse du Roi, à Marly, le jeudi 18 juillet; il y présenta au Roi à la fin de sa messe la barrette dans un bassin de vermeil, qui la mit sur la tête de Bissy, lequel alla aussi prendre l'habit rouge dans la sacristie, vint faire son remerciement au Roi à la porte de son cabinet, et s'en retourna avec Massei à Paris, qu'il logea, voitura et défraya tant qu'il fut à Paris, suivant la coutume.

Ces Bissy s'appellent Thiard, sont de Bourgogne, ont été petits juges, puis conseillers aux présidiaux du Mâconnois et du Charolois, devinrent lieutenants généraux de ces petites juridictions, acquirent Bissy, qui n'étoit rien, dont peu à peu ils firent une petite terre, et l'accrurent après que leur petite fortune les eut portés dans les parlements de Dijon et de Dôle, où ils furent conseillers, puis présidents, et ont eu enfin un premier président en celui de Dôle. Leur belle date est leur Pontus Thiard, né à Bissy, en 1521, qui se rendit célèbre par les lettres, et dont le père étoit lieutenant général de ces justices subalternes au bailliage de Mâconnois et Charolois. C'étoit un temps où les savants, ranimés par François Ier, brilloient ; celui-ci étoit le premier poëte latin de son temps, et en commerce avec tous les illustres. Cela lui valut l'évêché de Châlons-sur-Saône, qu'il fit passer à son neveu. Ce premier président du parlement de Dôle, dont les enfants quittèrent la robe, étoit le grand-père du père du vieux Bissy, père du cardinal.

Les jésuites, transportés de voir désormais Bissy en état de figurer à leur gré, eurent en même temps un autre sujet de grande joie. Il le faut expliquer. Ils ont les trois vœux ordinaires à tous les religieux, pauvreté, chasteté, obéissance, dont le dernier est rigoureusement observé chez eux. La plupart en demeurent là, et ne vont pas jusqu'au quatrième, où ils n'admettent qu'après un long examen de dévouement et de talents ; c'est un secret impénétrable. Eux-mêmes ne savent pas qui d'entre eux est du quatrième vœu, et jusqu'à ceux qui y ont été admis ne connoissent pas tous ceux qui l'ont fait. Jusqu'à ce quatrième vœu exclusivement, les jésuites ne sont point liés à leurs religieux : ils les peuvent renvoyer, et comme le réciproque n'y est pas, cela est d'un grand avantage pour leur Compagnie. Ceux-là seuls qui ont fait le quatrième vœu sont réputés profès ; les autres s'appellent parmi eux coadjuteurs spirituels. Ces derniers ne sont exclus d'aucun des emplois qui ne sont pas importants au gouvernement secret, en sorte qu'il y en [a] de ce degré qui sont même provinciaux. Aucuns de ceux-là ne peuvent quitter la Compagnie, parce qu'ils ont fait les trois vœux solennels ; mais comme à son égard ils ne sont pas profès, parce qu'ils n'ont pas fait le quatrième, la Compagnie peut les renvoyer sans aucune forme, et simplement par un ordre de se retirer et de quitter l'habit Ainsi un coadjuteur spirituel vieux, et ayant passé par les emplois, peut toujours être renvoyé, et même sans savoir pourquoi.

L'inconvénient étoit de mettre à la mendicité des gens crus engagés par leurs familles et qui avoient fait leurs partages sur ce pied-là autorisés par les lois qui réputent morts civilement ceux qui ont fait les trois vœux solennels, où que ce puisse être, et qui n'[ont¹] point réclamé contre dans les trois ans suivants, juridiquement décidées valables. Les jésuites avoient tenté d'y remédier à l'occasion d'un P. d'Aubercourt qu'ils avoient renvoyé. Cela forma un grand procès où le public étoit fort intéressé dans l'exception que les jésuites tentoient d'usurper, parce qu'un jésuite, renvoyé de la sorte au bout de dix, de vingt, de trente ans quelquefois, auroit ruiné sa famille par le rapport de son partage et de tout ce qui pouvoit être échu depuis de successions et d'augmentations de biens dont il auroit eu sa part, et les intérêts, comme s'il n'avoit jamais fait de vœux. Les jésuites, qui n'espéroient obtenir ce renversement dans aucun tribunal, eurent le crédit de faire porter l'affaire devant le Roi, qui, de son autorité et malgré tout ce que purent dire presque tous les juges et le chancelier de Pontchartrain, leur adjugea la plupart de ce qu'ils demandoient. J'en ai parlé dans le temps. Le P. Tellier, voyant le Roi menacer une ruine prochaine, tenta d'obtenir le reste de ce qu'ils n'avoient pu obtenir lors du procès d'Aubercourt. La demande fut comme l'autre fois portée devant le Roi, qui, comme l'autre fois, admit quelques conseillers d'État pour être juges avec ses ministres en sa présence. Il y eut en tout douze juges qui n'imitèrent pas tous les premiers. Grisenoire, maître des requêtes fort jeune, qui longtemps depuis a été garde des sceaux, désigné chancelier et premier ministre, dont il fit les fonctions sous le cardinal Fleury, qui, à la fin de sa vie, le dépouilla et le chassa, fut rapporteur. Son âge, son ambition, sa qualité de fils de Chauvelin, conseiller d'État, et plus encore de frère de Chauvelin, avocat général au Parlement, dévoué avec

---

1. Le manuscrit porte *a*, pour *ont*, et deux lignes plus loin, il y a bien *décidées*, au féminin, se rapportant à l'idée de *réclamations*.

abandon aux jésuites, leur en fit tout espérer. Il fit le plus beau rapport du monde, mais le plus fort contre eux et le plus nerveux, qui lui fit d'autant plus d'honneur, qu'on étoit plus éloigné de s'y attendre. Six furent de son avis, six contre. Le Roi fut pour ces derniers, et l'arrêt passa presque comme le P. Tellier le vouloit, sans nul égard au public ni au renversement des familles. L'unique modération qui fut mise est la fixation de l'âge à trente-trois ans, jusqu'auquel les jésuites renvoyés peuvent désormais hériter, comme si jamais ils n'avoient été engagés; mais au delà de cet âge, ils n'héritent plus. Il est vrai que cette fixation diminua la joie des bons Pères, qui ne vouloient aucunes bornes à la faculté d'hériter.

Le chevalier d'Hasfeld, lieutenant général, qui longtemps depuis a été maréchal de France, fut chargé de la réduction de l'île de Majorque, qui n'a de ville que Majorque, appelée aussi Palma, qui est la capitale, et Alcudia. Il débarqua à Portopedo avec douze bataillons espagnols, autant de François, et huit cents chevaux, sans y trouver aucune résistance, tandis qu'on préparoit à Barcelone un pareil embarquement pour l'aller joindre. Il alla assiéger Alcudia, où, dès que la tranchée fut ouverte, les bourgeois obligèrent la garnison, qui n'étoit que de quatre cents hommes, à se rendre. Palma n'attendit point d'être attaquée. Le marquis de Rubi, principal chef de la révolte de Catalogne, y commandoit et dans toute l'île avec commission de l'Empereur. Il livra une des portes, obtint tous les honneurs de la guerre, et d'être transporté avec ses troupes en Sardaigne, au lieu de Naples qu'il avoit demandé. Il refusa en se soumettant et acceptant l'amnistie du roi d'Espagne, de se retirer chez lui avec la restitution de ses biens en Catalogne, qui n'étoit pas grand'chose. C'étoit un fort petit gentilhomme, qui n'avoit jamais servi avant cette révolte, et qui fit mieux de demeurer attaché à l'Empereur, qui dans la suite lui donna des commandements considérables. Il avoit dans Palma un régiment des troupes de l'Empereur, de douze cents hommes. Il ne tint pas aux instances les plus pressantes d'un capitaine de vaisseau anglois qui s'y trouva et à ses promesses du prompt et puissant secours, d'engager les troupes et les bourgeois à se bien défendre. Les îles Caprara, Dragonera, et Iviça, qui avoit une place à cinq bastions, se soumirent en même temps. Elles sont fort voisines de celle de Majorque, et se trouvoient sous le même commandement.

Le roi d'Espagne, pour une expédition si facile, envoya la Toison au chevalier d'Hasfeld que le Roi lui permit d'accepter. Il étoit fils d'un marchand de drap, dont la boutique et l'enseigne sont encore dans la rue   .[1]. On a vu l'extraction de du Casse; Bay, fils d'un cabaretier de Besançon, l'eut aussi. Ces nobles choix furent dans la suite comblés par celui d'un homme de robe et de plume, ce qui n'a jamais été vu dans aucun grand ordre. Morville, en qui ce rare exemple fut fait, en témoigna sa reconnoissance par le renvoi de l'infante, qui se fit très-indignement un mois après, dont il fut le promoteur, jusqu'à soutenir en plein conseil que le roi d'Espagne ne pouvoit faire ni bien ni mal en Europe, et que, sans nulle sorte de façons ni de précautions, il falloit lui renvoyer sa fille, même par le coche, pour que cela fût plus tôt fait. Il vouloit plaire à Monsieur le Duc, lors premier ministre.

On a vu la folie qui prit de l'un à l'autre de se promener les nuits au Cours, et d'y donner quelquefois des soupers et des musiques. La même fantaisie continua celle-ci[2]; mais les indécences qui s'y commirent, et quelque chose de pis, malgré les flambeaux que la plupart des carrosses y portoient, firent défendre ces promenades nocturnes, et qui cessèrent pour toujours au commencement de juillet.

Le premier président, qui étoit veuf, n'avoit que deux filles. Elles étoient riches; et, pour contenter les fantasques, l'une étoit noire, huileuse, laide à effrayer, sotte

1. Le nom de la rue est laissé en blanc dans le manuscrit.
2. Cette année-ci.

et bégueule à l'avenant, dévote à merveilles; l'autre rousse comme une vache, le teint blanc, de l'esprit et du monde, et le desir de liberté et de primer. Quoique la cadette, elle fut mariée la première à Lautrec, fils d'Ambres, qui avoit la bonté d'en être amoureux. Il fut mal payé de ses feux; jamais il ne put adoucir sa belle, qui sentit à qui elle avoit affaire, et qui sut s'en avantager. Le pauvre mari en quitta le service et Paris, la vérité est que ce ne fut pas une perte, et se confina en province. Ils n'eurent point d'enfants. C'est le frère aîné de Lautrec, aujourd'hui lieutenant général et chevalier de l'ordre, qui a épousé une sœur du duc de Rohan.

Le duc de la Rochefoucauld maria en même temps le duc de la Rocheguyon, son fils, aujourd'hui duc de la Rochefoucauld, à Mlle de Toiras, riche héritière, née et élevée en Languedoc, auprès de sa mère, d'où elle n'étoit jamais sortie. Basville, intendant ou plutôt roi de cette province, fit ce mariage. Il étoit ami intime de la mère, et on a vu la raison de l'intimité qui s'est entretenue entre MM. de la Rochefoucauld et les Lamoignons, depuis l'adroite et hardie vérification des lettres d'érection de la Rochefoucauld. Cette héritière étoit la dernière de cette maison, et ne descendoit point du maréchal de Toiras, qui ne fut point marié. Sa grand'mère étoit Éliz. d'Amboise, comtesse d'Aubijoux, qui, par le hasard de son frère, qui fut tué en duel par Boisdavid, hérita d'une partie de ses biens.

Le prince de Cellamare, ambassadeur d'Espagne, arriva à Paris. Quatre jours après, il vint à Marly au lever du Roi, qui lui donna aussitôt après audience dans son cabinet. Il alla de là chez M. le duc d'Orléans, à qui il présenta une lettre du roi d'Espagne fort obligeante, en réponse de celle qu'on a vu que ce prince lui avoit écrite. Fort peu après, cet ambassadeur revint faire sa cour à Marly. Le Roi lui promit le premier logement qui y vaqueroit. Ici et en Espagne, l'ambassadeur est de droit de tous les voyages, comme ambassadeur de la maison.

Mme de Saint-Simon, qui avoit besoin des eaux de Forges, demanda la permission d'y aller peu de temps après. Nous étions logés au premier pavillon en bas du côté de la chapelle. Le jour qu'elle alloit à Paris, nous fûmes surpris de voir arriver Bloin, comme nous allions nous mettre à table, suivi de quelques garçons du garde-meuble. Il me dit que le Roi l'avoit chargé de me prier de céder ce bas de pavillon au prince de Cellamare, et d'aller dans un logement vis-à-vis de la chapelle, en haut, sans expliquer comment il étoit vide. Il m'assura que le Roi vouloit que je fusse bien et que j'y serois très-commodément. Il ajouta que le Roi desiroit que je déménageasse aussitôt pour m'y établir, et qu'il en avoit tant d'impatience, qu'il lui avoit ordonné d'amener des garçons du garde-meuble pour aider à mes gens à tout transporter promptement. Nous dînâmes, Mme de Saint-Simon partit, et je déménageai aussitôt. Mes gens me dirent que quantité de garçons du garde-meuble étoient venus, et Bloin encore une fois, et que tout avoit été fait en un moment. Je ne savois à quoi attribuer une telle précipitation : je la[1] sus enfin en m'allant coucher.

Mes gens me contèrent que j'étois dans le logement de Courtenvaux, qui par sa charge de capitaine des Cent-Suisses en avoit un fixe auprès de ceux des autres charges de la chambre, garde-robe et chapelle; que sur les dix heures une chaise de poste étoit arrivée. C'étoit Courtenvaux, qui surpris de voir de la lumière dans sa chambre à travers les vitres, avoit envoyé savoir ce que c'étoit. Son laquais monta tout botté, qui le fut encore plus de trouver là mes gens établis, et qui l'alla dire à son maître. Il renvoya dire que c'étoit son logement et qu'il falloit bien qu'il y couchât. Mes gens contèrent à son valet la façon dont j'avois déménagé, et répondirent qu'ils ne sortiroient point de là, et que son maître n'avoit qu'à aller trouver Bloin, et voir avec lui ce qu'il deviendroit.

1. Saint-Simon a bien écrit *la*, et non *le*.

Courtenvaux n'eut pas d'autre parti à prendre. Bloin lui dit, de la part du Roi, qu'il y avoit dix-huit jours qu'il étoit absent sans congé; que cela lui arrivoit tous les voyages; que le Roi étoit las de cette liberté, et qu'il avoit exprès rempli son logement avec hâte pour qu'il n'y pût pas rentrer, lui apprendre à vivre, et lui donner le dégoût d'être exclu de Marly pour le reste du voyage. Voilà de ces petitesses dont la couronne n'affranchit point l'humanité.

Le duc de Noailles étoit fort en liaison avec Boulainvilliers, et m'avoit fait faire connoissance avec lui. C'étoit un homme de qualité qui se prétendoit de la maison de Croy, qui n'étoit pas fort accommodé, qui avoit peu servi, et qui avoit de l'esprit et beaucoup de lettres. Il possédoit extrêmement les histoires, celle [de] France surtout, à laquelle il s'étoit fort appliqué, particulièrement à l'ancien génie et à l'ancien gouvernement françois, et aux divers degrés de sa déclinaison[1] à la forme présente. Il avoit aussi creusé les généalogies du royaume, et personne ne lui disputoit sa capacité, et fort peu de gens sa supériorité en ces deux genres qu'une mémoire parfaite, exacte et nette soutenoit beaucoup. C'étoit un homme simple, doux, humble même par nature, quoique il se sentit fort, très-éloigné de se targuer de rien, qui expliquoit volontiers ce qu'il savoit sans chercher à rien montrer, et dont la modestie étoit rare en tout genre. Mais il étoit curieux au dernier point, et avoit aussi l'esprit tellement libre, que rien n'étoit capable de retenir sa curiosité. Il s'étoit donc adonné à l'astrologie, et il avoit la réputation d'y avoir très-bien réussi. Il étoit fort retenu sur cet article; il n'y avoit que ses amis particuliers qui pussent lui en parler et à qui il voulût bien répondre. Le duc de Noailles étoit avide de cette sorte de curiosité, et y donnoit tant qu'il pouvoit trouver des gens qui passassent pour avoir de quoi la satisfaire.

1. Il y a *diclaison* au manuscrit.

Boulainvilliers, dont la famille et les affaires étoient
fort dérangées, se tenoit fort souvent en sa terre de Saint-
Cère, vers la mer, au pays de Caux, qui n'est pas fort
éloigné de Forges. Il y vint voir des gens de sa connoissance, et, je crois, écumer¹ les nouvelles dont ses
calculs le rendoient curieux. Il y fut voir Mᵐᵉ de Saint-
Simon, et la tourna tant pour apprendre des nouvelles
du Roi, qu'elle n'eut pas peine à comprendre qu'il croyoit
en avoir trouvé de plus sûres que celles qui s'en disoient.
Elle lui fit connoître sa pensée; il se défendit quelque
temps, et à la fin il se rendit. Elle lui demanda donc ce
qu'il croyoit de la santé du Roi, qui diminuoit à vue
d'œil, mais dont la fin ne paroissoit pas encore prochaine,
et qui n'avoit rien changé dans le cours de ses journées,
ni dans quoi que ce fût de sa manière accoutumée de
vivre. On étoit lors au 15 ou 16 août. Boulainvilliers ne
lui dissimula point qu'il ne croyoit pas que le Roi en eût
encore pour longtemps, et après s'être encore laissé
presser, il lui dit qu'il croyoit qu'il mourroit le jour de
Saint-Louis, mais qu'il n'avoit pas encore pu vérifier ses
calculs avec assez d'exactitude pour en répondre; que
néanmoins il étoit assuré que le Roi seroit à l'extrémité
ce jour-là, et que s'il le passoit, il mourroit certainement
le 3 septembre suivant. Deux jours après, voyant le Roi
s'affoiblir, je mandai à Mᵐᵉ de Saint-Simon de revenir.
Elle partit aussitôt, et en arrivant me raconta ce que je
viens de rapporter. Il avoit prédit, longtemps avant la
mort du roi d'Espagne, que Monseigneur ni aucun de ses
trois fils ne régneroient en France. Il prévit de plusieurs
années la mort de son fils unique et la sienne à lui, que
l'événement vérifia, mais il se trompa lourdement sur
beaucoup d'autres, tels que le Roi d'aujourd'hui, qu'il
crut devoir mourir bientôt, et à diverses reprises, le cardinal et la maréchale de Noailles, M. le duc de Gramont
et M. le Blanc qui devoient être tués dans une sédition à

---

1. Voyez tome VI, p. 38 et note 1.

Paris, M. le duc d'Orléans mourir après deux ans de prison et sans en être sorti. Je n'en citerai pas davantage de faux et de vrais ; c'en est assez pour montrer la fausseté, la vanité, le néant de cette prétendue science qui séduit tant de gens d'esprit, et dont Boulainvilliers lui-même, tout épris qu'il en fût, avoit la bonne foi d'avouer qu'elle n'étoit fondée sur aucun principe.

M. du Maine ne fut pas le seul à tirer tout le possible des derniers temps de la vie du Roi. Voysin l'avoit assez bien servi pour en être encore payé, outre les charges dans lesquelles il régnoit, mais qui étoient nécessaires au règne et à l'apothéose du duc du Maine et des siens. Voysin vouloit du bien, n'ayant plus de places ni d'honneurs à prétendre. Il obtint deux cent mille écus sur le revenant-bon du non-complet des troupes, qui excitèrent contre lui un cri universel, qui fut la moindre de ses inquiétudes [1].

Le P. Tellier, qui n'avoit pu venir à bout de son concile national, où lui et Bissy se faisoient fort de faire recevoir la constitution, voyoit avec désespoir le risque qu'elle couroit si le Roi mouroit avant qu'elle fût reçue. Il y fit donc un dernier effort. Le Roi manda plusieurs fois là-dessus le premier président et le parquet à Marly. Daguesseau, procureur général, étoit celui qui tenoit le plus ferme. Mesmes, premier président, nageoit entre la cour et sa Compagnie. Fleury, premier avocat général, mettoit tout son esprit et toute sa finesse, et personne n'avoit plus de l'un et de l'autre, à gagner du temps sans trop s'opposer de front. Chauvelin, autre avocat général plein d'esprit, de savoir, de lumières, n'avoit de dieu ni de loi que sa fortune. Il étoit vendu aux jésuites, et à tout ce qui la lui pouvoit procurer et avancer. Tellier, sûr de lui, l'avoit mis dans la confiance secrète du Roi, qui le mandoit souvent depuis près d'un an, le faisoit entrer par les derrières, et travailloit secrètement tête à tête avec lui.

1. Voyez ci-dessus, p. 123.

Blancménil, fils de Lamoignon, valet à tout faire, et comme tous les siens esclave des jésuites, n'étoit pas pour payer d'autre chose que de courbettes. On se doutoit de quelque résolution violente sur quelques mots échappés au Roi, exprès sans doute pour intimider. La femme du procureur général, sœur d'Ormesson, exhorta son mari à être d'autant plus ferme qu'il se trouvoit mal accompagné, et comme il alloit partir pour Marly, elle le conjura, en l'embrassant, d'oublier qu'il eût femme et enfants, de compter sa charge et sa fortune pour rien, et pour tout son honneur et sa conscience. De si vertueuses paroles eurent leur effet. Il soutint le choc presque seul. Il parla toujours avec tant de respect, de lumière et de force que les autres n'osèrent l'abandonner, de manière que le Roi, outré d'une telle résistance, s'en prit tellement à lui, qu'il fut au moment de perdre sa charge. Fleury, qui l'avoit le mieux secondé, eut toute la peur pour la sienne, mais cette violence, qui n'eût fait qu'aigrir les esprits, ne faisoit pas l'affaire du P. Tellier. Quoique très-sensible au charme de la vengeance, il ne voulut pas se détourner, et fit tant auprès du Roi qu'il força toutes ses presque invincibles répugnances, et jusqu'à sa santé, de manière que le Roi déclara qu'au retour de Marly il iroit à Paris tenir un lit de justice, et voir enfin lui-même s'il auroit le crédit de faire enregistrer la constitution sans modification. Il le manda au Parlement, où la terreur se répandit, mais non si générale que la chose ne pût être bien balancée, mais surtout à la cour et dans le grand monde, où on ne s'entretenoit plus d'autre chose.

M. le duc d'Orléans, qui n'ignoroit pas ce que je pensois sur la constitution, et qui m'avoit souvent dit ce qu'il en pensoit lui-même, me demanda ce que je ferois en cette occasion. Je lui répondis que le devoir et le serment des pairs est précis sur l'obligation d'assister le Roi dans ses hautes et importantes affaires; qu'on étoit parvenu à rendre telle une friponnerie d'école; que les pairs seroient invités à ce lit de justice, comme ils le sont toujours de la part du Roi par le grand maître des cérémonies ; que je ne balancerois donc pas à m'y trouver ; qu'auparavant je ne laisserois en état d'être trouvé que ce que je voudrois bien qui le fût ; que je tiendrois quelque argent prêt et ma chaise de poste ; qu'après cela j'irois au lit de justice, et qu'ayant ma conscience, mon honneur, les lois du royaume, justice et vérité à garder et à en répondre, je me garderois bien d'opiner du bonnet, mais que je parlerois de toute ma force contre la constitution, son enregistrement, sa réception, avec tout le respect pour le Roi et pour son autorité et toutes les mesures que j'y pourrois mettre, bien persuadé en même temps que je ne retournerois pas de la séance chez moi, et que je m'en tiendrois quitte à bon marché pour l'exil, si je n'allois à la Bastille. A cette prompte réponse, M. le duc d'Orléans, qui me connoissoit trop bien pour douter de la vérité et de la fermeté de ma résolution, me regarda un moment, puis m'embrassa, et me dit qu'il étoit ravi de me savoir ce parti pris ; que non-seulement il l'approuvoit, mais qu'il en useroit tout de même, avec cette différence, dont tout le poids ne l'ébranleroit pas, qu'il parleroit d'une place qui n'avoit rien entre le Roi et lui, qui ne perdroit pas un mot de son discours, le regarderoit depuis les pieds jusqu'à la tête, et frémiroit tellement de colère de se voir ainsi résister en face par lui, qu'il ne savoit tout ce qu'il lui en pourroit arriver. Nous nous en reparlâmes plusieurs fois, nous affermissant réciproquement l'[un] l'autre jusqu'à ce que, de retour à Versailles, et le Roi sur le point d'aller au Parlement, sa santé ne le lui permit pas, et le lit de justice tomba, et l'enregistrement qu'il avoit si à cœur. Je ne me serois pas étendu sur une résolution qui ne put avoir lieu, si je n'avois cru également important et curieux de montrer M. le duc d'Orléans tel qu'il se montra lui-même à moi, pour le voir après tel qu'il fut sur cette même matière, toute la même et sans changement, sinon plus développée, plus évidente, et s'il étoit possible, encore plus odieuse à tous égards.

Chauvelin, avocat général, mourut incontinent après de la petite vérole, ainsi que son ami Rothelin, et un troisième, qui avoient soupé ensemble la veille que ce mal leur prit, qui les tua le troisième jour. Ce magistrat, qui visoit à la plus haute fortune, décoré, chose sans exemple au parquet, d'une charge de l'ordre du Saint-Esprit, initié dans la plus grande confiance du Roi d'affaires secrètes, et qui, pour ne s'en pas éloigner et se ménager, avoit refusé la commission de Rome qui fut donnée à Amelot, avoit une figure agréable, beaucoup d'esprit, d'adresse, d'intrigue, de capacité et de ressources, une éloquence aisée, une grande facilité à concevoir, à travailler, à s'énoncer, à parler sur-le-champ ; trop ambitieux pour s'arrêter aux moyens de la satisfaire, trop touché des plaisirs pour y trouver une barrière dans sa santé et son travail. Il étoit encore dans la première jeunesse, et se tua ainsi avant le temps. Il ne laissa qu'une fille, mariée depuis au président Talon, et un fils devenu président à mortier. Son père eut la permission de vendre la charge de l'ordre, et obtint la charge d'avocat général pour son second fils Grisenoire, qu'on vient de voir rapporteur de l'affaire des jésuites, qui ne le lui avoient pas pardonné. C'est le même qui a eu les sceaux sous le cardinal de Fleury, et dont l'élévation et la chute ont été proportionnées. Le père, conseiller d'État, étoit un fort bon homme : je ne sais où ses deux fils avoient pris tant d'ambition.

Voysin, dont la dureté et l'incapacité étoient égales, et qui pouvoit avoir ses raisons personnelles de favoriser les munitionnaires, força les troupes, malgré toutes sortes de représentations, de prendre le pain de munition, et à plus haut prix qu'aux marchés. Peu à peu il se fit une traînée d'intelligence de sédition dans les garnisons, depuis Strasbourg jusqu'aux places maritimes de Flandres, qui éclata tout à coup, et où quelques officiers furent tués en voulant imposer à leurs soldats. Heureusement du

Bourg, qui commandoit à Strasbourg et en Alsace, et qui fut bien secondé par les officiers de tous rangs, l'étouffa dans sa naissance, en faisant distribuer de l'argent aux troupes, mais en les obligeant aussi à prendre le pain, pour n'en avoir pas le démenti. Cet exemple porta coup sur toute la traînée; tout fut apaisé, mais avec de l'argent partout, et peu à peu on ne les força plus à prendre le pain.

Le maréchal Rosen mourut à quatre-vingt-huit ans, sain de corps et d'esprit jusqu'à cet âge. On l'a fait connoître lors de sa promotion au bâton. Il ne commanda jamais d'armée, et il n'en étoit pas capable, mais souvent des ailes, de gros détachements, et la cavalerie, dont il fut longtemps mestre de camp général, et tout cela avec capacité. Il étoit ordinairement chargé d'assembler l'armée à l'ouverture des campagnes. Fâcheux souvent à cheval, emporté pour rien, et pour cela évité des officiers principaux; à pied et à table, qu'il tenoit grande et délicate, le meilleur homme du monde, doux, poli, prévenant, généreux, serviable, et fort libre de sa bourse à qui en avoit besoin; toujours singulièrement bien monté. C'étoit un grand homme fort maigre, qui avoit extrêmement l'air d'un homme de guerre, et qui parloit un jargon partie françois et allemand. Il avoit de l'esprit et de la finesse : il avoit connu le foible du Roi et de ses ministres pour les étrangers; il reprochoit à son fils de parler trop bien françois, qui d'ailleurs étoit un pauvre homme, mais brave, et qui est mort lieutenant général. Il l'avoit marié à une Grammont de Franche-Comté, qui se trouva une très-habile femme pour le dedans et pour le dehors, qui s'attacha fort à lui, et qu'il aima beaucoup; avec cela sage et vertueuse. Après la paix de Ryswick, il se retira dans une terre qu'il avoit en haute Alsace, dont il avoit fort bien accommodé le château et les jardins. Sa belle-fille tenoit la maison, et y avoit toujours bonne compagnie : le maréchal n'en sortit plus qu'une fois l'année, pour venir voir le Roi, qui le recevoit toujours avec distinction, et passer huit ou dix jours au plus à Paris ou à la cour. Il se bâtit ensuite une petite maison au bout de ses jardins, où il se retira vers quatre-vingts ans, pour ne plus songer qu'à son salut. Il voyoit quelquefois la compagnie au château, et se retiroit promptement chez lui, passant sa journée en exercices de piété, en bonnes œuvres, et à prendre l'air à pied ou à cheval. On ne peut faire une fin plus digne, plus sage ni plus chrétienne; c'étoit aussi un fort honnête homme.

En ce même temps la persécution étoit extrême en Angleterre contre les principaux torys, surtout contre les ministres de la reine Anne et tous ceux qui avoient eu part à sa paix. On en a déjà parlé ailleurs. Le comte d'Oxford, qui avoit été grand trésorier, et dont la cour vouloit avoir la tête, se défendit si puissamment lui-même à la barre du Parlement, et en même temps si noblement, que, contre toute espérance, il se tira d'affaires. Le duc d'Ormond, non moins menacé, se trouva investi dans sa maison de Richemond près de Londres. Il se sauva, passa en France, et arriva en ce temps-ci à Paris.

L'état du Roi, dont la santé baissoit à vue d'œil, fit peur à la princesse des Ursins de se trouver peut-être tout à coup sous la main de M. le duc d'Orléans. Elle songea donc tout de bon à s'y dérober, sans savoir néanmoins encore où elle fixeroit sa demeure, et fit demander au Roi la permission de venir prendre congé de lui à Marly. Elle y vint de Paris le mardi 6 août, mesurée pour arriver à l'heure de la sortie du dîner du Roi, c'est-à-dire sur les deux heures. Elle fut aussitôt admise dans le cabinet du Roi, avec qui elle demeura plus d'une bonne demi-heure tête à tête. Elle passa tout de suite dans celui de Mme de Maintenon, avec qui elle fut une heure, et de là s'en alla monter en carrosse pour s'en retourner à Paris. Je ne sus qu'elle prenoit congé que par son arrivée à Marly, où j'étois en peine de la pouvoir rencontrer. Le hasard fit que je m'avisai d'aller chercher son carrosse pour m'informer à ses gens de ce qu'elle devenoit dans

Marly, et un autre hasard l'y fit arriver en chaise comme je leur parlois. Elle me parut fort aise de me rencontrer, et me fit monter avec elle dans son carrosse, où nous ne demeurâmes guère moins d'une heure à nous entretenir fort librement. Elle ne me dissimula point ses craintes, la froideur qu'elle avoit sentie pour elle dans ses deux audiences, à travers toute la politesse que le Roi et Mme de Maintenon lui avoient témoignée, le vide qu'elle trouvoit à la cour, et même à Paris, enfin l'incertitude où elle étoit encore sur le choix de sa demeure, tout cela avec détail, et néanmoins sans plainte, sans regrets, sans foiblesse, toujours mesurée, toujours comme s'il se fût agi d'une autre, et supérieure aux événements. Elle toucha légèrement l'Espagne, le crédit et l'ascendant même que la reine y prenoit sur le roi, me faisant entendre que cela ne pouvoit être autrement, coulant légèrement et modestement sur la reine, se louant toujours des bontés du roi d'Espagne. La crainte du spectacle des passants lui fit mettre fin à notre conversation. Elle me fit mille amitiés et son regret de l'abréger, me promit de m'avertir avant son départ, pour me donner encore une journée, me dit mille choses pour Mme de Saint-Simon, et me témoigna être sensible à la marque d'amitié que je lui donnois là, malgré l'engagement où j'étois avec M. le duc d'Orléans. Dès que je l'eus vue partir, j'allai chez M. le duc d'Orléans, à qui je dis ce que je venois de faire ; que ce n'étoit point une visite, mais une rencontre ; qu'il étoit vrai que je n'avois pu m'empêcher de la chercher, sans préjudice de la visite du départ qu'il m'avoit permise. Lui et Mme la duchesse d'Orléans ne le trouvèrent point mauvais ; ils avoient en plein triomphé d'elle, et ils étoient sur le point de la voir sortir de France pour toujours, et sans espoir en Espagne.

Jusqu'alors Mme des Ursins, amusée par un reste d'amis ou de connoissances grossi par ceux de M. de Noirmonstiers, chez qui elle logeoit, et qui en avoit beaucoup, s'étoit lentement occupée à l'arrangement de ses affaires dans un si grand changement, et à retirer ses effets d'Espagne. La frayeur de se pouvoir trouver fort promptement sous la main d'un prince qu'elle avoit si cruellement offensé, et qui lui montroit depuis son arrivée en France qu'il le sentoit, précipita toutes ses mesures. Sa terreur s'augmenta par le changement prodigieux qu'elle trouva dans le Roi en cette dernière audience, depuis celle qu'elle en avoit eue à son arrivée. Elle ne douta plus que sa fin ne fût très-prochaine, et toute son attention ne se tourna plus qu'à la prévenir et à être bien avertie sur une santé qu'elle croyoit faire uniquement sa sûreté en France. Effrayée de nouveau par les avis qu'elle en reçut, elle ne se donna plus le temps de rien, et partit précipitamment le 14 d'août, accompagnée de ses deux neveux jusqu'à Essonne. Elle n'eut pas le loisir de penser à m'avertir, de sorte que depuis notre conversation à Marly dans son carrosse, je ne l'ai plus revue. Elle ne respira que lorsqu'elle fut arrivée à Lyon.

Elle avoit abandonné le projet de se retirer en Hollande, où les états généraux ne la vouloient point. Elle en fut elle-même dégoûtée par l'égalité et l'unisson d'une république qui contre-balança en elle le plaisir de la liberté dont on y jouit. Mais elle ne pouvoit se résoudre à retourner à Rome, théâtre où elle avoit régné autrefois, et de s'y remontrer proscrite, vieille, comme dans un asile. Elle craignoit encore d'y être mal reçue, après la nonciature fermée en Espagne et les démêlés qu'il y avoit eu entre les deux cours. Elle y avoit perdu beaucoup d'amis et de connoissances; tout y étoit renouvelé depuis quinze ans d'absence, et elle sentoit tout l'embarras qu'elle y trouveroit à l'égard des ministres de l'Empereur et des deux couronnes, et de leurs principaux partisans. Turin n'étoit pas une cour digne d'elle; le roi de Sardaigne n'en avoit pas toujours été content, et ils en savoient trop tous deux l'un pour l'autre. A Venise, elle n'eût su que faire ni que devenir. Agitée de la sorte sans avoir pu se déterminer, elle apprit l'extrémité du Roi, toujours grossie par les nouvelles. La peur la saisit de se trouver à sa mort dans le royaume. Elle partit à l'instant, sans savoir où aller, et uniquement pour en sortir elle alla à Chambéry, comme au lieu de sûreté le plus proche, et y arriva hors d'haleine. Ce lieu fut sa première station. Elle s'y donna le loisir de choisir où se fixer et de s'arranger pour s'y établir. Tout bien examiné, elle préféra Gênes : la liberté lui en plut; le commerce d'une riche et nombreuse noblesse, la beauté du lieu et du climat, une manière de centre et de milieu entre Madrid, Paris et Rome, où elle entretenoit toujours du commerce, et étoit affamée de tout ce qui s'y passoit. Le renversement de tant de si grandes réalités et de desseins plus hauts encore n'avoit pu venir à bout de ses espérances, bien moins de ses desirs. Déterminée enfin pour Gênes, elle y passa. Elle y fut bien reçue, elle espéra y fixer ses tabernacles, elle y passa quelques années; mais à la fin l'ennui la gagna, peut-être le dépit de n'y être pas assez comptée. Elle ne pouvoit vivre sans se mêler, et de quoi se mêler à Gênes quand on est femme et surannée? Elle tourna donc toutes ses pensées vers Rome; elle en sonda la cour, elle se rapprocha avec effort de son frère, le cardinal de la Trémoille, réchauffa ce qui lui restoit d'ancien commerce, renoua avec qui elle put décemment, tâta le pavé partout, mais sur toutes choses fut attentive à s'assurer du traitement qu'elle recevroit de tout ce qui tenoit à la France et à l'Espagne. Elle quitta donc Gênes et retourna dans son nid.

Elle n'y fut pas longtemps sans s'attacher au roi et à la reine d'Angleterre, et ne s'y attacha pas longtemps sans les gouverner, et bientôt à découvert. Quelle triste ressource! Mais enfin c'étoit une idée de cour et un petit fumet d'affaires pour qui ne s'en pouvoit plus passer. Elle acheva ainsi sa vie dans une grande santé de corps et d'esprit, et dans une prodigieuse opulence, qui n'étoit pas inutile aussi à cette déplorable cour. Du reste, médiocrement considérée à Rome, nullement comptée, désertée de ce qui sentoit l'Espagne, médiocrement visitée de ce qui étoit françois, mais sans rien essuyer de la part du Régent, bien payée de la France et de l'Espagne, toujours occupée du monde, de ce qu'elle avoit été, de ce qu'elle n'étoit plus, mais sans bassesse, avec courage et grandeur. La perte qu'elle fit, en janvier 1720, du cardinal de la Trémoille, ne laissa pas, sans amitié de part ni d'autre, de lui faire un vide. Elle le survécut de trois ans, conserva toute sa santé, sa force, son esprit jusqu'à la mort, et fut emportée, à plus de quatre-vingts ans, par une fort courte maladie, à Rome, le 5 décembre 1722. Elle eut le plaisir de voir Mme de Maintenon oubliée et anéantie dans Saint-Cyr, et celui de la survivre, et la joie de voir arriver l'un après l'autre à Rome ses deux ennemis aussi profondément disgraciés qu'elle, dont l'un tomboit d'aussi haut, les cardinaux del Giudice et Alberoni, et de jouir de la parfaite inconsidération, pour ne pas dire mépris, où ils tombèrent tous deux. Cette mort, qui quelques années plus tôt eût retenti par toute l'Europe, ne fit pas la plus légère sensation. La petite cour d'Angleterre la regretta, quelques amis particuliers, dont je fus du nombre et ne m'en cachai point, quoique, à cause de M. le duc d'Orléans, demeuré sans commerce avec elle; du reste, personne ne sembla s'être aperçu qu'elle fût[1] disparue. Ce fut néanmoins une personne si extraordinaire dans tout le cours de sa longue vie, et qui a partout si grandement et si singulièrement figuré, quoique en diverses manières, dont l'esprit, le courage, l'industrie et les ressources ont été si rares, enfin le règne si absolu en Espagne et si à découvert, et le caractère si soutenu et si unique, que sa vie mériteroit d'être écrite, et tiendroit place entre les plus curieux morceaux de l'histoire des temps où elle a vécu.

1. Il y a *fut*, à l'indicatif.

CHAPITRE VIII.

Nécessité d'interrompre un peu le reste si court de la vie du Roi. — Première partie du caractère de M. le duc d'Orléans. — Débonnaireté et son histoire. — Malheur de l'éducation et de la jeunesse de M. le duc d'Orléans. — Folie de l'abbé du Bois, qui le perd auprès du Roi pour toujours. — Caractère de l'abbé, depuis cardinal, du Bois. — Seconde partie du caractère de M. le duc d'Orléans. — M. le duc d'Orléans excellemment peint par Madame. — Aventure du faux marquis de Ruffec. — Quel étoit M. le duc d'Orléans sur la religion. — Caractère de Mme la duchesse d'Orléans. — Saint-Pierre et sa femme; leur caractère. — Duchesse Sforze; courte disgression sur les Sforzes. — Caractère de la duchesse de Sforze.

Le règne de Louis XIV, conduit jusqu'à sa dernière extrémité, ne laisse plus à rapporter maintenant que ce qui s'est passé dans le dernier mois de sa vie, encore au plus. Ces derniers événements, si curieux et si importants à exposer dans la plus exacte vérité et netteté, et dans leur ordre le plus exact, sont tellement liés avec ceux qui suivent immédiatement la mort de ce monarque, qu'il n'est pas possible de les séparer. Il n'est pas moins curieux et nécessaire aussi d'exposer les projets, les pensées, les difficultés, les différents partis qui roulèrent dans la tête du prince qui alloit nécessairement être à la tête du royaume pendant la minorité, quelques mesures que Mme de Maintenon et le duc du Maine eussent pu prendre pour ne lui laisser que le nom de régent, et ce qu'ils n'avoient pu lui ôter, et quelle sorte d'administration il voulut établir. C'est donc ici le lieu d'expliquer tant de choses, après quoi on reprendra la narration du dernier mois de la vie du feu Roi, et des choses qui l'ont suivie. Mais avant d'entrer dans cette épineuse carrière, il est à propos de faire bien connoître, si l'on peut, celui qui en est le premier personnage, ses entraves intérieures et extérieures, et tout ce qui lui appartient personnellement. Je dis si l'on peut, parce que je n'ai de ma vie rien connu de si éminemment contradictoire et si parfaitement en tout que M. le duc d'Orléans. On s'apercevra aisément qu'encore que je le visse à nu depuis tant d'années, qu'il ne se cachât pas à moi, que j'aie été dans ces dernières années-ci le seul homme qui le voulût voir, et l'unique avec lequel il pût s'ouvrir et s'ouvrît en effet à cœur ouvert et par confiance et par nécessité, on sentira, dis-je, que je ne le connoissois pas encore, et que lui-même aussi ne se connoissoit pas parfaitement. Pour le tableau de la cour, des personnages, des desseins, des brigues, des partis, il se trouve tout fait par tout ce qui a été raconté et expliqué jusqu'ici. En se le rappelant on verra d'un coup d'œil quelle étoit la cour de Louis XIV en ces derniers temps de sa vie, et le détail mis au jour de toutes les différentes parties de tout le groupe de ce spectacle.

M. le duc d'Orléans étoit de taille médiocre au plus, fort plein, sans être gros, l'air et le port aisé et fort noble, le visage large, agréable, fort haut en couleur, le poil noir et la perruque de même. Quoique il eût fort mal dansé, et médiocrement réussi à l'académie[1], il avoit dans le visage, dans le geste, dans toutes ses manières une grâce infinie, et si naturelle qu'elle ornoit jusqu'à ses moindres actions, et les plus communes. Avec beaucoup d'aisance quand rien ne le contraignoit, il étoit doux, accueillant, ouvert, d'un accès facile et charmant, le son de la voix agréable, et un don de la parole qui lui étoit tout particulier en quelque genre que ce pût être, avec une facilité et une netteté que rien ne surprenoit, et qui surprenoit toujours. Son éloquence étoit naturelle jusque dans les discours les plus communs et les plus journaliers, dont la justesse étoit égale sur les sciences les plus abstraites, qu'il rendoit claires, sur les affaires de gouvernement, de politique, de finance, de justice, de guerre, de cour, de conversation ordinaire, et de toutes sortes d'arts et de

---

1. Voyez tome I, p. 3, et tome VI, p. 222, note 1.

mécanique. Il ne se servoit pas moins utilement des Histoires et des Mémoires, et connoissoit fort les maisons. Les personnages de tous les temps et leurs vies lui étoient présentes, et les intrigues des anciennes cours comme celles de son temps. A l'entendre, on lui auroit cru une vaste lecture. Rien moins. Il parcouroit légèrement, mais sa mémoire étoit si singulière qu'il n'oublioit ni choses, ni noms, ni dates, qu'il rendoit avec précision ; et son appréhension étoit si forte qu'en parcourant ainsi, c'étoit en lui comme s'il eût tout lu fort exactement. Il excelloit à parler sur-le-champ, et en justesse et en vivacité, soit de bons mots, soit de reparties. Il m'a souvent reproché, et d'autres plus que lui, que je ne le gâtois pas, mais je lui ai souvent aussi donné une louange qui est méritée par bien peu de gens, et qui n'appartenoit à personne si justement qu'à lui : c'est qu'outre qu'il avoit infiniment d'esprit et de plusieurs sortes, la perspicacité singulière du sien se trouvoit jointe à une si grande justesse, qu'il ne se seroit jamais trompé en aucune affaire s'il avoit suivi la première appréhension de son esprit sur chacune. Il prenoit quelquefois cette louange de moi pour un reproche, et il n'avoit pas toujours tort, mais elle n'en étoit pas moins vraie. Avec cela nulle présomption, nulle trace de supériorité d'esprit ni de connoissance, raisonnant comme d'égal à égal avec tous, et donnant toujours de la surprise aux plus habiles. Rien de contraignant ni d'imposant dans la société, et quoique il sentît bien ce qu'il étoit, et de façon même de ne le pouvoir oublier en sa présence, il mettoit tout le monde à l'aise, et lui-même comme au niveau des autres.

Il gardoit fort son rang en tout genre avec les princes du sang, et personne n'avoit l'air, le discours, ni les manières plus respectueuses que lui, ni plus noble[1] avec le Roi et avec les fils de France. Monsieur avoit hérité en plein de la valeur des rois ses père et grand-père, et

---

1. Il y a bien *noble*, au singulier.

l'avoit transmise toute entière à son fils. Quoique il n'eût aucun penchant à la médisance, beaucoup moins à ce qu'on appelle être méchant, il étoit dangereux sur la valeur des autres. Il ne cherchoit jamais à en parler, modeste et silencieux même à cet égard sur ce qui lui étoit personnel, et racontoit toujours les choses de cette nature où il avoit eu le plus de part, donnant avec équité toute louange aux autres et ne parlant jamais de soi, mais il se passoit difficilement de pincer ceux qu'il ne trouvoit pas ce qu'il appeloit francs du collier, et on lui sentoit un mépris et une répugnance naturelle à l'égard de ceux qu'il avoit lieu de croire tels. Aussi avoit-il le foible de croire ressembler en tout à Henri IV, de l'affecter dans ses façons, dans ses reparties, de se le persuader jusque dans sa taille et la forme de son visage, et de n'être touché d'aucune autre louange ni flatterie comme de celle-là qui lui alloit au cœur. C'est une complaisance à laquelle je n'ai jamais pu me ployer. Je sentois trop qu'il ne recherchoit pas moins cette ressemblance dans les vices de ce grand prince que dans ses vertus, et que les uns ne faisoient pas moins son admiration que les autres. Comme Henri IV, il étoit naturellement bon, humain, compatissant, et cet homme si cruellement accusé du crime le plus noir et le plus inhumain, je n'en ai point connu de plus naturellement opposé au crime de la destruction des autres, ni plus singulièrement éloigné de faire peine même à personne, jusque-là qu'il se peut dire que sa douceur, son humanité, sa facilité avoient tourné en défaut, et je ne craindrai pas de dire qu'il tourna en vice la suprême vertu du pardon des ennemis, dont la prodigalité sans cause ni choix tenoit trop près de l'insensible, et lui a causé bien des inconvénients fâcheux et des maux dont la suite fournira des exemples et des preuves.

Je me souviens qu'un an peut-être avant la mort du Roi, étant monté de bonne heure après dîné chez Mme la duchesse d'Orléans à Marly, je la trouvai au lit pour quelque migraine, et M. le duc d'Orléans seul dans la chambre, assis dans le fauteuil du chevet du lit. A peine fus-je assis que Mme la duchesse d'Orléans se mit à me raconter un fait du prince et du cardinal de Rohan, arrivé depuis peu de jours, et prouvé avec la plus claire évidence. Il rouloit sur des mesures contre M. le duc d'Orléans pour le présent et l'avenir, et sur le fondement de ces exécrables imputations si à la mode par le crédit et le cours que Mme de Maintenon et M. du Maine s'appliquoient sans cesse à leur donner. Je me récriai d'autant plus que M. le duc d'Orléans avoit toujours distingué et recherché, je ne sais pourquoi, ces deux frères, et qu'il croyoit pouvoir compter sur eux : « Et que dites-vous de M. le duc d'Orléans, ajouta-t-elle ensuite, qui, depuis qu'il le sait, qu'il n'en doute pas, et qu'il n'en peut douter, leur fait tout aussi bien qu'à l'ordinaire? » A l'instant je regardai M. le duc d'Orléans qui n'avoit dit que quelques mots pour confirmer le récit de la chose à mesure qu'il se faisoit, et qui étoit couché négligemment dans sa chaise, et je lui dis avec feu : Pour cela, Monsieur, il faut dire la vérité, c'est que depuis Louis le Débonnaire il n'y en eut jamais un si débonnaire que vous. » A ces mots, il se releva dans sa chaise, rouge de colère jusqu'au blanc des yeux, balbutiant de dépit contre moi qui lui disois, prétendoit-il, des choses fâcheuses, et contre Mme la duchesse d'Orléans qui les lui avoit procurées, et qui rioit. « Courage, Monsieur, ajoutai-je, traitez bien vos ennemis, et fâchez-vous contre vos serviteurs. Je suis ravi de vous voir en colère, c'est signe que j'ai mis le doigt sur l'apostume ; quand on la[1] presse, le malade crie. Je voudrois en faire sortir tout le pus, et après cela vous seriez tout un autre homme et tout autrement compté. » Il gommela encore un peu et puis s'apaisa. C'est là une des deux occasions seules où il se soit jamais mis en vraie colère contre moi. Je rapporterai l'autre en son temps.

1. Voyez tome VI, p. 455 et note 1.

Deux ou trois ans après la mort du Roi, je causois à un coin de la longue et grande pièce de l'appartement des Tuileries, comme le conseil de régence alloit commencer dans cette même pièce où il se tenoit toujours, tandis que M. le duc d'Orléans étoit tout à l'autre bout, parlant à quelqu'un, dans une fenêtre. Je m'entendis appeler comme de main en main; on me dit que M. le duc d'Orléans me vouloit parler. Cela arrivoit souvent en se mettant au conseil. J'allai donc à cette fenêtre où il étoit demeuré. Je trouvai un maintien sérieux, un air concentré, un visage fâché qui me surprit beaucoup. « Monsieur, me dit-il d'abordée, j'ai fort à me plaindre de vous que j'ai toute ma vie compté pour le meilleur de mes amis. — Moi, Monsieur! plus étonné encore, qu'y a-t-il donc, lui dis-je, s'il vous plaît? — Ce qu'il y a, répondit-il avec une mine encore plus colère, chose que vous ne sauriez nier, des vers que vous avez faits contre moi. — Moi, des vers! répliquai-je; hé! qui diable vous conte de ces sottises-là? et depuis près de quarante ans que vous me connoissez, est-ce que vous ne savez pas que de ma vie je n'ai pu faire, non pas deux vers, mais un seul? — Hon, par....! reprit-il, vous ne pouvez nier ceux-là, et tout de suite me chante un *pont-neuf* à sa louange dont le refrain étoit : *Notre régent est débonnaire, la la, il est débonnaire*, avec un grand éclat de rire. — Comment! lui dis-je, vous vous en souvenez encore? et en riant aussi, pour la vengeance que vous en prenez, souvenez-vous-en du moins à bon escient. » Il demeura à rire longtemps, à ne s'en pouvoir empêcher avant de se mettre au conseil. Je n'ai pas craint d'écrire cette bagatelle, parce qu'il me semble qu'elle peint.

Il aimoit fort la liberté, et autant pour les autres que pour lui-même. Il me vantoit un jour l'Angleterre sur ce point, où il n'y a point d'exils ni de lettres de cachet, et où le Roi ne peut défendre que l'entrée de son palais ni tenir personne en prison, et sur cela me conta en se délectant, car tous nos princes vivoient lors, qu'outre la duchesse de Portsmouth, Charles II avoit bien eu de petites maîtresses ; que le grand prieur, jeune et aimable en ce temps-là, qui s'étoit fait chasser pour quelque sottise, étoit allé passer son exil en Angleterre, où il avoit été fort bien reçu du roi. Pour le remerciement, il lui débaucha une de ces petites maîtresses dont le roi étoit si passionné alors qu'il lui fit demander grâces, lui offrit de l'argent, et s'engagea de le raccommoder en France. Le grand prieur tint bon. Charles lui fit défendre le palais. Il s'en moqua, et alloit tous les jours à la comédie avec sa conquête, et s'y plaçoit vis-à-vis du roi. Enfin le roi d'Angleterre, ne sachant plus que faire pour s'en délivrer, pria tellement le Roi de le rappeler en France qu'il le fut. Mais le grand prieur tint bon, dit qu'il se trouvoit bien en Angleterre, et continua son manége. Charles outré en vint jusqu'à faire confidence au Roi de l'état où le mettoit le grand prieur, et obtint un commandement si absolu et si prompt qu'il le fit repasser incontinent en France. M. le duc d'Orléans admiroit cela, et je ne sais s'il n'auroit pas voulu être le grand prieur. Je lui répondis que j'admirois moi-même que le petit-fils d'un roi de France se pût complaire dans un si insolent procédé, que moi sujet, et qui, comme lui, n'avois aucun trait au trône, je trouvois plus que scandaleux et extrêmement punissable. Il n'en relâcha rien, et faisoit toujours cette histoire avec volupté. Aussi d'ambition de régner ni de gouverner, n'en avoit-il aucune. S'il fit une pointe tout à fait insensée pour l'Espagne, c'est qu'on la lui avoit mise dans la tête. Il ne songea même, comme on le verra, tout de bon à gouverner que lorsque force fut d'être perdu et déshonoré, ou d'exercer les droits de sa naissance; et, quant à régner, je ne craindrai pas de répondre que jamais il ne le desira, et que, le cas forcé arrivé, il s'en seroit trouvé également importuné et embarrassé. Que vouloit-il donc ? me demandera-t-on ; commander les armées tant que la guerre auroit duré, et se divertir le reste du temps sans contrainte ni à lui ni à autrui.

C'étoit en effet à quoi il étoit extrêmement propre. Une valeur naturelle, tranquille, qui lui laissoit tout voir, tout prévoir, et porter les remèdes, une grande étendue d'esprit pour les échecs[1] d'une campagne, pour les projets, pour se munir de tout ce qui convenoit à l'éxécution, pour s'en aider à point nommé, pour s'établir d'avance des ressources et savoir en profiter bout à bout, et user aussi avec une sage diligence et vigueur de tous les avantages que lui pouvoit présenter le sort des armes. On peut dire qu'il étoit capitaine, ingénieur, intendant d'armée, qu'il connoissoit la force des troupes, le nom et la capacité des officiers, et les plus distingués de chaque corps, s'en faire adorer[2], les tenir néanmoins en discipline, exécuter, en manquant de tout, les choses les plus difficiles. C'est ce qui a été admiré en Espagne, et pleuré en Italie, quand il y prévit tout, et que Marsin lui arrêta les bras sur tout. Ses combinaisons étoient justes et solides tant sur les matières de guerre que sur celles d'État; il est étonnant jusqu'à quel détail il en embrassoit toutes les parties sans confusion, les avantages et les désavantages des partis qui se présentoient à prendre, la netteté avec laquelle il les comprenoit et savoit les exposer, enfin la variété infinie et la justesse de toutes ses connoissances sans en montrer jamais, ni en avoir en effet[3] meilleure opinion de soi.

Quel homme aussi au-dessus des autres, et en tout genre connu! et quel homme plus expressément formé pour faire le bonheur de la France, lorsqu'il eut à la gouverner! Ajoutons-y une qualité essentielle, c'est qu'il avoit plus de trente-six ans à la mort des Dauphins et près de trente-huit à celle de M. le duc de Berry, qu'il avoit passés particulier, éloigné entièrement de toute idée de pouvoir arriver au timon; courtisan battu des orages et des tempêtes, et qui avoit vécu de façon à connoître

---

1. Saint-Simon a écrit *echets*. Voyez tome X, p. 124 et note 1.
2. Qu'il savait s'en faire adorer.
3. Le mot *avoir* est répété ici au manuscrit.

tous les personnages, et la plupart de ce qui ne l'étoit pas ; en un mot l'avantage d'avoir mené une vie privée avec les hommes, et acquis toutes les connoissances, qui, sans cela, ne se suppléent point d'ailleurs. Voilà le beau, le très-beau sans doute et le très-rare. Malheureusement il y a une contre-partie qu'il faut maintenant exposer, et ne craindre pas quelque légère répétition, pour le mieux faire, de ce qu'on a pu voir ailleurs.

Ce prince, si heureusement né pour être l'honneur et le chef-d'œuvre d'une éducation, n'y fut pas heureux. Saint-Laurent, homme de peu, qui n'étoit même chez Monsieur que sous-introducteur des ambassadeurs, fut le premier à qui il fut confié. C'étoit un homme à choisir par préférence dans toute l'Europe pour l'éducation des rois. Il mourut avant que son élève fût hors de sous la férule, et par le plus grand des malheurs, sa mort fut telle et si prompte qu'il n'eut pas le temps de penser en quelles mains il le laissoit, ni d'imaginer qu'il s'y ancreroit en titre. On a vu p. 5 et 6[1] que ce fut l'abbé du Bois, comment il y parvint, combien il s'introduisit avant dans l'amitié et la confiance d'un enfant qui ne connoissoit personne, et l'énorme usage qu'il en sut faire pour espérer fortune et acquérir du pain. Le précepteur sentoit qu'il ne tiendroit pas longtemps par cette place, et tout le poids d'avoir été l'instrument du consentement qu'il surprit au jeune prince pour son mariage, lequel ne lui avoit pas rendu ce qu'il en avoit espéré, et qui l'avoit même perdu auprès du Roi par la folie qu'il eut, dans une audience secrète qu'il en obtint, de lui demander pour prix de son service la nomination au chapeau. Il se vit donc réduit à M. de Chartres, et ne pensa plus qu'à le gouverner. Il a fait un si grand personnage depuis la mort du Roi, qu'il est nécessaire de le faire connoître. On y reviendra bientôt.

Monsieur, qui étoit fort glorieux, et gâté encore par

---

1. Pages 18 et 19 de notre tome I.

avoir eu un gouverneur devenu duc et pair dans sa maison, et dont la postérité successive, décorée de la même dignité, étoit demeurée dans la charge de premier gentilhomme de sa chambre, et par celle de dame d'honneur de Madame, remplie par la duchesse de Ventadour, voulut des gens titrés pour gouverneurs de Monsieur son fils. Cela n'étoit pas aisé, mais il en trouva, et ne considéra guère autre chose. M. de Navailles fut le premier qui accepta. Il étoit duc à brevet et maréchal de France, plein de vertu, d'honneur et de valeur, et avoit figuré autrefois, mais ce n'étoit pas un homme à élever un prince. Il y fut peu et mourut en février 1684, à soixante-cinq ans. Le maréchal d'Estrades lui succéda, qui en auroit été fort capable, mais il étoit fort vieux, et mourut en février 1686, à soixante-dix-neuf ans. M. de la Vieuville, duc à brevet, le fut après, qui mourut en février 1689, un mois après avoir été fait chevalier de l'ordre. Il n'avoit rien de ce qu'il falloit pour cet emploi, mais ce fut une perte pour Monsieur, qui ne trouva plus de gens titrés qui en voulussent. Saint-Laurent, qui avoit toute sa confiance, avoit aussi toute l'autorité effective, et suppléoit à ces Messieurs, qui n'étoient qu'*ad honores*. Les deux sous-gouverneurs étoient la Bertière, brave et honnête gentilhomme, mais dont le prince ne s'embarrassoit guère, quoique il l'estimât, et Fontenay, qui en étoit extrêmement capable, mais qui avoit au moins quatre-vingts ans. Il avoit élevé le comte de Saint-Paul tué au passage du Rhin, sur le point d'être élu roi de Pologne, dont le fameux Sobieski profita. Le marquis d'Arcy fut le dernier gouverneur. Il avoit passé par des ambassades avec réputation, et servi de même. C'étoit un homme de qualité, qui le sentoit fort, chevalier de l'ordre de 1688. Son frère aîné l'avoit été en 1661. D'Arcy étoit aussi conseiller d'État d'épée. On a vu ailleurs comment il se conduisit dans cet emploi, surtout à la guerre. Sa mort, arrivée à Maubeuge en juin 1694, fut le plus grand malheur qui pût arriver à son élève, sur qui il avoit pris non-seulement toute autorité, mais toute confiance, et à qui toutes ses manières et sa conduite plaisoient et lui inspiroient une grande estime, qui en ce genre ne va point sans déférence.

Le prince n'ayant plus ce sage mentor, qu'on a vu qu'il a toujours regretté, ainsi que le maréchal d'Estrades, et qu'il l'a toute sa vie marqué à tout ce qui est resté d'eux, tomba tout à fait entre les mains de l'abbé du Bois et des jeunes débauchés qui l'obsédèrent. Les exemples domestiques de la cour de Monsieur, et ce que de jeunes gens sans réflexions, las du joug, tous neufs, sans expérience regardent comme le bel air dont ils sont les esclaves, et souvent jusque malgré eux, effacèrent bientôt ce que Saint-Laurent et le marquis d'Arcy lui avoient appris de bon. Il se laissa entraîner à la débauche et à la mauvaise compagnie, parce que la bonne, même de ce genre, craignoit le Roi, et l'évitoit. Marié par force et avec toute l'inégalité qu'il sentit trop tard, il se laissa aller à écouter des plaisanteries de gens obscurs qui, pour le gouverner, le vouloient à Paris; il en fit à son tour, et se croyant autorisé par le dépit que Monsieur témoignoit de ne pouvoir obtenir pour lui ni gouvernement qui lui avoit été promis, ni commandement d'armée, il ne mit plus de bornes à ses discours ni à ses débauches, partie facilité, partie ennui de la cour, vivant comme il faisoit avec Madame sa femme, partie chagrin de voir Monsieur le Duc, et bien plus M. le prince de Conti en possession de ce qu'il y avoit de plus brillante compagnie, enfin dans le ruineux dessein de se moquer du Roi, de lui échapper, de le piquer à son tour, et de se venger ainsi de n'avoir ni gouvernement ni armée à commander. Il vivoit donc avec des comédiennes et leurs entours, dans une obscurité honteuse, et à la cour tout le moins qu'il pouvoit. L'étrange est que Monsieur le laissoit faire par ce même dépit contre le Roi, et que Madame, qui ne pouvoit pardonner au Roi ni à Madame sa belle-fille son mariage, désapprouvant la vie que menoit

Monsieur son fils, ne lui en parloit presque point, intérieurement ravie des déplaisirs de Madame sa belle-fille, et du chagrin qu'en avoit le Roi.

La mort si prompte et si subite de Monsieur changea les choses. On a vu tout ce qui arriva. M. le duc d'Orléans, content et n'ayant plus Monsieur pour bouclier, vécut quelque temps d'une façon plus convenable, et avec assiduité à la cour, mieux avec Madame sa femme par les mêmes raisons, mais toujours avec un éloignement secret qui ne finit que quand je les raccommodai, lorsque je le séparai de Mme d'Argenton : l'amour et l'oisiveté l'attachèrent à cette maîtresse qui l'éloigna de la cour. Il voyoit chez elle des compagnies qui le vouloient tenir, de concert avec elle, dont l'abbé du Bois étoit le grand conducteur. En voilà assez pour marquer les tristes routes qui ont gâté un si beau naturel. Venons maintenant aux effets qu'a produits ce long et pernicieux poison, ce qui ne se peut bien entendre qu'après avoir fait connoître celui à qui il le dut presque en entier.

L'abbé du Bois étoit un petit homme maigre, effilé, chafouin, à perruque blonde, à mine de fouine, à physionomie d'esprit, qui étoit en plein ce qu'un mauvais françois appelle un sacre[1] mais qui ne se peut guère exprimer autrement. Tous les vices combattoient en lui à qui en demeureroit le maître. Ils y faisoient un bruit et un combat continuel entre eux. L'avarice, la débauche, l'ambition étoient ses dieux ; la perfidie, la flatterie, les servages, ses moyens ; l'impiété parfaite, son repos ; et l'opinion que la probité et l'honnêteté sont des chimères dont on se pare, et qui n'ont de réalité dans personne, son principe, en conséquence duquel tous moyens lui étoient bons. Il excelloit en basses intrigues, il en vivoit, il ne pouvoit s'en passer, mais toujours avec un but où toutes ses démarches tendoient, avec une patience qui n'avoit de terme que le succès, ou la démonstration réitérée de

---

1. Voyez tome VI, p. 243, note 1.

n'y pouvoir arriver, à moins que, cheminant ainsi dans la profondeur et les ténèbres, il ne vît jour à mieux en ouvrant un autre boyau. Il passoit ainsi sa vie dans les sapes. Le mensonge le plus hardi lui étoit tourné en nature avec un air simple, droit, sincère, souvent honteux. Il auroit parlé avec grâce et facilité, si, dans[1] le dessein de pénétrer les autres en parlant, et la crainte de s'avancer plus qu'il ne vouloit, ne l'avoit accoutumé à un bégayement factice qui le déparoit, et qui, redoublé quand il fut arrivé à se mêler de choses importantes, devint insupportable, et quelquefois inintelligible. Sans ses contours et le peu de naturel qui perçoit malgré ses soins, sa conversation auroit été aimable. Il avoit de l'esprit, assez de lettres, d'histoire et de lecture, beaucoup de monde, force envie de plaire et de s'insinuer, mais tout cela gâté par une fumée de fausseté qui sortoit malgré lui de tous ses pores, et jusque de sa gaieté, qui attristoit par là. Méchant d'ailleurs avec réflexion, et par nature et par raisonnement, traître et ingrat, maître expert aux compositions des plus grandes noirceurs, effronté à faire peur étant pris sur le fait; desirant tout, enviant tout, et voulant toutes les dépouilles. On connut après, dès qu'il osa ne se plus contraindre, à quel point il étoit intéressé, débauché, inconséquent, ignorant en toute affaire, passionné toujours, emporté blasphémateur et fou, et jusqu'à quel point il méprisa publiquement son maître et l'État, le monde sans exception et les affaires, pour les sacrifier à soi tous et toutes, à son crédit, à sa puissance, à son autorité absolue, à sa grandeur, à son avarice, à ses frayeurs, à ses vengeances. Tel fut le sage à qui Monsieur confia les mœurs de son fils unique à former, par le conseil de deux hommes qui ne les avoient pas meilleures, et qui en avoient bien fait leurs preuves.

Un si bon maître ne perdit pas son temps auprès d'un disciple tout neuf encore, et en qui les excellents prin-

---

1. Il faudrait supprimer ce mot *dans* pour rendre la phrase correcte.

cipes de Saint-Laurent n'avoient pas eu le temps de prendre de fortes racines, quelque estime et quelque affection qu'il ait conservée[1] toute sa vie pour cet excellent homme. Je l'avouerai ici avec amertume, parce que tout doit être sacrifié à la vérité, M. le duc d'Orléans apporta au monde une facilité, appelons les choses par leur nom, une foiblesse qui gâta sans cesse tous ses talents, et qui fut à son précepteur d'un merveilleux usage toute sa vie. Hors de toute espérance du côté du Roi depuis la folie d'avoir osé lui demander sa nomination au cardinalat, il ne songea plus qu'à posséder son jeune maître par la conformité à soi. Il le flatta du côté des mœurs pour le jeter dans la débauche, et lui en faire un principe pour se bien mettre dans le monde, jusqu'à mépriser tous devoirs et toutes bienséances, ce qui le feroit bien plus ménager par le Roi qu'une conduite mesurée ; il le flatta du côté de l'esprit, dont il le persuada : il en avoit trop et trop bon pour être la dupe de la religion, qui n'étoit, à son avis, qu'une invention de politique, et de tous les temps, pour faire peur aux esprits ordinaires et retenir les peuples dans la soumission. Il l'infatua encore de son principe favori que la probité dans les hommes et la vertu dans les femmes ne sont que des chimères sans réalité dans personne, sinon dans quelques sots en plus grand nombre qui se sont laissé imposer ces entraves comme celle de la religion, qui en sont des dépendances, et qui pour la politique sont du même usage, et fort peu d'autres qui ayant de l'esprit et de la capacité se sont laissé raccourcir l'un et l'autre par les préjugés de l'éducation. Voilà le fond de la doctrine de ce bon ecclésiastique, d'où suivoit la licence de la fausseté, du mensonge, des artifices, de l'infidélité, de la perfidie, de toute espèce de moyens, en un mot, tout crime et toute scélératesse tournés en habileté, en capacité, en grandeur, liberté et profondeur d'esprit, de lumière et de conduite, pourvu que [on] sût se

---

1. *Conservé*, sans accord, au manuscrit.

cacher et marcher à couvert des soupçons et des préjugés communs.

Malheureusement tout concourut en M. le duc d'Orléans à lui ouvrir le cœur et l'esprit à cet exécrable poison. Une neuve et première jeunesse, beaucoup de force et de santé, les élans de la première sortie du joug et du dépit de son mariage et de son oisiveté, l'ennui qui suit la dernière, cet amour, si fatal en ce premier âge, de ce bel air qu'on admire aveuglément dans les autres, et qu'on veut imiter et surpasser, l'entraînement des passions, des exemples et des jeunes gens qui y trouvoient leur vanité et leur commodité, quelques-uns leurs vues à le faire vivre comme eux et avec eux. Ainsi il s'accoutuma à la débauche, plus encore au bruit de la débauche jusqu'à n'avoir pu s'en passer, et qu'il ne s'y divertissoit qu'à force de bruit, de tumulte et d'excès. C'est ce qui le jeta à en faire souvent de si étranges et de si scandaleuses, et comme il vouloit l'emporter sur tous les débauchés, à mêler dans ses parties les discours les plus impies et à trouver un raffinement précieux à faire les débauches les plus outrées aux jours les plus saints, comme il lui arriva pendant sa régence plusieurs fois le vendredi saint de choix et les jours les plus respectables. Plus on étoit suivi, ancien, outré en impiété et en débauche, plus il considéroit cette sorte de débauchés, et je l'ai vu sans cesse dans l'admiration poussée jusqu'à la vénération pour le grand prieur, parce qu'il y avoit quarante ans qu'il ne s'étoit couché qu'ivre, et qu'il n'avoit cessé d'entretenir publiquement des maîtresses et de tenir des propos continuels d'impiété et d'irréligion. Avec de tels principes et la conduite en conséquence, il n'est pas surprenant qu'il ait été faux jusqu'à l'indiscrétion de se vanter de l'être, et de se piquer d'être le plus raffiné trompeur.

Lui et Mme la duchesse de Berry disputoient quelquefois qui des deux en savoit là-dessus davantage, et quelquefois à sa toilette devant Mme de Saint-Simon, et ce qui y étoit avant le public, et M. le duc de Berry même, qui étoit fort vrai et qui en avoit horreur, et sans que Mme de Saint-Simon, qui n'en souffroit pas moins et pour la chose et pour l'effet, pût la tourner en plaisanterie, ni leur faire sentir la porte pour sortir d'une telle indiscrétion. M. le duc d'Orléans en avoit une infinie dans tout ce qui regardoit la vie ordinaire et sur ce qui le regardoit lui-même. Ce n'étoit pas injustement qu'il étoit accusé de n'avoir point de secret. La vérité est qu'élevé dans les tracasseries du Palais-Royal, dans les rapports, dans les redits dont Monsieur vivoit et dont sa cour étoit remplie. M. le duc d'Orléans en avoit pris le détestable goût et l'habitude, jusqu'à s'en être fait une sorte de maxime de brouiller tout le monde ensemble, et d'en profiter pour n'avoir rien à craindre des liaisons, soit pour apprendre par les aveux, les délations et les piques, et par la facilité encore de faire parler les uns contre les autres. Ce fut une de ses principales occupations pendant tout le temps qu'il fut à la tête des affaires, et dont il se sut le plus de gré, mais qui, tôt découverte, le rendit odieux et le jeta en mille fâcheux inconvénients. Comme il n'étoit pas méchant, qu'il étoit même fort éloigné de l'être, il demeura dans l'impiété et la débauche où du Bois l'avoit premièrement jeté, et que tout confirma toujours en lui par l'habitude, dans la fausseté, dans la tracasserie des uns aux autres, dont qui que ce soit ne fut exempt, et dans la plus singulière défiance qui n'excluoit pas en même temps et pour les mêmes personnes, de la plus grande confiance; mais il en demeura là sans avoir rien pris du surplus des crimes familiers à son précepteur.

Revenu plus assidûment à la cour, à la mort de Monsieur, l'ennui l'y gagna et le jeta dans les curiosités de chimie dont j'ai parlé ailleurs, et dont on sut faire contre lui un si cruel usage. On a peine à comprendre à quel point ce prince étoit incapable de se rassembler du monde, je dis avant que l'art infernal de Mme de Maintenon et du duc du Maine l'en eût totalement séparé; combien peu il étoit en lui de tenir une cour ; combien avec un air désinvolte[1] il se trouvoit embarrassé et importuné du grand monde, et combien dans son particulier, et depuis dans sa solitude au milieu de la cour quand tout le monde l'eut déserté, il se trouva destitué de toute espèce de ressource avec tant de talents, qui en devoient être une inépuisable d'amusements pour lui. Il étoit né ennuyé, et il étoit si accoutumé à vivre hors de lui-même, qu'il lui étoit insupportable d'y rentrer, sans être capable de chercher même à s'occuper. Il ne pouvoit vivre que dans le mouvement et le torrent des affaires, comme à la tête d'une armée, ou dans les soins d'y avoir tout ce dont il auroit besoin pour les exécutions de la campagne, ou dans le bruit et la vivacité de la débauche. Il y languissoit dès qu'elle étoit sans bruit et sans une sorte d'excès et de tumulte, tellement que son temps lui étoit pénible à passer. Il se jeta dans la peinture après que le grand goût de la chimie fut[2] passé ou amorti par tout ce qui s'en étoit si cruellement publié. Il peignoit presque toute l'après-dînée à Versailles et à Marly. Il se connoissoit fort en tableaux, il les aimoit, il en ramassoit et il en fit une collection qui en nombre et en perfection ne le cédoit pas aux tableaux de la couronne. Il s'amusa après à faire des compositions de pierres et de cachets à la merci du charbon, qui me chassoit souvent d'avec lui, et des compositions de parfums les plus forts, qu'il aima toute sa vie, et dont je le détournois, parce que le Roi les craignoit fort, et qu'il sentoit presque toujours. Enfin jamais homme né avec tant de talents de toutes les sortes, tant d'ouverture et de facilité pour s'en servir, et jamais vie de particulier si désœuvrée ni si livrée au néant et à l'ennui. Aussi Madame ne le peignit-elle pas moins heureusement qu'avoit fait le Roi par l'apophthegme qu'il répondit sur lui à Maréchal, et que j'ai rapporté[3].

1. Voyez tome III, p. 272 et note 1, et tome X, p. 178.
2. Saint-Simon a écrit *fust*, au subjonctif.
3. Voyez tome X, p. 341.

Madame étoit pleine de contes et de petits romans de fées : elle disoit qu'elles avoient toutes été conviées à ses couches, que toutes y étoient venues, et que chacune avoit doué son fils d'un talent, de sorte qu'il les avoit tous ; mais que par malheur on avoit oublié une vieille fée disparue depuis si longtemps qu'on ne se souvenoit plus d'elle, qui, piquée de l'oubli, vint appuyée sur son petit bâton, et n'arriva qu'après que toutes les fées eurent fait chacune[1] leur don à l'enfant; que, dépitée de plus en plus, elle se vengea en le douant de rendre absolument inutiles tous les talents qu'il avoit reçus de toutes les autres fées, d'aucun desquels, en les conservant tous, il n'avoit jamais pu se servir. Il faut avouer qu'à prendre la chose en gros le portrait est parlant.

Un des malheurs de ce prince étoit d'être incapable de suite dans rien, jusqu'à ne pouvoir comprendre qu'on en pût avoir. Un autre, dont j'ai déjà parlé, fut une espèce d'insensibilité qui le rendoit sans fiel dans les plus mortelles offenses et les plus dangereuses ; et comme le nerf et le principe de la haine et de l'amitié, de la reconnoissance et de la vengeance est le même, et qu'il manquoit de ce ressort, les suites en étoient infinies et pernicieuses. Il étoit timide à l'excès, il le sentoit et il en avoit tant de honte qu'il affectoit tout le contraire, jusqu'à s'en piquer. Mais la vérité étoit, comme on le sentit enfin dans son autorité par une expérience plus développée, qu'on n'obtenoit rien de lui, ni grâce ni justice, qu'en l'arrachant par crainte, dont il étoit infiniment susceptible, ou par une extrême importunité. Il tâchoit de s'en délivrer par des paroles, puis par des promesses, dont sa facilité le rendoit prodigue, mais que qui avoit de meilleures serres lui faisoit tenir. De là tant de manquements de paroles qu'on ne comptoit plus les plus positives pour rien, et tant de paroles encore données à tant de gens pour la même chose qui ne pouvoit s'accorder qu'à un seul, ce

---

1. *Chacun*, au manuscrit.

qui étoit une source féconde de discrédit et de mécontents. Rien ne le trompa et ne lui nuisit davantage que cette opinion qu'il s'étoit faite de savoir tromper tout le monde. On ne le croyoit plus, lors même qu'il parloit de la meilleure foi, et sa facilité diminua fort en lui le prix de toutes choses. Enfin la compagnie obscure, et pour la plupart scélérate, dont il avoit fait sa société ordinaire de débauche, et que lui-même ne feignoit[1] pas de nommer publiquement ses roués, chassa la bonne, jusque dans sa puissance, et lui fit un tort infini.

Sa défiance sans exception étoit encore une chose infiniment dégoûtante avec lui, surtout lorsqu'il fut à la tête des affaires, et le monstrueux unisson à ceux de sa familiarité hors de débauche. Ce défaut, qui le mena loin, venoit tout à la fois de sa timidité, qui lui faisoit craindre ses ennemis les plus certains, et les traiter avec plus de distinctions que ses amis; de sa facilité naturelle; d'une fausse imitation d'Henri IV, dont cela même n'est ni le plus beau ni le meilleur endroit; et de cette opinion malheureuse que la probité étoit une parure fausse, sans réalité, d'où lui venoit cette défiance universelle. Il étoit néanmoins très-persuadé de la mienne, jusque-là qu'il me l'a souvent reprochée comme un défaut et un préjugé d'éducation qui m'avoit resserré l'esprit et accourci les lumières; et il m'en a dit autant de Mme de Saint-Simon, parce qu'il la croyoit vertueuse. Je lui avois aussi donné des preuves d'attachement trop fortes, trop fréquentes, trop continuelles dans les temps les plus dangereux, pour qu'il en pût douter; et néanmoins voici ce qui m'arriva dans la seconde ou troisième année de la régence, et je le rapporte comme un des plus forts coups de pinceau, et si[2] dès lors mon désintéressement lui avoit été mis en évidence par les plus fortes coupelles[3], comme on le verra par la suite.

---

1. Voyez tome V, p. 111 et note 1.
2. Voyez tome X, p. 252 et note 1.
3. Par les plus fortes épreuves. Le mot *coupelle* désigne, au sens propre, un vase dont on se sert pour séparer l'argent des autres métaux avec lesquels il est uni.

On étoit en automne. M. le duc d'Orléans avoit congédié les conseils pour une quinzaine. J'en profitois pour aller passer ce temps à la Ferté ; je venois de passer une heure seul avec lui, j'en avois pris congé et j'étois revenu chez moi, où, pour être en repos, j'avois fermé ma porte. Au bout d'une heure au plus, on me vint dire que Biron étoit à la porte, qu'il ne se vouloit point laisser renvoyer, et qu'il disoit qu'il avoit ordre de M. le duc d'Orléans, qui l'envoyoit, de me parler de sa part. Il faut ajouter que mes deux fils avoient chacun un régiment de cavalerie, et que tous les colonels étoient lors par ordre à leurs corps. Je fis entrer Biron avec d'autant plus de surprise, que je ne faisois que de quitter M. le duc d'Orléans. Je demandai donc avec empressement ce qu'il y avoit de si nouveau. Biron fut embarrassé, et à son tour s'informa où étoit le marquis de Ruffec. Ma surprise fut encore plus grande ; je lui demandai ce que cela vouloit dire. Biron, de plus en plus empêtré, m'avoua que M. le duc d'Orléans en étoit inquiet, et l'envoyoit à moi pour le savoir. Je lui dis qu'il étoit à son régiment comme tous les autres, et logé dans Besançon chez M. de Lévy, qui commandoit en Franche-Comté. « Mais, me dit Biron, je le sais bien ; n'auriez-vous point quelque lettre de lui ? — Pourquoi faire ? répondis-je. — C'est que franchement, puisqu'il vous faut tout dire, M. le duc d'Orléans, me répondit-il, voudroit voir de son écriture. » Il m'ajouta que peu après que je l'eus quitté, il étoit descendu dans le petit jardin de Mme la duchesse d'Orléans, laquelle étoit à Montmartre ; que la compagnie ordinaire, c'est-à-dire les roués et les p......, s'y promenoient avec lui ; qu'il étoit venu un commis de la poste avec des lettres, à qui il avoit parlé quelque temps en particulier ; qu'après cela il avoit appelé lui Biron, lui avoit montré une lettre datée de Madrid du marquis de Ruffec à sa mère, et que là-dessus il lui avoit donné sa commission de me venir trouver.

A ce récit je sentis un mélange de colère et de compassion, et je ne m'en contraignis pas avec Biron. Je n'avois

point de lettres de mon fils, parce que je les brûlois à
mesure comme tous papiers inutiles. Je chargeai Biron de
dire à M. le duc d'Orléans une partie de ce que je sentois;
que je n'avois pas la plus légère connoissance avec qui
que ce fût en Espagne, et le lieu où mon fils étoit; que je
le priois instamment de dépêcher sur-le-champ un courrier à Besançon, pour le mettre en repos par ce qu'il lui
rapporteroit. Biron, haussant les épaules, me dit que
tout cela étoit bel et bon, mais que si je retrouvois
quelque lettre du marquis de Ruffec, il me prioit de la lui
envoyer sur-le-champ, et qu'il mettroit ordre qu'elle lui
parvînt même à table, malgré l'exacte clôture de leurs
soupers [1]. Je ne voulus pas retourner au Palais-Royal pour
y faire une scène, et je renvoyai Biron. Heureusement
Mme de Saint-Simon rentra quelque temps après; je lui
contai l'aventure. Elle trouva une dernière lettre du marquis de Ruffec, que nous envoyâmes à Biron. Elle perça
jusqu'à table, comme il me l'avoit dit. M. le duc d'Orléans
se jeta dessus avec empressement. L'admirable est qu'il
ne connoissoit point son écriture. Non-seulement il la regarda, mais il la lut; et comme il la trouva plaisante, il en
régala tout haut sa compagnie, dont elle devint l'entretien, et lui tout à coup affranchi de ses soupçons. A mon
retour de la Ferté, je le trouvai honteux avec moi, et je
le rendis encore davantage par ce que je lui dis là-dessus.

Il revint encore d'autres lettres de ce prétendu marquis
de Ruffec. Il fut arrêté longtemps après à Bayonne, à
table chez Dadoncourt, qui y commandoit, et qui en prit
tout à coup la résolution sur ce qu'il lui vit prendre des
olives avec une fourchette. Il avoua au cachot qui il étoit;
et ses papiers décelèrent le libertinage du jeune homme
qui court le pays, et qui, pour être bien reçu et avoir de
l'argent, prit le nom de marquis de Ruffec, se disoit
brouillé avec moi, écrivoit à Mme de Saint-Simon pour se
raccommoder par elle et la prier de payer ce qu'on lui

1. *Soupés* est ici l'orthographe de Saint-Simon.

prêtoit, le tout pour qu'on vît ses lettres, et que cela, joint à ce qu'il disoit de la famille, le fit croire mon fils et lui en procurât les avantages. C'étoit un grand garçon bien fait, avec de l'esprit, de l'adresse et de l'effronterie, qui étoit fils d'un huissier de Madame, qui connoissoit toute la cour, et qui, dans le dessein qu'il avoit pris de passer pour mon fils, s'étoit bien informé de la famille pour en parler juste et n'être point surpris. On le fit enfermer pour quelque temps. Il avoit auparavant couru le monde sous d'autres noms; il crut que celui de mon fils, de l'âge duquel il se trouvoit à peu près, lui rendroit davantage.

La curiosité d'esprit de M. le duc d'Orléans, jointe à une fausse idée de fermeté et de courage, l'avoit occupé de bonne heure à chercher à voir le diable, et à pouvoir le faire parler. Il n'oublioit rien, jusqu'aux plus folles lectures, pour se persuader qu'il n'y a point de Dieu, et il croyoit le diable jusqu'à espérer de le voir et de l'entretenir. Ce contraste ne se peut comprendre, et cependant il est extrêmement commun. Il y travailla avec toutes sortes de gens obscurs, et beaucoup avec Mirepoix, mort en 1699, sous-lieutenant des mousquetaires noirs, frère aîné du père de Mirepoix, aujourd'hui lieutenant général et chevalier de l'ordre. Ils passoient les nuits dans les carrières de Vanvres et de Vaugirard à faire des invocations. M. le duc d'Orléans m'a avoué qu'il n'avoit jamais pu venir à bout de rien voir ni entendre, et se déprit enfin de cette folie. Ce ne fut d'abord que par complaisance pour Mme d'Argenton, mais après par un réveil de curiosité, qu'il s'adonna à faire regarder dans un verre d'eau le présent et le futur, dont j'ai rapporté sur son récit des choses singulières; et il n'étoit pas menteur. Faux et menteur, quoique fort voisins, ne sont pas même chose; et quand il lui arrivoit de mentir, ce n'étoit jamais que, lorsque pressé sur quelque promesse ou sur quelque affaire, il y avoit recours malgré lui pour sortir d'un mauvais pas.

Quoique nous nous soyons souvent parlé sur la religion, où, tant que j'ai pu me flatter de quelque espérance de le ramener, je me tournois de tout sens avec lui pour traiter cet important chapitre sans le rebuter, je n'ai jamais pu démêler le système qu'il pouvoit s'être forgé, et j'ai fini par demeurer persuadé qu'il flottoit sans cesse sans s'en être jamais pu former. Son desir passionné, comme celui de ses pareils en mœurs, étoit qu'il n'y eût point de Dieu ; mais il avoit trop de lumière pour être athée, qui sont une espèce particulière d'insensés bien plus rare qu'on ne croit. Cette lumière l'importunoit, il cherchoit à l'éteindre et n'en put venir à bout. Une âme mortelle lui eût été une ressource ; il ne réussit pas mieux dans les longs efforts qu'il fit pour se la persuader. Un Dieu existant et une âme immortelle le jetoient en un fâcheux détroit, et il ne se pouvoit aveugler sur la vérité de l'un et de l'autre. Le déisme lui parut un refuge, mais ce déisme trouva en lui tant de combats, que je ne trouvai pas grand'peine à le ramener dans le bon chemin, après que je l'eus fait rompre avec Mme d'Argenton. On a vu avec quelle bonne foi de sa part par ce qui en a été raconté. Elle s'accordoit avec ses lumières dans cet intervalle de suspension de débauche. Mais le malheur de son retour vers elle le rejeta d'où il étoit parti. Il n'entendit plus que le bruit des passions qui s'accompagna pour l'étourdir encore des mêmes propos d'impiété, et de la folle affectation de l'impiété. Je ne puis donc savoir que ce qu'il n'étoit pas, sans pouvoir dire ce qu'il étoit sur la religion. Mais je ne puis ignorer son extrême malaise sur ce grand point, et n'être pas persuadé qu'il ne se fût jeté de lui-même entre les mains de tous les prêtres et de tous les capucins de la ville, qu'il faisoit trophée de tant mépriser, s'il étoit tombé dans une maladie périlleuse qui lui en auroit donné le temps. Son grand foible en ce genre étoit de se piquer d'impiété et d'y vouloir surpasser les plus hardis.

Je me souviens qu'une nuit de Noël à Versailles, où il

accompagna le Roi à matines et aux trois messes de minuit, il surprit la cour par sa continuelle application à lire dans le livre qu'il avoit apporté, et qui parut un livre de prière. La première femme de chambre de Mme la duchesse d'Orléans, ancienne dans la maison, fort attachée et fort libre, comme le sont tous les vieux bons domestiques, trasportée de joie de cette lecture, lui en fit compliment chez Mme la duchesse d'Orléans le lendemain, où il y avoit du monde. M. le duc d'Orléans se plut quelque temps à la faire danser, puis lui dit : « Vous êtes bien sotte, Mme Imbert ; savez-vous donc ce que je lisois ? C'étoit Rabelais, que j'avois porté de peur de m'ennuyer. » On peut juger de l'effet de cette réponse. La chose n'étoit que trop vraie, et c'étoit pure fanfaronnade. Sans comparaison des lieux ni des choses, la musique de la chapelle étoit fort au-dessus de celle de l'Opéra et de toutes les musiques de l'Europe ; et comme les matines, laudes et les trois messes basses de la nuit de Noël duroient longtemps, cette musique s'y surpassoit encore. Il n'y avoit rien de si magnifique que l'ornement de la chapelle et que la manière dont elle étoit éclairée. Tout y étoit plein ; les travées de la tribune remplies de toutes les dames de la cour en déshabillé, mais sous les armes. Il n'y avoit donc rien de si surprenant que la beauté du spectacle, et les oreilles y étoient charmées. M. le duc d'Orléans aimoit extrêmement la musique ; il la savoit jusqu'à composer, et il s'est même amusé à faire lui-même une espèce de petit opéra, dont la Fare fit les vers, et qui fut chanté devant le Roi ; cette musique de la chapelle étoit donc de quoi l'occuper le plus agréablement du monde, indépendamment de l'accompagnement d'un spectacle si éclatant, sans avoir recours à Rabelais ; mais il falloit faire l'impie et le bon compagnon.

Mme la duchesse d'Orléans étoit une autre sorte de personne. Elle étoit grande et de tous points majestueuse ; le teint, la gorge, les bras admirables, les yeux aussi ; la bouche assez bien, avec de belles dents, un peu longues ;

des joues trop larges et trop pendantes qui la gâtoient, mais qui n'empêchoient pas la beauté ; ce qui la déparoit le plus étoient les places de ses sourcils, qui étoient comme pelées et rouges, avec fort peu de poils ; de belles paupières et des cheveux châtains bien plantés. Sans être bossue ni contrefaite, elle avoit un côté plus gros que l'autre, une marche de côté, et cette contrainte de taille en annonçait une autre qui étoit plus incommode dans la société, et qui la gênoit elle-même. Elle n'avoit pas moins d'esprit que M. le duc d'Orléans, et de plus que lui une grande suite dans l'esprit ; avec cela une éloquence naturelle, une justesse d'expression, une singularité dans le choix des termes qui couloit de source et qui surprenoit toujours, avec ce tour particulier à Mme de Montespan et à ses sœurs, et qui n'a passé qu'aux personnes de sa familiarité ou qu'elle avoit élevées. Mme la duchesse d'Orléans disoit tout ce qu'elle vouloit et comme elle le vouloit, avec force délicatesse et agrément ; elle disoit même jusqu'à ce qu'elle ne disoit pas, et faisoit tout entendre selon la mesure et la précision qu'elle y vouloit mettre ; mais elle avoit un parler gras si lent, si embarrassé, si difficile aux oreilles qui n'y étoient pas fort accoutumées, que ce défaut, qu'elle ne paroissoit pourtant pas trouver tel, déparoit extrêmement ce qu'elle disoit.

La mesure et toute espèce de décence et de bienséance étoient chez elle dans leur centre, et la plus exquise superbe dans son trône. On sera étonné de ce que je vais dire, et toutefois rien n'est plus exactement véritable : c'est qu'au fond de son âme elle croyoit avoir fort honoré M. le duc d'Orléans en l'épousant. Il lui en échappoit des traits fort souvent qui s'énonçoient dans leur imperceptible. Elle avoit trop d'esprit pour ne pas sentir que cela n'eût pu se supporter, trop d'orgueil aussi pour l'étouffer ; impitoyable avec cela jusqu'avec ses frères sur le rang qu'elle avoit épousé, et petite-fille de France jusque sur sa chaise percée. M. le duc d'Orléans, qui en rioit souvent, l'appeloit Mme Lucifer en parlant à elle, et elle convenoit que ce nom ne lui déplaisoit pas. Elle ne sentoit pas moins tous les avantages et toutes les distinctions que son mariage avoit valus à M. le duc d'Orléans à la mort de Monsieur; et ses déplaisirs de la conduite de M. le duc d'Orléans avec elle, où toutefois l'air extérieur étoit demeuré convenable, ne venoient point de jalousie, mais du dépit de n'en être pas adorée et servie comme une divinité, sans que de sa part elle eût voulu faire un seul pas vers lui, ni quoi que ce fût qui pût lui plaire et l'attacher, ni se contraindre en quoi que ce soit qui le pouvoit éloigner et qu'elle voyoit distinctement qui l'éloignoit. Jamais de sa part en aucun temps rien d'accueillant, de prévenant pour lui, de familier, de cette liberté d'une femme qui vit bien avec son mari, et toujours recevant ses avances avec froid, et une sorte de supériorité de grandeur. C'est une des choses qui avoit[1] le plus éloigné M. le duc d'Orléans d'elle, et dont tout ce que M. le duc d'Orléans y mit de son côté après leur vrai raccommodement put moins que la politique[2], que les besoins d'une part, les vues de l'autre amenèrent, laquelle encore ne réussit qu'à demi. Pour sa cour, car c'est ainsi qu'il falloit parler de sa maison et de tout ce qui alloit chez elle, c'étoit moins une cour qu'elle vouloit qu'un culte; et je crois pouvoir dire avec vérité qu'elle n'a jamais trouvé en sa vie que la duchesse de Villeroy et moi qui ne[3] lui en ayons jamais rendu, et qui lui ayons[4] toujours dit et fait ordinairement faire tout ce qu'il nous paroissoit à propos. La duchesse de Villeroy étoit haute, franche, libre, sûre, et le lien, comme on l'a vu, entre Mme la duchesse de Bourgogne et elle, et moi le lien entre elle et Monsieur son mari; cela pouvoit bien entrer pour beaucoup dans une pareille exception. Mme de Saint-Simon, qui ne la gâtoit pas non

---

1. Ce verbe est bien au singulier.
2. Tel est le texte du manuscrit.
3. On lit ici le mot *le*, ajouté en interligne.
4. Saint-Simon a écrit ici *ayent*, quoique, six mots plus haut, il ait bien mis *ayons*.

plus, n'avoit pas les mêmes occasions avec elle, jusqu'au mariage de Mme la duchesse de Berry.

La timidité de Mme la duchesse d'Orléans étoit en même temps extrême. Le Roi l'eût fait trouver mal d'un seul regard un peu sévère, et Mme de Maintenon peut-être aussi ; du moins trembloit-elle devant elle, et sur les choses les plus communes et en public, elle ne leur répondoit jamais qu'en balbutiant et la frayeur sur le visage. Je dis répondoit, car de prendre la parole, avec le Roi surtout, cela étoit plus fort qu'elle. Sa vie, au reste, étoit fort languissante dans une très-ferme santé ; solitude et lecture jusqu'au dîner seule, ouvrage le reste de la journée, et du monde depuis cinq heures du soir qui n'y trouvoit ni amusement ni liberté, parce qu'elle n'a jamais su mettre personne à son aise. Ses deux frères furent tour à tour ses favoris. Jamais de commerce que de rare et sérieuse bienséance avec Mme la duchesse du Maine ; avec ses sœurs, on a vu ailleurs comme elles étoient ensemble, c'est-à-dire point du tout. Lorsque je commençai à la voir, le favori étoit son petit frère : c'est ainsi que par amitié et âge elle appeloit le comte de Toulouse. Il la voyoit tous les jours avec la compagnie, assez souvent seul dans son cabinet avec elle. M. du Maine, ce n'étoit alors que par visites peu fréquentes, et encore moins avec la compagnie. Ses vues l'en rapprochèrent après[1] le mariage de M. le duc de Berry ; et depuis la mort de ce prince, il la ménageoit, mais pour s'en faire ménager, et de M. le duc d'Orléans par elle, avec un manége merveilleux. Pour moi je ne la voyois jamais quand la compagnie avoit commencé. C'étoit presque toujours tête à tête, souvent avec M. le duc d'Orléans, quelquefois, mais rarement, surtout avant la mort du Roi, avec M. le comte de Toulouse, jamais avec M. du Maine. Ni l'un ni l'autre ne mettoient jamais le pied chez M. le duc d'Orléans qu'aux occasions ; ni l'un ni l'autre ne l'aimoient. Le duc du Maine avoit

---

1. Le manuscrit porte le mot *la* entre *après* et *le*.

peu de disposition, intérêt à part, à aimer personne. Il épousa ensuite les sentiments de Mme de Maintenon, et on a vu après ce qu'il sut faire pour éloigner M. le duc d'Orléans des droits de sa naissance, et se saisir du souverain pouvoir. Le comte de Toulouse, froid, menant une vie toute différente, et n'approuvant pas celle de M. le duc d'Orléans, touché des déplaisirs de sa sœur, et retenu par les mécontentements du Roi. Je n'ai remarqué depuis en lui dans tous les temps que vérité, honneur, conduite sage, et devoirs de lui à M. le duc d'Orléans, sans que ces choses se soient poussées jusqu'à liaison et amitié.

Mme la duchesse d'Orléans avoit une maison dont elle ne faisoit d'usage que pour leurs fonctions et grossir sa cour. Elle n'en faisoit pas davantage de ce qui la remplissoit le plus souvent. Ainsi je ne m'arrêterai qu'à ce très-peu de personnes qui avoient pris du crédit sur son esprit. Celui de Saint-Pierre, son premier écuyer, lui avoit imposé par un flegme de sénateur, et un impérieux silence qu'il ne rompoit guère que pour prononcer des sentences et des maximes. C'étoit un intrigant d'un esprit fort dangereux, duquel elle se devoit d'autant plus défier que, pour son coup d'essai, ce sage l'avoit brouillée avec M. le duc d'Orléans sur la compagnie de ses Cent-Suisses qu'eut Nancré, et qu'il voulut emporter de haute lutte, jusqu'à commettre ainsi Mme la duchesse d'Orléans, qui l'en dédommagea, non de la promesse mais de la prétention, par la charge de son premier écuyer que la mort de Fontaine Martel fit vaquer peu après. M. le duc d'Orléans avoit défendu à Saint-Pierre de mettre le pied chez lui. Saint-Pierre s'en moquoit, et parloit de lui avec la dernière insolence, traitant la chose de couronne à couronne. Il ne daigna en aucun temps faire un seul pas vers ce prince, dont la foiblesse trouva plus commode de le mépriser. Ce fut un pernicieux ouvrier entre le mari et la femme, et en tout ce qu'il put au dehors contre M. le duc d'Orléans. Sa femme, bonne demoiselle de Bretagne, qui avoit été fort jolie et fort aventurière, l'air et le jeu fort étourdi, mais avec de l'esprit et de l'art, apaisoit M. le duc d'Orléans à force de badinages et de manéges. C'étoit elle qui avoit introduit son mari, lequel avoit été cassé de capitaine de vaisseau, pour avoir mis la sédition dans la marine, lorsque le Roi y voulut établir l'école du petit Renaut. Comme cela est ancien et chétif, je n'ai jamais su comment Mme de Saint-Pierre s'étoit introduite elle-même, mais en peu de temps Mme la duchesse d'Orléans ne s'en put passer ni lui rien refuser ; cela a duré bien des années, et l'amitié et la familiarité toujours. Elle étoit gaie, libre, plaisante, savoit toutes les galanteries de la cour, et la meilleure créature du monde. Marly les tenta, Mme la duchesse d'Orléans y fit l'impossible, et ne se rebuta point pendant plusieurs années. Elle y échoua toujours. Saint-Pierre étoit un très-petit gentilhomme de basse Normandie, si tant est qu'il le fût bien, et le Roi, qui s'en informa, n'en voulut pas ouïr parler pour Marly, pour manger ni pour entrer dans les carrosses. Ce fut le ver rongeur des Saint-Pierre qui, non contents de s'être enrichis et placés, vouloient faire les seigneurs.

J'ai dit ailleurs un mot de Mme de Jussac, qui étoit une femme du premier mérite en tout genre et du plus aimable ; ainsi je n'en redirai rien ici.

La duchesse Sforze étoit celle qui possédoit le plus le cœur et l'esprit de Mme la duchesse d'Orléans. C'étoit sa cousine germaine, seconde fille de Mme de Thianges, sœur de Mme de Montespan, qui l'avoit mariée fort jeune à Rome au duc Sforze en 1678, qui mourut sans enfants en 1685 à soixante-sept ans, veuf en premières noces d'une Colonne, fille du prince de Carbognano. Il étoit chevalier de l'ordre, qu'il avoit reçu en septembre 1675 par les mains du duc de Nevers à Rome, avec le duc de Bracciano. Sa mère étoit fille du duc de Mayenne, chef de la Ligue, et il étoit le neuvième descendant de père en fils de ce fameux Attendulo, qui de laboureur de Cottignolo devint un des plus grands capitaines de l'Europe, seigneur et comte de sa patrie, avec d'autres grands États, gonfalonier de l'Église et connétable de Naples sous la reine Jeanne, et qui établit une puissante maison. Il prit le nom de Sforza d'un sobriquet sur sa force de corps, sur ce que, résistant avec insolence à son général Alberic Balbiano sur le partage du butin, Balbiano[1] lui demanda s'il vouloit *usar meco forza*, et qu'il feroit bien de prendre le nom de *Sforza*, qu'il prit en effet, et le fit passer à sa postérité. De Bosio, son puîné, est venu le duc Sforze qui donne lieu à cette remarque, dont le frère aîné fut duc de Milan, par son mariage avec l'héritière fille du duc Ph.-M. Visconti. Son fils Galeas-M., successivement gendre du marquis de Mantoue et du duc de Savoie, fut tué jeune, et laissa le duché de Milan à son fils J.-Galeas tout enfant sous la tutelle de son frère Ludovic, si connu par le surnom de More, qui le maria à la fille d'Alph. duc de Calabre, depuis roi de Naples, l'empoisonna après, et usurpa le duché de Milan sur son petit-neveu Fr., qui ne fut point marié; et tous deux moururent en France : celui-ci, abbé de Marmoustier; Louis le More à Loches, dans une cage où il vécut plusieurs années, et où Louis XII l'avoit fait enfermer, après l'avoir fait prisonnier; son fils aîné rentré ensuite dans le duché de Milan, et en fut encore dépouillé, et vint achever sa vie à Paris sans alliance. Son frère Fr. fut plus heureux : il fut rétabli à Milan, et mourut sans enfants de la fille de ce Christierne, roi de Danemark, fameux par ses insignes cruautés et sa catastrophe, et d'une sœur de Charles V. Il y a eu d'autres branches, tant légitimes que bâtardes, de ces Sforzes, qui ont eu en Italie des établissements et des alliances considérables. Je n'ai pu refuser ce petit écart de curiosité avant d'en venir à la duchesse Sforze.

Elle étoit belle, sage et spirituelle, et plut assez au Roi à son retour pour donner lieu à Mme de Maintenon de l'écarter. C'étoit encore assez qu'elle fût nièce de Mme de Montespan, et qu'elle en eût ce langage singulier dont j'ai

---

1. Le manuscrit porte ici *Balbiane*, et six mots plus haut, *Balbiano*.

parlé plus d'une fois. Il se forma dans les suites une liaison de convenance entre elle et Mme la duchesse d'Orléans, qui parvint au dernier point d'intimité et de confiance, jusqu'à ne pouvoir se passer l'une de l'autre, qui a duré tant que la duchesse Sforze a vécu, dont Mme de Castries, leur cousine germaine, fille de M. de Vivonne et dame d'atour de Mme la duchesse d'Orléans, qui avoit bien plus d'esprit, et le même tour que Mme Sforze, mouroit de jalousie. Mme Sforze avoit de l'esprit, comme il a été remarqué, mais sage, sensé, avisé, réfléchi; bonne et honnête par nature, éloignée de tout mal et se portant à tout bien; et cette intimité avec Mme la duchesse d'Orléans fut un bonheur pour cette princesse, pour M. le duc d'Orléans, et pour toute cette branche royale. Elles passoient leur vie ensemble, et dînoient presque tous les jours tête à tête. Son extérieur droit, sec, froid et haut, avoit du rebutant. Elle aimoit à gouverner. Tout montroit en elle une rinçure[1] de la princesse des Ursins. Mais perçant cet épiderme, vous ne trouviez que sagesse, mesure, bonté, politesse, raison, desir d'obliger, de concilier, surtout vérité, sincérité, droiture, sûreté entière, secret inviolable; assemblage si précieux et si rare, surtout à la cour, et dans une femme. Elle étoit glorieuse sans orgueil et sans bassesse, c'est-à-dire qu'elle se sentoit fort, et qu'elle se conduisoit avec réserve et dignité loin de toute prostitution de cour, où avec cela elle se faisoit compter, quoique en allant fort peu.

La parenté que j'avois avec elle par sa mère, sœur de Mme de Montespan, m'en attira des honnêtetés, rares parce que nous ne nous rencontrions guère, plus ordinaires à Mme de Saint-Simon, qu'elle voyoit souvent chez Mme la duchesse d'Orléans. Aussitôt qu'après le congé donné à Mme d'Argenton, je fus en commerce particulier avec Mme la duchesse d'Orléans, Mme Sforze me fit des avances de liaison auxquelles je répondis à son gré.

---

1. L'orthographe du manuscrit est *reinsure*.

Je ne la connoissois point assez pour être prévenu de tout son mérite, mais sur ce que j'en avois appris, et sur ce que je savois de son intimité avec Mme la duchesse d'Orléans et sans partage, je crus utile au maintien du raccomodement que je venois de faire avec tant de peine, et à tout ce qui pourroit survenir de vues et d'affaires à M. le duc d'Orléans, de vivre dans l'intelligence qui m'étoit offerte. Bientôt après nous être un peu connus, et Mme de Saint-Simon quelquefois en tiers, ou seule avec elle, quoique rarement depuis cette époque, elle nous plut tant et nous à elle, que l'amitié et la confiance suivirent bientôt, que rien depuis n'a pu affoiblir. Je ne parle point de la duchesse de Villeroy, dont j'ai fait suffisamment[1] mention ailleurs, et qui mourut peu de jours avant Monseigneur. Ainsi, au temps où nous sommes, il n'étoit plus question que de la regretter il y avoit long-temps.

CHAPITRE IX.

Vie ordinaire de M. et de Mme la duchesse d'Orléans. — Caractère de Mme la duchesse de Berry. — Caractère de la Mouchy et de son mari. — Caractère de Madame. — Embarras domestiques de M. le duc d'Orléans. — Singulier manége du maréchal de Villeroy avec moi. — Caractère du maréchal de Villeroy.

L'abandon total qui faisoit de la cour la plus parfaite solitude pour M. le duc d'Orléans, la paresse de Mme la duchesse d'Orléans, qui ne croyoit pas devoir faire un pas vers personne, et en qui l'orgueil et la paresse étoient au dernier point, et parfaitement d'accord pour attendre tout sur son trône sans se donner la moindre peine, rendoit leur vie languissante, honteuse, indécente et méprisée. Ce fut une des premières choses à quoi il fallut remédier. Tous deux le sentirent, et il faut pourtant dire que Mme la duchesse d'Orléans, une fois convaincue

---

[1]. On lit ici une seconde fois le mot *fait*, en interligne.

et résolue, s'y porta avec plus de courage et de suite que M. le duc d'Orléans. Je dis de courage, par les mortifications continuelles que son orgueil eut à essuyer dans de longs essais pour sortir de cet état. Marly, où se passoit presque la moitié de l'année, et où les dames ne mangeoient plus depuis longtemps avec le Roi qu'à souper, et où la table de Mme la duchesse de Bourgogne, et les fréquents retours de chasse de Monseigneur et des deux princes ses fils étoient disparus avec eux, donna moyen à Mme la duchesse d'Orléans de rechercher du monde pour ses dîners. C'est ce qu'elle entreprit dès avant la mort de M. le duc de Berry, avec peu de succès. Les dames qu'elle invitoit, ou par les siennes ou le plus souvent par elle-même, étoient fertiles en excuses. On redoutoit la compagnie de M. le duc d'Orléans. Les plus avisées épioient ses tours à Paris pour dîner chez Madame sa femme, et s'en tenir quittes après pour longtemps. On craignoit le Roi, c'est-à-dire Mme de Maintenon, et les plus au fait, M. du Maine; et ces refus se soutinrent longtemps comme à la mode, jusque-là qu'on cherchoit à se disculper et d'y être laissé entraîner par la presse qu'on en avoit essuyée, et qui ne pouvoit plus donner lieu à de plus longs refus. Les hommes étoient encore plus embarrassants que les femmes, parce que le rang de petite-fille de France n'en permettoit à leur table que de titrés.

Mme la duchesse d'Orléans, qui sentit enfin l'importance de rompre une si indécente barrière, qui la séparoit du monde, à cause de Monsieur son mari, et qu'elle ne pouvoit rapprivoiser avec elle sans le rapprocher de lui, ne se rebuta point, et prit les manières les plus convenables autant qu'il fut en elle pour fondre ces glaces et faire fleurir sa table et son appartement. Le travail fut également dégoûtant et opiniâtre, mais enfin il réussit. On s'enhardit enfin, les uns à l'exemple des autres, et le nombre, qui s'augmenta peu à peu, s'appuya sur le nombre même pour s'appuyer et s'augmenter de plus en plus.

La table étoit exquise, et la contrainte à la fin, tout respect et décence gardée[1], y devint peu perceptible. M. le duc d'Orléans y contint la liberté de ses discours, il s'y mit peu à peu à converser quand il n'y trouvoit point de véritable contrebande, mais de choses publiques, générales, convenables, incapables d'embarrasser personne ni lui-même. Souvent les tables de jeu suivoient le repas, et retenoient la compagnie avec celle qui survenoit jusqu'à l'heure du salon. On se loua enfin beaucoup de ces dîners; on s'étonna de la répugnance qu'on y avoit eue; on se trouva à l'aise de ce que le Roi ni[2] Mme de Maintenon y paroissoient indifférents, on eut honte d'avoir mal à propos appréhendé de leur déplaire. Mais le salon, pour tout cela, n'en devint pas plus favorable à M. le duc d'Orléans. A ces dîners, c'étoit chez une bâtarde du Roi; on n'y étoit avec M. le duc d'Orléans que par occasion, on étoit invité, rien de tout cela dans le salon, où le très-grand nombre en hommes qui n'étoit point de ces dîners étoit demeuré dans la même réserve avec lui, où il étoit même évité de presque tous ceux qui sortoient de sa table, sans que cela ait pu changer à son égard, jusqu'à l'extrémité de la maladie du Roi.

Son ennui le menoit souvent à Paris faire des soupers[3] et des parties de débauche. On tâchoit de les éloigner par d'autres parties avec Mme la duchesse d'Orléans à Saint-Cloud et à l'Étoile, la plus gentille petite maison, que le Roi avoit donnée il y avoit longtemps à Mme la duchesse d'Orléans, dans le parc de Versailles, qu'elle avoit accommodée le mieux du monde, en quoi elle avoit le goût fort bon. Elle aimoit la table, les conviés l'aimoient tous, et à table c'étoit toute une autre personne, libre, gaie, excitante, charmante. M. le duc d'Orléans n'aimoit que le bruit, et comme il se mettoit en pleine liberté dans ces

---

1. Il y a bien *gardée*, au féminin singulier.
2. *Ni*, pour *et*.
3. *Soupés*, ici encore, est l'orthographe de Saint-Simon. Voyez ci-dessus p. 184 et note 1.

sortes de parties, on étoit fort contraint sur le choix des convives, dont les oreilles et la politique auroient été également embarrassées du peu de mesure de ses propos, et leurs yeux fort étonnés de le voir s'enivrer tout seul dès les commencements du repas au milieu de tous gens qui ne songeoient qu'à l'amuser et à se réjouir honnêtement, et dont pas un n'y approcha jamais de l'ivresse. Parmi cette vie, qui fut la même jusqu'à la fin du Roi, les attentions et les embarras ne manquoient pas ; c'est [ce] qu'on tâchera de développer après que, pour le mieux entendre, on aura exposé l'état intérieur de la famille de M. le duc d'Orléans, qui alors ne consistoit qu'en Mme la duchesse de Berry et Madame.

On a pu sentir quelle étoit Mme la duchesse de Berry en plusieurs endroits de ces *Mémoires*, mais on la verra bientôt faire un personnage si singulier en soi, et par rapport à Monsieur son père, devenu régent du royaume, que je ne craindrai point quelque légère répétition pour la faire connoître autant qu'il est nécessaire. Cette princesse étoit grande, belle, bien faite, avec toutefois assez peu de grâce, et quelque chose dans les yeux qui faisoit craindre ce qu'elle a tenu. Elle n'avoit pas moins que père et mère le don de la parole, d'une facilité qui couloit de source, comme en eux, pour dire tout ce qu'elle vouloit et, comme elle le vouloit dire, avec une netteté, une précision, une justesse, un choix de termes et une singularité de tour qui surprenoit toujours. Timide d'un côté en bagatelles, hardie d'un autre jusqu'à effrayer, haute jusqu'à la folie, basse aussi jusqu'à la dernière indécence, il se peut dire qu'à l'avarice près, elle étoit un modèle de tous les vices, qui étoient d'autant plus dangereux qu'on ne pouvoit pas avoir plus d'art ni plus d'esprit. Je n'ai pas accoutumé de charger les tableaux que je suis obligé de présenter pour l'intelligence des choses, et on s'apercevra aisément combien je suis étroitement réservé sur les dames, et sur toute galanterie qui n'a pas une relation indispensable à ce qui doit s'appeler important. Je le serois ici plus que sur qui que ce soit, par amour-propre, quand ce ne seroit pas par respect du sexe et dignité de la personne. La part si considérable que j'ai eue au mariage de Mme la duchesse de Berry, et la place que Mme de Saint-Simon, quoique bien malgré elle et malgré moi, a occupée et conservée auprès d'elle jusqu'à la mort de cette princesse, seroient pour moi de trop fortes raisons de silence, si ce silence ne jetoit pas des ténèbres sur toute la suite de ce qui fait l'histoire de ce temps, dont l'obscurité couvriroit la vérité. C'est donc à la vérité que je sacrifie ce qu'il en va coûter à l'amour-propre, et avec la même vérité aussi que je dirai que si j'avois connu ou seulement soupçonné dans cette princesse une partie dont le tout ne tarda guère à se développer après son mariage, et toujours de plus en plus depuis, jamais elle n'eût été duchesse de Berry.

Il est ici nécessaire de se souvenir de ce souper de Saint-Cloud si immédiat après ses noces p. 1037 [1], et de ce qui est légèrement, mais intelligiblement touché du voyage de Marly qui le suivit de si près ; de cet emportement contre l'huissier qui par ignorance avoit chez elle, p. 1101 [2], ouvert les deux battants de la porte à Madame sa mère ; de son désespoir et de sa cause à la mort de Monseigneur ; des fols et effrayants aveux qu'elle en fit à Mme de Saint-Simon, de sa haine pour Mgr et surtout pour Mme la duchesse de Bourgogne, et de sa conduite avec elle, à qui elle devoit tout, et qui ne se lassa jamais d'aller au-devant de tout avec elle ; du désespoir de lui donner la chemise et le service lorsqu'elle fut devenue Dauphine, de tout ce qu'il fallut employer pour l'y résoudre, et tout ce qu'elle avoit fait pour en empêcher M. le duc de Berry malgré lui, et pour le brouiller contre son cœur et tout devoir avec Mgr et Mme la duchesse de Bourgogne, pp. 1102, 1103 [3] ; des causes de l'orage

1. Page 107 de notre tome VIII.
2. Page 292 de notre tome VIII.
3. Pages 295 et 296 de notre tome VIII.

qu'elle essuya du Roi et de Mme de Maintenon, p. 1103[1], et qui ne fut pas le dernier; de la matière et du succès de l'avis que la persécution de Mme la duchesse d'Orléans et le cri public, tout indigne qu'il étoit, me força de donner à M. le duc d'Orléans sur elle, p. 1181[2], de l'étrange éclat arrivé entre elle et Madame sa mère sur le procédé des perles de la Reine mère, et sur une pernicieuse femme de chambre qu'on lui chassa, p. 1218[3]; de celui qu'elle eut sur les places de premier écuyer de M. le duc de Berry, et de future gouvernante de ses enfants, pp. 1225, 1239[4], enfin de ce qui a été touché p. 1377[5], le plus succinctement qu'il a été possible, de la façon dont elle étoit avec M. le duc de Berry, et des sentiments de ce prince pour elle, lorsqu'il mourut, p. 1377[6], etc.; de toutes lesquelles choses Mme de Saint-Simon a vu se passer d'étranges scènes en sa présence, et reçu et calmé d'étranges confidences de M. le duc de Berry; enfin de ce qu'on a vu p. 1546[7], combien elle se piquoit d'une fausseté parfaite, et de savoir merveilleusement tromper, en quoi elle excelloit même sans aucune occasion.

Elle fit ce qu'elle put pour ôter toute religion à M. le duc de Berry, qui en avoit un véritable fonds et une grande droiture. Elle le persécutoit sur le maigre et sur le jeûne, qu'il n'aimoit point, mais qu'il observoit exactement. Elle s'en moquoit jusqu'à lui en avoir fait rompre, quoique rarement, à force d'amour, de complaisance et d'embarras de ses aigres plaisanteries, et comme cela n'arrivoit point sans combat et sans qu'on ne vît avec quelle peine et quel scrupule il se laissoit aller, c'étoit en-

---

1. Pages 293-295 de notre tome VIII. C'est à la page 1102 de son manuscrit que Saint-Simon aurait dû renvoyer ici.
2. Pages 61 et 62 de notre tome IX.
3. Pages 173 et 174 de notre tome IX.
4. Pages 187 et 188, 395-397 de notre tome IX. Les faits dont Saint-Simon parle ici sont aux pages 1223 et 1224, 1293 et 1294 de son manuscrit.
5. Pages 175 et 176 de notre tome X.
6. La répétition de ce chiffre est du fait de Saint Simon.
7. Ci-dessus, pages 178 et 179.

core sur cela même un redoublement de railleries qui le désoloient. Son équité naturelle n'avoit pas moins à souffrir des emportements avec lesquels elle exigeoit des injustices criantes dans sa maison à lui, car pour la sienne il n'eût osé rien dire. D'autres sujets plus intéressants mettoient sans cesse sa patience à bout, et plus d'une fois sur le dernier bord du plus affreux éclat. Elle ne faisoit guère de repas libres, et ils étoient fréquents, qu'elle ne s'enivrât à perdre connoissance, et à rendre partout ce qu'elle avoit pris, et si rarement elle demeuroit en pointe, c'étoit marché donné. La présence de M. le duc de Berry, de M. et de Mme la duchesse d'Orléans, ni des dames avec qui elle n'avoit aucune familiarité, ne la retenoient pas le moins du monde. Elle trouvoit même mauvais que M. le duc de Berry n'en fît pas autant. Elle traitoit souvent Monsieur son père avec une hauteur qui effrayoit sur toutes sortes de chapitres. La crainte du Roi l'empêchoit de s'échapper si directement avec Madame sa mère, mais ses manières avec elle y suppléoient, de manière que pas un des trois n'osoit hasarder la moindre contrariété, beaucoup moins le moindre avis, et si quelquefois quelque raison forte et pressante les y forçoit, c'étoit des scènes étranges, et le père et le mari en venoient aux soumissions et au pardon, qu'ils achetoient chèrement.

Les galanteries, difficiles dans sa place, n'avoient pas laissé d'avoir plusieurs objets, et avec assez peu de contrainte. A la fin elle se rabattit sur la Haye, qui de page du Roi étoit devenu écuyer particulier de M. le duc de Berry. C'étoit un grand homme sec, à taille contrainte, à visage écorché, l'air sot et fat, peu d'esprit, et bon homme de cheval, à qui elle fit faire, pour son état, une rapide fortune en charges par son maître. Les lorgneries dans le salon de Marly étoient aperçues de tout ce qui y étoit, et nulle présence ne les contenoit. Enfin il faut le dire, parce que ce trait renferme tout : elle voulut se faire enlever dans Versailles par la Haye, M. le duc de Berry et le Roi pleins de vie, et gagner avec lui les Pays-Bas[1]. La Haye pensa mourir d'effroi de la proposition qu'elle lui en fit elle-même, et elle de la fureur où la mirent ses représentations. Des conjurations les plus pressantes elle en vint à toutes les injures que la rage lui put suggérer, et que les torrents de larmes lui purent laisser prononcer. La Haye n'en fut pas quitte pour une attaque, tantôt tendre, tantôt furieuse. Il étoit dans le plus mortel embarras. Enfin la terreur de ce que pouvoit enfanter une folie si démesurée força sagement sa discrétion, pour que rien ne lui fût imputé si elle se portoit à quelque extravagance. Le secret fut fidèlement gardé, et on prit les mesures nécessaires. La Haye cependant n'avoit osé disparoître, à cause de M. le duc de Berry d'une part et du monde de l'autre, qui, sans être au fait de cette incroyable folie, y étoit de la passion. Quand à la fin Mme la duchesse de Berry, ou rentrée en quelque sens, ou hors de toute espérance de persuader la Haye, vit bien clairement que cette persécution n'alloit qu'à se tourmenter tous deux, elle cessa ses poursuites, mais la passion continua jusqu'à la mort de M. le duc de Berry et quelque temps après. Voilà quelle fut la dépositaire du cœur et de l'âme de M. le duc d'Orléans, qui sut pleinement toute cette histoire, qui en fut dans les transes les plus extrêmes, non d'un enlèvement impossible, et auquel la Haye n'avoit garde de se commettre, mais des éclats et des aventures dont tout étoit à craindre de cet esprit hors de soi, et qui devant et après n'en fut pas moins la dépositaire des secrets de Monsieur son père tant qu'elle vécut, et qui lui en donna d'autres encore, qui se trouveront en leur temps.

Jamais elle n'avoit reçu que douceur, amitié, présents de Mme la duchesse d'Orléans. Elle n'avoit d'ailleurs presque jamais été auprès d'elle. Elle n'avoit donc point été à portée de ces petites choses qui fâchent quelquefois les en-

---

[1]. Voyez tome X, p. 175 et 176.

fants. Mais son orgueil étoit si extrême qu'elle regardoit en soi comme une tache qu'elle en avoit reçue d'être fille d'une bâtarde, et en avoit conçu pour elle une aversion et un mépris qu'elle ne contraignit plus après son mariage, et que devant et après elle prit sans cesse à tâche d'attiser dans le cœur et dans l'esprit de M. le duc d'Orléans. L'orgueil de Madame sa mère n'étoit rien en comparaison du sien. Elle se figura devant et depuis son mariage qu'il n'y avoit qu'elle en Europe que M. le duc de Berry pût épouser, et qu'ils étoient tous deux but à but. On a vu en son temps que M. le duc d'Orléans lui confioit à mesure tout ce qui se passoit sur son mariage, parce qu'il ne pouvoit lui rien cacher, qu'elle m'en raconta mille choses à Saint-Cloud lorsqu'il fut déclaré, pour que je ne pusse ignorer cette dangereuse confiance, qu'elle ne put donc douter de tout ce qu'il y avoit eu à surmonter, et tout ce qu'elle me témoigna de sa reconnoissance. Elle ne fut pas trois mois mariée qu'elle montra sa parfaite ingratitude à tout ce qui y avoit eu part, et que lors de la scène qu'elle eut avec Mme de Lévy, qu'elle avoit si cruellement trompée et jouée, de propos délibéré, sur la charge de premier écuyer de M. le duc de Berry, elle ne put se tenir de lui dire qu'elle étoit indignée de sentir qu'une personne comme elle pût avoir obligation à quelqu'un, qu'aussi elle haïssoit de tout son cœur tout ce qui avoit eu part à son mariage jusqu'à ne le leur pouvoir pardonner; sur quoi Mme de Lévy, perdant tout respect et toutes mesures, la traita comme elle le méritoit, et vécut depuis avec elle en conséquence, et en public, dont Mme la duchesse de Berry, timide en petites choses, comme on l'a dit, et glorieuse au suprême, étoit dans le dernier embarras, et lui fit faire mille avances inutiles pour se délivrer de ce dont elle n'osoit se plaindre.

Sa conduite rebuta enfin le Roi et Mme de Maintenon de s'en soucier après tant de réprimandes et de menaces si fortes et si inutiles, surtout depuis la mort de M. le duc de Berry; et Madame la Dauphine, longtemps avant la sienne, ne s'en mêloit plus. Le Roi, à l'extérieur, vivoit honnêtement, mais fort froidement, avec elle; lui et Mme de Maintenon la méprisoient. Le Roi la souffroit par nécessité; pour Mme de Maintenon, elle ne la voyoit plus, et avec toute cette conduite, elle les craignoit tous deux comme le feu, muette et embarrassée au dernier point avec eux, même en public avec le Roi. Tous ces mécontentements de l'un et de l'autre retomboient à plomb sur M. le duc d'Orléans, qu'ils comptoient qui les avoit trompés en leur donnant sa fille qu'il devoit connoître, et qu'ils haïssoient et méprisoient de la foiblesse qu'il avoit pour elle, et de ce que cette amitié si suivie n'étoit bonne à rien pour opérer aucun changement en elle.

L'unique personne de son entière confiance étoit Mme de Mouchy, dont il a été parlé p. 1294[1]. et dont les mœurs et le caractère en étoit parfaitement digne. Outre la galanterie et la licence de la table, elle avoit un talent et des ressources d'inventions toutes entières de la plus horrible noirceur, une effronterie sans pareille et une avidité d'intérêt à lui faire tout entreprendre, avec tout l'esprit, l'art et le manége propre à réussir; toujours un but, et ne disant et ne faisant jamais rien sans un dessein, pour léger et indifférent que parût ce qu'elle disoit ou faisoit. Son mari, qui avoit de la naissance, n'étoit pas moins bassement intéressé, et trouvoit tout bon d'elle, pourvu que cela lui rapportât; de ces officiers d'ailleurs, quoique mort lieutenant général de la régence, bons au plus à placer quelque part capitaines des portes.

Madame étoit une princesse de l'ancien temps, attachée à l'honneur, à la vertu, au rang, à la grandeur, inexorable sur les bienséances. Elle ne manquoit point d'esprit, et ce qu'elle voyoit elle le voyoit très-bien. Bonne et fidèle amie, sûre, vraie, droite, aisée à prévenir et à choquer, fort difficile à ramener; grossière, dangereuse à

---

1. Pages 397 et 398 de notre tome IX.

faire des sorties publiques, fort Allemande dans toutes ses mœurs, et franche, ignorant toute commodité et toute délicatesse pour soi et pour les autres, sobre, sauvage et ayant ses fantaisies. Elle aimoit les chiens et les chevaux, passionnément la chasse et les spectacles, n'étoit jamais qu'en grand habit ou en perruque d'homme, et en habit de cheval, et avoit plus de soixante ans que, saine ou malade, et elle ne l'étoit guère,[1] elle n'avoit pas connu une robe de chambre. Elle aimoit passionnément Monsieur son fils, on peut dire follement le duc de Lorraine et ses enfants, parce que cela avoit trait à l'Allemagne, et singulièrement sa nation et tous ses parents, qu'elle n'avoit jamais vus. On a vu, à l'occasion de la mort de Monsieur, qu'elle passoit sa vie à leur écrire et ce qu'il lui en pensa coûter. Elle s'étoit à la fin apprivoisée, non avec la naissance de Madame sa belle-fille, mais avec sa personne, qu'elle traitoit fort bien dès avant le renvoi de Mme d'Argenton.

Elle estimoit, elle plaignoit, elle aimoit presque Mme la duchesse d'Orléans. Elle blâmoit fort la vie désordonnée que M. le duc d'Orléans avoit menée; elle étoit suprêmement indignée de celle de Mme la duchesse de Berry, et s'en ouvroit quelquefois avec la dernière amertume et toute confiance à Mme de Saint-Simon, qui dès les premiers temps qu'elle fut à la cour avoit trouvé grâce dans son estime et dans son amitié, qui demeurèrent constantes. Elle n'avoit donc de sympathie avec Mme la duchesse de Berry que la haine parfaite de M. du Maine, des bâtards et de leur grandeur, et elle étoit blessée de ce que Monsieur son fils n'avoit point de vivacité là-dessus. Avec ces qualités elle avoit des foiblesses, des petitesses, toujours en garde qu'on ne lui manquât. Je me souviens que s'étant mise dans un petit appartement, au Palais-Royal, pendant un hiver de la régence, où elle n'étoit guère, car elle haïssoit Paris et étoit toujours à Saint-

---

1. *Que* est répété ici au manuscrit.

Cloud, M. le duc d'Orléans me dit un jour qu'il avoit un plaisir et une complaisance à me demander ; c'étoit d'aller quelquefois chez Madame, qui lui avoit fait ses plaintes qu'elle ne me voyoit jamais et que je la méprisois : on peut juger de mes réponses. Le dernier étoit, comme on peut penser, sans aucune apparence, et ce n'étoit pas un sentiment que personne pût avoir pour Madame; l'autre étoit vrai, je ne lui faisois ma cour à Versailles qu'aux occasions, et j'avois alors, quand il n'y en avoit point d'aller chez elle, toute autre chose à faire. Depuis cela j'allois à sa toilette une fois en quinze jours ou trois semaines, quand elle étoit à Paris, et j'y étois toujours fort bien reçu.

M. le duc d'Orléans étoit le meilleur père, le meilleur fils et, depuis sa rupture avec Mme d'Argenton, le meilleur mari du monde. Il aimoit fort Madame, et lui rendoit de grands et de continuels devoirs. Il la craignoit aussi, n'avoit pas grande idée de ses ressources. Ainsi son ouverture pour elle et sa confiance étoient médiocres; et quoique on fût sûr du secret avec elle, il s'en falloit tout qu'il lui fît part des siens ; il se contentoit de lui rendre compte en gros des choses de famille, comme sur le mariage de ses enfants, et quand il fut le maître, de ce qui alloit être public, le moins qu'il pouvoit auparavant. Elle influa donc fort peu dans sa conduite privée et publique, se mêla peu de lui rien demander, quoique point refusée sur les grâces, et ne fut de rien du tout sur aucune affaire. Cela me dispensera de faire mention du peu de personnes qui pouvoient le plus sur elle. J'ajouterai seulement que Madame fut toujours d'avec le Roi et d'avec Mme la duchesse d'Orléans contre la conduite de Mme la duchesse de Berry, à qui elle faisoit quelquefois d'étranges sorties, que le Roi lui en parloit avec confiance, qu'il la mit un temps sous sa direction, qu'elle s'en lassa bientôt comme le Roi avoit fait, et qu'elle ne trouvoit pas meilleur que lui cet attachement et ce particulier continuel de M. le duc d'Orléans avec Mme la duchesse de Berry, si inutile au changement de sa conduite.

Avant d'entrer dans les embarras du dehors, il faut expliquer les domestiques. Il n'y avoit sans doute personne dont les intérêts dussent être si fort les mêmes que les siens, personne encore de meilleur conseil, et dont il fût plus à portée à tous les instants, que, Mme la duchesse d'Orléans. Il étoit vrai aussi qu'à un article près, leurs intérêts étoient effectivement les mêmes, et qu'elle le pensoit et le sentoit ainsi. Mais cet article étoit tel qu'il influoit très-nécessairement sur tout autre, et qu'il opéroit la plus embarrassante séparation. On entend bien, sans qu'il soit besoin de l'expliquer, que cet article fatal regardoit M. du Maine; mais ce qu'on ne peut entendre sans le dernier étonnement, c'est que l'intérêt de M. du Maine effaçoit tout autre dans son cœur et dans son esprit, et ce qui va jusqu'à l'incroyable en même temps qu'il est dans la plus étroite vérité, c'est que la béatitude anticipée de l'autre monde eût été pour elle en celui-ci, si elle avoit pu voir le duc du Maine établi roi de France au préjudice de son mari et de son fils, beaucoup plus si elle avoit pu y contribuer. Que si on y ajoute qu'elle connoissoit très-bien le duc du Maine, qu'elle en éprouvoit des artifices et des tromperies qu'elle ressentoit beaucoup, qu'elle ne l'aimoit point du tout et l'estimoit beaucoup moins encore ; que ce que j'en avance ici, elle me l'a dit à moi-même sans colère, mais en parlant et en raisonnant avec poids et avec réflexion, on sentira jusqu'à quel point elle étoit possédée du démon de la bâtardise, et que la superbe, poussée jusqu'au fanatisme, étoit devenue sa suprême divinité.

De là suivoit que tout ce qui non-seulement alloit, mais pouvoit tourner aux avantages, à l'élévation, à la puissance du duc du Maine, elle n'y étoit pas moins ardente que lui; que tous moyens de l'exalter et de l'affermir, je dis seulement ceux qui se peuvent proférer, lui étoient bons, et que cet aveuglement la portoit à être de moitié

de tout avec le duc du Maine pour tout ce qu'il pouvoit
desirer de M. le duc d'Orléans pour sa solide grandeur
contre la sienne, et que les panneaux qu'il lui tendoit
sans cesse pour le tromper et l'écraser sous ses pieds,
elle les trouvoit des propositions raisonnables, sensées,
pour le moins très-plausibles, qui méritoient d'être exa-
minées, et dont l'examen alloit toujours à tout ce [que] le
duc du Maine pouvoit souhaiter. Ce que M. du Maine
n'osoit par lui-même, il le faisoit insinuer par Saint-
Pierre, qui ayant reconnu de bonne heure jusqu'à quel
point la bâtardise étoit le point capital par lequel il pouvoit gouverner cette princesse, s'étoit dévoué à eux sans
y paroître, et étoit en intime liaison avec d'O ; et celui-ci,
qui étoit au comte de Toulouse, et qui ne paroissoit pas
avoir grande liaison avec le duc du Maine, étoit tout à lui
là-dessus, et se maintint par là dans la faveur et la confiance du Roi et de Mme de Maintenon, à quoi la conduite
du comte de Toulouse ne pouvoit plus servir de nourriture, après qu'il fut parvenu à un certain âge.

Mme la duchesse d'Orléans ainsi conduite, et sans cesse
recordée[1] et pressée sur des choses qu'elle-même ne souhaitoit pas moins, étoit donc une épine fort dangereuse
dans le sein de M. le duc d'Orléans. Il falloit bien vivre
avec elle, ne lui montrer aucun soupçon, et pour cela
l'écouter, raisonner et discuter avec elle, sans rien montrer qui la pût mettre en garde sur les gardes continuelles
où on devoit être avec elle, et très-souvent l'amuser d'espérances, de prétextes et de délais sur des choses positives
qu'il auroit été périlleux de rejeter et pernicieux au dernier point d'accepter. Tout cela étoit mêlé d'avis fréquents donnés à Mme la duchesse d'Orléans, de bagatelles
vraies ou fausses de l'intérieur du Roi et de Mme de Maintenon sur M. le duc d'Orléans, de conseils là-dessus, et
des services que M. du Maine lui rendoit en ces occasions, que Mme la duchesse d'Orléans faisoit valoir à mer-

---

1. Voyez tome VI, p. 335 et note 1.

veilles, et qui ne tendoient qu'à persuader M. le duc d'Orléans de l'attachement du duc du Maine pour lui, et de la confiance qu'il y devoit mettre, en même temps de payer ces services par un concert et une union solidement prouvés[1] pour entretenir un secours si nécessaire. J'étois le plastron de ces sortes d'entretiens qui me faisoient suer à trouver des défaites, et qui coûtoient au delà de toute expression à mon naturel franc et droit. C'étoit après, entre M. le duc d'Orléans et moi, à nous rendre compte l'un à l'autre de ces conversations que nous avions eues chacun en particulier, à nous diriger, et à convenir des propos que nous aurions à tenir chacun à part à Mme la duchesse d'Orléans. « Nous sommes dans un bois, me disoit souvent ce prince, nous ne saurions trop prendre garde à nous. »

Quoique Mme la duchesse d'Orléans ne pût ignorer mes sentiments sur la bâtardise et tout ce qu'elle avoit obtenu, elle ne laissoit pas de me parler sur toutes ces choses, parce qu'elles ne regardoient pas le rang, mais la liaison avec M. du Maine et ce qui y étoit nécessaire, fondée selon elle sur le besoin qu'en avoit M. le duc d'Orléans, et l'attachement pour lui du duc du Maine, continuellement marqué par les avis qu'elle en recevoit, et les services qu'il rendoit, choses dont nul autre que lui n'étoit à portée. Ce qui nous donna le plus de peine fut le mariage du prince de Dombes avec Mlle de Chartres, que M. du Maine vouloit ardemment, et que Mme la duchesse d'Orléans ne s'étoit pas mis moins avant dans la tête, tout aussitôt que le Roi eut accordé au duc du Maine et au comte de Toulouse tous les mêmes rangs et honneurs qu'ils avoient à leur postérité. On aperçoit du premier coup d'œil tout l'avantage que le duc du Maine tiroit, pour la solidité des prodiges qu'il avoit entassés, de faire son fils gendre et beau-frère du seul petit-fils et du seul fils de France, et frère du Dauphin, et de les forcer par

---

1. *Prouvées*, au manuscrit.

cette alliance à en devenir les protecteurs et les boucliers. Je n'y trouvai d'issue que dans une approbation qui me donnât créance pour les délais, car le refus eût été la perte de M. le duc d'Orléans. Je montrai donc à Mme la duchesse d'Orléans, qui m'en parla avant de l'oser proposer à Monsieur son mari, que je goûtois cette pensée, mais que je n'en pouvois approuver la précipitation. J'insistai sur l'âge des parties, je m'étendis sur l'effroi que les princes du sang et toute la cabale de Meudon prendroient de cette union si fort à découvert, et tous les ennemis et les jaloux de M. le duc d'Orléans et de M. du Maine. On peut juger que Mme la duchesse d'Orléans ne se rendit pas, et que cette matière fut souvent débattue entre nous.

Je ne me cachai pas à elle, dès la première fois qu'elle m'en parla, que j'en dirois mon avis à M. le duc d'Orléans, s'il me le demandoit; et ce que j'eus de plus pressé fut de lui en rendre promptement compte. Il approuva fort ce que j'avois répondu, il s'expliqua lui-même dans le même sens, et nous coulâmes le temps de la sorte jusqu'à la mort de Monseigneur. Alors, la cabale de Meudon n'étant plus à craindre, les instances qui s'étoient un peu ralenties reprirent de nouveau. L'âge des parties et les autres inconvénients déjà allégués furent le bouclier dont nous parâmes, avec grand travail, jusqu'à la mort de Monsieur et de Madame la Dauphine. L'intérêt alors du duc du Maine devint bien plus grand. Le Roi vieillissoit et changeoit, la régence regardoit de plein droit M. le duc [de] Berry: l'avoir contraire et M. le duc d'Orléans, ou pour protecteurs nécessaires comme beau-frère et gendre, quelle immense différence ! par conséquent, quels manéges et quelles presses ne furent-ils pas employés ! Je soutins tous les assauts avec les mêmes armes dont je m'étois déjà servi, car toujours j'étois le premier et le plus vivement attaqué, et M. le duc d'Orléans y tint bon de son côté; mais c'étoit des recharges continuelles. La mort de M. le duc de Berry fit une telle augmentation d'intérêt qu'elle causa aussi les instances les plus violentes. M. du Maine sentoit le poids de ses crimes, du moins à l'égard de M. le duc d'Orléans qui vivoit, et ce prince étoit sur le point d'être régent, et en plein état de se venger. Le duc du Maine en trembloit, et cela n'étoit pas difficile à imaginer par tout ce que la peur des ducs lui fit faire pour les mettre aux mains, comme on l'a vu, avec le Parlement, et comme on le verra en son lieu avec tout le monde.

Il ne s'agissoit pas encore du testament ni des mesures qui ont été racontées. Il ne voyoit donc que ce mariage qui pût le rassurer. Aussi dès qu'il eut mis la dernière main à sa grandeur héréditaire par s'être fait déclarer lui, son frère et leur postérité, capables de succéder à la couronne, il se servit de ce dernier comble comme d'une nouvelle raison pour la prompte conclusion du mariage. Je fus encore attaqué là-dessus le premier par Mme la duchesse d'Orléans, qui comprenoit apparemment qu'il falloit me persuader, sans quoi elle n'arriveroit point à faire ce mariage. Mes premières armes étoient usées, les parties à marier avoient pris des années depuis que cette affaire étoit sur le tapis. Les princes du sang étoient des enfants, et Madame la Duchesse tombée depuis la mort de Monseigneur. Les ennemis, les jaloux, le monde, c'étoit des mots et non des choses, et cela, qui étoit vrai, m'avoit été souvent répondu. Je m'avisai donc d'une autre barrière, derrière laquelle je me retranchai. Je dis à Mme la duchesse d'Orléans que j'étois surpris comment avec tout son esprit, et M. du Maine avec tout le sien, et les connoissances qu'ils avoient du caractère du Roi l'un et l'autre, ils pouvoient songer à faire alors ce mariage, qui étoit le moyen sûr et prompt de perdre M. du Maine auprès du Roi, jusqu'à un point dont personne ne pouvoit prévoir jusqu'où les suites en pourroient être portées.

Ce début parut à Mme la duchesse d'Orléans infiniment étrange; elle m'interrompit pour me le témoigner modestement. Je m'expliquai ensuite, et lui dis que pour M. le duc d'Orléans, il n'auroit guère à y perdre à la façon dont malheureusement il étoit avec le Roi, et à couvert de tout par sa naissance, qui lui assuroit la régence sans qu'il fût possible de l'empêcher, et que l'âge du Roi laissoit apercevoir d'assez près; que ce n'étoit donc pas par rapport à lui que j'allois lui exposer ce que je pensois du mariage, mais par rapport à M. du Maine. Je la priai de bien considérer comment le Roi étoit fait, combien il étoit jaloux, jusqu'où il portoit la délicatesse sur son autorité, à quel point il étoit susceptible d'indignation contre toute pensée, et plus encore contre toutes mesures pour après lui; que faire actuellement le mariage attaquoit jusqu'au vif toutes ces dispositions du Roi, lequel, plus il avoit fait pour M. du Maine, et plus grièvement se trouveroit-il offensé, et qu'il ne lui pardonneroit jamais que le premier pas qu'il feroit après le comble de l'habilité à la couronne qui ne faisoit que d'éclore, fût de lui faire sentir qu'il comptoit peu son autorité et sa puissance, s'il ne la soutenoit par celui qui y alloit succéder, en conséquence de quoi il n'avoit rien de si pressé que de s'unir à ce successeur par les liens les plus étroits et les plus publics; que c'étoit lui déclarer une persuasion entière de sa mort prochaine, et en l'attendant, le vouloir tenir dans la dépendance, établi comme il étoit par cette union avec le soleil levant. Je paraphrasai ces propos avec tant de force que Mme la duchesse d'Orléans en demeura étourdie, et convint que ces considérations méritoient des reflexions.

Au sortir de cet entretien, qui fut long, je me hâtai d'en aller rendre compte à M. le duc d'Orléans, qui fut charmé de l'invention, qui l'adopta, et qui, non sans rire un peu de l'adresse, résolut de ne point sortir de ce retranchement. J'eus encore des combats à essuyer tête à tête, et avec M. le duc d'Orléans en tiers, qui avoit la bonté de m'y laisser la parole, dont je prenois la liberté de le bien quereller après, et que cela n'en corrigeoit point, parce qu'il lui étoit plus commode d'applaudir à ce que je disois que de parler et de produire. Mme la duchesse d'Orléans, qui avoit eu le temps de reprendre ses sens, et peut-être aussi d'être recordée[1], entra en quelque débat sur l'impression que le Roi recevroit de ce mariage. Comme tout ce que j'y répondis ne pouvoit être que le même thème en plusieurs façons, auquel j'ajoutois ce que la crainte et la jalousie lui feroit ressentir après coup et revenir même par les rapports du dehors, je n'allongerai point cette matière par les dits et redits de nos fréquentes conversations. J'ajouterai seulement que je la maintins toujours dans la croyance que je trouvois le mariage très-bon à faire aussitôt après la mort du Roi, et que si nous différions elle et moi de sentiment, ce n'étoit que sur le temps, et non sur la chose. Ce ne fut pas tout. Voyant qu'ils ne pouvoient nous rassurer sur le crédit de M. du Maine, qui se chargeoit sans cesse de faire goûter au Roi ce mariage, et qui répondoit de tout, et ce n'étoit pas là aussi de quoi nous doutions, mais dont [nous] voulions absolument douter et demeurer incapables d'être rassurés sur nos craintes, ils se rejetèrent à proposer un engagement et des articles de mariage signés. Ce fut encore à moi à qui Mme la duchesse d'Orléans en parla, avant d'en avoir rien dit à M. le duc d'Orléans.

Le piége étoit grossier, mais il étoit difficile de ne se pas découvrir en l'éludant. Toutefois je ne perdis pas la présence d'esprit. Je m'écriai que ce seroit pis que faire le mariage si le Roi venoit à découvrir l'engagement, et qu'il y auroit de la folie à l'hasarder[2] dans la sécurité qu'il lui demeurât caché à la longue; qu'elle se souvînt de ce qui lui étoit arrivé à elle-même, depuis si peu, de l'engagement pris entre elle et Mme la princesse de Conti pour le mariage de leurs enfants; qu'encore que personne n'eût ici l'intérêt personnel qu'avoit eu Mlle de Conti à la

---

1. Voyez tome VI, p. 335 et note 1, et ci-dessus, p. 208.
2. Voyez tome IV, p. 174, tome V, p. 141, tome VI, p. 17, etc.

trahison qu'elle avoit faite, il étoit vrai pourtant que tout bon sens répugnoit à se persuader que la connoissance de l'engagement pris et signé entre M. le duc d'Orléans et M. du Maine pût demeurer caché au Roi, si curieux, si attentif, si jaloux d'être instruit de ce qui se passoit de plus indifférent dans sa cour, dans Paris, et parmi tout ce qui pouvoit être connu de lui ou même l'amuser, à plus forte raison de ce qui pouvoit se passer d'important et d'intéressant dans sa plus intime famille; que d'ailleurs c'étoit là une précaution tout à fait inutile dans un mariage où la dot et les conventions n'étoient d'aucune considération pour le faire ou pour le rompre, et que quand le temps de liberté seroit venu, qu'il n'y auroit ni plus de difficulté ni plus de longueur à le faire tout de suite qu'à achever alors ce qui auroit été commencé aujourd'hui. Ce fut un retranchement souvent attaqué, mais où je fis si belle défense, et M. le duc d'Orléans aussi, que rien ne le put forcer. Vint après l'affaire du bonnet, après laquelle Mme la duchesse d'Orléans sentit bien apparemment qu'il ne me falloit plus parler sur ce mariage, et qui cessa en même temps aussi d'en plus rien dire à M. le duc d'Orléans. D'entrer dans le détail journalier des panneaux tendus par le duc du Maine, et de l'occupation de Mme la duchesse d'Orléans à faire valoir l'importance de cultiver par toute sorte de complaisance l'amitié du duc du Maine et ses soins pour M. le duc d'Orléans, cela seroit infini, et il suffit de dire une fois pour toutes que ce fut le fléau domestique qui occupa M. le duc d'Orléans et moi, jusqu'à la mort du Roi, avec Mme la duchesse d'Orléans. De cette adoration pour M. du Maine vint le danger extrême de rien communiquer à Mme la duchesse d'Orléans sur le présent et sur l'avenir, et ce secret continuel n'étoit pas un petit embarras. Le prince le secouoit, mais je n'avois pas la même ressource.

Mme la duchesse d'Orléans étoit bien persuadée que M. le duc d'Orléans me confioit tout sans réserve, et que j'influois fort dans tout ce qu'il pensoit et pouvoit pour le présent et pour le futur. Elle en avoit l'entière expérience, et elle voyoit, plus distinctement encore que le dehors, que j'étois l'unique avec qui il pût s'ouvrir sur des matières si importantes, quoique le dehors ne le vît aussi que trop clairement. Elle n'étoit pas moins persuadée que je n'étois pas sans réflexion et sans projets sur ce qui devoit suivre le présent règne. Elle étoit donc fort attentive à découvrir ce que je pensois, et à me promener dans nos fréquents tête-à-tête, quelquefois la duchesse Sforze en tiers, quoique rarement, sur les personnes et les choses. J'étois également en garde sur les unes et sur les autres, moins exactement fermé sur les personnes, quoique fort circonspect, parce qu'elle n'ignoroit pas mes sentiments sur plusieurs; et pour les choses je me sauvois par des généralités. Je me jetai aussi, à mesure que le terme se découvroit de plus près, sur l'incurie, la légèreté, la paresse de M. le duc d'Orléans, qui vivoit comme si le temps présent devoit toujours durer; et quoique j'exagérasse fort ces plaintes, qui me servoient encore à protester que de dépit je ne pensois plus à rien moi-même dans l'inutilité où il étoit de penser tout seul, il n'étoit que trop vrai, comme on le verra dans son temps, que ces plaintes n'étoient que trop fondées.

Mme la duchesse d'Orléans n'étoit pas la seule qui fût dans la curiosité et dans l'inquiétude là-dessus. On a pu voir en différents endroits que mon intime amitié avec la maréchale et la duchesse de Villeroy jusqu'à leur mort, ni ma liaison particulière avec le duc de Villeroy jusqu'à l'époque de ma préséance sur le duc de la Rochefoucauld, n'avoit pu vaincre mon éloignement pour le maréchal de Villeroy, jusque-là que je ne m'en cachois pas avec elles, et qu'elles se sont quelquefois diverties à m'enfermer dans un recoin par la compagnie pour m'empêcher de sortir quand il entroit chez sa femme, et de la mine qu'elles me voyoient faire. Je n'avois pas changé depuis, et hors de me faire écrire aux occasions chez le maréchal, ce qui ne s'omet qu'en brouillerie ouverte, jamais il n'entendoit parler de moi, et jamais je ne l'abordois dans les lieux où je le rencontrois. Nous en étions donc là ensemble, lorsqu'aussitôt après la mort de Monsieur et de Madame la Dauphine, Mme de Maintenon le tira de la plus profonde disgrâce, et le fit subitement paroître à Marly en favori. Ses amis, ceux qui lui avoient été le plus contraires, et le très-grand nombre qui étoit les plus indifférents, s'empressèrent à l'envi auprès de lui. Pour moi, je ne m'en émus pas le moins du monde, et je laissai bouillonner la cour autour de lui.

Ma surprise fut grande lorsqu'au bout d'une quinzaine je reçus de lui les avances de politesse qu'il auroit pu attendre de moi, et qu'incontinent après je ne pus paroître en aucun lieu où il fût, comme les lieux de cour et d'autres par hasard, qu'il ne m'accostât et qu'il ne liât conversation. Je le laissois toujours venir à moi le premier, souvent même je l'évitois adroitement. Je répondois avec civilité aux siennes, mais avec une mesure qui tenoit fort de la sécheresse. Rien ne le rebuta. Il cherchoit à la messe du Roi à Marly à partager mon carreau, ou à me faire partager le sien, à mettre le sien auprès du mien, à m'en faire apporter un par le suisse de la chapelle qui étoit chargé de ce soin-là, surtout de m'entretenir pendant toute la messe, et, suivant sa manière, de me faire des questions. Ce manége ne dura pas longtemps sans me jeter sur les affaires et sur les personnages en effleurant, à quoi il avoit beau jeu avec moi qui me gardois de lui, et qui me tenois nageant sur les superficies. Peu à peu il se mit, comme à l'impromptu, à pousser plus avant, avec sa façon de conversation sans suite et rompue; et de là, se rendant de plus en plus familier, je le vis venir me demander à dîner comme nous nous mettions à table, et bientôt après venir dîner ou souper très-ordinairement, et quelquefois même arriver à la fin du premier service ou après. J'en étois désolé. J'ai toujours eu partout un très-gros ordinaire pour un nombre d'amis et de connoissances familières qui y venoient sans prier; j'aimois et eux aussi à y être libres; le maréchal de Villeroy nous pesoit cruellement. J'en étois extrêmement importuné, parce que je voyois clairement qu'il ne venoit que pour me pomper[1]; et comme son esprit étoit court sans être pourtant bête, et qu'il étoit plein de vent, il me disoit des riens du Roi et de Mme de Maintenon pour me faire parler, parmi lesquels il ne s'apercevoit pas qu'il y avoit quelquefois des choses qui me manifestoient sa mission et ce qu'il se proposoit de découvrir. Quelquefois il me louoit M. le duc d'Orléans, beaucoup plus souvent le blâmoit, se lâchoit là-dessus à des confidences sur le Roi et Mme de Maintenon, et ne se contraignoit point de me faire les questions les plus fortes et les plus redoublées, et retournées en cent façons, sur les projets de M. le duc d'Orléans pour l'avenir, et sur ce que j'en pensois moi-même; toujours s'interrompant, me regardant entre deux yeux, raisonnant lui-même, et se portant sur l'avenir avec une liberté qui me surprenoit, quoique au métier qu'il faisoit avec moi il n'avoit rien à craindre, quand j'aurois voulu abuser de cette confiance qu'il me vouloit persuader qui s'établissoit entre nous. Il passoit de la sorte des heures entières, et souvent plus, dans ma chambre, à toutes sortes d'heures, tête à tête, parce que, tout en entrant, il me prioit que nous ne fussions point interrompus, et avec cela me prenoit très-souvent en particulier chez le Roi ou dans les jardins à sa suite. C'étoit un homme qui croyoit toujours vous circonvenir et vous découvrir.

Je profitois du peu de suite et des ressauts ordinaires à sa conversation; force crainte et respect du Roi, parfaite inutilité de penser à rien pour après lui, chose de soi peu décente et peu permise, et matière si dépendante de tant de circonstances qui ne se pouvoient ni prévoir ni peut-être imaginer, que bâtir des projets pour ces temps, c'étoit bâtir

---

1. Voyez tome VI, p. 294 et note 1.

des châteaux en Espagne. C'étoient là mes réponses, avec forces louanges du Roi, et le cercle de généralités et défaites tournées en tous les sens dont je ne me laissois point tirer. Jamais je n'allois chez lui, jamais je ne l'attaquois, jamais il ne parut s'en apercevoir. Nous riions, M. le duc d'Orléans et moi, d'un tel personnage. Ce commerce forcé dura jusqu'à la querelle du duc d'Estrées et du comte d'Harcourt, que je me lâchai fortement contre tout ce qui se passa de sa part, sur la prétention des maréchaux de France de soumettre les ducs à leur tribunal, où je ne l'épargnai pas. Cela nous brouilla ouvertement. Je ne me contraignis de là en avant ni sur les propos ni sur les procédés. Quelque temps après il s'en alla à Lyon, d'où il arriva triomphant successeur des places de M. de Beauvillier dans le conseil, et plus brillant que jamais. Ce veau d'or n'eut point mon encens ni aucun compliment de ma part; et nous en demeurâmes en ces termes jusqu'après la mort du Roi.

Le maréchal de Villeroy a tant figuré, devant et depuis, qu'il est nécessaire de le faire connoître. C'étoit un grand homme bien fait, avec un visage fort agréable, fort vigoureux, sain, qui sans s'incommoder faisoit tout ce qu'il vouloit de son corps. Quinze et seize heures à cheval ne lui étoient rien, les veilles pas davantage. Toute sa vie nourri et vivant dans le plus grand monde; fils du gouverneur du Roi, élevé avec lui, dans sa familiarité dès leur première jeunesse, galant de profession, parfaitement au fait des intrigues galantes de la cour et de la ville, dont il savoit amuser le Roi, qu'il connoissoit à fond, et des foiblesses duquel il sut profiter, et se maintenir en osier de cour dans les contre-temps qu'il essuya avant que je fusse dans le monde. Il étoit magnifique en tout, fort noble dans toutes ses manières, grand et beau joueur sans se soucier du jeu, point méchant gratuitement, tout le langage et les façons d'un grand seigneur et d'un homme pétri de la cour; glorieux à l'excès par nature, bas aussi à l'excès pour peu qu'il en eût besoin, et à l'égard du Roi et de

Mme de Maintenon valet à tout faire. On a vu p. 1243 et 1244 ¹ un crayon de lui à propos de son subit passage de la disgrâce à la faveur.

Il avoit cet esprit de cour et du monde que le grand usage donne, et que les intrigues et les vues aiguisent, avec ce jargon qu'on y apprend, qui n'a que le tuf, mais qui éblouit les sots, et que l'habitude de la familiarité du Roi, de la faveur, des distinctions, du commandement rendoit plus brillant, et dont la fatuité suprême faisoit tout le fond. C'étoit un homme fait exprès pour présider à un bal, pour être le juge d'un carrousel, et, s'il avoit eu de la voix, pour chanter à l'Opéra les rôles de roi et de héros; fort propre encore à donner les modes, et à rien du tout au delà. Il ne se connoissoit ni en gens ni en choses, pas même en celles de plaisir, et parloit et agissoit sur parole; grand admirateur de qui lui imposoit, et conséquemment dupe parfaite, comme il le fut toute sa vie, de Vaudemont, de Mme des Ursins et des personnages éclatants; incapable de bon conseil, comme on l'a vu p.   ² sur celui que lui donna le chevalier de Lorraine ; incapable encore de toute affaire, même d'en rien comprendre par delà l'écorce, au point que, lorsqu'il fut dans le conseil, le Roi étoit peiné de cette ineptie, au point d'en baisser la tête, d'en rougir et de perdre sa peine à le redresser, et à tâcher de lui faire comprendre le point dont il s'agissoit. C'est ce que j'ai su longtemps après de Torcy, qui étoit étonné au dernier point de la sottise en affaires d'un homme de cet âge, si rompu à la cour. Il y étoit en effet si rompu qu'il en étoit corrompu. Il se piquoit néanmoins d'être fort honnête homme; mais comme il n'avoit point de sens, il montroit la corde fort aisément, aux occasions mêmes peu délicates, où son peu de cervelle le trahissoit, peu retenu d'ailleurs quand ses vues, ses espérances et son intérêt, même l'envie de plaire et de flatter, ne s'accordoient pas avec la probité. C'étoit toujours, hors

1. Pages 248-251 de notre tome IX.
2. Voyez tome III, p. 352 et 353.

des choses communes, un embarras et une confiance dont le mélange devenoit ridicule. On distinguoit l'un d'avec l'autre, on voyoit qu'il ne savoit où il en étoit; quelque *sproposito*[1] prononcé avec autorité, étayé de ses grands airs, étoit ordinairement sa ressource. Il étoit brave de sa personne; pour la capacité militaire on en [a] vu les funestes fruits. Sa politesse avoit une hauteur qui repoussoit; et ses manières étoient par elles-mêmes insultantes quand il se croyoit affranchi de la politesse par le caractère des gens. Aussi étoit-ce l'homme du monde le moins aimé, et dont le commerce étoit le plus insupportable, parce qu'on [n']y trouvoit qu'un tissu de fatuité, de recherche et d'applaudissement de soi, de montre de faveur et de grandeur de fortune, un tissu de questions qui en interrompoient les réponses, qui souvent ne les attendoient pas, et qui toujours étoient sans aucun rapport ensemble. D'ailleurs nulle chose que des contes de cour, d'aventures, de galanteries; nulle lecture, nulle instruction, ignorance crasse sur tout, plates plaisanteries, force vent et parfait vide. Il traitoit avec l'empire le plus dur les personnes de sa dépendance. Il est incroyable les traitements continuels que jusqu'à sa mort il a faits continuellement à son fils qui lui rendoit des soins infinis et une soumission sans réplique, et j'ai su par des amis de Tallart, dont il étoit fort proche, et l'a toujours protégé, qu'il le mettoit sans cesse au désespoir, même parvenu à la tête de l'armée. Enfin la fausseté, et la plus grande, et la plus pleine opinion de soi en tout genre mettent la dernière main à la perfection de ce trop véritable tableau.

1. Voyez tome VI, p. 78, note 1.

CHAPITRE X.

Quels, à l'égard de M. le duc d'Orléans, étoient le maréchal de Villeroy, Tallart, le cardinal et le prince de Rohan, la duchesse de Ventadour, Vaudemont, ses nièces, Harcourt, Tresmes, le duc de Villeroy, Liancourt, la Rochefoucauld, Charost, Antin, Guiche, Aumont, le premier écuyer, Monsieur de Metz, Huxelles, le maréchal et l'abbé d'Estrées, les ministres, les secrétaires d'État, le P. Tellier. — Inquiétude et manége du P. Tellier avec moi. — Caractère du duc de Noailles. — Inquiétude du duc de Noailles sur les desseins de M. le duc d'Orléans. — Contade; sa fortune, son caractère. — Liaison du duc de Noailles et de Maisons. — Caractère de Canillac. — Liaison du duc de Noailles avec Canillac par Maisons. — Noailles et l'abbé du Bois anciennement liés. — Liaison de Noailles et d'Effiat. — Extraction et caractère d'Effiat; ses liaisons. — Effiat bien traité du Roi; fort considéré de M. le duc d'Orléans. — Noailles raccroche Longepierre, lequel s'abandonne après à l'abbé du Bois.

Monsieur avoit passé toute sa vie, depuis son enfance jusqu'à sa mort, dans l'amitié et la confiance pour le maréchal de Villeroy. L'habitude, dès la plus tendre jeunesse jamais interrompue, et soutenue par le chevalier de Lorraine et par Effiat, ses amis intimes, l'avoit mis à portée de tout avec lui. Il étoit l'entremetteur de toutes les petites querelles qui arrivoient entre le Roi et Monsieur, dont il m'a conté des aventures étranges sur le vilain goût de Monsieur, que le Roi ne pouvoit souffrir, dont il lui faisoit porter des romancines[1] par le maréchal, jusqu'à ne vouloir pas que la Carte, devenu capitaine de ses gardes, fût avec lui des voyages de Marly, et à charger le maréchal de dire à Monsieur que, s'il l'amenoit, il le feroit jeter par les fenêtres; et les peines que le maréchal avoit entre eux deux sur ce fâcheux chapitre qui recommençoit souvent, et tantôt à empêcher Monsieur de mener cet homme, tantôt d'obtenir du Roi qu'il accompagnât Mon-

---

1. Voyez tome IV, p. 33 et note 1.

sieur à Marly. Je rapporte ces détails pour faire voir que M. le duc d'Orléans étoit accoutumé, depuis qu'il étoit au monde, à considérer et à compter le maréchal de Villeroy, et que le maréchal de Villeroy, en ayant été toujours traité avec toute sorte de distinction, lui devoit, par rapport à feu Monsieur et à lui-même, beaucoup d'attachement. Ce ne fut pas là sa conduite.

Le bel air et la mode, dont il étoit esclave, ne lui permirent pas d'abord de suivre à cet égard ce que le devoir, l'honneur et la reconnoissance demandoient de lui. Bientôt après il n'eut garde de ne s'éloigner pas de plus en plus d'un prince dont le Roi n'étoit pas content, et qui en étoit encore moins content lui-même. Enfin, dès que Mme de Maintenon l'eut pris en aversion, il étoit trop vil courtisan pour ne se pas piquer d'en épouser tous les sentiments. Il étoit de plus lié en dupe avec les Rohans, les Tallarts, qui se moquèrent de lui quand ils n'en eurent plus besoin, M. de Vaudemont et ses nièces, qui tous unis à Madame la Duchesse avoient eu grand soin d'entretenir Monseigneur dans sa haine, et depuis sa mort n'avoient pu pardonner à M. le duc d'Orléans tout ce qu'ils avoient fait contre lui, et trouvoient en même temps à plaire à Mme de Maintenon. Je mets ici Tallart avec les autres, parce que depuis le mariage de son fils il n'étoit qu'un avec les Rohans, et qu'auparavant il suivoit le gros et le torrent. Ils avoient entraîné la duchesse de Ventadour, qui comblée par Monsieur et par Madame de tout ce qui peut témoigner l'amitié et la plus grande considération, et qui ayant toujours été traitée avec les mêmes égards par M. le duc d'Orléans, ne devoit pas devenir son ennemie, et qui toutefois s'y laissa emporter. Il y avoit plus de cinquante ans que le maréchal de Villeroy et elle se faisoient fort publiquement l'amour, sans toutefois s'en contraindre de part et d'autre pour ce qu'ils trouvoient à leur gré, et sans que cette liberté réciproque altérât le moins du moins leur commerce, sur lequel la plus intime amitié et confiance s'étoit entée.

Mme de Ventadour avoit été charmante ; elle conserva toujours un grand air et un air de beauté, et parfaitement bien faite. Nul esprit, de la bonté, mais gouvernée toute sa vie, et faite pour l'être. D'ailleurs esclave de la cour par ses aventures et ses besoins domestiques, et quand elle en fut à l'abri, par habitude et par rage de place et d'être. Il falloit donc suivre les impressions des Rohans qui en faisoient tout ce qu'ils vouloient, et celles de son ancien galant, surtout se conformer à ce qu'on lui montroit du Roi et de Mme de Maintenon. Harcourt étoit trop avant entré avec elle et avec Mme des Ursins, trop fin courtisan d'ailleurs, et trop habile politique pour prendre d'autres brisées que les siennes ; et le duc de Tresmes, trop plat pour ne pas suivre la mode et la grande volée de la cour à l'égard de M. le duc d'Orléans. Le duc de Villeroy, accoutumé au joug de son père, ne pouvoit penser autrement que lui ; lié d'ailleurs de toute sa vie et le plus intinement avec M. de Luxembourg, M. de la Rochefoucauld, et le marquis de Liancourt, son frère, qui avoit de l'esprit et du sens pour eux tous ; ils ne s'étoient pu défaire de cet éloignement de M. le duc d'Orléans, pour en parler modérément, qu'ils avoient puisé dans la société intime de M. le prince de Conti, dont ils avoient à la fin comme hérité. La probité singulière du maréchal de Boufflers l'avoit soutenu contre ce torrent, mais il ne vivoit plus, et Charost, qui avoit eu sa charge, étoit tout à moi, mais ce n'étoit pas un homme à exister, par conséquent à compter. D'Antin, tout à Madame la Duchesse, et qui, établi dans l'intérieur des cabinets, ne pouvoit ignorer les sentiments du Roi et de Mme de Maintenon, se tenoit à l'écart dans la douleur, sur l'avenir, de ne pouvoir se partager. Villars moins empêtré, plus frivole en apparence, ne prenoit point parti, se tenoit habilement entre-deux, et gardoit toutes sortes de mesures, qu'il prétextoit même de la place de chevalier d'honneur de Mme la duchesse d'Orléans, dans laquelle son père étoit mort.

Berwick, rarement fixé en place, habitant Saint-Germain, quoique fort avant dans la cour, imitoit cette conduite, et gardoit tout à fait celle d'un homme qui avoit commandé en Espagne sous M. le duc d'Orléans, et qui en avoit été content. Huxelles, vil esclave de la faveur, qu'on a vu se déshonorer publiquement à l'apothéose des bâtards, et valet du premier président, ainsi que son cousin, le premier écuyer, avec qui il n'étoit qu'un, étoit au duc du Maine, et à tous les ennemis de M. le duc d'Orléans, mais en tapinois, et dans le doute de l'avenir le plus sourdement qu'il lui étoit possible, sans se rapprocher jamais de ce prince, mais se faisant vanter à lui par Maisons. Le duc d'Aumont, beau-frère du premier écuyer, et lié à lui, conduits tous deux par Mme de Beringhen, méchante, intrigante, avec beaucoup d'esprit, fausse, basse et dangereuse au dernier point. On a vu, à l'occasion du bonnet, quel étoit cet homme qui vouloit être de tous les côtés, et qui devint bientôt le mépris de tous. Le maréchal d'Estrées et l'abbé son frère étoient honnêtes gens, et tout à fait portés à M. le duc d'Orléans, mais si foibles, si courtisans, si timides, qu'il y avoit à rire de leurs frayeurs. Pour le duc de Guiche, c'étoit un homme sans consistance, sans esprit, qui n'avoit que des airs et une charge importante, qui étoit gueux, avare, dépensier, qui seroit à qui lui donneroit davantage, et qui étoit gouverné par Contade, major du régiment des gardes, et par un aide-major appelé Villars, qui faisoit de l'important, et qui n'étoit qu'un avec Contade. Je différerai peu à parler du duc de Noailles. En attendant, voilà le principal des gens qui méritoient d'être comptés. On ne finiroit pas à traiter de ce qui figuroit moins, et des subdivisions des femmes.

Pour les ministres, la discussion en sera bientôt faite, par rapport à M. le duc d'Orléans. On a déjà vu Voysin âme damnée de Mme de Maintenon et de M. du Maine, et le maréchal de Villeroy. Desmarets, gendre de Bechameil mort surintendant de Monsieur, et beau-frère de Nointel que Monsieur, avant le retour de Desmarets, avoit fait faire conseiller d'État, sembloit devoir un attachement marqué pour M. le duc d'Orléans. Son ami intime le maréchal de Villeroy étoit son guide sur la politique de la cour; et Desmarets compta pour tout le Roi et Mme de Maintenon, et qu'ils ne finiroient point, tout le reste pour rien, et se conduisoit en conséquence. Torcy, dont la sœur Bouzols avoit grand crédit sur lui par confiance en son esprit, dont elle avoit comme un démon, et de laideur et de méchanceté espèce de démon elle-même, et toute à Madame la Duchesse de tous les temps, l'auroit volontiers tourné de ce côté-là. Il avoit une égale horreur de M. du Maine, et de ce qui se disoit de M. le duc d'Orléans. Il connoissoit bien le Roi, et n'aimoit point Mme de Maintenon, qui aussi lui étoit fort contraire, mais il étoit assez ami du maréchal de Villeroy et des Estrées. C'étoit en ce genre les deux contraires. Il l'étoit, mais intimement, de Castries et de sa femme, tous deux à Mme la duchesse d'Orléans, et il l'étoit aussi de Monsieur de Metz, qui, sans savoir pourquoi, étoit fort contraire à M. le duc d'Orléans. De tant de contrastes rien ne résultoit. Torcy, enveloppé dans sa sagesse et dans ses fonctions, ne montra rien, et ne fit aucun pas d'un côté ni d'un autre. Voilà tous les ministres. Restoient deux secrétaires d'État qui ne l'étoient point : Pontchartrain fort contraire à M. le duc d'Orléans, pour se faire de fête auprès de Mme de Maintenon et des importants; et la Vrillière, dont la charge et l'emploi étoit la cinquième roue d'un chariot. Je remets à faire connoître plus particulièrement ceux des personnages sur qui je ne me suis pas encore étendu à mesure qu'on les verra arriver aux places, ou qu'il sera question d'eux pour cela entre M. le duc d'Orléans et moi.

Le P. Tellier ne doit pas être oublié. On a vu p. [1] son caractère, et depuis, qu'il servit fort utilement M. le duc d'Orléans pour le mariage de M. le duc de Berry.

---

1. Voyez tome VI, p. 240-243.

Quoique il ait eu la discrétion de ne jamais rien dire sur l'odieux chapitre du poison, je suis persuadé qu'il n'y servit pas moins bien M. le duc d'Orléans. Il vouloit le repos du Roi, il haïssoit Mme de Maintenon, qui ne le haïssoit pas moins; il vouloit trouver le Roi tranquille, et de bonne humeur, pour toutes les choses qu'il vouloit insinuer ou obtenir; et au peu qu'il m'a dit, j'ai soupçonné qu'il connoissoit M. du Maine. Il ne s'est trouvé de contrebande en rien sur M. le duc d'Orléans, et il n'a paru par rien qu'il ait eu nulle part au testament du Roi ni aux dispositions qu'il a faites outre celles de son testament, comme les grandeurs des bâtards, quoique je croie aussi qu'il ne s'y est pas opposé si le Roi l'a consulté. Il en vouloit et en attendoit trop pour le contredire sur un point si chéri, moins encore à se mettre au hasard d'être congédié. On a vu en plus d'un endroit à quel point lui et moi en étions ensemble : cela dura jusqu'à la mort du Roi.

Pendant la dernière année de sa vie, surtout vers les fins, ce Père me promenoit sur tous les personnages, et me pressoit de lui dire ce que j'en pensois, enfin de les lui dépeindre. Je me mettois à rire, et je lui disois qu'il les connoissoit mieux que moi. Il insistoit encore davantage, et me disoit qu'il n'avoit pu connoître que ses livres, occupé dans l'intérieur, comme il l'avoit toujours été avant d'être appelé à la cour, et que depuis qu'il y étoit, les affaires que lui donnoit sa place ne lui avoient pas donné un moment de loisir pour pouvoir être informé des personnes ni des choses qui n'étoient pas de son ministère; puis en m'accablant de cajoleries et de louanges, il me disoit qu'il n'y avoit que moi avec qui il pût s'ouvrir avec confiance, et avoir celle que je voudrois bien répondre à la sienne en répondant à ses questions, et le mettant au fait des personnes. Il n'y en eut aucune sur qui il m'en fît, et réitérât tant, et me pressât davantage, que sur Mme de Maintenon, M. du Maine, et Madame la Duchesse. J'étois d'autant plus embarrassé que je n'étois pas persuadé de son ignorance, et que néanmoins je l'avois vu souvent, et le voyois encore tomber, et vraiment, dans des lourdises là-dessus d'un paysan de basse Normandie qu'il étoit, qui n'en seroit jamais sorti. Outre que je ne me fiois à lui que de bonne sorte, je craignois que le Roi ne se servît de lui, d'autant plus que cela redoubla depuis que j'eus cessé tout commerce avec le maréchal de Villeroy. Je n'avois rien à perdre du côté de Mme de Maintenon, de M. du Maine, de Madame la Duchesse, du maréchal de Villeroy, de Pontchartrain, et de quelques autres. Ceux-là me servirent à satisfaire sa vraie ou feinte confiance, et à me donner moyen de réserve sur qui je ne voulus pas m'expliquer avec lui.

Le duc de Noailles, auquel il en faut enfin venir, est un homme dont la description et ses suites coûteront encore plus à mon amour-propre que n'a fait le tableau de Mme la duchesse de Berry. Quand je n'avouerois pas que je ne le connoissois point au temps dont j'écris, et que je croyois le connoître, qu'on ne se trompa jamais plus lourdement que je fis, et qu'on ne peut pas être plus complétement sa dupe et en tous points, on le verroit clairement par le récit de ce qui s'est passé depuis en tous genres, de cour, d'affaires, d'État, de mon particulier. Je ne chercherai point à diminuer ma sottise, ni à charger le tableau. La vérité la plus pure et la plus exacte sera ici, comme partout, mon guide unique et ma maîtresse. Je demande seulement grâce pour quelque répétition de ce qui se trouve peut-être répandu sur lui à propos de ses premières recherches pour moi, mais la vue d'un tout ensemble mérite ici cette indulgence.

Le serpent qui tenta Ève, qui renversa Adam par elle, et qui perdit le genre humain, est l'original dont le duc de Noailles est la copie la plus exacte, la plus fidèle, la plus parfaite, autant qu'un homme peut approcher des qualités d'un esprit de ce premier ordre, et du chef de tous les anges précipités du ciel. La plus vaste et la plus insatiable ambition, l'orgueil le plus suprême, l'opinion de soi la plus confiante, et le mépris de tout ce qui n'est point soi, le plus complet; la soif des richesses, la parade de tout savoir, la passion d'entrer dans tout, surtout de tout gouverner; l'envie la plus générale, en même temps la plus attachée aux objets particuliers, et la plus brûlante, la plus poignante; la rapine hardie jusqu'à effrayer, de faire sien tout le bon, l'utile, l'illustrant d'autrui; la jalousie générale, particulière et s'étendant à tout; la passion de dominer tout la plus ardente, une vie ténébreuse, enfermée, ennemie de la lumière, toute occupée de projets et de recherches de moyens d'arriver à ses fins, tous bons, pour exécrables, pour horribles qu'ils puissent être, pourvu qu'ils le fassent[1] arriver à ce qu'il se propose; une profondeur sans fond : c'est le dedans de M. de Noailles. Le dehors, comme il vit et qu'il figure encore, on sait comme il est fait pour le corps : des pieds, des mains, une corpulence de paysan, et la pesanteur de sa marche, promettoient la taille où il est parvenu ; le visage tout dissemblable : toute sa physionomie est esprit, affluence de pensées, finesse et fausseté, et n'est pas sans grâces ; une éloquence naturelle, une élocution facile, une expression telle qu'il la veut; un homme toujours maître de soi, qui sait parler toute une journée et avec agrément sans jamais rien dire, qui en conversation est tout à celui à qui il veut plaire, et qui pense et sent si naturellement comme lui, que c'est merveille qu'une fortuite conformité si semblable ; jamais d'humeur, égalité parfaite, insinuation enchanteresse, langage de courtisan, jargon des femmes, bon convive, sans aucun goût quand il le faut, revêtu sur-le-champ des goûts de chacun ; égale facilité à louer et à blâmer le même homme ou la même chose, suivant la personne qui lui parle; grand flatteur, avec un air de conviction et de vérité qui l'empêche d'y être prodigue, et une complaisance de persuasion factice qui l'entraîne à propos malgré lui dans votre opinion, ou

---

1. On lit ici au manuscrit le mot *pour*, écrit en interligne.

une persuasion intime toute aussi fausse, mais toute aussi parée, quand il lui convient de vous résister, ou de tâcher, comme malgré lui, de vous entraîner où il est entraîné lui-même ; toujours à la mode, dévot, débauché, mesuré, impie tour à tour, selon qu'il convient; mais ce qui ne varie point, simple, détaché, ne se souciant que de faire le bien, amoureux de l'État, et citoyen comme on l'étoit à Sparte; le front serein, l'air tranquille, la conversation aisée et gaie, lorsqu'il est le plus agité et le plus occupé; aimable, complaisant, entrant avec vous quand il médite de vous accabler des inventions les plus infernales, et quelque long délai qui arrrive entre l'arrangement de ses machines et leur effet, il ne lui coûte pas la plus légère contrainte de vivre avec vous en liaison, en commerce continuel d'affaires et de choses de concert, enfin en apparences les plus entières de l'amitié la plus vraie et de la confiance la plus sûre; infiniment d'esprit et toutes sortes de ressources dans l'esprit, mais toutes pour le mal, pour ses desirs, pour les plus profondes horreurs et les noirceurs les plus longuement excogitées, et pourpensées[1] de toutes ses réflexions pour leur succès. Voilà le démon, voici l'homme.

Il est surprenant qu'avec tant d'esprit, de grâces, de talents, tant de desir d'en faire le plus énorme usage, tant d'application à y parvenir, et tant de moyens par sa position particulière, de charges, d'emplois, de famille, d'alliances et de fortune, il n'eût pas su faire un ami, non pas même parmi ses plus proches. Il n'y ménagea jamais que sa sœur, la duchesse de Guiche, par le goût déterminé de Mme de Maintenon pour elle, et le duc de Guiche, à cause de sa charge, pour avoir crédit sur lui, qui de son côté étoit en respect devant l'esprit du duc de Noailles. Il n'est pas moins étonnant encore que cet homme si enfermé, et en apparence si appliqué, qui se piquoit de tout savoir, de se connoître en livres, et

---

1. Méditées, mûries. Voyez tome I, p. 357, et tome VII, p. 426.

d'amasser une nombreuse bibliothèque, qui caressoit les gens de lettres et les savants pour en tirer, pour s'en faire honneur, pour s'en faire préconiser, n'ait jamais passé l'écorce de chaque matière, et que le peu de suite de son esprit, excepté pour l'intrigue, ne lui ait pu permettre d'approfondir rien, ni de suivre jamais quinze jours le même objet, pour lequel tour à tour il avoit abandonné tous les autres. Ce fut la même légèreté en affaires, par conséquent la même incapacité. Jamais il n'a pu faire un mémoire sur rien; jamais il n'a pu être content de ceux qu'il a fait faire; toujours corriger, toujours refondre, c'étoit son terme favori; on l'a vu dans la surprise que nous lui fîmes à Fontainebleau. Ce n'est pas tout : il n'a jamais pu tirer de soi une lettre d'affaires. Ses changements d'idées désoloient ceux qu'il employoit, et les accabloient d'un travail toujours le même, toujours à recommencer. C'est une maladie incurable en lui, et qui éclate encore par le désordre qu'elle a mis dans les expéditions, les amas en divers lieux, les ordres réitérés et changés dix, douze, quinze fois dans le même jour, et tous contradictoires, aux troupes qu'il a commandées dans ces derniers temps, et à son armée entière pour marcher ou demeurer, qui l'a rendu le fléau des troupes et des bureaux. Je ne parlerai point de sa capacité militaire, dont il vante volontiers les hauts faits; je me tairai pareillement sur sa valeur personnelle : j'en laisse le public juge; je m'en rapporte à lui, et même aux armées ennemies opposées à la sienne en Italie, en Allemagne et en Flandres, et aux événements qui en ont résulté jusqu'en cette année 1745, en septembre.

Si cette partie a été si complètement dévoilée, je puis m'assurer que le reste ne le sera pas moins clairement par les faits publics que j'ai à rapporter dans ce qui a accompagné et suivi la mort du Roi, si j'ai le temps d'achever ces *Mémoires*, et que ceux que ce portrait aura épouvantés jusqu'à être tentés de le croire imaginaire se trouveront saisis d'horreur et d'effroi quand les faits auront prouvé, et des faits clairs, et quant à leur vérité manifestes, que les paroles n'ont pu atteindre la force de ce qu'elles ont voulu annoncer ; et quelle surprise, de plus, de n'y pouvoir méconnoître un coin très-déclaré de folie !

M. de Noailles jeté à moi par les raisons qui ont été expliquées alors, et reçu par celles que j'ai exposées, n'oublia rien pour m'enchaîner à lui. Il fit sa cour à ceux de mes amis qu'il crut les plus intimes, et en qui il jugea que j'avois le plus de confiance ; il fit sa cour à Mme de Saint-Simon avec le plus grand soin. Point de semaines qu'il ne mangeât plusieurs fois chez moi, quelquefois nous chez lui. Il n'y eut recherche, soins, industrie oubliée[1]. Tous mes sentiments avoient toujours été les siens, jusqu'à mes goûts et pour gens et pour choses, l'identité ne pouvoit être plus parfaite. Je n'ai peut-être que trop répété des choses qui se trouvent pp. 1208, 1209, 1210, 1211, [1212,] 1213, 1214 et 1215[2], du contenu entier desquelles il est nécessaire de se souvenir distinctement. Le commerce étroit, continuel, plein de confiance, établi comme on l'a vu, et soutenu entre le duc de Noailles et moi, lui donnoit beau jeu à me sonder sur le futur. C'étoit sur ces temps, qui désormais sembloient prochains, qu'il déployoit tous ses raisonnements, et qu'il ne cessoit de me donner des attaques pour découvrir mes pensées et celles de M. le duc d'Orléans. Mon plan étoit fait il y avoit longtemps, et je n'en étois pas à avoir bien tout discuté avec ce prince. Mais outre que ce qui se passoit entre lui et moi étoit son secret plus que le mien, j'étois bien éloigné de m'ouvrir de rien à personne.

Cette réserve colorée comme je le pus ne rebuta point le duc de Noailles, mais il languit longtemps dans son impatience et dans son inquiétude là-dessus. Son agitation ne s'étoit pas bornée à moi seul par rapport à M. le duc d'Orléans. Il s'étoit d'ailleurs, et pour des vues diffé-

---

1. Telle est l'orthographe de Saint-Simon.
2. Pages 140 et suivantes de notre tome IX.

rentes et plus anciennes, attaché Contade qui étoit, comme je l'ai dit, major du régiment des gardes, qui gouvernoit le duc de Guiche, et qu'on a vu en plus d'une occasion ici dans toute la confiance du maréchal de Villars, et dépêché plusieurs fois par lui de l'armée, et après, de Rastadt, pour traiter directement avec le Roi des choses de confiance.

Contade étoit un gentilhomme d'Anjou, qui avoit été beau et bien fait, qui avoit été fort à la mode en galanteries nombreuses et distinguées, qui s'en mêloit encore, qui par d'excellentes chiennes couchantes que son père et lui donnoient au Roi de temps en temps, s'en étoit fait connoître, puis goûter dans le détail de son emploi, qui l'approchoit souvent de lui. Il étoit aimé et considéré à la cour de ce qu'il y avoit de meilleur et de plus distingué; il avoit pris tout le soin possible de l'être aussi du régiment des gardes, de toute l'infanterie, dont il faisoit le détail à l'armée, et de ce qui y servoit de plus marqué en naissance, entours ou grades, surtout en mérite pour les officiers particuliers. Il avoit peu d'esprit, mais tout tourné à la conduite, du sens, du secret, du jugement, une modestie qui le tenoit plus qu'à sa place, et dont on lui savoit gré, beaucoup de sagesse et une discrétion qui lui avoit dévoué les dames, en sorte que, d'amant heureux, il étoit devenu ami de confiance. Il l'étoit de Mme de Maisons, et Maisons, qui le voyoit un personnage en son genre, et qui ne négligeoit rien, en avoit fait le sien. Contade fut donc employé pour la liaison de Noailles et de Maisons, et elle étoit déjà étroite lors de la scène dont j'ai parlé, qui se passa chez Maisons, entre lui, le duc de Noailles et moi, qu'il avoit envoyé chercher à Marly, le jour de la déclaration de l'habilité des bâtards à la couronne.

Maisons, qui, tout courtisan qu'il étoit, n'étoit pas au fait toujours de l'intrinsèque, étoit ravi de s'accrocher au duc de Noailles par vanité, et plus encore par intérêt dans la position présente du duc, dont il ignoroit l'état avec le Roi et Mme de Maintenon, et pour le futur encore, où il comptoit qu'un homme aussi établi, et avec autant d'esprit, figureroit grandement. Noailles, de son côté, qui vouloit gouverner le Parlement et s'en servir à ses usages, ne pouvoit s'associer mieux que de Maisons pour cette vue, parce qu'il comptoit tout persuader. Il n'ignoroit pas peut-être ses liaisons avec M. du Maine, et il étoit instruit de toutes celles qu'il prenoit avec M. le duc d'Orléans. Il se flattoit d'enchanter assez Maisons, non-seulement pour se faire préconiser par lui à M. le duc d'Orléans, mais pour le persuader qu'il étoit de son intérêt de le faire pour le gouverner ensemble, et savoir tout ce que Maisons pourroit découvrir des desseins de gouvernement, sur lesquels M. le duc d'Orléans pourroit s'ouvrir à lui, soit par confiance, soit par consultation. De cette façon, sûr de moi, à mon insu concerté avec Maisons, et s'assurant du Parlement par ce magistrat, on peut juger quel essor prit son ambitieuse imagination. Mais tant de cordes ne lui suffirent pas : il y en avoit une autre plus délicate à toucher pour lui que pour personne, et je ne démêlai tout cela que longtemps après. Cette corde étoit le marquis de Canillac, qui paroîtra tant, et en tant de façons, dans la régence, que c'est un homme qui dès à présent doit être connu.

C'étoit un grand homme bien fait, maigre, châtain, d'une physionomie assez agréable, qui promettoit beaucoup d'esprit et qui n'étoit pas trompeuse. L'esprit étoit orné ; beaucoup de lecture et de mémoire ; le débit éloquent, naturel, choisi, facile, l'air ouvert et noble ; de la grâce au maintien et à la parole toujours assaisonnée d'un sel fin, souvent piquant, et d'expressions mordantes qui frappoient par leur singularité, souvent par leur justesse. Sa gloire, sa vanité, car ce sont deux choses, la bonne opinion de soi, l'envie et le mépris des autres, étoient en lui au plus haut point. Sa politesse étoit extrême, mais pour s'en faire rendre autant, et il étoit plus fort que lui de le cacher ; paresseux, voluptueux en tout genre, et dans un goût étrange aussi ; d'une santé délicate qu'il ménagoit ; particulier, et par hauteur difficile à apprivoiser ; avare aussi, mais sans se refuser ce qu'il y avoit de meilleur goût dans ce qu'il se permettoit ; toujours sur les échasses pour la morale, l'honneur, la plus rigide probité, le débit des sentences et des maximes ; toujours le maître de la conversation, et souvent des compagnies, qu'il voyoit choisies, relevées, et les meilleures ; comptant faire honneur partout. Il parloit beaucoup, et beaucoup trop, mais si agréablement qu'on le lui passoit. Il savoit toutes les histoires de la cour, où il n'alloit plus, et de la ville, les anciennes, les modernes, les courantes de toutes les sortes. Il contoit à ravir, et il étoit le premier homme du monde pour saisir le ridicule et pour le rendre comme sans y toucher ; méchant et, comme on le verra, un des plus malhonnêtes hommes du monde. Il discutoit volontiers les nouvelles, volontiers tournoit tout en mauvaise part, n'approuvoit guère, blâmoit cruellement et grand frondeur. Il avoit eu assez longtemps le régiment de Rouergue, avoit servi assez négligeamment, fait sa cour de même, et comme plus du tout depuis longtemps qu'il avoit quitté le service. Il haïssoit le Roi, Mme de Maintenon, les ministres en perfection, et ravissant en liberté sur tous ces chapitres, dont autrefois j'étois souvent témoin chez un ami commun dont il étoit intime et moi aussi. Ils rompirent au commencement de 1710 une amitié de toute leur vie, à ne s'être jamais revus depuis, sans que jamais personne en ait pénétré la cause, ni la manière d'une rupture si brusque et si nette. Je voyois déjà beaucoup moins Canillac dès lors chez notre ami par le peu que j'allois à Paris, et je le perdis tout à fait de vue depuis cette brouillerie, parce que je ne le voyois que chez cet ami, avec lequel je suis toujours demeuré en la même intimité jusqu'à aujourd'hui. Cela n'empêcha pas, que rencontrant bien rarement Canillac depuis, lui et moi ne nous fissions non-seulement politesse, mais même conversation particulière qui me divertissoit. Son ambition étoit si peu éteinte par sa retraite de la guerre et de la cour, qu'il ne prît en aversion quiconque y faisoit fortune. Il étoit occupé de tout savoir, et de se lier avec des gens de la cour et de Paris considérables. Il étoit souvent à l'hôtel de la Rochefoucauld, et ami de tous les temps intime de la Feuillade, qui s'en laissoit maîtriser par habitude et par complaisance, et il étoit presque tous les jours chez M. et Mme de Maisons, avec lesquels il politiquoit sur le futur, avec toute liberté de part et d'autre, et une liaison de plusieurs années.

Canillac étoit un homme qui se prenoit aux louanges et aux déférences avec la dernière foiblesse, qui alloit à la duperie. Il faisoit profession ouverte de haïr les Noailles, dont il disoit pis que pendre, surtout du duc de Noailles, comme neveu de Mme de Maintenon, quoique assez bien avec le duc de Guiche. De tout temps il avoit vu M. le duc d'Orléans à Paris. Il y étoit souvent de ses parties, mais sobrement pour sa part, et presque toujours de sens froid[1]. Le sel de ses blâmes et de ses plaisanteries amusoit[2] un prince mécontent, et dans les suites ennuyé, puis embarrassé de sa personne. Sa morale mondaine, débitée avec autorité, lui avoit imposé; son esprit et l'ornement qui y étoit avoit achevé l'opinion que M. le duc d'Orléans en avoit prise, en sorte qu'il en [étoit] résulté une considération qui alloit même à quelque chose de plus. L'amitié de ce prince avoit été jalouse des liaisons que Canillac avoit eues autrefois avec M. le prince de Conti, auxquelles, malgré cela, il avoit tenu bon jusqu'à sa mort, et y étoit demeuré avec les amis particuliers de ce prince. Sa mort avoit terminé la jalousie et la pique de M. le duc d'Orléans. La liberté ensuite lui en avoit plu, et l'estime et la considération en étoit augmentée, et se nourrissoit par tous ses voyages de Paris, où il voyoit toujours Canillac, qu'il en faisoit avertir. Au

---

1. Voyez tome I, p. 221 et note 1, et tome II, p. 235 et note 1.
2. *Amusoient*, au manuscrit.

caractère de celui-ci, on peut juger qu'il ne s'en cachoit pas, qu'il bâtissoit de grandes espérances sur la régence de ce prince, et qu'en attendant il ne manquoit pas à se faire valoir.

Le duc de Noailles étoit trop attentif et trop instruit pour ignorer cette position de Canillac, et pour être tranquille sur l'aversion qu'il lui portoit. Les brocards les plus cruels et les mieux assenés couloient sur lui comme sur toile cirée, pour peu qu'il crût avoir intérêt à les secouer. Canillac ne les lui avoit pas épargnés, il s'en piquoit même, et s'en faisoit un jeu et un divertissement aux compagnies qu'il fréquentoit. Cette habitude lui duroit encore alors, et ne fut pas capable de rebuter Noailles de captiver Canillac et d'en faire sa conquête. Il n'ignoroit pas son foible; les bassesses et les prostitutions ne lui coûtoient rien; il espéra tout de cette voie et ne s'y trompa point. Mais l'affaire étoit d'approcher Canillac, et de le réduire à se laisser apprivoiser. Maisons fut celui à qui il s'adressa par Contade, qui lui fit goûter l'avantage d'être leur lien et leur modérateur. Maisons ne travailla pas [en] vain. Il lui fit comprendre de quelle force seroit leur triumvirat bien uni sur un prince foible et timide; car Canillac, qui le connoissoit bien, l'avoit bien détaillé à Maisons. Il fallut quelque temps et quelques cérémonies pour accorder l'orgueil de Canillac avec un changement trop subit; mais sa déférence pour Maisons abrégea tout. Il le regardoit comme l'oracle du Parlement, qui le deviendroit de la cour, où il se conduiroit d'autant mieux qu'il ne se gouverneroit que par ses conseils, et il se considéroit ainsi comme l'âme et le moteur du triumvirat qui s'alloit former.

Maisons, qui le regardoit comme une linotte qui parloit bien et beaucoup, et qui ne faisoit nul cas de son jugement, ainsi qu'il s'en est maintes fois expliqué avec moi, comptoit de son côté le jouer sous jambe, et gouverner le duc de Noailles, qu'il n'estimoit guère davantage et dont il connoissoit fort bien, je ne dis pas la scélératesse, mais les défauts ; et celui-ci, rempli de ses talents et perché sur ses établissements et ses alliances, content de m'avoir gagné, ne doutoit pas de mener deux hommes qui ne connoissoient pas la cour comme lui, qui n'en étoient point, à qui il feroit perdre terre toutes les fois que cela lui conviendroit, et qu'il les auroit cependant en main pour les machines qu'il voudroit faire jouer auprès de M. le duc d'Orléans. Une affaire où chacun se persuade de trouver si bien son compte ne tarde pas à se conclure. Canillac s'excusa de n'avoir pu résister aux recherches du duc de Noailles et aux personnes qu'il avoit su y employer. Il s'éventa là-dessus tant qu'il lui plut, et Noailles et Maisons n'en firent que rire. Noailles n'épargna point les moyens qu'il avoit projetés ; il écouta parler Canillac tant qu'il voulut, l'admira, l'encensa, le pria de le redresser, de le conduire. Canillac trouva que ce garçon-là avoit bien du bon et bien de l'esprit, et, moyennant un air de déférence, pour ne pas dire de respect, Noailles en fit tout ce qu'il voulut.

Il avoit saisi une autre avenue : c'était l'abbé du Bois. Les scélérats du premier ordre se sentent de loin, homogènes jusqu'à un certain point, se connoissent, se lient jusqu'à ce qu'à la fin le plus adroit étrangle l'autre : c'est ce qui arriva à ceux-ci. Je fus surpris, lorsque la maison de Mme la duchesse de Berry se fit pièce à pièce, que le duc de Noailles me pressa[1] avec les plus vives instances et les plus réitérées de faire obtenir à l'abbé du Bois la charge de secrétaire des commandements de Mme la duchesse de Berry. Le Roi n'en voulut point, M. du Maine et Mme la duchesse d'Orléans y mirent Longepierre. J'en ai parlé ailleurs. Noailles et du Bois se cultivèrent l'un l'autre, et je crois, car ce n'est qu'opinion, que ce fut par du Bois que Noailles se lia avec Effiat, car je n'ai pu découvrir d'autre point de réunion. Du Bois avoit toujours cultivé avec une grande dépendance le chevalier

1. Ce verbe est bien à l'indicatif.

de Lorraine tant qu'il avoit vécu, et son ami d'Effiat, ses anciens protecteurs, à qui, en tant de choses principales, il étoit homogène ; et je me suis toujours persuadé qu'il avoit été l'instrument dont Noailles s'étoit servi pour se lier avec Effiat, liaison qui demeura longtemps dans les ténèbres.

On a vu p. 1250[1] quel étoit le marquis d'Effiat et en lui-même et à l'égard de M. le duc d'Orléans, à quoi j'aurai peu de chose à ajouter. Son nom étoit Coiffier, son origine d'Auvergne, l'illustration, d'avoir été contrôleur de la maison de MM. de Montpensier, enfin receveur des tailles du bas Limosin ; les alliances à l'avenant. Ces emplois n'appauvrissent pas. Ce receveur des tailles fit son fils général des finances, trésorier et maître des comptes en Piémont, Savoie et Dauphiné. Tous les vilains n'ont pas toujours peur. Il se fourra aux premiers rangs à la bataille de Cérisoles, et fut fait chevalier le lendemain par le comte d'Enghien, prince du sang, déjà héros à son âge, que les Guises, déjà pointants et projetants, assommèrent d'un coffre en se jouant avec lui à la Rocheguyon. Il étoit frère d'Antoine, roi de Navarre, père d'Henri IV, et du prince de Condé, tué à Jarnac, etc. Ce beau chevalier s'enrichit, acheta Effiat d'Ant. de Neuville, frère du père de M. de Villeroy, secrétaire d'État, lequel vécut et mourut secrétaire du Roi sans s'être marié. Coiffier épousa Bonne Rusé, fille du receveur de Touraine et sœur de Beaulieu qui devint secrétaire d'État, et qui se trouvant sans postérité, fit son héritier Antoine Coiffier, fils du fils de cette sœur, à la rare condition pour un homme de cette espèce de prendre son nom et ses armes, condition aussi aisée à accepter par un autre homme de même sorte tel qu'étoit ce petit-neveu, qui par là se trouva fort riche. Ce même petit-neveu est le maréchal d'Effiat dont la fortune est connue, et qui n'est pas de mon sujet. Il eut de M. de Fourcy, sa femme,

---

1. Pages 267 et 268 de notre tome IX.

trois fils et deux filles. L'aîné fut gendre de Sourdis, chevalier de l'ordre, vécut obscur et pas longtemps, et ne laissa que le marquis d'Effiat qui cause cette petite disgression ; le second fut le grand écuyer Cinq-Mars, dont la fortune et la catastrophe sont aussi bien connues ; le troisième, l'abbé d'Effiat, mort aveugle, de qui on a parlé en son lieu. L'aînée des filles, mariée et démariée d'avec d'Alègre, sieur de Beauvoir, épousa le maréchal de la Meilleraye, et fut mère du duc Mazarin ; l'autre, religieuse et fondatrice du couvent de la Croix au faubourg Saint-Antoine à Paris.

Comment d'Effiat devint premier écuyer de Monsieur, cela est trop ancien pour moi, et en soi peu important. Comment, après avoir empoisonné Madame, et le Roi l'ayant su, comme on a vu d'original, et étant outré de cette mort, il a laissé d'Effiat en charge, qui lui a valu l'ordre à la présentation de Monsieur, en 1688, c'est encore ce que je ne puis expliquer. Mais on a vu aussi que le chevalier de Lorraine et lui s'étoient bien mis avec le Roi, Mme de Maintenon et les bâtards, en leur vendant Monsieur, et M. le duc de Chartres pour son mariage ; qu'Effiat s'entretint toujours depuis bien avec Mme la duchesse d'Orléans, et sourdement avec M. du Maine ; que de moitié, inséparable avec le chevalier de Lorraine, il gouverna Monsieur jusqu'à sa mort, très-souvent avec insolence, et se mêloit avec autorité de ses affaires, de sa cour, de sa famille ; et que cela avoit accoutumé M. le duc d'Orléans à une estime de son esprit et de sa capacité, qui passoit souvent la considération et la déférence, et qu'Effiat sut bien maintenir et s'y aider de du Bois, et lui réciproquement. Il étoit veuf, sans enfants, depuis longues [années], d'une Leuville que Monsieur fit gouvernante de ses enfants, quand il chassa la maréchale de Clérembault ; et à Mme d'Effiat succéda la maréchale de Grancey, mère de Mme de Maré, qui la fut sous et après elle. Effiat vivoit garçon, fort riche, fort peu accessible, aimant fort la chasse, et disposant de la meute de Monsieur, et après lui, de M. le duc d'Orléans, qui ne s'en servoient point ; six ou sept mois de l'année à Montargis, ou dans ses terres presque seul, et ne voyant que des gens obscurs, fort particulier, et obscur aussi à Paris, avec des créatures de même espèce ; débuchant[1] parfois en bonne compagnie courtement, car il n'étoit bien qu'avec ses grisettes et ses complaisants. C'étoit un assez petit homme, sec, bien fait, droit, propre, à perruque blonde, à mine rechignée, fort glorieux, poli avec le monde, et qui en avoit fort le langage et le maintien ; ami intime du maréchal de Villeroy par leur ancien ami commun le chevalier de Lorraine ; presque jamais à la cour, et encore en apparition, et ne voyant presque personne de connu, si ce n'étoit quelques gens du Palais-Royal, encore assez subalternes. Il donnoit quelquefois de fort bonnes chiennes couchantes au Roi, et il en étoit toujours reçu avec une sorte de distinction, que M. du Maine lui ménageoit et que M. du Maine ménageoit lui-même pour être son pigeon privé[2] auprès de M. le duc d'Orléans, comme il l'étoit déjà et le fut toujours. On se souviendra ici du pernicieux conseil où il engagea ce prince à la mort de Monsieur et de Madame la Dauphine, et de l'infâme trait qu'il me fit depuis, lorsque Mme la duchesse d'Orléans me força de parler à M. le duc d'Orléans devant lui de ses affaires domestiques.

Rien ne manquoit au duc de Noailles avec de telles mesures pour favoriser tous ses desseins. Mais rien ne lui suffisoit. Le bel esprit, les vers, le dos des livres lui servirent à raccrocher Longepierre, rat de cour, pédant, à qui un homme comme le duc de Noailles tournoit la tête, et qui se trouva heureux qu'il eût oublié, ou voulu oublier, qu'il avoit eu, malgré ses soins et ses services, une charge chez Mme la duchesse de Berry. Longepierre se fourroit où il pouvoit à l'ombre du grec et des pièces de théâtre. Il étoit fort bien avec Mme la duchesse d'Orléans et avec M. du Maine. Noailles vouloit tirer d'eux par lui,

---

1. *Débucher*, au sens propre, signifie sortir du bois, en parlant du gibier.
2. Voyez ci-dessus, p. 35 et note 1.

et par lui être vanté à eux ; la voie étoit fort sourde et immédiate, et il en sut tirer parti, parce que Longepierre avoit plus d'esprit que d'honneur, et qu'il vouloit faire fortune. C'est ce qui le jeta dans la suite à l'abbé du Bois, qui en fit le même usage que Noailles, et à l'égard des mêmes personnes, et qui, pour cela, pardonna sans peine à ce poëte, orateur, géomètre et musicien, pédant d'ailleurs fort massaude, d'avoir emporté sur lui une charge qu'il ne pouvoit déjà plus regretter. Malgré tant de soins, de devants et d'entours, rien ne transpiroit encore. Noailles ne put rien tirer de tous ces gens-là, parce que tous étoient dans la même ignorance. J'étois le seul à qui M. le duc d'Orléans s'ouvroit, et avec qui tout se discutoit sans réserve.

CHAPITRE XI.

Réflexions sur le gouvernement présent et sur celui à établir. — Je propose à M. le duc d'Orléans les divers conseils et l'ordre à y tenir. — L'établissement des conseils résolu ; discussion de leurs chefs. — Marine. — Finances et guerre. — Affaires ecclésiastiques et feuille des bénéfices. — Constitution. — Jésuites. — P. Tellier. — Rome et le nonce. — Évêques et leur assemblée. — Commerce du clergé de France à Rome, et à Paris avec le nonce. — Affaires étrangères. — Affaires du dedans du royaume. — Je m'excuse de me choisir une place, et je refuse obstinément l'administration des finances. — État forcé des finances ; banqueroute préférable à tout autre parti. — Je persiste au refus des finances, malgré le chagrin plus que marqué de M. le duc d'Orléans. — Je propose le duc de Noailles ; résistance et débat là-dessus ; M. le duc d'Orléans y consent à la fin. — Je suis destiné au conseil de régence.

Il y avoit longtemps que je pensois à l'avenir, et que j'avois fait bien des réflexions sur un temps aussi important et aussi critique. Plus je discutois en moi-même tout ce qu'il y avoit à faire, plus je me trouvois saisi d'amertume de la perte d'un prince qui étoit né pour le bonheur de la France et de toute l'Europe, et avec lequel tout ce qui y pouvoit le plus contribuer étoit projeté, et pour la plupart résolu et arrangé avec un ordre, une justesse, une équité, non-seulement générale et en gros, mais en détail autant qu'il étoit possible, et avec la plus sage prévoyance. C'étoit un bien dont nous n'étions pas dignes, qui ne nous avoit été montré que pour nous faire voir la possibilité d'un gouvernement juste et judicieux, et que le bras de Dieu n'étoit pas raccourci pour rendre ce royaume heureux et florissant, quand nous mériterions de sa bonté un roi véritablement selon son cœur. Il s'en falloit bien que le prince à qui la régence alloit échoir fût dans cet état si heureux pour soi et pour toute la France ; il s'en falloit bien aussi que, quelque parfait que pût être un régent, il pût exécuter comme un roi. Je sentois l'un et l'autre dans toute son étendue, et j'avois bien de la peine à ne me pas abandonner au découragement.

J'avois affaire à un prince fort éclairé, fort instruit, qui avoit toute l'expérience que peut donner une vie de particulier fort éloigné du trône, et du cas de la régence, fort au fait de tant de grandes fautes qu'il avoit vues, et quelques-unes senties de si près, et des malheurs par lesquels lui-même avoit tant passé, mais prince en qui la paresse, la foiblesse, l'abandon à la plus dangereuse compagnie, mettoient des défauts et des obstacles aussi fâcheux que difficiles, pour ne pas dire impossibles à corriger, même à diminuer. Mille fois nous avions raisonné ensemble des défauts du gouvernement, et des malheurs qui en résultoient. Chaque événement, jusqu'à ceux de la cour, nous en fournissoit[1] sans cesse la matière. Lui et moi n'étions pas d'avis différents sur leurs causes et sur les effets. Il ne s'agissoit donc que d'en faire une application juste et suivie pour gouverner d'une manière qui fût exempte de ces défauts, et en arranger la manière selon la possibilité qu'en peut avoir un régent, et dans la vue aussi d'élever le Roi dans de bonnes et raisonnables maximes, de les lui faire goûter quand l'âge

---

1. *Fournissoient*, au manuscrit.

lui permettroit, et de lui ouvrir les yeux et la volonté à perfectionner en roi, après sa majorité, ce que la régence n'auroit pu achever ni atteindre. Ce fut là mon objet et toute mon application, pour insinuer à M. le duc d'Orléans tout ce que je crus propre à l'y conduire, dès la vie même de M. le duc de Berry, dont il devoit tendre à être le vrai conseil, beaucoup plus encore lorsqu'il n'y eut plus personne entre M. le duc d'Orléans et la régence. A mesure que, par l'âge et la diminution de la santé du Roi, je la voyois s'approcher, j'entrois plus en détail, et c'est ce qu'il faut expliquer.

Ce que j'estimai le plus important à faire, et le plus pressé à exécuter, fut l'entier renversement du système de gouvernement intérieur dont le cardinal Mazarin a empoisonné le Roi et le royaume. Un étranger de la lie du peuple, qui ne tient à rien et qui n'a d'autre dieu que sa grandeur et sa puissance, ne songe à l'État qu'il gouverne que par rapport à soi. Il en méprise les lois, le génie, les avantages; il en ignore les règles et les formes; il ne pense qu'à tout subjuguer, à tout confondre, à faire que tout soit peuple; et comme cela ne se peut exécuter que sous le nom du Roi, il ne craint pas de rendre le prince odieux, ni de faire passer dans son esprit sa pernicieuse politique. On l'a vu insulter au plus proche sang royal, se faire redouter du Roi, maltraiter la Reine mère en la dominant toujours, abattre tous les ordres du royaume, en hasarder la perte à deux différentes reprises par ses divisions à son sujet, et perpétuer la guerre au dehors pour sa sûreté et ses avantages, plutôt que de céder le timon qu'il avoit usurpé. Enfin on l'a vu régner en plein par lui-même par son extérieur et par son autorité, et ne laisser au Roi que la figure du monarque. C'est dans ce scandaleux éclat qu'il est mort avec les établissements, les alliances et l'immense succession qu'il a laissée, monstrueuse jusqu'à pouvoir enrichir seule le plus puissant roi de l'Europe.

Rien n'est bon ni utile qu'il ne soit en sa place. Sans

remonter inutilement plus haut, la Ligue, qui n'en vouloit pas moins qu'à la couronne, et le parti protestant, avoient interverti tout ordre sous les enfants d'Henri II. Tout ce que put Henri IV avec le secours de la noblesse fidèle fut, après mille travaux, de se faire reconnoître pour ce qu'il étoit de plein droit, en achetant, pour ainsi dire, la couronne de ses sujets par les traités et les millions qu'il lui en coûta avec eux, les établissements prodigieux et les places de sûreté aux chefs catholiques et huguenots. Des seigneurs ainsi établis, et qui se croyoient pourtant bien déchus après les chimères que chacun d'eux s'étoit faites, n'étoient pas faciles à mener. L'union subsistoit entre la plupart. La plupart avoit conservé ses intelligences étrangères; le Roi étoit obligé de les ménager, et même de compter avec eux. Rien de plus destructif du bon ordre, du droit du souverain, de l'état de sujet, quelque grand qu'il puisse être, de la sûreté, de la tranquillité du royaume. La régence de Marie de Médicis ne fit qu'augmenter ce mal, qui s'étoit affoibli depuis la mort du maréchal de Biron. Le pouvoir et la grandeur du maréchal d'Ancre, de sa femme et de ce tas de misérables employés sous leurs ordres, révoltèrent les grands, les corps, les peuples. La mort de ce maire du palais étranger, l'anéantissement de ses créatures, l'éloignement d'une mère altière qui n'avoit point d'yeux par elle-même, mais une humeur, un caprice, une jalousie de domination, dont des confidents infimes profitoient pour régner sous son nom, rendirent le calme à la France pour quelque temps, mais en ménageant les grands, dont la puissance et les dangereux établissements rendoient l'obéissance arbitraire.

Le cardinal de Richelieu sentit également les maux du dedans et du dehors, et avec les années y apporta les remèdes. Il abattit peu à peu cette puissance et cette autorité des grands qui balançoit et qui obscurcissoit celle du Roi, et peu à peu les réduisit à leur juste mesure d'honneur, de distinction, de considération et d'une autorité qui leur étoient dus[1], mais qui ne pouvoit plus soutenir à remuer, ni parler haut au Roi, qui n'en avoit plus rien à craindre. Ce fut la suite d'une longue conduite sagement et sans interruption dirigée vers ce but, et de l'abattement entier du parti protestant par la ruine de la Rochelle et de ses autres places, qui faisant auparavant un État dans l'État, étoit d'une sûre et réciproque ressource aux ennemis du dehors et aux séditieux du dedans, même catholiques, si souvent excités par Marie de Médicis et par Gaston son fils bien-aimé, réduit enfin à la soumission comme les autres. Louis XIII ne vécut pas assez pour le bonheur de la France, pour la félicité des bons, pour l'exemple des meilleurs et des plus grands rois. La soumission et la tranquillité du dedans, la mesure, la règle, le bon ordre, la justice, qu'il avoit singulièrement adoptés[2], ne durèrent que huit ou neuf ans.

La minorité, qui est un temps de foiblesse, excita les grands et les corps à se remettre en possession des usurpations qui leur avoient été arrachées, et que la vile et l'étrangère extraction du maître que la Régente leur avoit donné et à elle-même, et les fourbes, les bassesses, les pointes, les terreurs et les *sproposito*[3] de son gouvernement, également avare, craintif et tyrannique, sembloient[4] rendre, sinon nécessaires, au moins supportables. Il n'en fallut pas tant que ce que Mazarin en éprouva pour lui faire jurer la perte de toute grandeur et de toute autorité autre que la sienne. Tous ses soins, toute son application se tourna à l'anéantissement des dignités et de la naissance par toutes sortes de voies, à dépouiller les personnes de qualité de toute sorte d'autorité, et pour cela de les éloigner, par état, des affaires; d'y faire entrer des gens aussi vils d'extraction que lui; d'accroître leurs

---

1. Saint-Simon a écrit *dues*, au féminin pluriel.
2. Il y a au manuscrit : « qui l'avoit singulièrement adopté. »
3. Voyez tome VI, p. 78, note 1.
4. *Sembloit*, au manuscrit.

places en pouvoir, en distinctions, en crédit, en richesses ; de persuader au Roi que tout seigneur étoit naturellement ennemi de son autorité, et de préférer, pour manier ses affaires en tout genre[1], des gens de rien, qu'au moindre mécontentement on réduisoit au néant, en leur ôtant leur emploi avec la même facilité qu'on les en avoit tirés [en le] leur donnant ; au lieu que des seigneurs déjà grands par leur naissance, leurs alliances, souvent par leurs établissements, acquéroient une puissance redoutable par le ministère et les emplois qui y avoient rapport, et devenoient dangereux à cesser de s'en servir, par les mêmes raisons. De là l'élévation de la plume et de la robe, et l'anéantissement de la noblesse par les degrés qu'on pourra voir ailleurs, jusqu'au prodige qu'on voit et qu'on sent aujourd'hui, et que ces gens de plume et de robe ont bien su soutenir, et chaque jour aggraver leur joug, en sorte que les choses sont arrivées au point que le plus grand seigneur ne peut être bon à personne, et qu'en mille façons différentes il dépend du plus vil roturier. C'est ainsi que les choses passent d'un comble d'extrémité à un autre tout opposé.

Je gémissois depuis que j'avois pu penser à cet abîme de néant par état de toute noblesse. Je me souviens que, dès avant que d'être parvenu à la confiance des ducs de Beauvillier et de Chevreuse, mais déjà fort libre avec eux, je ne m'y contraignis pas un jour sur cette plainte. Ils me laissèrent dire quelque temps. A la fin le rouge prit au duc de Beauvillier, qui d'un ton sévère me demanda : « Mais que voudriez-vous donc pour être content ? — Je vais, Monsieur, vous le dire, lui répondis-je vivement : je voudrois être né de bonne et ancienne maison, je voudrois aussi avoir quelques belles terres et en beaux droits, sans me soucier d'être fort riche ; j'aurois l'ambition d'être élevé à la première dignité de mon pays, et je souhaiterois aussi un gouvernement de place : jouir de cela,

---

1. Il y a *tout* au singulier, et *genres* au pluriel.

et je serois content. » Les deux ducs m'entendirent, se regardèrent, sourirent, ne répondirent rien, et un moment après changèrent de propos. Eux-mêmes, comme je le vis dans les suites, pensoient absolument comme moi, et je n'en pus douter par le concert entre eux et moi uniquement et ce prince dont je ne puis me souvenir sans larmes.

Quelque abattu que je fusse de sa perte, mes pensées et mes desirs n'avoient pu changer; et quelque disproportion que je sentisse de ce prince unique à celui qui alloit gouverner, et des moyens d'un roi ou d'un régent, je ne pus renoncer à une partie de ce tout qui m'étoit échappé. Mon dessein fut donc de commencer à mettre la noblesse dans le ministère avec la dignité et l'autorité qui lui convenoit, aux dépens de la robe et de la plume, et de conduire sagement les choses par degrés et selon les occurrences, pour que peu à peu cette roture perdît toutes les administrations qui ne sont pas de pure judicature, et que seigneurs et toute noblesse fût peu à peu substituée à tous leurs emplois, et toujours supérieurement à ceux que leur nature feroit exercer par d'autres mains, pour soumettre tout à la noblesse en toute espèce d'administration, mais avec les précautions nécessaires contre les abus. Son abattement, sa pauvreté, ses mésalliances, son peu d'union, plus d'un siècle d'anéantissement, de cabales, de partis, d'intelligences au dehors, d'associations au dedans, rendoient ce changement sans danger, et les moyens ne manquoient pas d'empêcher sûrement qu'il n'en vînt dans la suite.

L'embarras fut l'ignorance, la légèreté, l'inapplication de cette noblesse accoutumée à n'être bonne à rien qu'à se faire tuer, à n'arriver à la guerre que par ancienneté, et à croupir du reste dans la plus mortelle inutilité, qui l'avoit livrée à l'oisiveté et au dégoût de toute instruction hors de guerre, par l'incapacité d'état de s'en pouvoir servir à rien. Il étoit impossible de faire le premier pas vers ce but sans renverser le monstre qui avoit dévoré la noblesse, c'est-à-dire le contrôleur général et les secrétaires d'État, souvent désunis, mais toujours parfaitement réunis contre elle. C'est dans ce dessein que j'avois imaginé les conseils dont j'ai parlé, et qui longtemps après, au commencement de 1709, surprirent si fort le duc de Chevreuse, qui m'entretenant chez moi pour la première fois de ce même dessein, qu'il me confia pour en avoir mon avis, le trouva sur-le-champ écrit de ma main tel qu'il l'avoit conçu, ainsi que cela se voit plus au long p. 793[1]. Mgr le duc de Bourgogne l'avoit adopté dans le même dessein, et ce sont ces conseils que M. le duc d'Orléans en appuya, lorsqu'il nous en proposa l'établissement au Parlement, en déclarant qu'ils avoient été trouvés dans la cassette de Mgr le duc de Bourgogne, sur quoi je remarquerai que ce n'étoit pas celle dont j'ai parlé, et qui me donna tant d'inquiétude.

La formation de ces conseils fut donc une des premières choses dont je parlai à M. le duc d'Orléans. Il n'étoit pas moins blessé que moi de la tyrannie que ces cinq rois de France exerçoient à leur gré sous le nom du roi véritable, et presque en tout à son insu, et l'insupportable hauteur où ils étoient montés. Je proposai donc d'éteindre deux charges de secrétaires d'État, celui de la guerre et celui des affaires étrangères, qui seroient gérées par les conseils, expédiées par les secrétaires de ces conseils; de diminuer autant qu'il seroit possible la multiplicité des signatures en commandement, poussées à l'infini par l'intérêt des secrétaires d'État de faire passer tout par leurs mains; et que ce qu'il seroit indispensable d'être signé en commandement, le seroit par les deux secrétaires d'État restants, qui en auroient tout le loisir en toutes matières, parce qu'il ne leur en resteroit aucune à expédier ni à répondre, sinon les ordres secrets du Régent, qui n'appartiennent en particulier à nulle matière. Ainsi de la marine, ainsi de toutes les provinces du royaume

---

1. Pages 287-291 de notre tome VI.

qui font la matière du conseil des dépêches, que j'appelois conseil des affaires du dedans. Ce n'étoit pas que j'eusse dessein de conserver un second secrétaire d'État à la longue ; un seul suffisoit à l'expédition des choses les plus secrètes, que je voulois rendre aussi les plus rares, et aux signatures en commandement absolument nécessaires, que j'avois dessein aussi d'éclaircir beaucoup en substituant celle du chef du conseil, en la joignant pour lors à celle du secrétaire du même conseil. On n'ignore pas que la prétendue signature du Roi, mise au bas de chaque expédition qui sort des bureaux par le sous-commis qui écrit l'expédition même, n'a de force et d'autorité que celle qu'elle reçoit de la signature du secrétaire d'État. Il n'étoit donc pas difficile de supprimer cette prétendue signature du Roi, dont personne n'étoit la dupe, et qui n'est qu'une prostitution très-indécente, et de transporter aux chefs des conseils, pour les matières de leurs conseils, le poids et l'autorité de celles des secrétaires d'État. Ce sont de ces choses que le temps amène comme de soi-même, en ne perdant pas les occasions de les établir sans entreprendre tout à la fois, mais se contenter d'abord du renversement de l'arbre pour en arracher après les racines à propos, et en empêcher radicalement la funeste reproduction.

Je proposai en même temps que les secrétaires d'État n'entrassent dans aucun des conseils, où l'ombre de ce qu'ils ne feroient que cesser d'être les rendroit dangereux ; mais d'admettre sans voix ni délibérative ni consultative même, surtout sans faculté de rapporter quoi que ce fût, un des deux secrétaires d'État au conseil de régence pour en tenir le registre exactement, qui seroit vérifié exactement tous les mois par celui des membres de ce conseil qui, à tour de rôle, se trouveroit en mois pour recevoir les placets que le seul secrétaire d'État de la guerre étoit en usage de recevoir sur toutes matières, lesquels lui seroient rapportés chez lui par deux maîtres des requêtes qui l'auroient accompagné en les recevant derrière la table dressée pour cela dans l'antichambre du Roi, comme faisoit seul le secrétaire d'État de la guerre; et les rapporter ensuite à M. le duc d'Orléans, accompagné des mêmes deux maîtres des requêtes. C'étoit rendre à ces charges leur droit primitif, et se servir de leurs lumières pour mille choses en ce genre qui avoient souvent trait à des choses que des gens d'épée ne pouvoient savoir, surtout en ces commencements. On comprend bien que je proposai en même temps d'éteindre l'emploi de contrôleur général et d'en faire passer l'emploi et l'autorité au conseil des finances, et substituer la signature du chef de ce conseil à celle du contrôleur général.

A ce plan général il en falloit ajouter de particuliers. Je proposai donc celui de ces conseils que j'avois faits autrefois, et qu'on trouvera parmi les pièces[1], tels que je les fis pour lors, mais j'en supprimai qui ne convenoient plus ni au moment présent ni au temps d'une régence. Ils furent, pour leur matière et pour leur nom, tels que M. le duc d'Orléans les établit, mais avec une confusion, un nombre de membres, un désordre que je n'y aurois pas mis, et dont la cause se découvrira en son temps. Je ne m'y arrêterai donc pas davantage à cette heure. Vint après la discussion des gens à admettre ou à exclure, puis celle de la destination de chacun de ceux qui seroient employés.

Je représentai à M. le duc d'Orléans que cet établissement flatteroit extrêmement les seigneurs et toute la noblesse, éloignée des affaires depuis près d'un siècle, et qui ne voyoit point d'espérance de se relever de l'abattement où elle se trouvoit plongée; que ce retour inespéré et subit du néant à l'être toucheroit également ceux qui en profiteroient par leurs nouveaux emplois, et ceux encore à qui il n'en seroit point donné, parce qu'ils en espéreroient dans la suite par l'ouverture de cette porte, et qu'en attendant ils s'applaudiroient d'un bien commun

---

1. Voyez tome I, p. 420, note 1.

et de la jouissance de leurs pareils; en même temps, que c'étoit à lui à balancer si bien l'inclusion, l'exclusion, la distribution des emplois, que son autorité, bien loin d'en souffrir, n'en fût que plus confirmée, et d'éviter aussi des mécontentements dangereux; que par cette raison je ne croyois pas qu'il pût sagement exclure certaines gens qui bien ou mal à propos avoient acquis un certain poids dans le monde, dont l'estime et l'opinion avantageuse prise d'eux s'étoit tournée en mode, dont le choix le feroit applaudir et donneroit réputation au nouveau genre de gouvernement, dont l'exclusion produiroit un sentiment contraire, et capable d'enhardir ces gens-là, pour la plupart fort établis, à cabaler et à le traverser, au contraire de l'intérêt qu'ils prendroient en lui, et au succès de ce à quoi ils se trouveroient employés; et qu'il recevroit un double gré du public et d'eux-mêmes d'un choix auquel ils ne devoient pas s'attendre par le peu, et souvent tout le contraire de ce qu'ils avoient mérité de lui; qu'aussi, tant pour le bon ordre des affaires que pour ne pas tenter par la facilité des gens peu sûrs pour lui qui en pourroient abuser, il étoit très-essentiel d'établir et de maintenir dans chacun des conseils une égalité parfaite d'autorité et de fonctions entre tous les membres, et une balance exacte entre eux et le chef, pour que le chef n'y prenne pas une autorité qui non-seulement absorbe celle du conseil, mais même qui l'obscurcisse, et qu'il jouisse aussi de sa qualité sans une dépendance qui l'y rende un fantôme.

Pour arriver à ce tempérament, mon sentiment fut que le chef ne pût parler que le dernier; qu'il partageât les différentes affaires à chacun, toujours en plein conseil; qu'il n'y en pût rapporter aucune; qu'il n'eût que sa voix en quelque cas que ce pût être; qu'y ayant partage, le membre de la régence en mois y fût appelé pour départager, sans pouvoir y entendre parler d'aucune autre affaire, et que le chef de chaque conseil venant rapporter à la régence les affaires de son conseil, qui toutes, hors les bagatelles du courant, y devoient être exactement portées et définitivement[1] réglées, y fût accompagné de l'un des conseillers d'avis contraire au chef dans les choses principales, choisi par la pluralité des conseillers du même avis que lui; enfin que toutes les délibérations de chaque conseil, surtout de celui de régence, fussent écrites à mesure par le secrétaire séant au bas bout de la table, lu[2] par lui à la fin du conseil, signé de lui et du conseiller de semaine, qui seroit son modèle pour son registre plus étendu, qui, à la fin de chaque mois, seroit relu au conseil et y seroit signé du chef et du secrétaire. Avec ces précautions je crus la balance bien observée, et bien difficile de rien expédier à l'insu ou contre l'avis du conseil, et cela dans celui des affaires étrangères comme les autres, pour les instructions, les lettres, les réponses, les ordres, et toute autre matière, excepté les choses également secrètes, importantes et rares, qui demeureroient entre le Régent et le chef de ce conseil, mais qu'il seroit pernicieux et destructif d'étendre au delà d'une invincible nécessité.

Je voulois aussi des jours réglés pour tenir les différents conseils, tous dans la maison du Roi, et des jours marqués à la régence pour y entendre les affaires de chaque conseil; et, s'il s'en trouvoit de nature à ne pouvoir y être vues au jour ordinaire, les y porter seules au commencement ou à la fin du conseil de régence, sans que le chef d'un autre conseil, étant en son jour ordinaire à la régence, pût être de l'affaire extraordinaire qui y seroit portée, non plus que celui qui l'y porteroit en entendre aucune de celles qui y seroient naturellement traitées ce jour-là. J'insistai encore à séparer chaque département de conseil d'une manière si nette, si distincte et si précise, et à décider si promptement et si clairement les questions et les prétentions réciproques qui pourroient

---

1. *Diffinitivement*, ici encore, est l'orthographe de Saint-Simon. Voyez tome IX, p. 133 et note 1.
2. Il y a bien *lu*, et huit mots plus loin *signé*, au masculin singulier.

naître là-dessus dans les commencements, que chaque conseil ne pût empiéter ni lutter contre un autre, et que dans le public on n'eût aucun embarras pour savoir à qui s'adresser sur toute sorte d'affaire; pourvoir avec la même précision à séparer bien distinctement les fonctions particulières de chaque membre de chaque conseil, et pourvoir ainsi à l'union des membres, en retranchant toute cause de prétention et de jalousie, ainsi qu'aux conseils, même respectivement, et en même temps au mûr examen et à la prompte expédition des affaires.

J'en fis sentir l'utilité et la facilité par l'exemple continuel de la cour de Vienne, où rien ne s'étrangle ni ne languit parmi tant de différents conseils qui y sont établis, et que si le contraire a paru en Espagne, c'est que sous les derniers rois de la maison d'Autriche on n'y opinoit que par écrit; et ces votes, qui couroient des uns aux autres, portés au Roi, renvoyés par lui à d'autres encore, devenoient des plaidoyers à longue distance[1] sur les moindres affaires, dont grand nombre de pareilles n'auroient tenu qu'une matinée en opinant de vive voix ensemble; au lieu qu'une seule affaire ne finissant point, il se faisoit un engorgement qui arrêtoit et perdoit toutes les affaires par des lenteurs qui n'avoient point de fin. J'ajoutai qu'à l'égard du règne de Philippe V, M. le duc d'Orléans savoit mieux que personne ce qui y avoit rendu les conseils inutiles et ridicules, qui n'avoient pu se soutenir contre l'adresse et le crédit de Mme des Ursins ayant Mme de Maintenon en croupe, qui vouloit tirer à soi seule toute l'autorité du gouvernement, dont les deux monarchies ne s'étoient pas bien trouvées.

M. le duc d'Orléans goûta extrêmement ce projet, qui fut maintes fois rebattu et discuté entre lui et moi. Il sentit l'importance du secret et le garda, et sur la chose et sur toutes ses dépendances. La résolution prise, il fallut débattre les sujets. Je lui représentai qu'il n'avoit

---

1. Saint-Simon a mis *longues* au pluriel, et *distance* au singulier.

point à choisir pour les chefs des conseils des affaires ecclésiastiques, de la guerre, de la marine et des finances ; qu'il n'y avoit aucune apparence de faire l'affront à M. le comte de Toulouse, amiral, qui avoit commandé des flottes, qui avoit gagné une bataille navale, qui tenoit tous les jours le conseil des prises, qui les alloit juger définitivement[1] au conseil devant le Roi, et qui étoit admis à l'examen des promotions qui se faisoient dans la marine, de l'exclure de la place de chef de ce conseil, que le comte de Toulouse étoit à son égard très-différent du duc du Maine, et d'un caractère sage et modéré, et aussi aimé et estimé en général que celui de son frère étoit méprisé et abhorré parmi la crainte et la servitude qui réduisoient là-dessus au silence. Je conclus donc qu'il étoit juste, sans péril, et nécessaire de le faire chef de ce conseil, et très-dommageable et même dangereux de ne le pas faire, mais que je croyois aussi qu'il n'étoit pas moins à propos de ne lui pas tellement abandonner ce conseil qu'il en devînt une chimère, et que le comte se rendît maître de la marine, qu'il n'y avoit pour cela qu'à y faire entrer le maréchal d'Estrées, homme droit, d'honneur, sachant et connoissant bien la marine, qui en étoit estimé et considéré par sa valeur, ses actions, sa probité, ses talents d'homme de mer, qui par son expérience, sa charge de vice-amiral, son office de maréchal de France se rallieroit et étayeroit ce conseil; qu'il pouvoit compter sur lui, qu'en l'y mettant il ne feroit que le mettre à sa place, qu'il seroit extraordinaire même qu'il ne l'y mît pas ; qu'il étoit bien avec le comte de Toulouse, et de longue main accoutumés l'un à l'autre, pour avoir été souvent à la mer ensemble et dans les ports, et unis tous deux, et avec d'O, dans la même querelle et dans la même inimitié contre Pontchartrain. Tout cela fut encore approuvé et M. le duc d'Orléans remit au temps où il pourroit parler, à voir avec le maréchal d'Estrées, et

---

1. *Diffinitivement*, au manuscrit. Voyez ci-dessus, p. 252 et note 1.

après avec le comte de Toulouse, les marins les plus convenables à composer ce conseil, avec quelque intendant de marine pour ce qui y demandoit nécessairement de la plume.

Venant après au conseil des finances, je lui dis que je connoissois très-bien le maréchal de Villeroy, et quel il étoit à son égard, mais qu'il étoit chef de ce conseil et ministre d'État ; que ne lui pas laisser cette place, quoique autrement tournée, c'étoit le plus sanglant affront qu'il se pût faire, et à un homme tel que celui-là, que son incapacité et sa futilité le rendoit un personnage fort indifférent à la tête d'affaires qu'il n'entendoit ni n'entendroit jamais ; qu'il ne s'agissoit pour parer à tout que d'y joindre un président comme à la marine, qui imposât tacitement à ses grands airs de supériorité, et qui en ôtât la peur à des gens de robe, dont d'ici à quelque temps on ne pourroit s'y passer de gens de robe, comme intendants des finances, qui en avoient fait un grimoire pour qu'il ne pût être connu que d'eux, jusqu'à ce que l'autorité et l'application l'eût fait mettre au net, et mis la matière à portée de gens d'épée ; et passant tout de suite à la guerre, je fis comprendre à M. le duc d'Orléans que le premier maréchal de France étant placé ailleurs, la place de ce conseil ne pouvoit être remplie que par Villars, second maréchal de France, qui avoit commandé les armées jusqu'à la paix qu'il avoit faite depuis lui-même à Rastadt et à Baden, et qui ne lui étoit pas suspect. Villars m'avoit prié, il y avoit déjà quelque temps, d'assurer M. le duc d'Orléans de son attachement. Je l'avois fait, et j'en avois rapporté un remerciement et des compliments, dont le maréchal me parut fort content.

Ces trois points arrêtés de la sorte, vint celui des affaires ecclésiastiques, qui fut plus longtemps à peser. Je dis à M. le duc d'Orléans qu'il n'avoit pas plus de liberté dans ce choix que pour les trois autres qu'il avoit faits, avec cette différence que le cardinal de Noailles, que la place de chef de ce conseil regardoit uniquement, ne lui pouvoit être suspect, et que Villars, le moins sans proportion des trois autres, avoit des coins de folie auxquels il falloit prendre garde ; que l'âge, les mœurs, la suite d'une vie apostolique et sans reproche du cardinal de Noailles, son ancienneté, qui le mettoit à la tête du clergé, indépendamment des autres droits, sa qualité d'archevêque de la capitale et de diocésain de la cour, celle du plus ancien de nos cardinaux, les établissements et les alliances de sa famille la plus proche, le savoir et la modération qu'il avoit montrés en tant d'occasions particulières et publiques, formoient un groupe de raisons transcendantes qui en emportoient la démonstration ; qu'à l'égard de l'affaire de la constitution, c'étoit à lui-même à qui j'aurois voulu demander ce qu'il en pensoit, ou plutôt que je n'en avois pas besoin, parce qu'il me l'avoit dit bien des fois, avec l'indignation qu'en méritoient les artifices, les friponneries, les violences dont toute cette affaire n'étoit [qu']un tissu ; que ce n'étoit pas à un prince éclairé comme il l'étoit à se laisser imposer par une odieuse cabale détestée de tous les honnêtes gens, même de ceux que la foiblesse ou l'intérêt y avoit engagés ; que c'étoit la partie saine, savante, pieuse du royaume avec qui il avoit à compter sur les affaires ecclésiastiques, qui demandoient des mains pures et reconnues universellement pour telles, au péril de perdre toute réputation et toute confiance dès ce premier faux pas. J'ajoutai que je ne voyois point de prélat qui fût tout ensemble assez marqué, assez distingué par les lumières, assez porté par la vénération publique, pour entrer en aucune comparaison avec le cardinal de Noailles ; et qu'à l'égard des cardinaux de Rohan et de Bissy, c'étoit à lui-même à voir si les affaires ecclésiastiques seroient sûrement en remettant leur direction principale et la feuille des bénéfices à deux ambitieux esclaves de la cour de Rome : le premier qui ne respiroit que la grandeur de sa maison et de ses chimères, l'autre d'en faire une, tous deux de dominer le clergé et la cour, et d'être chefs de parti, tous deux liés et livrés à ce qui lui étoit le plus contraire autour du Roi et dans le public; sur quoi il devoit de plus savoir à quoi s'en tenir sur les Rohans.

Passant de là aux partis que formoit la constitution, je lui fis sentir toute la différence de la réputation de tout temps et publique des prélats unis au cardinal de Noailles d'avec les autres; le poids de la Sorbonne, des autres écoles, des curés de Paris, si importants et si fort à ménager dans des temps jaloux, de la foule du second ordre, des corps réguliers, illustres par leur science et leur piété; enfin celui des parlements, surtout de celui de Paris, ouvertement déclarés pour la cause et pour la personne du cardinal de Noailles, qui avoit tous les cœurs, et vers lequel tout courroit[1] en foule, dès que la terreur présente finiroit avec la vie du Roi; enfin, que ce seroit faire le plus signalé affront au premier prélat du royaume, au plus établi, au plus universellement chéri, et en vénération entière, et se livrer au cri et au ressentiment universel, et cela pour des gens qui, méprisés aujourd'hui qu'ils disposoient de toutes les foudres, et détestés par l'abus de leur pouvoir, combien plus honnis quand la liberté s'en trouveroit rendue.

M. le duc d'Orléans n'eut rien à répondre à un raisonnement qui ne tiroit sa force que des choses mêmes par leur évidence fondée sur la vérité. Il m'avoua qu'il n'y avoit que le cardinal de Noailles à qui il pût donner cette place, mais il étoit embarrassé de l'affaire de la constitution, et pour Rome, et pour la France même. Le raisonnement là-dessus se reprit à plusieurs fois. Le mien ne varia point. Mon sentiment fut qu'il avoit pour en sortir, et bien, et promptement, le plus beau jeu du monde s'il vouloit bien ne se point laisser éblouir; qu'il n'étoit point roi se piquant d'une autorité sans bornes, et qu'il n'avoit pris sur cette affaire aucun engagement avec Rome, avec

---

1. *Courreroit* est l'orthographe de Saint-Simon.

personne, ni avec lui-même, par l'engagement de son pouvoir déjà compromis ; que le Roi se trouvoit dans tous ces termes, dont ceux qui l'y avoient su pousser savoient aussi bien profiter pour le conduire où jamais il n'avoit pu imaginer d'être mené ; que lui, régent, devoit aussi en profiter en sa manière, et profiter de sa liberté, et des limites de son autorité, pour éviter ce même écueil, et ne se pas livrer à des gens vendus et engagés en toutes les façons du monde, dont les artifices, l'ambition, les manéges, les fourberies, les violences n'étoient ignorées désormais de personne, qui ne seroient jamais contents, voudroient toujours aller en avant, immoler tout à leurs vues, surtout entretenir cette guerre pour se rendre nécessaires et importants, pour se faire courtiser et redouter, et parce qu'il n'y a plus de parti, et dès lors plus de chefs, ni de principaux de parti, quand l'affaire qui l'avoit fait est finie ; qu'il comprît donc qu'en leur prêtant l'oreille, il ne la termineroit jamais, qu'il en seroit plus tourmenté que d'aucune autre du gouvernement, et qu'il se trouveroit peu à peu entraîné à plus de violences, et tout aussi peu utiles à la protection même qu'il voudroit donner, qu'il n'en avoit vu commettre au Roi, qui de sa part seroient bien plus odieuses ; qu'à mon avis, il n'avoit qu'un parti à prendre, mais à s'y tenir bien fermement : déclarer qu'il n'en prendroit aucun dans cette affaire, mander le cardinal de Noailles dès l'instant que le Roi ne seroit plus, le présenter au nouveau Roi lui-même, avec quelque propos gracieux mais sans affectation, lui faire valoir tête à tête ce premier pas et la place où il l'alloit mettre, et s'assurer ainsi de lui ; déclarer aussitôt après le conseil entier des affaires ecclésiastiques, pour éviter d'être obligé de refuser le Pape si on lui donnoit le temps de faire des démarches là-dessus ; traiter avec distinction Rohan et Bissy ; leur faire sentir que vous voulez résolûment une fin très-prompte à cette affaire ; que vous avez toujours été ennemi de toute violence, surtout en matière qui a rapport à la religion ;

qu'ils se doivent attendre qu'il n'en sera plus fait aucune ;
que les prisons vont même être ouvertes à ceux que cette
affaire y a conduits, et toutes les lettres de cachet à cette
occasion révoquées, et l'exécuter en même temps ; les
assurer que vous ne prenez aucun parti, et que c'est
même en preuve de cette neutralité que vous rendez la
liberté à ceux à qui cette affaire l'a fait perdre ; que vous
laissez donc une égale liberté de part et d'autre, mais que
vous ne souffrirez d'aucun côté la licence, ni pas plus les
longueurs à terminer ; couper court ensuite, et s'ils
abusent de votre politesse pour s'engager en longs discours, faire la révérence et les laisser, en les assurant que
vous n'avez ni n'aurez jamais assez de loisir pour vous
noyer en ces disputes ; s'ils osoient s'échapper tant soit
peu, leur dire poliment, mais avec une fermeté sèche de
songer à qui ils ont l'honneur de parler ; et sur-le-champ
la pirouette, et les laisser là. Rien n'est pis que de se
laisser manquer ni entamer le moins du monde, et le
moyen de l'éviter pour toujours est dès la première fois
une pareille leçon. Tout de suite faire enlever les jésuites
Lallemant, Doucin et Tournemine, et leurs papiers ;
mettre le dernier au donjon de Vincennes, sans papier, ni
encre, ni plume, ni parler à personne, du reste bien logé
et nourri à cause de sa condition personnelle ; les deux
autres au cachot, en des prisons différentes, avec le traitement du cachot ; qu'on ne sût où ils sont, et les y laisser
mourir ; ce sont les boute-feux de toute cette affaire, et de
très-dangereux scélérats. Mander en même temps le pro-
vincial et les trois supérieurs des maisons de Paris, leur
témoigner estime, amitié, desir de les marquer à leur
Compagnie, de l'obliger, de la distinguer, de la servir ;
que ce n'est que dans ce dessein que vous vous êtes cru
obligé de les délivrer de trois brouillons très-pernicieux,
dont vous êtes bien instruit qu'ils ne l'ont pas été moins
chez eux en choses domestiques (ce qui est très-vrai)
qu'ils l'ont été très-criminellement au dehors ; que vous
ne voulez pas pousser à leur égard les choses plus loin ;

que sans entrer en aucun détail avec ceux à qui vous parlez, vous vous contentez de leur dire que vous aimez la paix, et, poussant un peu le ton, que vous la voulez, que vous comptez assez sur eux, par la manière dont vous avez parlé d'eux, et usé en toutes les occasions qui s'en sont présentées, pour leur demander d'y contribuer effectivement, et vous donner moyen par cette conduite de leur vouloir et faire tout le plaisir et le bien dont les occasions se pourront présenter, et dont le desir en vous se nourrira et s'augmentera à la mesure de ce que vous verrez qu'ils feront efficacement pour remplir en cela votre desir. Cela dit, interrompre leurs remontrances, supplications sur les prisonniers, protestations, etc., par des compliments et des persuasions qu'ils feront merveilles pour leur couper la parole, et tout aussitôt vous retirer, et les laisser; et s'ils hasardoient de vous suivre, ou de vous faire demander à vous parler, leur faire dire civilement que l'accablement d'affaires ne vous le permet pas.

Mander un moment après le P. Tellier, lui dire que vous n'oubliez point les services qu'il vous a rendus; que vous desireriez avec ardeur que le bien des affaires se pût accorder avec tout ce que vous voudriez faire pour lui, mais que la place que vous tenez vous impose des mesures auxquelles vous ne pouvez manquer; qu'ainsi vous êtes forcé à lui dire que le Roi veut qu'il soit conduit sur-le-champ à la Flèche, où il lui défend très-expressément d'écrire ou de recevoir aucune lettre de personne que vues par celui qui en sera chargé, et qui les rendra ou enverra, ou non, comme il le jugera à propos; que du reste le Roi lui donne six mille livres de pension, et que s'il en desire davantage, il n'a qu'à parler, avec certitude de l'obtenir sur-le-champ; que rien ne lui manque en bois, en meubles, en logement, en nourriture, en livres, en tout ce qui peut servir à sa santé, à sa commodité, à son amusement; qu'il ait deux valets et un Frère, que le Roi payera, à condition qu'il les choisira et changera comme il lui plaira, sans dépendance que de l'intendant de la province, qui aura ordre de tenir la main à ce que rien ne lui manque; qu'il soit libre et indépendant des jésuites du collège, et qu'ils aient pour lui tous les égards, les attentions et les déférences possibles; qu'il se puisse promener et dîner dans les environs, mais sans découcher; et que le Roi est disposé à lui accorder d'ailleurs tout ce qui pourra lui convenir, et même, en sa considération, des grâces quand elles ne seront point préjudiciables.

Cela dit, le congédier sans écouter trop de discours; et avoir pourvu qu'en l'absence des supérieurs de la maison professe étant chez vous, et du P. Tellier y venant, on prenne tout ce que lui et son secrétaire auront de papiers chez eux, et deux hommes sûrs, mais polis, qui paquetteront, au sortir de chez vous, le P. Tellier et son compagnon dans un carrosse, y monteront avec eux, et les conduiront tout de suite à la Flèche, où ils remettront six mille livres au P. Tellier, et le livreront à l'intendant de la province, qu'on aura pourvu d'y faire trouver avec les ordres du Roi pour lui et pour les jésuites de la Flèche concernant le P. Tellier. C'est ce qui se doit exécuter à Versailles, pour que l'aller et venir, tant des supérieurs que du P. Tellier, donne le temps nécessaire de saisir les papiers en leur absence, et faire la capture des trois prisonniers en même temps. Je crus pouvoir sans témérité assurer M. le duc d'Orléans d'une joie et des bénédictions publiques de cette conduite, et que, bien loin d'emporter aucun danger, elle accéléreroit la paix. Je l'avertis qu'ils falloit bien garder de rien dire sur tout cela, avant ni après l'exécution, aux cardinaux de part ni d'autre, ni à personne des leurs : à l'un, parce que cela lui feroit prendre trop de force, et lui paroîtroit s'enrôler avec lui; aux autres, parce que cela sentiroit l'excuse et la crainte. Si les uns ou les autres vouloient lui en parler en louange ou en plaintes, leur fermer la bouche poliment; mais leur dire tout court, d'un ton à se faire sentir, que vous voulez la paix, et que vous êtes résolu de l'avoir sans prendre aucun parti que celui de la paix. S'ils passent outre, la révérence, leur dire que vous êtes fâché de n'avoir pas le loisir d'être plus longtemps avec eux, et vous retirer. « Assurez-vous, dis-je à M. le duc d'Orléans, qu'avec cette conduite, l'étourdissement de la mort du Roi, et les affaires ecclésiastiques, surtout la feuille des bénéfices[1] entre les mains du cardinal de Noailles, fera tomber les armes des mains à Rohan et Bissy, qui, étant ce qu'ils sont, n'ont plus de fortune personnelle à faire, qui hasarderoient leur crédit pour leur famille et leur considération en se roidissant, et qui dès lors ne songeront qu'à vous gagner et à finir pour vous plaire ; et c'est ce qu'il faudra saisir brusquement, et finir solidement à quelque prix que ce soit, ayant toujours les écoles, les corps ecclésiastiques et les parlements en croupe, pour finir convenablement. »

Tout cela longuement discuté et à bien des reprises, M. le duc d'Orléans me parla de Rome et du nonce Bentivoglio, qu'il gardoit pour la fin, et sur quoi il m'expliqua ses craintes. Je l'écoutai longuement, puis je lui dis que cet objet, si principal dans la matière que nous traitions, ne m'étoit pas échappé ; que je trouvois fort aisé de couper court avec Rome, sans qu'elle pût s'en offenser, et d'éconduire son ministre, qui étoit un fou et un furieux par ambition, sans religion ni honneur, et qui entretenoit publiquement une fille de l'Opéra, dont il avoit déjà un enfant qui n'étoit pas ignoré ; que jusqu'à ce que les conseils fussent entièrement formés et déclarés, les ministres du Roi subsisteroient ; qu'ainsi il ne devoit jamais se commettre avec le nonce, lui refuser toute audience sous prétexte de la multitude d'affaires et d'ordres à donner, et s'il vous attaque lorsqu'il vous rencontrera voyant tout le monde, l'interrompre, lui dire poliment que ce n'est pas le lieu de parler d'affaires, et le renvoyer

---

1. Voyez tome X, p. 286 et note 1.

à Torcy; s'il insiste, lui tourner le dos, et vous retirer; charger Torcy de se rendre peu visible au nonce et de battre la campagne, le lasser ainsi, et se moquer de lui.

A l'égard du Pape, se bien garder que rien de sa part, ni verbal et bien moins par écrit, vienne à vous sans que Torcy l'ait ouï ou lu auparavant, pour refuser de vous en rendre compte, comme il est souvent arrivé au Roi de refuser de recevoir des brefs, etc., ou pour vous en rendre compte si la chose le comporte; ne rien répondre que des choses générales au nonce; au Pape force respects, desirs, soumissions, puis lui écrire ou faire dire pathétiquement que ce que le roi le plus craint, le plus absolu, le plus obéi qui ait jamais régné en France, n'ayant pu opérer ce que Sa Sainteté desire, et à quoi Sa Majesté s'étoit engagée à elle, et y ayant vainement employé les soins, les grâces, les menaces et jusqu'à la violence, pendant quatre ou cinq ans sans relâche, il ne faut pas espérer d'un temps de minorité, par conséquent de foiblesse, ni de l'autorité limitée et précaire d'un régent, ce que n'a pu le plus puissant et le plus redouté des rois de France; qu'il est également de la sagesse de Sa Sainteté de n'y pas compter, et de sa charité paternelle de ne pas exiger l'impossible; que le Régent se croit de plus en droit d'espérer d'un si grand et si saint pape qu'il seroit le premier à chercher tous les moyens possibles d'arrêter les divisions et les troubles dans le royaume d'un enfant, fils aîné de l'Église, aux ancêtres de qui l'Église universelle, celle de Rome en particulier, sont si particulièrement redevables, plutôt que de les augmenter en exigeant l'impossible; étendre et paraphraser ce thème au mieux et avec les expressions les plus touchantes et les plus soumises, mais en montrant aussi une fermeté à s'y tenir qui ôte toute espérance de l'ébranler; surtout ne se point lasser des recharges, et d'y répondre toujours sur ce même ton.

En même temps, faire revenir au nonce que s'il n'est

sage, on ne sera pas retenu d'informer le Pape de sa conduite scandaleuse, de la répandre à Rome et de lui fermer le chemin au cardinalat par cela même qu'il emploie à le hâter; avertir sous main les jésuites qu'on est attentif à leur conduite dans toutes les provinces, qu'on n'est pas moins instruit de celle de leur général et des principaux de leur Compagnie à Rome, qu'ils s'apercevront par un traitement attentif, suivi, proportionné, du mécontentement ou de la satisfaction qu'on en recevra. Tout d'une main séparer et finir l'assemblée actuelle des évêques qui n'est bonne ni occupée qu'à brouiller, n'accorder sur cela ni délai ni audience, dire aux cardinaux de Rohan et de Bissy qu'on n'a affaire qu'à eux, et qu'on n'écoutera rien qu'après qu'on aura su par les intendants des provinces que tous les évêques sont arrivés chacun dans son diocèse. Empêcher après qu'aucun ne revienne à Paris, les renvoyer subitement, s'ils l'osent, par le ministère naturel du procureur général, et tenir la main, par les procureurs généraux des autres parlements, qu'ils ne se courent point les uns les autres, qu'ils se tiennent chacun chez eux; les y faire avertir d'êtres sages, et si quelqu'un de part ou d'autre ne l'étoit pas, le pincer tout aussitôt ou sourdement ou avec éclat, suivant sa faute en dessous ou publique, et le châtier aussi dans sa parenté, moyen très-sensible et d'autant plus efficace que des parents d'évêques, et surtout tels qu'ils sont pour la plupart, n'ont pas les ressources des évêques, ni dans le public ni dans le particulier, et qui, vexés par rapport à eux, les réduisent bientôt à la raison pour leur délivrance.

Ce qui est de très-principal et que j'appuyai bien à M. le duc d'Orléans, c'est la nouvelle licence de leur correspondance à Rome et de leurs liaisons avec le nonce. Jamais ni l'un ni l'autre ne s'étoit toléré avant l'affaire de la constitution, témoin celle dont j'eus tant de peine à tirer Mailly, archevêque d'Arles, dont j'ai parlé en son temps, où il ne s'agissoit uniquement que d'un présent au Pape de quelques reliques de saint Trophime, qui lui en avoit attiré un bref de pur remerciement, sans qu'il y eût pour lors l'ombre de rien autre chose, pas même dans aucun lointain. Il n'étoit permis à aucun évêque ni à aucun ecclésiastique d'écrire à qui que ce fût de la cour de Rome, ni d'en recevoir de lettres, sans la permission expresse du Roi sur chaque chose, et sans que le secrétaire d'État des affaires étrangères ne les vît et en pût répondre. Autrement c'étoit un crime, et ces lettres mêmes étoient infiniment rares, parce qu'elles se permettoient fort difficilement, et qu'elles laissoient toujours ombrage et démérite, tellement qu'elles étoient tombées tout à fait hors d'usage, parce que le commerce nécessaire des bulles, des dispenses, etc., se faisoit[1] uniquement par les banquiers[2].

A l'égard des nonces, ni commerce ni visites; un évêque, un ecclésiastique simple, un moine même eût été sévèrement tancé, et après longuement éclairé, qui auroit vu le nonce sans que le ministre des affaires étrangères eût su pourquoi, et en eût parlé au Roi, et même avec cela jamais au delà de l'étroit nécessaire. Le P. Tellier avoit le premier osé rompre cette barrière, et que n'osat-il pas? Aussitôt grand nombre et de prélats et de gens du second ordre s'empressèrent à se faire de fête, et se proposèrent des chimères. Rome et le nonce entretinrent soigneusement leur vanité et leur espérance, et peu à peu s'attachèrent ainsi une grande partie du clergé, pour se faire valoir des deux côtés, [ce[3]] qui, depuis la vue du cardinalat, qui en enivra beaucoup, jusqu'aux moindres objets, débaucha un clergé vain, oisif, avare, ambitieux, ignorant, et pour la plupart pris de la lie du peuple ou de la plus abjecte bourgeoisie. On sent aisément ce que deviennent alors ces précieuses libertés de l'Église gal-

1. *Faisoient*, au manuscrit.
2. On appelait *banquiers en cour de Rome* ou *banquiers expéditionnaires* ceux qui avaient le privilége de faire obtenir les grâces, bulles, dispenses, etc., de la cour de Rome. Ils étaient devenus officiers publics par un édit de 1673 et une déclaration de janvier 1675.
3. Saint-Simon a écrit *et*, pour *ce*.

licane, les droits du Roi, le lien à la patrie ; et c'est ce qu'il étoit si important de redresser, en privant Rome de tant et de si dangereux transfuges, en remettant les anciennes règles en vigueur, dont Rome même n'eût osé se plaindre, puisqu'elles y étoient encore, et sans interruption, lors des premiers progrès de l'affaire qui fit naître celle de la constitution, c'est-à-dire, il y a cinq ou six ans, et de plus qui n'étoient violées que par simple et tacite tolérance, sans aucune sorte de révocation, ni même de consentement formel. C'étoit donc bien assez de laisser le commerce de Rome libre aux cardinaux de Noailles, Rohan et Bissy uniquement, et celui du nonce à cinq ou six prélats ou gens du second ordre, bien choisis et nommés pour cela par M. le duc d'Orléans, et châtier sévèrement et irrémissiblement tous prélats et gens du second ordre qui oseroient transgresser la défense le moins du monde, en quelque manière, et sous quelque prétexte et protection que ce pût être. Nous fûmes souvent et longuement sur cette matière M. le duc d'Orléans et moi, et à la fin je le laissai persuadé.

Restoient les conseils des affaires étrangères et des dépêches ou du dedans du royaume. Je dis à M. le duc d'Orléans qu'il restoit aussi deux hommes sur qui il ne devoit pas compter, mais qui, outre leurs établissements, étoient dans le public, l'un bien moins à propos que l'autre, à ne pouvoir laisser : Harcourt et Huxelles ; que j'estimois qu'il falloit les mettre à la tête de ces deux conseils, mais que je ne voyois pas qu'il eût à contraindre son goût sur leurs places. La situation où M. le duc d'Orléans avoit été si longtemps avec l'Espagne, et les liaisons étroites d'Harcourt en ce pays-là, et avec Mmes de Maintenon et des Ursins, le déterminèrent aux affaires étrangères pour Huxelles, et à celles du dedans du royaume pour Harcourt. Cela fut bientôt décidé. Mais avant que la résolution en fût prise : « Mais vous, me dit M. le duc d'Orléans, vous me proposez tout le monde, et ne me parlez point de vous ; à quoi donc voulez-vous être ? » Je lui répondis que ce n'étoit à moi ni de me proposer ni moins encore de choisir, mais à lui-même à voir s'il vouloit m'employer, s'il m'en croyoit capable, et en ce cas de déterminer la place qu'il me voudroit faire occuper. C'étoit à Marly, dans sa chambre, et il m'en souviendra toujours.

Après quelque petit débat, qu'entre pareils on appelleroit compliments, il me proposa la présidence du conseil des finances, c'est-à-dire de les diriger avec un imbécile en ce genre tel que le maréchal de Villeroy, et me dit que c'étoit ce qui convenoit le mieux à lui et à moi. Je le remerciai de l'honneur et de la confiance, et je le refusai respectueusement : c'étoit la place que je destinois au duc de Noailles. M. le duc d'Orléans fut fort étonné, et se mit sur son bien-dire pour me persuader. Je lui répondis que je n'avois nulle aptitude pour les finances, que c'étoit un détail devenu science et grimoire qui me passoit ; que le commerce, les monnoies, le change, la circulation, toutes choses essentielles à la gestion des finances, je n'en connoissois que les noms ; que je ne savois pas les premières règles de l'arithmétique ; que je ne m'étois jamais mêlé de l'administration de mon bien, ni de ma dépense domestique, parce que je m'en sentois incapable, combien plus des finances de tout un royaume, et embarrassées comme elles l'étoient. Il me représenta l'instruction et le soulagement que je trouverois dans les divers membres du conseil des finances, et dans ceux d'ailleurs que je voudrois consulter. Il ajouta tout ce qui pouvoit me flatter ; il appuya sur ma probité et sur mon désintéressement, chose si capitale au maniement des finances. Sur quoi je lui répondis que peu importeroit à la chose publique que je volasse les finances, ou que mon incapacité les laissât voler ; qu'à la vérité je croyois bien me pouvoir répondre à lui et à moi-même de ma fidélité là-dessus, mais qu'avec la même sincérité, je ne sentois aucune des lumières nécessaires pour m'apercevoir même des friponneries grossières, combien moins des panneaux infinis dont cette matière est si susceptible. La fin de plus d'une heure de ce débat fut de se fâcher contre moi, puis de me prier de faire bien mes réflexions, et que nous en parlerions le lendemain.

Il y avoit longtemps qu'elles étoient toutes faites. Je n'étois pas, depuis la mort de cet admirable Dauphin, et plus encore depuis celle de M. le duc de Berry, à m'être occupé des diverses places du gouvernement à venir, avec ce projet des conseils, et à penser, je le dirai avec simplicité, non à celles qui me conviendroient, mais à celles à qui je conviendrois moi-même, qui est l'unique façon de bien placer les hommes, et pour la chose publique et pour eux-mêmes. Celle des finances s'étoit présentée à moi comme les autres; je n'aurai pas la grossièreté de dire que je ne crusse pas bien que M. le duc d'Orléans ne me laisseroit pas sans me donner part au gouvernement, et je ne pensai pas qu'il y eût de la présomption à m'en persuader, et à réfléchir en conséquence. La matière des finances me répugnoit par les raisons que je venois d'alléguer à M. le duc d'Orléans, et par bien d'autres encore, dont celle du travail étoit la moindre. Mais les injustices que les nécessités y attachent me faisoient peur; je ne pouvois m'accommoder d'être le marteau du peuple et du public, d'essuyer les cris des malheureux, les discours faux, mais quelquefois vraisemblables, surtout en ce genre, des fripons, des malins, des envieux; et ce qui me détermina plus que tout, la situation forcée où les guerres et les autres dépenses prodigieuses avoient réduit l'État, en sorte que je n'y voyois que le choix de l'un de ces deux partis: de continuer et d'augmenter même autant qu'il seroit possible toutes les impositions pour pouvoir acquitter les dettes immenses, et conséquemment achever de tout écraser, ou de faire banqueroute publique par voie d'autorité, en déclarant le Roi futur quitte de toutes dettes et non obligé à celles du Roi son aïeul et son prédécesseur, injustice énorme et qui ruineroit une infinité de familles et directement et par cascades.

L'horreur que je conçus de l'une et de l'autre de ces iniquités ne me permit pas de m'en charger, et quant à un milieu qui ne peut être qu'une liquidation des différentes sortes de dettes pour assurer l'acquittement des véritables, et rayer les fausses, et l'examen des preuves, et celui des parties payées, et jusqu'à quel point, cela me parut une mer sans fond où mes sondes ne parviendroient jamais. Et d'ailleurs quel vaste champ à piéges et à friponneries! Oserois-je avouer une raison encore plus secrète? Me trouvant chargé des finances, j'aurois été trop fortement tenté de la banqueroute totale, et c'étoit un paquet dont je ne me voulois pas charger devant Dieu ni devant les hommes. Entre deux effroyables injustices, tant en elles-mêmes que par leurs suites, la banqueroute me paroissoit la moins cruelle des deux, parce qu'aux dépens de la ruine de cette foule de créanciers, dont le plus grand nombre l'étoit devenu volontairement par l'appât du gain, et dont beaucoup en avoient fait de grands, très-difficiles à mettre au jour, encore plus en preuves, tout le reste du public étoit au moins sauvé, et le Roi au courant, par conséquent diminution d'impôts infinie, et sur-le-champ. C'étoit un avantage extrême pour le peuple tant des villes que de la campagne qui est, sans proportion, le très-grand nombre, et le nourricier de l'État. C'en étoit un aussi extrêmement avantageux pour tout commerce au dehors et au dedans, totalement intercepté et tari par cette immensité de divers impôts.

Ces raisons qui se peuvent alléguer m'entraînoient; mais j'étois touché plus fortement d'une autre que je n'explique ici qu'en tremblant. Nul frein possible pour arrêter le gouvernement sur le pied qu'il est enfin parvenu. Quelque disproportion que la découverte des trésors de l'Amérique ait mise à la quantité de l'or et de l'argent en Europe depuis que la mer y en apporte incessamment, elle ne répond en nulle sorte à la prodigieuse différence des revenus de nos derniers rois, ni des leurs à la moitié de ceux de Louis XIV. Nonobstant l'augmentation jusqu'à l'incroyable, j'avois bien présent la situation déplorable de la fin d'un règne si long, si abondant, si glorieux, si naïvement représentée par ce qui causa et se passa au voyage de Torcy à la Haye, et depuis à Gertruydemberg, dont il ne fallut pas moins que le coup du Ciel le plus inattendu pour sauver la France par l'intrigue domestique de l'Angleterre; ce qui se voit dans les pièces[1] par les dépêches originales et les récits qui les lient, que j'ai eus de M. de Torcy. Il résulte donc par cet exposé qu'il n'y a point de trésors qui suffisent à un gouvernement déréglé, que le salut d'un État n'est attaché qu'à la sagesse de le conduire, et pareillement sa prospérité, son bonheur, la durée de sa gloire et de sa prépondérance sur les autres.

Louvois, pour régner seul et culbuter Colbert, inspira au Roi l'esprit de conquête. Il forma des armées immenses, il envahit les Pays-Bas jusqu'à Amsterdam, et il effraya tellement toute l'Europe par la rapidité des succès, qu'il la ligua toute contre la France, et qu'il mit les autres puissances dans la nécessité d'avoir des armées aussi nombreuses que celles du Roi. De là toutes les guerres qui n'ont comme point cessé depuis, de là l'épuisement d'un royaume[2], quelque vaste et abondant qu'il soit, quand il est seul sans cesse contre toute l'Europe; de là cette situation désespérante où le Roi se vit enfin réduit de ne pouvoir ni soutenir la guerre ni obtenir la paix à quelques cruelles conditions que ce pût être. Que ne pourroit-on pas ajouter en bâtiments immenses de ce règne, et plus qu'inutiles, de places ou de plaisir, et de tant d'autres sortes de dépenses prodigieuses et frivoles, toutes voies dans un autre pour se retrouver au même point, ce qui n'est pas difficile après y avoir été une

1. Voyez tome I, p. 420, note 1.
2. On lit ici au manuscrit le mot *qui*, écrit en interligne.

fois ? On dépend donc pour cela, non-seulement d'un roi, de ses maîtresses, de ses favoris, de ses goûts, mais de ses propres ministres, comme on le doit originairement à Louvois.

On conviendra, je m'assure, qu'il n'est rien qui demande plus pressamment un remède, et que ce remède est dissous il y a longtemps. Que substituer donc, pour garantir les rois et le royaume de cet abîme ? L'incomparable Dauphin l'a bien senti et l'avoit bien résolu. Mais pour l'exécuter, il falloit être roi, non régent, et plus que roi, car il falloit être roi de soi-même et divinement supérieur à son propre trône. Qui peut espérer un roi de cette sorte, après s'en être vu enlever le modèle formé des mains de Dieu même, sur le point de parvenir à la couronne et d'exécuter les merveilles qui avoient été inspirées à son esprit, et que le doigt de Dieu avoit gravées si profondément dans son cœur ? C'est donc la forte considération de raisons si prégnantes[1] et si fort au-dessus de toutes autres considérations qui me persuada que le plus grand service qui pût être rendu à l'État pour lequel les rois sont faits, et non l'État pour les rois, comme ce Dauphin le sentoit si bien, et ne craignoit pas de le dire tout haut, et le plus grand service encore qui pût être rendu aux rois mêmes étoit de les mettre hors d'état de tomber dans l'abîme qui s'ouvrit de si près sous les pieds du Roi, ce qui ne se peut exécuter que [en] les mettant à l'abri des ambitieuses suggestions des futurs Louvois, et de la propre séduction des rois mêmes par l'entraînement de leurs goûts, de leurs passions, l'ivresse de leur puissance et de leur gloire, et l'imbécillité des vues et des lumières dont la vaste étendue n'est pas toujours attachée à leur sceptre. C'est ce qui se trouvoit par la banqueroute et par les motifs de l'édit qui l'auroit déclarée, qui se réduisent à ceux-ci. La monarchie n'est point élective et n'est point héréditaire. C'est un

1. Si pressantes.

fidéicommis, une substitution faite par la nation à une maison entière, pour en jouir et régner sur elle de mâle en mâle, né et à naître en légitime mariage, graduellement, perpétuellement, et à toujours, d'aîné en aîné, tant que durera cette maison, à l'exclusion de toute femelle, et dans quelque ligne et degré que ce puisse être.

Suivant cette vérité, qui ne peut être contestée, un roi de France ne tient rien de celui à qui il succède, même son père; il n'en hérite rien, car il n'est ici question que de la couronne, et de ce qui y est inhérent, non de joyaux et de mobilier. Il vient à son tour à la couronne, en vertu de ce fidéicommis, et du droit qu'il lui donne par sa naissance, et nullement par héritage ni représentation. Conséquemment tout engagement pris par le Roi prédécesseur périt avec lui, et n'a aucune force sur le successeur, et nos rois payent le comble du pouvoir qu'ils exercent pendant leur vie par l'impuissance entière qui les suit dans le tombeau. Mineurs, à quelque âge qu'ils se trouvent, pour revenir de ce qu'ils font eux-mêmes contre leurs intérêts, ou du préjudice qu'ils y reçoivent par le fait d'autrui qu'ils auront consenti et autorisé, auront-ils moins de privilége d'être libres et quittes de ce qui leur nuit, à quoi ils n'ont contribué ni par leur fait, ni par leur engagement, ni par leur autorisation? et de condition tellement distinguée en mieux que leurs sujets par cette minorité qui les relève de tout ce qui leur préjudicie, à quelque âge qu'ils l'aient fait ou ratifié, peuvent-ils devenir de pire condition que tous leurs sujets, dont aucun n'est tenu que de son propre fait, ou du fait de celui dont il hérite ou qu'il représente, et qui ne le peut être du fait particulier de celui dont le bien lui échoit à titre de substitution? Ces raisons prouvent donc avec évidence que le successeur à la couronne n'est tenu de rien de tout ce que son prédécesseur l'étoit; que tous les engagements que le prédécesseur a pris sont éteints avec lui, et que le successeur reçoit, non de lui, mais de la loi primordiale qui l'appelle à la couronne, par le fidéicommis et la substitution, qu'elle lui a réservée à son tour pure, nette, franche, libre et quitte de tout engagement précédent.

Un édit bien libellé, bien serré, bien ferme et bien établi sur ces maximes et sur les conséquences qui en résultent si naturellement, et dont l'évidence ne peut être obscurcie non plus que la vérité et la solidité des principes dont elles se tirent, peut exciter des murmures, des plaintes, des cris, mais ne peut recevoir de réponse solide ni d'obscurcissement le plus léger. Il est vrai que bien des gens en souffriroient beaucoup, mais il n'est pas moins vrai, dans la plus étroite exactitude, que si un tel édit manque à la miséricorde en une partie pour la faire entière au véritable public, c'est sans commettre d'injustice, parce qu'il n'y en eut jamais à s'en tenir à son droit, et à ne se pas charger de ce dont il est exactement vrai qu'on n'est pas tenu ; et à ce raisonnement je ne vois aucune réponse vraie, solide, exacte, effective ; conséquemment je ne vois que justice étroite et irrépréhensible dans cet édit. Or l'équité mise à couvert, et du côté du Roi successeur, un tel édit deviendra le supplément des barrières qui ne se peuvent plus invoquer. Plus il excitera de plaintes, de cris, de désespoirs par la ruine de tant de gens et de tant de familles, tant directement que par cascade, conséquemment de désordres et d'embarras dans les affaires de tant de particuliers, plus il rendra sage chaque particulier pour l'avenir. On a beau courir aux charges, aux rentes, aux loteries, aux tontines de nouvelle création, après y avoir été trompé tant de fois, et toujours excité pas des appâts trompeurs, mais qui n'ont pu l'être pour tous, et qui en ont enrichi tant aux dépens des autres que chacun à part se flatte toujours d'avoir la fortune ou l'industrie de ces heureux, la banqueroute sans exception causée et fondée en principes et en droit par l'exposé de l'édit dessille tous les yeux et ne laisse à personne aucune espérance d'échapper à sa ruine, si, prenant des engagements avec le Roi de quelque nature qu'ils puissent être, ils viennent à perdre ce roi avant d'en être remplis. Voilà donc une raison précise, juste, efficace, à la portée de tout le monde, des plus ignorants, des plus grossiers, qui resserre toutes les bourses, qui rend tout leurre, tout fantôme, toute séduction inutiles, qui guérit, par la crainte d'une perte certaine et au-dessus de ses forces, l'orgueil de s'élever par des charges de nouvelle érection ou de nouveau rétablissement, et de la soif du gain qu'on trouve dans les traités de longue durée, par l'avarice même, ou plutôt par la juste crainte qu'on vient d'exposer.

De là deux effets d'un merveilleux avantage : impossibilité au Roi de tirer ces sommes immenses pour exécuter tout ce qui lui plaît, et beaucoup plus souvent ce qui plaît à d'autres de lui mettre dans la tête pour leur intérêt particulier; impossibilité qui le force à un gouvernement sage et modéré, qui ne fait pas de son règne un règne de sang et de brigandage et de guerres perpétuelles contre toute l'Europe bandée sans cesse contre lui, armée par la nécessité de se défendre, et à la longue, comme il est arrivé à Louis XIV, pour l'humilier, le mettre à bout, le conquérir, le détruire, car ce ne fut pas à moins que ses ennemis visèrent à la fin; impossibilité qui l'empêche de se livrer à des entreprises romaines du côté des bâtiments militaires et civils, à une écurie qui auroit composé toute la cavalerie de ses prédécesseurs, à un luxe d'équipage de chasses, de fêtes, de profusions, de luxe de toute espèce qui se voilent du nom d'amusements, dont la seule dépense excède de beaucoup les revenus d'Henri IV et des commencements de Louis XIII; impossibilité enfin qui n'empêche pas un roi de France d'être et de se montrer le plus puissant roi de l'Europe, de fournir avec abondance à toutes les parties du gouvernement, qui le rendent non-seulement considérable mais redoutable à tous les potentats de l'Europe, dont aucun n'approche de ses revenus, ni de l'étendue suivie, ni de l'abondance des terres de sa domination, et qui ne lui ôte pas les moyens de tenir une cour splendide, digne d'un aussi grand monarque, et de prendre des divertissements et des amusements convenables à sa grandeur, enfin de pourvoir sa famille avec une abondance raisonnable et digne de leur commune majesté.

L'autre effet de cette impossibilité délivre la France d'un peuple ennemi, sans cesse appliqué à la dévorer par toutes les inventions que l'avarice peut imaginer et tourner en science fatale par cette foule de différents impôts, dont la régie, la perception et la diversité, plus funeste que le taux des impôts même, forme ce peuple nombreux dérobé à toutes les fonctions utiles à la société, qui n'est occupé qu'à la détruire, à piller tous les particuliers, à intervertir commerce de toute espèce, régimes intérieurs de famille, et toute justice, par les entraves que le contrôle des actes et tant d'autres cruelles inventions y ont mises; encourage le laboureur, le fermier, le marchand, l'artisan, qui désormais travaillera plus pour soi et pour sa famille que pour tant d'animaux voraces qui le sucent avant qu'il ait recueilli, qui le consomment en frais de propos délibéré, et avec qui il est toujours en reste; cause une circulation aisée qui fait la richesse, parce qu'elle décuple l'argent effectif qui court de main en main sans cesse, inconnue depuis tant d'années; facilite et donne lieu à toute espèce de marchés entre particuliers, les délivre du poids également accablant et insultant de ce nombre immense d'offices et d'officiers nouveaux et inutiles, multiplie infiniment les taillables et soulage chaque taillable du même coup, fait rentrer ce peuple immense, oisif, vorace, ennemi, dans l'ordre de la société, dont il multiplie tous les différents états; ressuscite la confiance, l'attachement au Roi, l'amour de la patrie, éteint parce qu'on ne compte plus de patrie; rend supportables les situations qui étoient forcées, et celles qui ne l'étoient pas, heureuses; redonne le courage et l'émulation détruits[1], parce qu'on ne profite de rien, et que plus vous avez et plus on vous prend ; enfin rend aux pères de famille ce soin domestique qui contribue si principalement, quoique si imperceptiblement, à l'harmonie générale et à l'ordre public presque universellement abandonné par le désespoir de rien conserver, et de pouvoir élever, moins encore pourvoir, chacun sa famille.

Tels sont les effets de la banqueroute, qui ne sauroient être contestés, et qui ne sont préjudiciables (je ne parle pas des créanciers) qu'à un très-petit nombre de particuliers de bas lieu, jusqu'à cette heure, qui abusent de la confiance de leur maître pour s'élever à tout sur les ruines de tous les ordres du royaume, et qui pour leur grandeur particulière comptent pour rien d'exposer ce maître à qui ils doivent tout, au précipice qu'on vient de voir, et toute la France aux derniers et aux plus irrémédiables malheurs. Balancez après cet exposé les inconvénients et les fruits de la banqueroute avec ceux de continuer et de multiplier les impôts pour acquitter les dettes du Roi, ou ce milieu de liquidation si ténébreux, et si peu fructueux, même si peu praticable. Voyez quelle suite d'années il faudra nourrir toute la France de larmes et de désespoir pour achever le remboursement de ces dettes; et j'ose m'assurer qu'il n'est point d'homme, sans intérêt personnel au maintien des impôts jusqu'à se préférer à tout, qui, dans la malheureuse nécessité d'une injustice, ne préfère de bien loin celle de la banqueroute. En un mot, c'est le cas d'un homme qui est dans le malheur d'avoir à choisir de passer douze ou quinze années dans son lit, dans les douleurs continuelles du fer et du caustique et le régime qui y est attaché, ou de se faire couper la jambe qu'il sauveroit par cet autre parti. Qui peut douter qu'il ne préférât l'opération plus douloureuse et la privation de sa jambe, pour se trouver deux mois après en pleine santé, exempt de douleur, et dans la jouissance de

---

1. *Détruites*, au manuscrit.

soi-même et des autres par la société, et le libre exercice de ce qui l'occupoit auparavant son mal? Reste à finir par l'autorité du Roi.

Un mot seul suppléera à tout ce qui se pourroit dire, et à ce que les flatteurs et les empoisonneurs des rois se voudroient donner la licence de critiquer. Reportons-nous à ces temps malheureux où le plus absolu et le plus puissant de tous nos rois, le plus maître aussi de son maintien et de son visage, et dont le règne a été tel qu'on l'a vu, ne put retenir ses larmes en présence de ses ministres dans l'affreuse situation où il se voyoit de ne pouvoir plus soutenir la guerre, ni d'obtenir la paix. Remettons-nous devant les yeux l'éclat où il avoit porté ses ministres, et l'humiliation plus que servile où il avoit autrefois réduit les Hollandois. Entrons après dans l'esprit et dans le cœur de ce monarque de bonheur, de gloire, de majesté, ne craignons pas d'ajouter d'apothéose après les monuments que nous en avons vus, et voyons ce prince ennemi implacable du prince d'Orange, pour avoir refusé d'épouser sa bâtarde, envoyer son principal ministre en ce genre courir en inconnu en Hollande avec pour tout passe-port celui d'un courrier, descendre chez un banquier de Rotterdam et se faire mener par lui à la Haye chez le pensionnaire Heinsius, créature et confident de ce même prince d'Orange et héritier de sa haine, implorer la paix comme à ses genoux. Suivons par les pièces[1] tout ce que Torcy y essuya, poursuivons tous les sacrifices offerts et méprisés, qui, dans cette extrémité, ne rebutèrent pas le Roi d'envoyer ses plénipotentiaires à Gertruydemberg; continuons, par les pièces, de repasser les traitements indignes et les propositions énormes dont on se joua d'eux et du Roi, et l'état de ce prince à la rupture d'une négociation où, en lui prescrivant jusqu'à l'inhumanité qu'il n'osa refuser en partie, on exigea encore qu'il se soumît à s'engager à ce qu'ils ne déclare-

---

1. Voyez tome I, p. 420, note 1.

roient que quand il leur plairoit, et aux augmentations vagues qu'ils pourroient ajouter. Réfléchissons sur une situation si forcée et si cruelle, fruit déplorable de cette ancienne conquête de la Hollande, et de tant d'autres exploits. Qui après ne demeurera pas, je ne dis pas persuadé, mais convaincu que le Roi n'eût donné tout ce qu'on eût voulu, pour n'avoir jamais connu Louvois ni les flatteurs, moins encore les moyens de franchir ce qu'il avoit encore trouvé de barrières à un pouvoir illimité, dont toutefois il s'étoit montré si jaloux, et ne se pas trouver, et inutilement encore, aux genoux et à la merci de ceux dont il avoit triomphé, et qu'il avoit insultés par tant de monuments et de médailles? Tenons-nous-en donc à cette réflexion transcendante, pour ne pas craindre la banqueroute par rapport à l'autorité des rois.

Tranchons une dernière objection possible. Que diront les étrangers sur un édit qui, sur des fondements aussi bien établis, rend le successeur à la couronne pleinement libre de tout engagement de son prédécesseur, et que deviendront leurs traités et les engagements réciproques? La réponse est aisée. Les rois ne traitent point par édits avec les puissances étrangères. Il y a des traités, et c'est le plus grand nombre, qui ont des temps limités, ou qui ne sont que pour le règne des princes qui les font. S'il s'en trouve qui les outre-passent, alors ce n'est plus le Roi seulement, mais sa couronne qui est engagée avec un autre État, ce qui n'a point d'application aux sujets de la couronne, et alors les traités subsistent dans leur vigueur. De plus, quand, ce qui ne peut tomber dans ce cas, le successeur ne seroit pas obligé de tenir les traités de son prédécesseur, le bien de l'État voudroit qu'il le fît peut-être pour le fruit du traité même, certainement pour le maintien de la confiance et de la sûreté des traités. Ainsi nulle comparaison des sujets avec les puissances étrangères, ni d'un traité avec elles et l'effet d'un édit qui, remontant à la source du droit de la maison régnante, le montre tel qu'il est, d'où suit ce qui vient d'être expliqué,

qui n'a trait ni application quelconque aux puissances
étrangères, ni aux traités subsistants, avec lesquels il ne
s'agit ni d'héritage, ni de substitution, ni des différents
effets de ces deux manières de succéder. Cette réponse
paroît péremptoire, sans s'arrêter plus longtemps à cette
spécieuse mais frivole objection.

M. le duc d'Orléans ne me trouva donc pas plus disposé
à me charger des finances après le loisir qu'il m'avoit
donné pour y penser. Mêmes empressements, mêmes
prières, mêmes raisonnements de sa part; mêmes réponses, même fermeté de la mienne. Il se fâcha, il n'y
gagna rien. La fâcherie se tourna en mécontentement
si marqué que je le vis moins assidûment, et beaucoup
plus courtement, sans qu'il montrât sentir cette réserve,
et sans que lui et moi nous parlassions plus que des
choses courantes, publiques, indifférentes, en un mot, de
ce qui s'appelle la pluie et le beau temps. Cette bouderie
froide de sa part, tranquille de la mienne, dura bien trois
semaines. Il s'en lassa le premier. Au bout de ce temps,
au milieu d'une conversation languissante, mais où je
remarquai plus d'embarras de sa part qu'à l'ordinaire :
« Hé bien! donc, s'interrompit-il lui-même, voilà qui est
donc fait? Vous demeurez déterminé à ne point vouloir
des finances? » me dit-il en me regardant.

Je baissai respectueusement les yeux, et je répondis
d'une voix assez basse que je comptois qu'il n'étoit plus
question de cela. Il ne put retenir quelques plaintes, mais
sans aigreur et sans se fâcher; puis se levant et se mettant à faire des tours de chambre, sans dire mot et la tête
basse, comme il faisoit toujours quand il étoit embarrassé, il se tourna tout à coup brusquement à moi en
s'écriant : « Mais qui donc y mettrons-nous? » Je le laissai
un peu se débattre, puis je lui dis qu'il en avoit un tout
trouvé, s'il le vouloit tout au meilleur, et qui à mon avis
ne refuseroit pas. Il chercha sans trouver; je nommai le
duc de Noailles. A ce nom il se fâcha et me répondit que
cela seroit bon pour remplir les poches de la maréchale

de Noailles, de la duchesse de Guiche, qui de profession publique vivoient des affaires qu'elles faisoient à toutes mains, et enrichir une famille la plus ardente et la plus nombreuse de la cour, et qui se pouvoit appeler une tribu. Je le laissai s'exhaler, après quoi je lui représentai que pour le personnel il ne me pouvoit nier que le duc de Noailles n'eût plus d'esprit qu'il n'en falloit pour se bien acquitter de cet emploi, ni toute la fortune la plus complète en biens, en charges, en gouvernements, en alliances, pour y être à l'abri de toute tentation, et donner à son administration tout le crédit et toute l'autorité nécessaire, en sorte que, dès que son Altesse Royale convenoit qu'il y falloit mettre un seigneur, il n'y en avoit point qui y fût plus convenable. Quant à ses proches, parmi lesquels ses enfants ne se pouvoient compter par leur enfance, ni sa femme par le peu qu'elle avoit su se faire considérer dans la famille, et par sa tante même, qui avoit été la première à lui ôter toute considération, il n'y avoit rien à craindre de ses sœurs ni de ses beaux-frères, excepté l'aînée, par la façon d'être de presque tous, et par la manière de vivre du duc de Noailles avec eux, en liaison et en familiarité, mais hors de portée de s'en laisser entamer. Quant à sa mère et à la duchesse de Guiche, il étoit vrai ce qu'il m'en disoit, mais qu'il falloit aussi lui apprendre à quel titre; que la maréchale chargée de ce grand nombre de filles et de dots pour les marier toutes, et le duc de Guiche, qui n'avoit rien et à qui son père ne donnoit rien, hors d'état de soutenir la dépense des campagnes, avoient l'un et l'autre obtenu un ordre du Roi au contrôleur général, dès le temps que Pontchartrain l'étoit, de faire pour la mère et pour la fille toutes les affaires qu'elles protégeroient, et de chercher à leur donner part dans le plus qu'il pourroit; que Chamillart avoit reçu le même ordre en succédant à Pontchartrain; que je le savois de l'un et de l'autre, parce que tous deux me l'avoient dit, et qu'on m'avoit assuré que le même ordre avoit été renouvelé lorsque Desmarets fut fait contrôleur général ; que de cette sorte ce n'étoit plus avidité ni ténébreux manége à redouter d'elles auprès du duc de Noailles, mais des grâces pécuniaires que le Roi vouloit et comptoit leur faire sans bourse délier, et qui[1] ne dépendoit plus des contrôleurs généraux de refuser ; qu'au reste, il ne falloit pas croire que la maréchale de Noailles eût grand crédit sur son fils, ni que la duchesse de Guiche fît ce qu'elle vouloit de son frère ; qu'il ne se trouvoit personne sans quelque inconvénient, et que celui-là sembloit trop peu fondé pour l'exclusion d'un homme qui, étant tout ce que celui-là étoit, ne pouvoit avoir d'autre ambition que de se faire une réputation par son administration, bien supérieure à toute foiblesse pour sa famille, à l'égard de laquelle il n'avoit pas témoigné jusqu'ici y avoir de disposition. Cette discussion souffrit bien des répliques en plus d'une conversation de part et d'autre, et finit enfin par laisser M. le duc d'Orléans déterminé à faire le duc de Noailles président du conseil des finances. J'étois en effet persuadé que[il] y feroit fort bien, surtout étudiant comme il faisoit assidûment sous Desmarets, ainsi que je l'ai dit en son lieu, et j'étois bien aise aussi d'appuyer le cardinal de Noailles par cette place de son neveu, si propre à accroître le crédit réel et la considération extérieure.

Le moment d'après que cela fut résolu entre M. le duc d'Orléans et moi : « Et vous enfin, me dit-il, que voulez[-vous] donc être ? » et me pressa tant de m'expliquer que je le fis enfin, et dans l'esprit que j'ai exposé plus haut, je lui dis que s'il vouloit me mettre dans le conseil des affaires du dedans, qui est celui des dépêches, je croyois y pouvoir faire mieux qu'ailleurs. « Chef donc, répondit-il avec vivacité. — Non pas cela, répliquai-je, mais une des places de ce conseil. » Nous insistâmes tous deux, lui pour, moi contre. Je lui témoignai que ce travail en soi et celui de rapporter au conseil de régence toutes

---

1. Il y a bien *qui*, et non *qu'il*, au manuscrit.

les affaires de celui du dedans m'effrayoit, et qu'acceptant cette place, je n'en voyois plus pour Harcourt. « Une place dans le conseil du dedans, me dit-il, c'est se moquer, et ne se peut entendre. Dès que vous n'en voulez pas absolument être chef, il n'y a plus qu'une place qui vous convienne et qui me convient fort aussi : c'est que vous soyez du conseil où je serai, qui sera le conseil suprême ou de régence. » Je l'acceptai et le remerciai. Depuis ce moment cette destination demeura invariable, et il se détermina tout à fait à donner la place de chef au maréchal d'Harcourt du conseil du dedans. Il n'y fut point question de président, parce que les affaires n'y étoient pas assez jalouses pour donner ce contre-poids au chef. Il n'en fut point parlé pour celui des affaires étrangères, pour n'y pas multiplier le secret, ni dans celui de guerre, qui en temps de paix n'étoit que de simple courant d'administration intérieure, ni dans celui des affaires ecclésiastiques pour y relever davantage le chef, qui étoit le cardinal de Noailles. Cette invention de présidence ne dut alors avoir lieu que pour les conseils de marine et de finance, pour contre-balancer la trop grande autorité des deux chefs, et suppléer à l'ineptie en finance du maréchal de Villeroy.

CHAPITRE XII.

Précautions que je suggère à M. le duc d'Orléans. — Résolution que je propose à M. le duc d'Orléans sur l'éducation du Roi futur. — Je lui propose le duc de Charost pour gouverneur du Roi futur, et Nesmond, archevêque d'Alby, pour précepteur. — Discussion entre M. le duc d'Orléans et moi sur le choix des membres du conseil de régence et l'exclusion des gens à écarter. — Villeroy à conserver, Voysin à chasser, et donner les sceaux au bonhomme Daguesseau.— Torcy. — Desmarets et Pontchartrain à chasser. — Je sauve la Vrillière à grand'peine, et lui procure une place principale et unique. — Discussion de la mécanique et de la composition du conseil de régence. — Je propose à M. le duc d'Orléans de convoquer aussitôt après la mort du Roi les états généraux, qui sont sans danger, utiles sur les finances, avantageux à M. le duc d'Orléans. — Grand parti à tirer délicatement des états généraux sur les renonciations. — Rien de répréhensible par rapport au Roi dans la conduite proposée à M. le duc d'Orléans, par rapport à la tenue des états généraux. — Usage possible à faire des états généraux à l'égard du duc du Maine. — Mécanique à observer.

Les conseils, leurs chefs, leurs présidents réglés, je représentai à M. le duc d'Orléans qu'il devoit profiter du reste de ce règne pour bien examiner les choix qu'il feroit pour les remplir. Je l'exhortai à se tenir au plus petit nombre que la nature de chaque conseil pourroit souffrir, de les remplir tous dès lors comme s'ils existoient, par une liste sous sa clef, dont les noms ne seroient connus que de lui. Que de ceux qu'il y auroit écrits, il rayât ceux qui mourroient avant le Roi et ceux qu'il reconnoîtroit avoir mal choisis, par l'examen qu'il feroit secrètement de leur conduite, et qu'à mesure qu'il en rayeroit un, il en mît un autre en sa place, comme si la chose existoit et qu'il remplît une vacance; de régler ainsi tout ce qui pouvoit l'être d'avance, afin de n'avoir que les déclarations à en faire à la mort du Roi, parce que, lorsque cela arriveroit, il se trouveroit tout à coup accablé de tant et de diverses sortes de choses, affaires, ordres, cérémonial, disputes, demandes, règlements, décisions, inondation de monde qu'il n'auroit le temps de rien, à peine même de penser, et qu'il pouvoit compter encore qu'il se verroit forcé de donner son temps aux bagatelles préférablement aux affaires, parce qu'en ces occasions les bagatelles sont les affaires du lendemain, souvent du jour même et de l'instant, qu'il faut régler sur l'heure, et qui se succèdent sans cesse les unes aux autres, tellement qu'il pouvoit s'assurer que, s'il n'avoit alors tous ces arrangements d'affaires et ses choix tous prêts sur son papier, sous sa clef, ils demeureroient noyés dans ce chaos, et en arrière à n'avoir plus le temps ni de les faire ni de les différer, tellement que ce seroit le hasard et les instances des demandeurs qui en disposeroient, et qui les lui arracheroient sans égard au mérite ni à l'utilité, beaucoup moins à lui et à ses intérêts ; qu'alors, outre l'embarras et le rompement de tête, l'affluence de tout ce qui lui tomberoit tout à la fois, il ne pourroit ni peser, ni comparer, ni discuter, ni raisonner sur rien, ni faire un choix par lui-même, emporté qu'il seroit par le temps, le torrent, la nécessité ; et que de choses et de choix réglés dans ce tumulte de gens et d'affaires de toutes sortes il éprouveroit un long et cuisant repentir, s'il n'éprouvoit pis encore. C'est ce que je lui répétai sans cesse tout le reste du temps que le Roi vécut ; c'est ce qu'il m'assura toujours qu'il feroit, et quelquefois à demi qu'il faisoit, et qu'il ne fît jamais, par paresse.

Je ne voulois pas lui demander ni ses choix ni ses règlements, pour ménager sa défiance. Je m'étois contenté de lui indiquer les choses en gros, et les chefs et présidents des conseils comme le plus important. Pour les détails et les places des conseils, je ne crus pas devoir lui faire naître le soupçon que je cherchasse à disposer de tout en lui proposant choses en détail, et gens pour remplir ces places. C'étoit lui-même qui m'avoit mis en consultation la forme du futur gouvernement, et à portée de lui parler de tout ce qui vient d'être exposé. J'attendis sagement qu'il me mît dans la nécessité de lui parler de tout le reste ; comme on verra qu'il arriva quelquefois.

Toutes ces choses se passoient entre lui et moi, longtemps avant qu'il fût question du testament du Roi. Assez près de ce qui vient d'être rapporté, je lui parlai de l'éducation du Roi futur. Je lui dis qu'il me paroissoit difficile que le Roi n'y pourvût de quelque façon que ce pût être ; que si cela arrivoit, quelque mal qu'il le fît, soit pour l'éducation même, soit par rapport à Son Altesse Royale, ce lui devoit être une chose à jamais sacrée par toutes sortes de considérations, mais surtout par celles des horreurs dont on avoit voulu l'accabler, et dont la noirceur se renouveloit sans cesse ; que par cette même raison, si le Roi venoit à mourir sans y avoir pourvu, il devoit bien fermement exclure, moi tout le premier, et tout homme qui lui étoit particulièrement attaché, éviter aussi d'en choisir de contraires et de dangereux, et que pour peu qu'on différât à rien déclarer là-dessus, je croyois très-important qu'il en usât là-dessus comme pour les conseils, par une liste à lui seul connue de toute cette éducation, pour avoir le loisir de la bien pourpenser[1], de rayer et de remplacer, enfin, lorsqu'il en seroit temps, de n'avoir qu'à la déclarer. Nous agitâmes le gouverneur, sur quoi il me dit force choses sur moi que je ne rapporterai pas. Cette discussion finit par lui conseiller le duc de Charost. Ce n'étoit pas que lui ni moi l'en crussions capable. Tel est le malheur des princes et de la nécessité des combinaisons; mais nous n'en trouvâmes guère qui le fussent, et ce très et très-peu d'ailleurs dangereux.

Charost avoit la naissance, la dignité, le service militaire, l'habitude de la cour, de la guerre, du grand monde où partout il étoit bien voulu. Il étoit plein d'honneur, avoit de la valeur, de la vertu, une piété de toute sa vie, à sa mode à la vérité, mais vraie, qui n'avoit rien de ridicule ni d'empesé, qui n'avoit pas empêché la jeune et brillante compagnie de son temps de vivre avec lui, même de le rechercher; nulle relation particulière avec M. le duc d'Orléans, ni avec rien de ce qui lui étoit contraire, intimement lié, aux affaires près, avec feu MM. de Chevreuse et de Beauvillier, mon ami particulier et ancien, enfin, ce qui faisoit beaucoup, capitaine des gardes par le choix et le desir du Dauphin, père du Roi futur. Ces raisons déterminèrent M. le duc d'Orléans, qui se résolut à chercher soigneusement deux sous-gouverneurs qui pussent suppléer à ce qui manqueroit au gouverneur, dont la douceur et la facilité n'apporteroit ni obstacle ni ombrage à l'utilité de leurs fonctions.

1. Voyez ci-dessus, p. 229 et note 1.

Je proposai pour précepteur Nesmond, achevêque d'Alby ; avouant très-franchement que je ne le connoissois point du tout ; et ce qui me faisoit penser à lui, c'étoit la harangue qu'il fit au Roi pour la clôture de l'assemblée du clergé, et en même temps sur la mort de Monseigneur. Je ne répéterai rien de ce que j'en ai dit en son temps[1].

La respectueuse mais généreuse liberté de cette harangue, d'ailleurs très-belle et très-touchante, à un roi tel que le nôtre, à qui ce langage étoit inconnu depuis tant d'années, me donna une grande idée de ce prélat pour une éducation dont les lettres et la science ne pouvoit faire une grande partie. Il étoit en réputation d'honneur et de mœurs, et sa capacité en ce genre, je ne sais quelle elle étoit, se pouvoit aisément suppléer par les sous-précepteurs. Ce choix n'étoit guère plus aisé que celui du gouverneur, tant l'épiscopat alloit tombant de plus en plus, depuis que Monsieur de Chartres, Godet, l'avoit rempli des ordures des séminaires, surtout depuis que le P. Tellier l'avoit si effrontément vendu à ses desseins. Il falloit donc un prélat de bonne réputation, qui ne fût ni de la lie du peuple ni de celle des séminaires, qui n'eût point d'attachement particulier à M. le duc d'Orléans, ni de liaison avec ce qui lui étoit contraire, et qui n'eût levé aucun étendard pour ni contre la constitution. Tout cela se trouvoit en celui-ci. M. le duc d'Orléans en fut fort ébranlé ; mais comme je ne le connoissois point ni lui non plus, il se réserva à[2] s'en informer davantage.

Il passa de là à raisonner avec moi sur le conseil de régence. Mon avis fut différent de celui que je viens d'expliquer sur l'éducation, au cas que le Roi disposât de la formation de ce conseil. S'il le régloit, il n'y avoit point à douter que, pour les choses et pour le choix des personnes, ce ne fût au pis pour M. le duc d'Orléans. Ce

1. Voyez tome VIII, p. 446.
2. Saint-Simon a écrit *en*, pour *à*.

prince n'avoit point à cet égard les entraves qu'il avoit sur l'éducation, par les horreurs qu'on avoit répandues contre lui, et qu'on ne cessoit de renouveler. Il ne falloit donc pas se laisser museler par les dispositions que le Roi feroit à cet égard, qui par sa personne, ni par leur valeur, ne pouvoient être plus vénérables que celles de Charles V, et en dernier lieu de Louis XIII, où la prudence et la sagesse avoient si essentiellement présidé, et dont l'autoritée mort-née fut abrogée aussitôt après la mort de ces deux grands et admirables rois, quoique ils n'eussent point de monstres à rendre formidables. Je crus donc possible et indispensable d'aller tête levée aussitôt après la mort du Roi contre les dispositions de gouvernement qu'il auroit faites, soit secrètes, jusqu'après ce moment, soit déclarées, soit même exécutées par la formation de ce conseil et de cette forme de gouvernement de son vivant, pendant lequel il ne falloit que soumission et silence, mais sans cesser de se préparer à le renverser.

La discussion du choix des personnes pour composer le conseil de régence fut difficile. Il fallut traiter le conseil présent et les exclusions pour balayer la place, éclaircir, et rendre après le choix plus aisé. De tous les ministres actuels, je ne voulus conserver que le maréchal de Villeroy, non par estime ni aucune amitié, mais par la considération de ses établissements, de ses emplois, de ses alliances. Le chancelier étoit un homme de néant en tout genre, incapable, ignorant, intéressé, sans amis que de ceux de sa faveur et de ses places, haï à la cour et détesté des troupes par sa sécheresse, son orgueil, sa hauteur, méprisé par le tuf qu'il montroit en toute affaire, enfin qui n'avoit de mérite que celui d'esclave de Mme de Maintenon et de M. du Maine, de valet du cardinal de Bissy et de Rome, du nonce et des furieux de la constitution, pour lesquels tous sa prostitution ne trouvoit rien de difficile ; ennemi de plus de M. le duc d'Orléans, à proportion qu'il étoit vendu au duc du Maine et à Mme de

Maintenon. Ainsi je proposai à M. le duc d'Orléans d'éteindre sa charge de secrétaire d'État, de le reléguer quelque part, comme à Moulins ou à Bourges, et de donner les sceaux au bonhomme Daguesseau, magistrat de l'ancienne roche, qui ne tenoit à rien qu'à l'honneur, à la justice, à la vraie et solide piété, dont la réputation avoit toujours été sans tache, la capacité reconnue dans les premiers emplois de sa profession qu'il avoit exercés, qui touchoit au décanat du conseil, qui étoit depuis longtemps l'ancien des deux conseillers au conseil royal des finances, doux, éclairé, d'un facile accès, avec de l'esprit et une grande expérience dans les affaires de son état, universellement aimé, estimé, considéré, d'une modestie fort approchante de l'humilité, et père du procureur général, qui avoit aussi une grande réputation et une grande considération dans le Parlement, où il avoit longtemps brillé avocat général.

M. le duc d'Orléans sentit qu'il n'y avoit rien de meilleur à faire que de se délivrer d'un ennemi à la chute duquel tout applaudiroit, et qui ne seroit regretté que de la cabale du duc du Maine et de celle de la constitution, et de se faire en même temps tout l'honneur possible d'un choix qui d'ailleurs lui seroit avantageux, et qui enlèveroit l'applaudissement général, sans qu'aucun osât se montrer mécontent ni compétiteur. Il y trouvoit encore l'avantage d'un âge qui laissoit l'espérance ouverte de succéder aux sceaux, qui tiendroit les principaux prétendants dans une dépendance qui lui faciliteroit beaucoup l'intérieur des affaires qui ont à passer par les mains des magistrats.

Torcy étoit ami particulier des maréchaux de Villeroy, de Tallart et de Tessé. Sa sœur, qui avoit grand crédit sur lui, étoit de tout temps à Madame la Duchesse ; il n'avoit point de liaison avec M. du Maine, et n'étoit pas bien avec Mme de Maintenon. Sa société étoit contraire à M. le duc d'Orléans, ainsi que ses amis particuliers. J'en concluois qu'il lui étoit aussi contraire qu'eux. Je n'avois pas oublié ce qu'il avoit dit au Roi de moi sur les renonciations, que j'ai rapporté p.   ¹. Je n'avois jamais eu avec lui ni commerce, ni la plus légère relation. Les ducs de Chevreuse et de Beauvillier ne l'aimoient point du tout, quoique amis intimes de Pompone, son beau-père, parce qu'ils le croyoient janséniste, et qu'ils n'avoient jamais fait grand cas de Croissy, ni de sa femme, pensant à leur égard comme Seignelay, leur beau-frère, avec qui ils avoient été intimement liés jusqu'à sa mort. Je ne connoissois donc Torcy que par avoir pensé me perdre, et par un extérieur emprunté, embarrassé et timide, que je prenois pour gloire ; je voulois donc l'écarter comme les autres ministres, en supprimant sa charge de secrétaire d'État. Je lui donnai force attaques auprès de M. le duc d'Orléans. et je m'irritois en moi-même du peu de progrès que j'y faisois. Voilà, il faut l'avouer, comment la passion et l'ignorance séduisent, et conduisent en aveugles ; il n'est pas temps encore de dire combien j'ai été aise depuis de n'avoir pas réussi à l'exclure.

Pour Desmarets, j'avois juré sa perte, et j'y travaillois il y avoit longtemps. C'étoit le prix de son ingratitude et de sa brutalité à mon égard, dont j'ai parlé p.   ². Sa conversation étoit incompatible avec un conseil de finance, tel que je l'avois proposé et qu'il avoit été résolu, et c'étoit une délivrance publique que celle de son humeur, de l'avarice de sa femme, de la hauteur et du pillage de Bercy, leur gendre, qui avoit pris le montant sur eux et sur les finances, et dont l'esprit et la capacité, dont il avoit beaucoup, étoient fort dangereux. J'en vins à bout, et son exclusion ne varia point. A ce que l'on a vu en divers endroits de Pontchartrain, on jugera aisément qu'il y avoit longtemps que j'employois tout ce qui étoit en moi pour lui tenir la parole que j'avois donnée de le perdre. Son caractère et sa conduite m'y donnoient beau jeu ; c'étoit faire une vengeance publique du plus

1. Voyez tome IX, p. 366.
2. Voyez tome VIII, p. 415 et 416, et tome X, p. 302 et 303.

détestable et du plus méprisable sujet, et regardé comme tel, sans exception, par toute la France, et par tous les pays étrangers avec qui sa place l'avoit mis en relation. On a vu comment et pourquoi, de propos délibéré, il avoit perdu la marine, et on verra en son temps combien il l'avoit pillée. Il étoit trop misérable pour ne pas chercher à se distinguer auprès de Mme de Maintenon, de M. du Maine, du torrent à la mode, et du bel air contre M. le duc d'Orléans ; en un mot, c'étoit, tout vil qu'il fût, un ennemi public, dont le sacrifice étoit dû au public, et fort agréable, un homme sans nul ami, et sans aucune qualité regrettable parmi toutes celles qui font abhorrer. Sa perte étoit résolue dès longtemps, et je m'applaudissois secrètement de l'avoir faite.

La Vrillière, son cousin, qui ne l'en aimoit pas mieux, avoit mérité des sentiments tous contraires. C'étoit un homme dont la taille différoit peu d'un nain, grosset, monté sur de hauts talons, d'une figure assez ridicule. Il avoit de l'esprit, trop de vivacité, des expédients, de la vanité beaucoup trop poussée, entendant bien sa besogne, qui n'étoit pourtant que la matière du conseil des dépêches sans aucun département ; mais bon ami, très-obligeant, et capable de rendre des services avec adresse, même avec hasard, mais sans préjudice de l'honneur et de la probité. A l'égard du public, obligeant, honnête, d'un accès aisé et ouvert, cherchant à plaire et à se faire des amis. Son grand-père et son père, secrétaires d'État comme lui, ayant Blaye et la Guyenne dans leur département, avoient été amis particuliers de mon père, et l'avoient servi en tout ce qu'ils avoient pu. J'ai rapporté en leur lieu des services essentiels que j'ai reçus de la Vrillière. Je m'étois donc fait un point capital de le sauver, et de le mettre, de plus, seul en place et en fonction de secrétaire d'État. M. le duc d'Orléans, qui se prenoit assez aux figures, quoique la mienne ne fût pas avantageuse, mais il y étoit accoutumé d'enfance, me répondoit sans cesse : « Mais on se moquera de nous avec ce bilboquet », en sorte que je fus plus d'un an à mettre tout ce que j'eus de force et d'industrie à le poulier[1]. J'en vins enfin à bout, à force de bras, et cette destination ne varia plus.

Il fut question après de la composition du conseil de régence et de sa mécanique. Cette mécanique étoit bien plus aisée que le choix de ses membres. C'étoit là où toutes les affaires de toute espèce avoient à être portées et décidées en dernier ressort à la pluralité des voix, et où celle du Régent ne devoit être qu'une comme les autres, excepté au cas de partage égal, où, à l'exemple du chancelier au conseil des parties, elle seroit prépondérante. Établis comme l'étoient les bâtards, comment pouvoir les en exclure? et qu'étoit-ce qu'y avoir le duc du Maine, qui même y tiendroit le comte de Toulouse de fort près et de fort court? L'âge d'aucun prince du sang ne leur en permettoit l'entrée, et quand on auroit franchi toute règle en faveur de Monsieur le Duc, le plus âgé de tous, qu'attendre d'un prince né le 28 août 1692, encore sous l'aile de Madame la Duchesse et sous la tutelle de d'Antin, qui n'avoit ni instruction ni lumière, et qui ne montroit que de l'opiniâtreté et de la brutalité, sans la moindre étincelle d'esprit? Un tour de force étoit un début dangereux parmi tant de sortes d'affaires, et qui n'étoit pas dans le caractère de foiblesse de M. le duc d'Orléans.

L'abus énorme de leur grandeur par-dessus toute mesure, et au mépris de toutes les lois divines et humaines, étoit bien un crime, et leur attentat au rang, aux droits, à l'état des princes du sang, et à la succession à la couronne, en étoit bien un de lèse-majesté, et qui en emportoit toute la punition sur le duc du Maine, qui seul l'avoit commis, et de notoriété publique, à l'insu du comte de Toulouse, qui depuis ne l'avoit jamais approuvé. Mais quelle corde à remuer dans ces premiers moments

---

1. Voyez tome V, p. 81 et note 2.

de régence, sans l'appui et la juridique réquisition des princes du sang, tous enfants! C'étoit donc une chose à laquelle il ne falloit pas penser pour lors, et qu'il falloit réserver aux temps et aux occasions qu'on feroit naître, selon que le duc du Maine se conduiroit, trop grand pour l'attaquer sans avoir bien pris les plus justes mesures, trop établi pour l'attaquer sans être en certitude et en volonté bien déterminée de le pousser par delà les dernières extrémités, et ses enfants à ne pouvoir se relever, ni avoir jamais aucune existence, châtiment trop juste et mille fois trop mérité de ce Titan de nos jours, et leçon si nécessaire à la foiblesse et à la séduction des rois, et à l'ambition effrénée de leurs bâtards pour toute la suite de la durée de la monarchie. Je ne pus donc conseiller l'exclusion du duc du Maine, dont M. le duc d'Orléans sentit bien toute la difficulté. Lui et le maréchal de Villeroy dans le conseil de régence, c'étoit y mettre deux ennemis certains, et encore deux ennemis d'un parfait concert, qui mettoient dans la nécessité de les contrebalancer d'autant plus grande qu'il étoit presque également difficile de n'y pas mettre le comte de Toulouse et de pouvoir compter sur lui. On le pouvoit sur Daguesseau, mais son naturel étoit foible et timide, et il étoit d'ailleurs tout neuf en tout ce qui n'étoit pas de son métier, et en la plus légère connoissance des choses de la cour et du monde. Nous parlâmes de l'archevêque de Cambray, et la discussion ne fut pas longue. Toute l'inclination de M. le duc d'Orléans l'y portoit, comme je l'ai déjà remarqué ailleurs; et comme je l'ai aussi raconté en son temps, j'avois travaillé à entretenir ce goût et cette estime. Nous cherchâmes après à bien des reprises. L'un n'étoit pas sûr, un autre pas assez distingué, celui-ci manquoit de poids, celui-là ne seroit pas approuvé du public, sans compter l'embarras de trouver sûreté, fermeté et capacité dans un même sujet. A chaque discussion cet embarras nous fit quitter prise et remettre à plus de réflexions et d'examen, et pour le dire tout de suite, ces remises, devant et depuis le testament, nous conduisirent jusqu'à la mort du Roi, tant sur le choix que sur la mécanique, ce qui me fait remettre d'expliquer l'un et l'autre au temps où M. le duc d'Orléans les décida, ainsi que les membres de tous les conseils.

Il y avoit longtemps que je pensois à une assemblée d'états généraux, et que je repassois dans mon esprit le pour et le contre d'une aussi importante résolution. J'en repassai dans ma mémoire les occasions, les inconvénients, les fruits de leurs diverses tenues; je les combinai, je les rapprochai des mœurs et de la situation présente. Plus j'y sentis de différence, plus je me déterminai à leur convocation. Plus de partis dans l'État, car celui du duc du Maine n'étoit qu'une cabale odieuse qui n'avoit d'appui que l'ignorance, la faveur présente, et l'artifice dont le méprisable et timide chef, ni les bouillons insensés d'une épouse qui n'avoit de respectable que sa naissance, qu'elle-même tournoit contre soi, ne pouvoient effrayer qu'à la faveur des ténèbres, leurs utiles protectrices; plus de restes de ces anciennes factions d'Orléans et de Bourgogne; personne dans la maison de Lorraine dont le mérite, l'acquêt, les talents, le crédit, la suite ni la puissance fît souvenir de la Ligue; plus d'huguenots[1], et point de vrais personnages en aucun genre ni état, tant ce long règne de vile bourgeoisie, adroite à gouverner pour soi et à prendre le Roi par ses foibles, avoit su tout anéantir, et empêcher tout homme d'être des hommes, en exterminant toute émulation, toute capacité, tout fruit d'instruction, et en éloignant et perdant avec soin tout homme qui montroit quelque application et quelque sentiment.

Cette triste vérité, qui avoit arrêté M. le duc d'Orléans et moi sur la désignation de gens propres à entrer dans le conseil de régence, tant elle avoit anéanti les sujets, devenoit une sécurité contre le danger d'une assemblée d'états généraux. Il est vrai aussi que les personnes les

---

1. Voyez tome IV, p. 165 et note 1.

plus séduites par ce grand nom auroient peine à montrer aucun fruit de leurs diverses tenues, mais il n'est pas moins vrai que la situation présente n'avoit aucun trait de ressemblance avec toutes celles où on les avoit convoqués, et qu'il ne s'étoit encore jamais présenté aucune conjoncture où ils pussent l'être avec plus de sûreté, et où le fruit qu'on s'en devoit proposer fût plus réel et plus solide. C'est ce que me persuadèrent les longues et fréquentes délibérations que j'avois faites là-dessus en moi-même, et qui me déterminèrent à en faire la proposition à M. le duc d'Orléans. Je le priai de ne prendre point d'alarme avant d'avoir ouï les raisons qui m'avoient convaincu, et après lui avoir exposé celles qui viennent d'être expliquées, je lui mis au meilleur jour que je pus les avantages qu'il en pourroit tirer. Je lui dis que jetant à part les dangers que je venois de lui mettre devant les yeux, mais qui n'ont plus d'existence, le seul péril d'une assemblée d'états généraux ne regardoit que ceux qui avoient eu l'administration des affaires, et si l'on veut, par contre-coup, ceux qui les y ont employés; que ce péril ne regardoit point Son Altesse Royale, puisqu'il étoit de notoriété publique qu'il n'y avoit jamais eu la moindre part, et qu'il n'en pouvoit prendre aucune en pas un des ministres du Roi, ni en qui que ce soit qui les ait choisis ni placés; que cette raison, si les suivantes le touchoient, lui devoit[1] persuader de ne pas laisser écouler une heure après la mort du Roi sans commander aux secrétaires d'État les expéditions nécessaires à la convocation, à exiger d'eux qu'elles fussent toutes faites et parties avant vingt-quatre heures, à les tenir de près là-dessus, et du moment qu'elles seroient parties, déclarer publiquement la convocation; qu'elle devoit être fixée au terme le plus court, tant pour les élections des députés par bailliages que pour l'assemblée de ces députés pour former les états généraux, pour qu'on vît qu'il n'y avoit point

---

1. *Devoient*, au manuscrit.

de leurre, et que c'est tout de bon et tout présentement que vous les voulez, et pour n'avoir à toucher à rien en attendant leur prompte ouverture, et n'avoir, par conséquent, à répondre de rien ; que le[s] François, léger[s], amoureux du changement, abattu[s] sous un joug dont la pesanteur et les pointes étoient sans cesse montées jusqu'au comble pendant ce règne, après la fin duquel tout soupiroit, seroient saisis de ravissement à ce rayon d'espérance et de liberté proscrit depuis plus d'un siècle, vers lequel personne n'osoit plus lever les yeux, et qui les combleroit d'autant plus de joie, de reconnoissance, d'amour, d'attachement pour celui dont ils tiendroient ce bienfait, qu'il partiroit du pur mouvement de sa bonté, du premier instant de l'exercice de son autorité, sans que personne eût eu le moment d'y songer, beaucoup moins le temps ni la hardiesse de le lui demander ; qu'un tel début de régence, qui lui dévouoit tous les cœurs sans aucun risque, ne pouvoit avoir que de grandes suites pour lui, et désarçonner entièrement ses ennemis, matière sur laquelle je reviendrai tout à l'heure ; que l'état des finances étant tel qu'il étoit, n'étant ignoré en gros de personne, et les remèdes aussi cruels à choisir, parce qu'il n'y en pouvoit avoir d'autres que l'un des trois que j'avois exposés à Son Altesse Royale lorsqu'elle me pressa d'accepter l'administration des finances, ce lui étoit une chose capitale de montrer effectivement et nettement à quoi elle en est là-dessus, avant qu'elle-même y eût touché le moins du monde, et qu'elle en tirât d'elle un aveu public par écrit, qui seroit pour Son Altesse Royale une sûreté pour tous les temps plus que juridique, et la plus authentique décharge, sans tenir rien du bas des décharges ordinaires, ni rien de commun avec l'état des ordonnateurs ordinaires, ni avec le besoin qu'ils ont d'en prendre, et le titre le plus sans réplique et le plus assuré pour canoniser à jamais les améliorations et les soulagements que les finances pourront recevoir pendant la régence, peu perceptibles et peu crûs sans cela, ou de pleine justification de l'impossible, si elles n'étoient pas soulagées dans l'état où il constoit d'une manière si solennelle que le Roi les avoit mises, et laissées en mourant : avantage essentiel pour Son Altesse Royale dans tous les temps, et d'autant plus pur qu'il ne s'agit que de montrer ce qui est, sans charger ni accuser personne, et avec la grâce encore de ne souffrir nulle inquisition là-dessus, mais uniquement de chercher le remède à un si grand mal ; déclarer aux états que ce mal étant extrême, et les remèdes extrêmes aussi, Son Altesse Royale croit devoir à la nation de lui remettre le soin de le traiter elle-même ; se contenter de lui en découvrir toute la profondeur, lui proposer les trois uniques moyens qui ont pu être aperçus d'opérer dans cette maladie, de lui en laisser faire en toute liberté la discussion et le choix, et de ne se réserver qu'à lui fournir tous les éclaircissements qui seront en son pouvoir, et qu'elle pourra desirer pour se guider dans un choix si difficile, ou à trouver quelque autre solution, et après qu'elle aura décidé seule et en pleine et franche liberté, se réserver l'exécution fidèle et littérale de ce qu'elle aura statué par forme d'avis sur cette grande affaire ; l'exhorter à n'y pas perdre un moment, parce qu'elle n'est pas de nature à pouvoir demeurer en suspens sans que toute la machine du gouvernement soit aussi arrêtée ; finir par dire un mot, non pour rendre un compte qui n'est pas dû, et dont il se faut bien garder de faire le premier exemple, mais légèrement avec un air de bonté et de confiance, leur parler, dis-je, en deux mots, de l'établissement des conseils, déclarés et en fonction entre la convocation et la première séance des états généraux, et sous prétexte de les avertir que le conseil établi pour les finances n'a fait et ne fera que continuer la forme du gouvernement précédent, sans innover ni toucher à rien jusqu'à la décision de l'avis des états, qui est remise à leur sagesse, pour se conformer après à celle qu'on en attend.

« Je ne crois pas, ajoutai-je, qu'il faille recourir à l'éloquence pour vous persuader du prodigieux effet que ce discours produira en votre faveur. La multitude ignorante, qui croit les états généraux revêtus d'un grand pouvoir, nagera dans la joie, et vous bénira comme le restaurateur des droits anéantis de la nation. Le moindre nombre, qui est instruit que les états généraux sont sans aucun pouvoir par leur nature, et que ce n'est que les députés de leurs commettants pour exposer leurs griefs, leurs plaintes, la justice et les grâces qu'ils demandent, en un mot, de simples plaignants et suppliants, verront votre complaisance comme les arrhes du gouvernement le plus juste et le plus doux ; et ceux qui auront l'œil plus perçant que les autres apercevront bien que vous ne faites essentiellement rien de plus que ce qu'ont pratiqué tous nos rois en toutes les assemblées tant d'états généraux que de notables, qu'ils ont toujours consultés, principalement sur la matière des finances, et que vous ne faites que vous décharger sur eux du choix de remèdes qui ne peuvent être que cruels et odieux, desquels, après leur décision, personne n'aura plus à se plaindre, tout au moins à se prendre à vous de sa ruine et des malheurs publics. »

Je vins ensuite à ce qui touchoit M. le duc d'Orléans d'une façon encore plus particulière : je lui parlai des renonciations. Je lui remis devant les yeux combien elles étoient informes et radicalement destituées de tout ce qui pouvoit opérer la force et le droit d'un tel acte, le premier qu'on eût vu sous les trois races de nos rois pour intervertir l'ordre, jusque-là si sacré à l'aînesse masculine, légitime, de mâle en mâle, à la succession nécessaire à la couronne. Cette importante matière avoit tant été discutée en son temps entre M. le duc de Berry, lui surtout, et moi, qu'il l'avoit encore bien présente. Je partis donc de là pour lui faire entendre de quelle importance il lui étoit de profiter de la tenue des états généraux pour les capter, comme il étoit sûr qu'il se les dévoueroit par tout ce qui vient d'être exposé, et d'en saisir les premiers élans d'amour et de reconnoissance pour se faire acclamer en conséquence des renonciations, et en tirer brusquement un acte solennel en forme de certificat du vœu unanime.

Je lui fis sentir la nécessité de suppléer au juridique par un populaire de ce poids, et de profiter de l'erreur si répandue du prétendu pouvoir des états généraux, qui après ce qu'ils auroient fait en sa faveur, la nation se croiroit engagée à le soutenir à jamais, par cette chimère même de ce droit qui lui étoit si précieuse, ce qui lui donnoit toute la plus grande sûreté et la plus complète de succéder, le cas arrivant, en quelque temps que ce pût être, à l'exclusion de la branche d'Espagne, par l'intérêt essentiel que la nation commise se croiroit dans tous les temps y avoir. En même temps je lui fis remarquer qu'en tirant pour soi le plus grand parti qu'il étoit possible, et l'assurance la plus certaine d'avoir à jamais la nation pour soi et pour sa branche contre celle d'Espagne, ce qui faisoit également pour tous les princes du sang, et qui en augmentoit la force par le nombre et le poids des intéressés, il n'acquéroit ce suprême avantage que par un simple leurre auquel la nation se prendroit, et qui ne donnoit rien aux états généraux. Alors je lui fis sentir l'adresse et la délicatesse, à laquelle sur toutes choses il falloit bien prendre garde à s'attacher à coup sûr, que les états ne prononceroient rien, ne statueroient rien, ne confirmeroient rien; que leur acclamation ne seroit jamais que ce qu'on appelle *verba et voces*, laquelle pourtant engageroit la nation à toujours par des liens d'autant moins dissolubles, qu'elle se tiendroit intéressée pour son droit le plus cher qu'elle croiroit avoir exercé, et qu'elle soutiendroit, le cas avenant, en quelque temps que ce pût être, par ce motif le plus puissant sur une nation, pour légère qu'elle puisse être, qui est de se croire en pouvoir de se donner un maître, et de régler la succession à la couronne, tandis qu'elle n'aura fait qu'une acclamation. Je fis prendre garde aussi à M. le duc d'Orléans à la même adresse et délicatesse pour l'acte par écrit en forme de simple certificat de l'acclamation, parce que le certificat pur et simple qu'une chose a été faite n'est qu'une preuve qu'elle a été faite, n'en peut changer l'être et la nature, ni avoir plus de force et d'autorité que la chose qu'il ne fait que certifier ; or cette chose n'étant ni loi, ni ordonnance, ni simple confirmation même, l'acte qui la certifie avoir été faite ne lui donne rien de plus qu'elle n'a ; ainsi le leurre est entier, tout y est vide, les états généraux n'en acquièrent aucun droit, et néanmoins M. le duc d'Orléans en a tout l'essentiel par cette erreur spécieuse et si intéressante toute la nation, qui, pour son plus cher intérêt à elle-même, la lie à lui pour jamais et à tous les autres princes du sang, pour l'exclusion de la branche d'Espagne de succéder à la couronne.

Le moyen après de contenir les états, après les avoir si puissamment excités, me parut bien aisé : protester avec confiance et modestie qu'on ne veut que leurs cœurs, qu'on compte leur parole donnée par cette acclamation pour si sacrée et si certaine, qu'on ne croiroit pas la mériter si on souffroit qu'ils donnassent plus ; qu'on le déchireroit même, et qu'on regarderoit recevoir plus comme un crime ; qu'on acceptoit cette parole uniquement pour l'extrême plaisir de recevoir une telle marque de l'affection publique, et pour la considération éloignée du repos de la France, mais dans le desir passionné et la ferme espérance que le cas prévu n'arrivera jamais, par la longue vie du Roi et la grande bénédiction de Dieu sur sa postérité ; qu'aller plus loin que cette parole si flatteuse, et le très-simple certificat qui en fait foi, ne peut convenir au respect des circonstances, qui sont un régent qui, pour le présent, ne peut encore rien voir de longtemps entre le Roi et lui ; se tenir à ces termes de confiance, de reconnoissance, de modestie, de respect, de raisons, inébranlablement, avec la plus extrême attention à n'en pas laisser soupçonner davantage ; paraphraser ces choses et les compliments ; surtout brusquer l'affaire, couper court, finir, et ne manquer pas après de bien imposer silence sur l'acclamation et le certificat et toute cette matière, et y bien tenir la main, sous prétexte que sous un roi hors d'état de régner par lui-même, et de se marier de longtemps, c'est une matière qui, passé la nécessité remplie, est odieuse, et n'est propre qu'à des soupçons, à donner lieu aux méchants, et à qui aime le désordre, de troubler l'harmonie, le concert, la bonté et la confiance du Roi pour le Régent; mais ne dire cela, et avec fermeté, qu'après la chose entièrement faite, de peur d'y jeter des réflexions et de l'embarras. Outre le fruit infini de rejeter sur les états les suites douloureuses du remède auquel ils auront donné la préférence pour les finances, d'avoir acquis, par leur tenue et cette marque de déférence, l'amour et la confiance de la nation, et de l'avoir liée par son acclamation à l'exclusion de la branche d'Espagne de la succession à la couronne, par les liens les plus sûrs, les plus forts et les plus durables, quelle force d'autorité et de puissance cette union si éclatante et si prompte du corps de la nation avec M. le duc d'Orléans, à l'entrée de sa régence, ne lui donne-t-elle pas au dedans, pour contenir princes du sang, grands, corps, et quelle utile réputation au dehors pour arrêter les puissances qui pourroient être tentées de profiter de la foiblesse d'une longue minorité, et quel contre-coup sur ses ennemis domestiques, et sur l'Espagne même, dont l'appui et les liaisons n'auroient plus d'objet pour elle, ni de prétexte et d'assurance pour eux!

Une réflexion naturelle découvre que les états généraux sont presque tous composés de gens de province des trois ordres, surtout du premier et du dernier; que presque tous ceux, corps et particuliers, sur qui porte cet immense faix de dettes du Roi sont de Paris; que la noblesse des provinces, quoique tombée par sa pauvreté dans les mésalliances, n'en a point ou presque point fait[1] hors de son pays, et ne tient point aux créanciers du Roi, qui

---

1. *Faites*, au manuscrit.

sont tous des financiers établis à Paris, et des corps de roturiers richards de la même ville, comme secrétaires du Roi, trésoriers de France, et toute espèce de trésoriers, fermiers généraux, etc., gens à n'être point députés pour le tiers état; par conséquent, que la grande pluralité des députés des trois ordres aura un intérêt personnel, et pour leurs commettants, à préférer la banqueroute à la durée et à toute augmentation possible des impositions, et comptera pour peu les ruines et les cris que causera la banqueroute, en comparaison de la délivrance de tant de sortes d'impôts qui révèlent le secret des familles, en troublent l'économie, et les dispositions domestiques, livrent chacun à la malice et à l'avidité des financiers de toute espèce, ôtent toute liberté au commerce intérieur et extérieur, et le ruinent avec tous les particuliers. Cette vue de liberté, d'impôts médiocres, et encore au choix des états, en connoissance de cause par l'expérience de leurs effets, l'aise de se voir au courant, leur feront[1] voir une nouvelle terre et de nouveaux cieux, et ne les laisseront pas balancer entre leur propre bonheur et le malheur des créanciers. Les rentes sur l'hôtel de ville, où beaucoup de députés se pourront trouver intéressés, auront peut-être quelque exception par cet intérêt; peut-être encore le comparant avec celui d'abroger un plus grand nombre d'impôts, la modification seroit-elle légère, ou même n'y en auroit-il point, et c'est à la banqueroute, si flatteuse par elle-même pour le gros, qu'il faudroit tourner les états avec adresse. J'ajoutai que ce seroit perdre presque tout le fruit que M. le duc d'Orléans recueilleroit de tout ce qui vient d'être dit, s'il ne se faisoit pas une loi, qu'aucune considération ne pût entamer dans la suite, de se conformer inviolablement au choix du remède porté par l'avis formé par les états. Y manquer, ce seroit se déshonorer par la plus publique et la plus solennelle de toutes les tromperies, tourner l'amour et la confiance de

---

1. Saint-Simon a écrit ici *fera*, et à la ligne suivante, *laisseront*.

la nation en haine et en desir de vengeance, je ne craignis pas d'ajouter, s'exposer à une révolution, sans être plaint ni secouru de personne, et donner beau jeu aux étrangers d'en profiter, et à l'Espagne de le perdre.

A l'égard du jeune Roi, je priai M. le duc d'Orléans de considérer qu'il n'y avoit rien dans toute cette conduite qui en aucun temps lui pût être rendu suspect avec la plus légère apparence, et dont il ne fût en état de lui rendre le compte le plus exact. Son Altesse Royale trouve en arrivant à la régence les finances dans un désordre et dans un état désespéré, les peuples au delà des derniers abois, le commerce ruiné, toute confiance perdue, nul remède que les plus cruels. Il n'accuse personne, personne aussi n'est accusé, mais lui, qui n'a jamais eu la moindre part aux affaires, a raison de n'y vouloir pas toucher du bout du doigt sans avoir exposé leur situation au public, et ne présume pas assez de soi pour de son chef y apporter des remèdes. Il n'en aperçoit que de cruels, c'est le public qui en portera tout le poids et toute la souffrance, soit d'une manière ou de l'autre : n'est-il pas de la sagesse et de l'équité de lui en laisser le choix? C'est aux états généraux qu'il le défère. Il ne fait en cela qu'imiter les rois prédécesseurs, et Louis XIII lui-même, qui les assembla et les consulta à Paris, en 1614. Il a suivi l'avis des états généraux. On ne peut donc lui imputer de présomption dans une affaire si générale et si principale; on ne peut aussi l'accuser de foiblesse, ni d'avoir fait la plus petite brèche à l'autorité royale, puisqu'il n'a fait qu'imiter à la lettre ce que les rois prédécesseurs, jusqu'au pénultième, ont tous fait, majeurs et mineurs, et pour des cas biens moins importants. Si les états, touchés de cette confiance, lui en ont marqué leur reconnoissance par cette acclamation sur les renonciations, outre qu'il ne la leur a jamais demandée, ils n'ont rien fait que montrer des vœux et une disposition de leurs cœurs conformes à celle du feu Roi et de toute l'Europe, et pour ainsi dire, canoniser ses volontés, les fondements de la paix, ceux du repos de la France en quelque cas que ce puisse être, dont lui et eux espèrent, et ont en même temps montré leurs plus sincères desirs et espérance qu'il puisse n'arriver jamais, en quoi il n'a paru que de la bonne et franche volonté, et rien qui puisse toucher, le plus légèrement même, ni aux droits sacrés de l'autorité royale, ni à ceux d'aucun ordre, corps, ni particulier, pas même, ce qui est tout dire, de la branche d'Espagne, puisque elle-même a solennellement et volontairement fait, en pleins cortès[1] assemblés à Madrid, ses renonciations, avant même que M. le duc de Berry et Son Altesse Royale eussent fait les leurs en plein Parlement, dans l'assemblée et en présence des pairs, tous mandés par le Roi pour s'y trouver. Où y a-t-il dans tout cela quoi que ce soit de tant soit peu répréhensible, en quelque sens qu'il puisse être pris, et de quelque côté qu'on le puisse tourner ?

Outre tant de grands et de si avantageux partis qu'on vient de voir que M. le duc d'Orléans pouvoit si aisément tirer de la tenue des états généraux, je ne crus pas dangereux d'y en tenter encore un autre, ni fort difficile d'y réussir, en profitant de leur premier enthousiasme de se revoir assemblés, et déférer l'important choix du remède aux finances, et de leur acclamation sur les renonciations. Il falloit qu'elle fût faite avant de remuer ce qui va être exposé, mais le leur présenter aussitôt après avec la même délicatesse, afin de profiter, pour les y engager, des idées flatteuses dont ces actes leur auroient rempli la tête, et ne pas perdre le temps jusqu'à ce qu'ils eussent réglé leur avis sur les finances, ce qui auroit trop long trait, et donneroit le temps d'intriguer et de les manier à celui qu'il s'agiroit d'attaquer. Dans quelque servitude que tout fût réduit en France, il restoit des points sur lesquels la terreur pouvoit retenir les discours, mais n'avoit pas atteint à corrompre les

---

1. Voyez tome IX, p. 373 et note 1, et p. 377.

esprits. Un de ces points étoit celui des bâtards, de leurs établissements, surtout de leur apothéose.

Tout frémissoit en secret, jusqu'au milieu de la cour, de leur existence, de leur grandeur, de leur habileté[1] de succéder à la couronne. Elle étoit regardée comme le renversement de toutes les lois divines et humaines, comme le sceau de tout joug, comme un attentat contre Dieu même, et le tout ensemble comme le danger le plus imminent de l'État et de tous les particuliers. C'étoit alors le sentiment intime et général des princes du sang et des grands, par indignation et par intérêt, je dis de ceux même qui devoient le plus au Roi, à la faveur de Mme de Maintenon, et qui paroissoient le plus en mesures étroites avec le duc du Maine. Je le sais par ce que m'en ont dit à moi-même, et en divers temps et toujours, les maréchaux d'Harcourt, de Villars et de Tessé, et cela du fond du cœur, de dépit, de colère, de raisonnement, point pour me sonder et me faire parler, car ils savoient de reste ce que j'en pensois et sentois; et je cite ceux-là comme étant avec eux en quelque commerce, beaucoup moins pourtant avec Tessé, qui ne s'en expliquoit pas moins librement devant moi, mais lesquels, surtout en ce temps-là, n'étoient avec moi en aucune liaison particulière. Jusqu'au maréchal de Villeroy ne s'en est pas tu avec moi depuis la mort du Roi, et fut un des plus vifs lorsqu'il fut question d'agir contre leur rang en toutes les occasions qui s'en sont présentées, ainsi que les deux autres que j'ai cités, car Tessé, n'étant pas duc, ne put qu'applaudir. Les gens de qualité n'étoient pas alors moins irrités, et j'en étois informé de plusieurs immédiatement; et par cette bricole[2], de bien d'autres.

Le Parlement, si attaché aux règles anciennes, si hardi en usurpations, comme on l'a vu à propos du bonnet, jusque sur la Reine régente, si tenace à les soutenir,

---

1. Voyez tome X, p. 260 et note 1. Nous retrouverons la même orthographe, deux et trois pages plus loin.
2. Par ce détour. Voyez tome V, p. 302 et note 1.

n'avoit pas caché son indignation de la violence faite à tout ce qu'il y a de plus fort, de plus fixe, de plus ancien, de plus vénérable parmi les lois, en faveur des bâtards, ni le dépit des honneurs qu'ils avoient forcé cette Compagnie de leur rendre. Le gros du monde de tous états étoit irrité d'une grandeur inouïe en tout genre, et jusqu'au peuple ne s'en cachoit pas en les voyant passer, ou en entendant parler. Cette disposition universelle n'avoit point cessé. Les artifices et la cabale ne l'avoit[1] point attaquée, et par ce qui en sera expliqué en son temps, on verra que ces ruses n'auroient pu avoir le moindre succès s'il y avoit eu des états généraux. Je crus donc que l'objet des bâtards leur pouvoit être présenté comme le plus dangereux colosse, et le plus digne de toute leur attention.

Outre ce qui vient d'être dit de l'impression que cette monstrueuse élévation avoit faite sur les esprits, leur montrer le groupe de leurs richesses, de leurs gouvernements, de leurs charges, de cette multitude de gens de guerre et de soldats sous leurs ordres et d'importantes provinces sous leur commandement, avec cette différence que tous autres gouverneurs et chefs de troupes ne l'étoient que de nom, impuissants avec des titres qui n'étoient que de vains noms, eux-mêmes inconnus aux lieux et aux troupes que leurs patentes sembloient leur soumettre, tandis que la marine, l'artillerie, les carabiniers, tous les Suisses et Grisons, sept ou huit régiments sous leur nom, outre toutes ces troupes, étoient dans leur très-effective dépendance de tout temps, parce que le Roi l'avoit ainsi voulu, et qu'encore que leur assiduité près de lui les eût empêchés d'aller en Guyenne, en Languedoc, en Bretagne, ils ne laissoient pas d'y être très-puissants, par l'autorité et les dispositions des grâces que le Roi leur y avoit soigneusement données. Faire sentir aux états généraux de quel danger étoit une si formi-

1. Saint-Simon a bien mis ce verbe au singulier.

dable puissance entre les mains de deux frères, surtout quand elle étoit jointe au nom, rang, droits, état de princes du sang, capables de succéder à la couronne, vis-à-vis des princes du sang tous enfants, et sans établissement entre eux tous que le gouvernement de Bourgogne, une belle charge mais uniquement domestique, et sept ou huit régiments sur lesquels ils n'avoient jamais eu l'autorité que les bâtards avoient sur les leurs, et sans contre-poids encore d'aucun seigneur, dont les gouvernements et les charges n'étoient que des noms vides de choses, et qui n'opéroient que des appointements. Faire envisager aux états la facilité qu'avoient les bâtards de tout entreprendre, et les horreurs de leur joug et des guerres civiles pour l'établir et pour s'en défendre. Enfin leur faire toucher l'évidence du crime de lèse-majesté dans l'attentat d'oser prétendre à la couronne, et d'avoir abusé de la foiblesse d'un père qui n'auroit jamais dû reconnoître de doubles adultérins, et qui est le premier qui l'ait osé par la surprise qu'on a vue ailleurs, pour escalader tous les degrés par lesquels ils sont parvenus à une si effrayante grandeur, et ne s'en faire encore qu'un échelon pour s'assimiler en tout aux princes du sang, jusqu'au monstre incroyable de se rendre comme eux habiles à succéder à la couronne. Exciter les uns par le renversement des familles, et la tentation de devenir mères de semblables géants, les autres par les motifs de la religion, ceux-ci par le mépris et l'anéantissement de toutes les lois, ceux-là par celui de tout ordre, tous par l'exemple qui seroit suivi des rois successeurs, dont naîtroit une postérité qui envahiroit tout, et ne laisseroit rien aux vrais princes du sang, dont ils craindroient et haïroient la naissance, et au-dessous d'eux tout ordre légitime et légal. Surtout leur exposer bien clairement jusqu'où entraîne l'ambition de régner avec un droit tel qu'il puisse être; que tout ce que ces bâtards ont obtenu, surtout les rangs et droits de princes du sang et d'habileté à la couronne, est l'ouvrage du seul duc du Maine;

les propos de la duchesse du Maine aux ducs de la Force et d'Aumont à Sceaux ; la facilité à tout que leur donnent leurs établissements ; enfin combien moins de distance entre eux et la couronne aujourd'hui qu'à être parvenus à y être déclarés habiles ; et que le motif exprimé et enregistré de ces derniers degrés de rang, d'état de princes du sang, d'habileté à succéder à la couronne, est l'honneur qu'ils ont d'être fils et petits-fils du Roi. Conduire les états à en conclure que l'adultère étant par là tacitement mis au niveau du mariage par cette énorme expression de l'honneur qu'ils ont d'être fils et petits-fils du Roi, il n'y a plus qu'un pas à faire, et dont tout le chemin se trouve frayé, pour les déclarer fils de France, ce qu'on auroit peut-être vu si le Roi eût vécu quelque peu davantage, et à quoi même il y a toute apparence, au degré de puissance où le Roi s'étoit mis, à l'état de disgrâce où l'art préparatoire avoit réduit M. le duc d'Orléans, à l'enfance de tous les princes du sang, à l'anéantissement et à l'impuissance de tous les ordres du royaume, à l'ambition démesurée du duc du Maine, et à son pouvoir sans borne sur la foiblesse du Roi à son égard.

Tels sont les motifs à remuer les états généraux, sans que M. le duc d'Orléans y parût en aucune sorte. Exciter tristement, timidement, plaintivement la fermentation des esprits ; s'assurer de leur volonté, exciter leur courage en leur montrant péril, justice, religion, patrie ; leur faire sentir que ces grandes choses se trouvoient naturellement en leurs mains, les piquer d'honneur d'immortaliser leur tenue et leurs personnes par se rendre les libérateurs de tout ce qui est le plus sacré et le plus cher aux hommes ; conduire de l'œil l'effet résultant de ce souffle ; inculquer le secret sur l'impression et la résolution, non qu'il se pût espérer tel qu'il seroit nécessaire, mais pour contenir au moins et procéder par chefs accrédités, qui mènent le gros sur parole, sans trop s'expliquer avec eux. Si la mollesse, les délais, les embarras font craindre nul succès, ou un succès équivoque, s'arrêter doucement, laisser évaporer le projet en fumée, où personne n'auroit paru directement. Discours, propos, réflexions en l'air, rien de M. le duc d'Orléans ni d'aucun personnage ; tous, occupés de l'accablement d'affaires, ont ignoré ces raisonnements, ou n'en ont ouï parler qu'à bâtons rompus et foiblement, et n'ont seulement pas pris la peine de les ramasser. Que fera M. du Maine? A qui s'en prendra-t-il? Que peut-il de pis que ce qu'il a fait? Au contraire, timide comme il est, il sera souple, tremblant; et pourvu qu'il échappe, prendra tout pour bon, et sera le premier à se moquer de propos chimériques, à les dire tels dans la frayeur qu'ils ne se réalisent, et que le cas qu'il en feroit par ses plaintes ne l'engageât plus loin qu'il n'oseroit. Si, au contraire, on voyoit bien distinctement les états prendre résolûment le mors aux dents, les induire à ne donner pas aux bâtards cet avantage, par l'entreprise de se rendre leurs juges, de revenir dans la suite en inspirant au Roi majeur de défaire un ouvrage entrepris sur son autorité, et dont l'exemple toléré et laissé en son entier la menace des plus dangereuses entreprises ; mais à suivre leur objet par les moyens les plus respectueux qui ne donnent que plus de force aux plus fermes, et se garder de la honte de donner dans un piége tendu pour leur faire manquer le principal en haine de l'accessoire. Les porter à s'adresser au Roi par une requête en leur nom où tout ce qui vient d'être exposé soit expliqué d'une manière concise, forte, pressante, où il soit bien exprimé que le Roi, même à la tête de toute la nation, n'a pas droit de donner à qui que ce soit, ni en aucun cas, le droit de succéder à la couronne acquis aux mâles, de mâles en mâles, d'aîné en aîné, à la maison régnante, à laquelle personne, tant qu'il en peut exister un, ne peut être subrogé. Montrer que ce pas une fois franchi ne reçoit plus de bornes ; que tous les bâtards futurs remueront tout pour atteindre ceux d'aujourd'hui; qu'un favori peut devenir assez puissant, plus aisément encore un premier ministre, pour se proposer et pour arriver au même but, et qui auront encore pour eux une naissance illustre, du moins honnête et légitime, non adultérine, réprouvée de Dieu et des hommes, et qui, jusqu'à ces doubles adultérins appelés à la couronne, ne l'avoient pas seulement pu être aux droits les plus communs de la société, et n'avoient jamais été tirés du néant et des ténèbres; enfin qu'il n'y a pas plus loin, et peut-être beaucoup moins, dès que tout pouvoir est reconnu en ce genre par l'admission de son exercice, à intervertir l'ordre de la succession entre ceux qui sont reconnus habiles à succéder à la couronne, qu'à donner cette habilité[1] à ceux que leur naissance n'y appelle pas, encore plus à ceux dont le vice infamant de la naissance les enterre nécessairement dans la plus épaisse obscurité du non-être, sans état et sans droit à nulle succession, ni donation même la plus ordinaire, pas même de faire passer la leur à leurs enfants légitimes s'ils ont acquis quelque bien. S'arrêter à la réflexion de ce qui seroit arrivé de la France et de toute la maison régnante, si ce droit de disposer de la couronne avoit été par l'usage reconnu dans les rois, si les fils de Philippe le Bel avoient préféré leur sœur à un parent aussi éloigné que Philippe de Valois, et si les fils d'Henri II, gouvernés par Catherine de Médicis, par sa haine pour Henri IV, par sa prédilection pour sa fille de Lorraine, par un prétexte de religion qui avoit les plus grands appuis, eussent préféré cette sœur à un parent aussi éloigné qu'Henri IV, qui sans cela eut tant de peines et de travaux à essuyer pour se mettre à coups d'épée en possession du royaume qui lui appartenoit, et qu'il acheta encore par tant de traités, de millions et d'établissements de la Ligue, qui lui avoit pensé arracher la couronne tant de fois pour la porter dans une maison étrangère; enfin ce qui seroit arrivé de l'État et de la maison de France, si ce droit reconnu de disposer de la couronne eût eu la force des exemples, du temps de Charles VI et

---

1. Il y a bien ici *habilité*. Voyez ci-dessus, p. 304.

d'Isabeau de Bavière, qui déshéritèrent le Dauphin et toute leur maison, et firent couronner dans Paris le roi d'Angleterre leur gendre et reconnoître roi régnant de France, sans droit aucun, ni même idée de ce droit.

On sait les suites d'une telle entreprise, qui fit verser tant de sang, qui épuisa tant de trésors, qui mit si longtemps la France à deux doigts de sa perte et de son entier renversement. La richesse, l'importance, la réalité effective d'une matière qui, pour ainsi dire, comprend tout, ne doit rien perdre par le lâche et le diffus d'une vaine éloquence. Tout y doit faire voûte et se contre-tenir par toute la force dont elle est si grandement susceptible; rien d'inutile, tout concis, tout serré, tout en preuve, et en chaîne sans interruption.

Il est donc important d'avoir cette requête toute prête pour ne la pas laisser au différent génie de tant de gens qui ne s'accorderoient qu'en des longueurs très-périlleuses, mais en forme de canevas, pour ménager leur vanité, et s'avantager de leur paresse et des jalousies en leur proposant ce canevas à mettre en forme à leur gré, ce qu'ils retoucheront sans peine et en peu de temps, assez pour compter qu'entre leurs mains il est devenu leur ouvrage, ce qu'il est très-important qu'ils se persuadent bien. Il y a toujours dans ces nombreuses assemblées des chefs effectifs à divers étages qui, sans en avoir le nom ni le caractère, en ont la confiance et l'autorité par l'estime, par l'adresse, par une mode que le hasard établit, et que la conduite soutient jusqu'à les rendre presque maîtres de tourner les esprits et les délibérations où ils veulent. C'est ceux-là qu'il faut de bonne heure reconnoître et persuader, pour avoir par eux toute l'assemblée, et certes on n'eut jamais plus beau jeu qu'à mettre de telles vérités en évidence, et à toucher les hommes par ce qui est tout à la fois le plus intéressant par toutes les parties les plus sensibles, le plus important et le plus raisonnable par tout ce qu'il s'y peut faire de sages réflexions, de plus odieux et de plus périlleux en soi et par ses suites, enfin de plus juste, de plus nécessaire, de plus instant, de plus essentiel à arrêter pour jamais par une punition qui, proportionnée aux attentats, mette pour jamais à l'abri de Titans et d'usurpateurs possibles la nation, la couronne, et l'unique maison qui, tant qu'elle dure, y a un droit unique et exclusif acquis, qui assure à jamais le repos et la tranquillité publique à cet égard, et la prééminence si distinctive de cette maison sur toutes les autres maisons du monde.

On ne peut donc donner trop d'adresse, de délicatesse et de soins pour dignement et nerveusement dresser ce canevas, le faire promptement tourner et adopter par les états en requête, la leur rendre leur et comme le chef-d'œuvre de leur sagesse et de leur poids, surtout la leur montrer sans danger, par l'impuissance de ceux qu'elle regarde contre une multitude qui représente le corps de la nation. Ne point laisser d'intervalle entre l'adoption de la requête et sa présentation, pour éviter les mouvements et les artifices du duc du Maine, en quoi il s'est montré si grand maître; et par les mêmes moyens qu'on sera parvenu à l'adoption de la requête, et à la résolution de la présenter, n'y pas perdre un seul instant, et, s'il est possible, sans mettre une seule nuit entredeux. Cette présentation est l'engagement, par conséquent le premier coup de partie et celui qui entraîne le reste. Arrivés à ce point, la mécanique est aisée. Je comptois que Meudon seroit prêté à la reine d'Angleterre pour s'y tenir avec sa cour et sa suite, et laisser Saint-Germain libre aux états généraux, où, à tous égards, ils auroient été fort bien, ni trop loin ni trop près de Paris, et M. le duc d'Orléans en liberté de tenir le Roi à Paris, à Versailles, à Marly, comme il l'auroit voulu, pour en différents temps s'approcher ou s'éloigner davantage de Saint-Germain. C'est dans le salon de Marly où il auroit fallu destiner les audiences à donner par le Roi aux états, comme un lieu vaste, commode, dégagé de quatre côtés, joignant l'appartement du Roi et celui du Régent, un corps de maison isolé, et toutefois enfermé et gardé, et à une lieue de Saint-Germain.

Aussitôt donc que la requête par le vœu des états seroit prête à être présentée, partir tous en corps, et ne prendre que le temps, toujours assez long, d'un pareil embarquement dans les carrosses qu'on auroit pris partout où on auroit pu, mais dont sous main on auroit fait rencontrer sous divers prétexte[1] le plus qu'on auroit pu sans rien marquer; prendre, dis-je, ce temps pour envoyer devant quelques députés au Régent, l'avertir de la résolution prise de venir en corps trouver le Roi, desquels ils sont chargés[2] de supplier Son Altesse Royale de les conduire à Sa Majesté pour lui demander audience, et lui dire qu'ils sont en chemin et qu'ils vont arriver. Il ne sera pas inutile qu'il y ait quelque dispute entre le Régent et eux sur l'affaire qui les amène, dont les députés éviteront de s'expliquer clairement, et même devant le Roi. C'est à l'adresse du Régent à s'y conduire avec délicatesse, entre trop d'inquiétude et trop de froideur, sur une explication plus précise qu'il se faut bien garder de causer pour éviter l'embarras qu'elle feroit naître, et qu'il faudroit pourtant surmonter, et pour ne pas émousser l'effet de la surprise et de tout ce qui l'accompagne, qui ne pourra qu'être grand, quelque chose qu'il est impossible qu'il n'en ait transpiré alors. Les états arrivant vers la chapelle où on met pied à terre seront conduits au Roi, rencontrés en chemin dans le petit salon par le Régent, non par cérémonial, mais voulant savoir plus clairement ce qui les amène, ne laissant pas de s'avancer toujours, et d'arriver avec eux jusqu'au Roi, sans avoir été plus satisfait.

Une très-courte et très-respectueuse harangue annoncera l'excès de l'importance de ce qui les amène ainsi aux pieds du Roi, et finira par lui demander la per-

1. Il y a bien *prétexte*, au singulier.
2. Par lesquels états ils sont chargés.

mission de lui présenter leur très-humble requête, et de leur permettre d'attendre à Marly qu'il lui ait plu de la faire examiner par son conseil, persuadés qu'elle y sera trouvée si simple, si importante, si juste, que l'examen n'en pourra être long et qu'il leur sera favorable. La recevoir et la faire examiner n'est pas chose qui se puisse refuser. Le Roi se retirera dans son appartement et le Régent dans le sien, avec les députés à la suite de l'affaire, qui alors s'en expliqueront nettement. Débat entre eux et le Régent, qui ne trouvera pas que ce soit chose à répondre ainsi sur-le-champ, et eux qui ne se laisseront point persuader de quitter prise, et qui protesteront que les états sont résolus de ne pas sortir du salon, aux portes duquel il sera bon qu'il y ait plus que les Suisses ordinaires, pour empêcher l'entrée aux gens suspects. Les députés ne manqueront pas de récuser ceux du conseil que leur requête regarde; et finalement le conseil sera mandé et assemblé sur-le-champ. M. le duc d'Orléans y marquera sa surprise sans s'engager en grand discours, et plus encore son étonnement et son embarras de l'opiniâtre résolution des états à demeurer dans le salon jusqu'à la réponse à leur requête, pour communiquer au conseil le même embarras et le même étonnement. Ce sera après à son adresse, à sa délicatesse, à son esprit, à son poids à ne s'ouvrir sur rien que sur l'importance de la requête, l'état violent et plus qu'embarrassant qui naît de cette attente opiniâtre des états généraux dans le salon, la nécessité extrême de les ménager, profiter de l'absence de ceux que la requête regarde, nécessairement abstenus du conseil, et de l'intérêt et de la bonne volonté qu'il peut trouver dans les autres membres, et faire conclure que la requête sera renvoyée par le Roi au Parlement pour y être jugée, les pairs mandés de s'y trouver par le Roi, comme étant cause très-majeure. Laisser les portes fermées, passer par le petit salon avec le conseil dans le cabinet du Roi, lui rendre compte de la résolution, repasser chez lui avec le conseil, mander dans le salon les députés commis à la suite de l'affaire, leur remettre le résultat du conseil signé de lui, de tout le conseil et du secrétaire d'État qui en tient le registre, et en leur présence lui ordonner d'aller expédier sur-le-champ le renvoi de leur requête et de la leur envoyer à Saint-Germain. Les députés demanderont que le Roi veuille bien recevoir le très-humble remerciement des états, ajouteront que cependant le renvoi pourra être expédié, et déclareront que les états ne partiront point de Marly qu'ils n'aient toutes les lettres et expéditions nécessaires. Altercation encore là-dessus, fermeté d'une part, complaisance enfin de l'autre sur une chose qui n'emporte rien de plus que ce qui est accordé.

Les députés retourneront dans le salon rendre compte du succès de leur requête, tandis que le Régent, suivi du conseil, passera chez le Roi pour le suivre à l'audience de remerciement qu'il ira donner aux états. Ce remerciement sera pathétique sur l'importance de l'affaire, énergique sur la fidélité et l'attachement. Le Roi, le Régent et le conseil à sa suite retirés, les états iront par leurs députés remercier le Régent et le conseil retournés chez lui, attendront leurs expéditions, les examineront bien en les recevant des mains du secrétaire d'État, et s'en retourneront avec à Saint-Germain.

Le premier président, le doyen du Parlement et les gens du Roi seront mandés le lendemain pour recevoir du Roi, en présence et par la bouche du Régent, les ordres conformes au renvoi, et pour leur recommander l'importance de l'affaire, tant en elle-même que par la dignité des états et la considération de ceux qu'elle regarde. C'est après à M. le duc d'Orléans à se savoir lestement tirer d'intrigue dans sa famille : surprise, force, embarras de pareille démarche et si opiniâtre, et de savoir adroitement profiter de la gravité des raisons, des dispositions des juges, du poids de ce grand nom d'états généraux, et de la nature d'une affaire qui n'est embarrassée ni de lois diverses, ni d'ordonnances, ni de coutumes, ni d'arrêts, ni de procédures, et qui s'offre toute entière de première vue, pour accélérer et terminer au gré de pleine et entière justice et de barrière inaltérable à l'avenir : enfin, dans le jugement et après le jugement, de distinguer entre les deux frères l'innocent d'avec le coupable, suivant leur mérite à chacun. La suite a bien fait voir combien j'avois eu raison de concevoir ce dessein, et combien celui à qui il étoit si nécessaire et à qui il devoit être si doux, en étoit peu capable en effet, quoique il eût paru le goûter et le sentir.

Une idée sans exécution est un songe et son développement dans tout ce détail un roman. Je l'ai compris avant de l'écrire. Mais j'ai cru me devoir à moi-même de montrer que je n'enfante pas des chimères ; la nécessité, l'importance, l'équité de la chose par la foule des plus fortes et des plus évidentes raisons ; la possibilité et peut-être la facilité en présentant la disposition des esprits générale alors, et une suite de mécanique qu'il faut en tous projets se rendre à soi-même claire et faisable par un mûr examen des obstacles et des difficultés d'une part, et de l'autre des moyens de réussir. Un roman seroit un nom bien impropre à donner au rétablissement d'un gouvernement sage et mesuré ; au relèvement de la noblesse anéantie, ruinée, méprisée, foulée aux pieds ; à celui du calme dans l'Église ; à l'allégement du joug, sans attenter quoi que ce soit à l'autorité royale, joug qu'on sent assez sans qu'il soit besoin de l'expliquer, et qui a conduit Louis XIV aux derniers bords du précipice ; à laisser au moins à la nation le choix du genre de ses souffrances, puisqu'il n'est plus possible de l'en délivrer, enfin de préserver la couronne des attentats ambitieux, de conserver à la maison régnante l'éclat de sa prérogative si uniquement distinctive, et la tranquillité intérieure de l'État du péril du titanisme, et des dangereuses secousses qu'il ne peut manquer d'en recevoir, puisque pour des choses si monstrueusement nouvelles on est contraint de les exprimer par des mots faits pour les pouvoir exprimer. Si des projets de cette qualité, et dont l'exécution est rendue sensible, n'ont pas réussi, c'est qu'ils n'ont pas trouvé dans le temps le plus favorable un régent assez ferme et qui eût en soi assez de suite. On en verra d'autres dans le cours de cette année et des suivantes qui ont eu le même sort. Dois-je me repentir pour cela de les avoir pensés et proposés? J'ai toujours cru que ce n'étoit pas le succès qui décidoit de la valeur des choses qui se proposent, beaucoup moins quand il dépend d'un autre qui néglige de les suivre ou qui ne veut pas même les entreprendre. Ce qui va suivre est de ce dernier genre.

CHAPITRE XIII.

Discussion entre M. le duc d'Orléans et moi sur la manière d'établir et de déclarer sa régence. — Aveu célèbre du Parlement, par la bouche du premier président de la Vacquerie y séant, de l'entière incompétence de cette Compagnie de toute matière d'État et de gouvernement. — Deux uniques et modernes exemples de régences faites au Parlement; causes de cette nouveauté. — Raisons de se passer du Parlement pour la régence, comme toujours avant ces deux derniers exemples. — Observation à l'occasion de la majorité de Charles IX et de l'interprétation de l'âge de la majorité des rois. — Mesures et conduite à tenir pour prendre la régence. — Conduite à tenir sur les dispositions du Roi indifférentes, et sur le traitement à faire à Mme de Maintenon. — Prévoyances à avoir. — Foiblesse de M. le duc d'Orléans à l'égard du Parlement. — État et caractère de Nocé.

Après de longs et fréquents tête-à-tête sur toutes ces différentes matières, entre M. le duc d'Orléans et moi, nous vînmes à celle de la régence. Je l'avois fort examinée, et voici comme je lui en parlai et ce que je lui proposai. Je lui dis qu'il ne s'agissoit point ici de ces régences réglées par les rois pendant l'absence qu'ils vont faire hors de leur royaume et qui finissent par leur retour, mais de celles uniquement que la mort d'un roi et la minorité de son successseur rendent nécessaires. Je n'eus pas peine à montrer que celles-là tombent de droit tellement au plus proche du Roi mineur, que les mères et les sœurs y sont admises, quoique les femelles soient exclues de la couronne, et que par conséquent ni les cabales ni quelque disposition que le Roi pût faire, il n'étoit pas dans le possible de la lui ôter. Qu'à l'égard de la brider, ce qui ne se pouvoit tenter que par des dispositions du Roi odieuses, il savoit ce que les plus sages et les plus solennelles étoient devenues aussitôt après la mort de Charles V et de Louis XIII, qui les avoient faites, sur lesquelles il n'y avoit point à craindre que celles du Roi eussent de l'avantage par toutes sortes de raisons ; que néanmoins il falloit penser à s'en garantir en ne se commettant pas avec imprudence : que si le Roi faisoit des dispositions là-dessus, il n'y avoit point à douter qu'elles ne tendissent à le diminuer pour accroître le duc du Maine ; que sans me départir de ce que je lui avois dit de la disposition des esprits, et en particulier du Parlement sur la grandeur des bâtards, surtout sur leur apothéose, il falloit songer que le premier président étoit l'âme damnée de M. et de Mme du Maine, qui pour leur intérêt l'avoient mis à la tête du Parlement dont il épouseroit aveuglément toutes les volontés, parce que, brouillé par cet attachement avec Madame la Duchesse et les princes du sang, ne pouvant par cela même s'assurer de Son Altesse Royale, et mal au dernier point par l'affaire du bonnet avec tant de gens considérables, il n'avoit de ressource que la protection du duc du Maine, et par conséquent le plus vif intérêt à toute sa grandeur et son pouvoir ; que tel que fût le premier président, il avoit acquis à force de manéges du crédit dans sa Compagnie, ébloui de son jargon, de sa politesse, de l'attachement qu'il leur avoit persuadé avoir pour tous les avantages de la Compagnie et de ses magistrats, enfin par ses grands airs, sa table, sa dépense, et l'union que l'affaire du bonnet avoit si bien rétablie entre lui et les présidents à mortier, dont quelques-uns auparavant le tenoient en brassière ; que les cabales et les bassesses qui ne coûtoient rien à M. ni à

Mᵐᵉ du Maine, qui avoient tant fait leurs preuves en artifices et en noires inventions, étoient indignes de tout homme et impraticables pour Son Altesse Royale, dans le degré surtout où elle se trouvoit; qu'autre chose étoit de présenter un colosse dangereux à abattre et les plus saintes lois à préserver d'une ambition démesurée et toute-puissante, autre chose d'entrer en concurrence avec ce colosse sur des dispositions du Roi en sa faveur à la diminution de l'autorité d'un régent; qu'indépendamment d'équité, le Parlement est toujours porté à se croire et à faire, autant qu'il en trouve les occasions, le modérateur de la puissance, puisqu'il a si souvent tenté de le faire sentir même aux rois, à plus forte raison dans une entrée de régence, temps de foiblesse dont ce corps a toujours su se prévaloir; que le même amour-propre qui le flatteroit d'avoir à prononcer sur le renversement du colosse, si la cause lui en étoit déférée, et lui feroit goûter la justice et les raisons d'user du pouvoir de le renverser, ce même amour-propre trouvera sa satisfaction à prononcer entre le Régent et ce colosse; et comme il ne s'agira pas alors de le détruire, le même amour-propre le portera à le favoriser sous différents prétextes pour faire naître une suite de divisions dont il espérera se mêler et en profiter, et pour avoir un puissant soutien de sa considération et de son autorité, qui en minorité a si souvent entrepris sur l'autorité royale qui est celle dont le Régent est revêtu et qu'il ne doit pas laisser entamer. De ce raisonnement, qui n'a rien de contraire à la disposition du Parlement contre les bâtards et leurs grandeurs, où il ne s'agit pas ici de remettre dans les bornes, il sera aisé aux manéges du duc du Maine et de Mesmes de le tourner favorablement aux prétentions du duc du Maine. Ainsi lutte indécente et inégale et publique; et si elle bâte mal suivant ces apparences, quel embarras et peut-être quels désordres! certainement, quel lustre et quel degré de continuelles entreprises du Parlement, qui se voudra mêler de tout avec autorité! quel triomphe et quelle dangereuse victoire du duc du Maine ! quelle honte pour le Régent, et quelle situation pendant tout le cours de la régence ! On tremble donc avec raison en pensant jusqu'où tout cela peut porter.

Je proposai donc à M. le duc d'Orléans de ne s'y pas commettre, et de prendre un autre tour. Je lui fis observer qu'il ne s'étoit fait au Parlement que les deux drenières régences. On n'y avoit jamais songé auparavant. Le duc d'Orléans, dépité de voir la régence entre les mains de Mme de Beaujeu, femme du frère du duc de Bourbon, connétable de France, et sœur fort aînée de Charles VIII, pendant sa minorité, tenta la voie de se plaindre, et de demander au Parlement justice du tort qu'il prétendoit être fait à son droit sur la régence. La réponse célèbre que le premier président de la Vacquerie lui fit en plein Parlement n'est ignorée de personne, et se trouve la même dans toutes les Histoires : « La cour, lui dit ce magistrat, n'est établie que pour juger au nom et à la décharge du Roi les procès entre ses sujets, et nullement pour se mêler d'aucune affaire d'État ni du gouvernement, où elle n'a pas droit d'entrer, sinon par un commandement exprès de Sa Majesté. » Le duc d'Orléans, lors héritier présomptif de la couronne, et qui y succéda à Charles VIII sous le nom de Louis XII, ne put tirer autre chose du Parlement. Il prit les armes, il n'y fut pas heureux ; Mme de Beaujeu demeura régente sans question ni difficulté, et son administration fut bonne et heureuse jusqu'à la majorité de Charles VIII. Je passe Mme d'Angoulême, qui n'a été régente que pendant deux absences du roi François Ier, son fils, qui l'établit en partant, et la reine Marie-Thérèse, que le Roi établit deux fois régente en partant pour ses conquêtes. Ainsi, jusqu'à la mort d'Henri IV, nulle mention du Parlement à cet égard.

Personne n'ignore de quelle manière le parricide fut commis, ni les ténèbres qui ont couvert un si grand crime. Il est difficile aussi de se refuser d'en deviner la cause que ces ténèbres même indiquent, et que les

Histoires et les Mémoires de ces temps-là font sentir, et même quelque chose de plus. Cette remarque étoit nécessaire, on s'en contentera. Le cas étoit unique. Le Roi mort à l'instant, au milieu des seigneurs qui étoient dans son carrosse, qu'ils firent retourner au Louvre avec le corps du Roi, peu de grands à Paris, le prince de Condé hors du royaume, le comte de Soissons chez lui, mécontent de ce qui s'étoit passé sur la duchesse de Vendôme au couronnement de la Reine; l'intérieur intime du Louvre peu étonné et gardant moins que médiocrement les bienséances, tout occupé d'assurer toute l'autorité à la Reine pour établir la leur et leur fortune; cette princesse élevée au-dessus de toute foiblesse, et sans distraction sur tout ce qui pouvoit établir sa pleine et entière régence, on courut au Parlement pour avoir un lieu public et solennel, et un corps intéressé à soutenir ce qui se feroit dans son sein; un corps encore qu'on avoit à ménager par d'autres raisons plus ténébreuses, et qui n'étoient pas moins importantes. Le duc d'Espernon environna de son infanterie le dehors et le dedans des Grands-Augustins, où le Parlement tenoit ses séances depuis que le Palais étoit occupé des préparatifs qui s'y faisoient pour les fêtes qui devoient suivre le couronnement de la Reine. Tout cela se fit sur-le-champ, M. de Guise et lui entrèrent en séance, et la Reine y fut aussitôt déclarée régente, en présence de trois ou quatre autres pairs ou officiers de la couronne, qui y arrivèrent l'un après l'autre.

Le murmure fut grand d'une nouveauté si subite et si précipitée; force mouvements ranimés par la prompte arrivée et les plaintes de M. le comte de Soissons, et depuis encore par le retour du prince de Condé, et ses prétentions. Mais la chose étoit faite, et la déprédation des trésors d'Henri IV, déposés à la Bastille pour l'exécution de ses grands desseins, et la guerre de Clèves, achevèrent d'affermir l'autorité de la Régente, ou plutôt des gens qui la gouvernoient. C'est le premier exemple d'une régence faite au Parlement. On laisse à juger et des causes, et de la manière, et du droit qu'il peut avoir acquis au Parlement.

Le second exemple est tout de suite, lorsque la mort la plus sainte et la plus héroïque couronna la vie la plus illustre et la plus juste, et en fit à tous les rois la plus sublime leçon. La valeur de Louis XIII, si utilement brillante lors du malheur de Corbie, aux îles de la Rochelle, au siége de cette ville et à tant d'autres exploits, au célèbre Pas de Suse, en Roussillon et partout, où sa conduite ne fut pas moins admirable; la sagesse de son gouvernement, le discernement de ses choix, l'équité de son règne, la piété de sa belle vie, tant de vertus enfin si relevées par sa rare modestie, et le peu qu'il comptoit tout ce qui n'est point Dieu; ses victoires, ses succès, qui arrêtèrent ceux de la maison d'Autriche, et qui anéantirent le parti protestant, qui faisoit un État dans l'État, au point que le Roi son fils n'a plus eu besoin que de la simple révocation d'un édit pour le proscrire; l'utile protection donnée à ses alliés, et sa fidélité à ses traités, tant de grandes choses n'avoient pu le préserver des malheurs domestiques, augmentés sans cesse par vingt ans de stérilité de la Reine.

Arrivé lentement à sa fin, pour le malheur de la France et de l'Europe entière, à un âge qui n'est souvent que la moitié de celui des hommes, il ne la regarda que comme sa délivrance pour s'envoler à son Dieu, et il profita de la tranquillité, de la paix, de la liberté de l'esprit que lui conserva si parfaitement ce Dieu de justice et de miséricorde, pour se rendre plus digne d'aller à lui par les ordres si judicieux que la sagesse, l'expérience et la connoissance des choses et des personnes lui firent dicter au milieu des douleurs de la mort sur tout ce qu'il crut possible et nécessaire de régler pour l'administration de l'État après lui, et balancer au moins avec prudence et harmonie ce qui ne pouvoit être remis en d'autres mains. Tout donné ce qui étoit vacant, tout réglé ce qui étoit à faire après lui, il le voulut rendre public, et le consacrer, pour ainsi dire, par le consentement des personnes les plus proches comme les plus intéressées, et par l'approbation de tout ce qu'il put assembler de grands et de personnes considérables de sa cour, et de gens graves tels que son conseil et les principaux magistrats. Tous admirèrent tant de présence d'esprit, de sages combinaisons, de sagacité et de prudence, tous en furent pénétrés.

La Reine promit solennellement de s'y conformer, Monsieur ensuite et Monsieur le Prince, et tous ceux qui étoient nommés pour former le conseil. La Reine et ceux qui la gouvernoient n'en furent[1] pas moins effrayés des contre-poids établis à l'autorité de sa régence. Monsieur, foible, facile, de tout temps lié avec la Reine, jusque dans tous ses écarts, pris sur-le-champ au dépourvu sans le secours de ceux qui le conduisoient, se laissa enchanter aux flatteries de la Reine, et crut n'être que plus puissant en serrant son union avec elle par le sacrifice de sa part de l'autorité que lui avoit donnée la disposition dont on vient de parler. Lui gagné, Monsieur le Prince, attaqué tout de suite par la Reine et par Monsieur, n'osa résister, et céda; à ces si principaux exemples tout le conseil renonça tout de suite, chacun à sa voix nécessaire, délibérative, inamissible, et une heure après la mort du Roi tout au plus, tout ce qu'il avoit si sagement prévu et fait se trouva renversé, et l'autorité entière et absolue dévolue à la Reine privativement à tous.

C'étoit là un grand pas fait, mais l'embarras fut que la disposition avoit été rendue publique, et lue tout haut, en présence du Roi et de tous ceux qui ont été nommés, et approuvée et ratifiée de tous. Cette publicité ne se pouvoit détruire que par une autre. Le Parlement, qui y avoit été mandé, y avoit eu la même part par ses principaux magistrats. On craignit les mouvements de cette Compagnie, et à son appui, le repentir de Monsieur et de Monsieur le

---

1. Saint-Simon a écrit *fut*, mais trois mots plus loin, il a corrigé *effrayée* en *effrayés*.

Prince. On voulut donc ménager et flatter le Parlement pour lever tout obstacle. Le dernier exemple autorisoit l'imitation, et frayoit le chemin. Dès l'après-dînée, car le Roi mourut dans la fin de la matinée, on pratiqua le Parlement, on le brigua toute la nuit, et le lendemain matin, la Reine, accompagnée de Monsieur et de Monsieur le Prince, des pairs et des officiers de la couronne, vint de Saint-Germain droit au Parlement. Ils y déclarèrent la cession qu'ils faisoient à la Reine de l'autorité qu'ils avoient reçue de la disposition du feu Roi, pour la lui laisser à elle seule toute entière; que le conseil nommé par le feu Roi en faisoit de même; et la régence fut ainsi faite et déclarée au Parlement, à ces conditions, dont la France ne s'est pas mieux trouvée, et qui se sentira peut-être encore longues et cruelles années des pestiférès maximes et de l'odieux gouvernement du cardinal Mazarin.

Deux reines étrangères d'inclination, et de principes fort éloignés des maximes françoises pour le gouvernement de l'État et des vues si saines des rois leurs maris, dont elles ne regardèrent la perte que par le seul objet de leur grandeur personnelle, dont elles étoient de longue main toutes occupées, que la dernière à la vérité n'a dû au moins qu'à la nature, Marie dominée par Conchine[1] et sa femme, Anne par Mazarin, Italiens de la dernière bassesse, et qui ignoroient jusqu'à notre langue, qui ne soupiroient qu'après le timon de l'État, dont ils se saisirent tout aussitôt, et à qui il n'importoit comment ni à quel titre, il n'est pas surprenant que méprisant ce qu'ils ignoroient, c'est-à-dire toutes les formes, les usages, les règles, les droits, ils se soient jetés à corps perdu avec leurs reines, à ce qui leur sembla assurer davantage l'autorité qui alloit faire le fondement certain de la toute-puissance qu'ils[2] s'étoient bien promis de saisir, surtout avec les raisons qu'on a vues dans la première

1. Par Concini.
2. *Qui*, au manuscrit.

de s'assurer du Parlement, et dans l'autre de le ménager.

M. le duc d'Orléans ne se trouvoit pas en ces termes. Rien à couvrir par les ténèbres; ni fils de France ni prince du sang avec qui lutter, point d'indignes et de vils étrangers à faire régner; point de foiblesse de sexe à étayer, nul usage utile à faire de l'appui du Parlement, et tout au contraire à en craindre par les noirs artifices du duc du Maine, et les manéges de son premier président appuyés des dispositions du Roi et de l'intérêt du Parlement à s'arroger la fonction de modérateur et de juge, de nourrir la division, de semer les occasions de s'y faire valoir, et d'usurper cette autorité de tuteurs des rois si destituée de tout fondement, et, tant qu'ils ont pu, si hardiment tentée, sur laquelle on verra dans la suite jusqu'à quel point ils osèrent la porter, faire repentir le Régent de sa mollesse, et le forcer à briser périlleusement sur leur tête le joug que peu à peu il s'étoit laissé imposer. Je le fis souvenir de ce que tous nos rois, jusqu'à Louis XIV inclusivement, avoient montré de fermeté toutes les fois que le Parlement avoit osé vouloir passer ses bornes du jugement des procès et des enregistrements d'édits et d'ordonnances, et leur avoient déclaré que la connoissance de rien de ce qui étoit au delà n'étoit de leur compétence.

Je lui remis cette vérité, dont jusqu'à présent le Parlement n'a osé disconvenir, que s'il est arrivé quelquefois que des matières plus hautes que les procès des particuliers, ou des enregistrements qui avoient quelque chose de plus que l'*ut notum sit*, pour y conformer les jugements, avoient été traitées[1] au Parlement par la volonté ou la permission du Roi, c'étoit sa présence et des grands qui l'y accompagnoient, ou, en son absence, celle des pairs qui y étoient mandés par le Roi, qui donnoit toute la force, à l'ombre desquels les magistrats du Parlement

---

1. Ce participe est bien au féminin.

y opinoient ; chose tellement certaine, que leur présence a toujours été nécessairement énoncée dans l'arrêt qui s'y rendoit, par ces termes consacrés : la cour *suffisamment garnie de pairs*, si essentielle au jugement même du Parlement, que toutes les fois qu'il y a eu des troubles où le Parlement s'étoit laissé entraîner, comme sous la dernière régence, il ne s'étoit point fait de délibération au Parlement, concernant ces affaires, que le Parlement lui-même n'envoyât prier les pairs, et quelquefois même les officiers de la couronne qui se trouvoient à Paris, d'y venir assister. Il résulte de cette vérité que ceux qui ne peuvent connoître d'aucune matière d'État, et de leur propre aveu, sans la présence des pairs qui leur en communique la faculté (on parle ici de l'usage reçu, non du droit que les magistrats auroient peine à prouver), ne sont pas nécessaires à aucune sorte de délibération ni de sanction d'État, et que ceux-là seuls de la présence desquels ils tirent cette faculté, qu'ils conviennent n'avoir point en leur absence, peuvent en tout droit délibérer sans eux, et faire toute sanction d'État.

L'unique objection qui se pourroit faire pour éblouir, mais sans aucune solidité, c'est que les matières et les sanctions d'État s'étant souvent trouvées mêlées de jurisprudence et de matières légales, comme les confiscations des grands fiefs, leur réunion à la couronne par forfaiture, comme il est arrivé des anciennes pairies possédées par les rois d'Angleterre et par l'empereur Charles V, ces matières avoient été traitées au Parlement pour en éclairer les pairs, le Roi même, et les officiers de la couronne qui l'y accompagnoient, ce qui ayant ouvert la bouche aux magistrats du Parlement pour opiner sur ces matières, leur en avoit donné l'usage en d'autres moins mêlées des lois, lorsque le Roi y avoit fait assembler les pairs pour les y traiter comme en lieu naturellement public ; mais cette réponse, telle qu'elle puisse être, ne répond pas au principe dont le Parlement convient, et ne lui donne pas un caractère qu'il n'a pas par lui-même ; il reste toujours vrai qu'il n'est admis à délibérer sur ces matières que par la présence des pairs, que leur absence l'en rend incompétent : donc il en est par soi-même incapable, et les pairs seuls et les officiers de la couronne uniquement capables et compétents par eux-mêmes, d'où il se conclut qu'il n'est nul besoin du Parlement pour faire ou déclarer une régence, comme il n'a pas été question de cette Compagnie pour aucune des régences qui depuis tous les temps ont précédé celle de la minorité de Louis XIII, et qu'elles ne se doivent faire et déclarer que par les pairs nés, autres pairs, et les officiers de la couronne privativement à qui que ce soit.

Que si les rois ont été au Parlement déclarer leur majorité, ou étant majeurs aussitôt après leur avénement à la couronne, cet ancien usage n'a rien de commun avec ce qui vient d'être dit sur les régences. Une longue prescription fondée sur la sagesse et le bien de l'État à prévenir les troubles qui, dans l'étourdissement que cause toujours la mort d'un roi, naîtroient aisément des prétentions à la régence, en a établi le droit au plus proche du sang du Roi mineur mâle ou femelle, encore que celles-ci soient exclues de la couronne, mais cela même rend témoignage que la régence n'est pas comme la couronne, et qu'elle étoit déférée par l'avis des grands qui renfermoit un jugement : au lieu que la séance du Roi au Parlement, dès qu'il est parvenu majeur à la couronne, ou pour y déclarer sa majorité s'il étoit mineur, n'a pour objet aucun jugement à rendre ni réel, ni fictif, comme est l'objet de faire et de déclarer une régence, parce que la faire étoit un jugement réel autrefois, dont on retient l'image ; et la déclaration, déclarer le jugement rendu de l'adjudication de la régence.

Cette première séance du Roi au Parlement, soit majeur en succédant à la couronne, soit mineur qui y vient déclarer sa majorité, n'est donc autre chose que de venir au lieu public, et le plus solennellement destiné à rendre à ses sujets la justice en son nom, pour y faire publiquement et solennellement sa fonction de juge unique et suprême de tous ses sujets, de qui émane le pouvoir de juger à tous les divers degrés de jurisdictions et de juges de son suprême fief, qui est son royaume, à cause de sa couronne et de son caractère royal, qui est unique en sa personne. Cette séance, où assistent les pairs, et où le Roi est suivi des officiers de la couronne, n'est donc en soi qu'une pure cérémonie sans délibération sur rien par elle-même, ni matière aucune de jugement. Le Roi y reçoit les hommages de la personne qui a exercé la régence, et qui lui remet toute l'autorité que sa minorité l'empêchoit d'exercer par lui-même, offre de lui rendre compte de l'administration qu'elle a eue entre les mains, quand il lui plaira de le recevoir, si c'est un roi mineur qui déclare sa majorité, puis les hommages collectifs de tous. Que si, à cette occasion, il se met quelque matière en délibération fictive ou effective, cela retombe dans les cas qui viennent d'être dissertés, et ne tient que par hasard à la cérémonie.

Je fis observer à M. le duc d'Orléans la jalousie, l'attention toujours vigilante du Parlement à prétendre, à entreprendre, et à créer à son avantage quelque chose de rien, par ce qui arriva à la majorité de Charles IX. Il ne s'y agissoit pas, comme dans les autres, d'une simple cérémonie telle qu'elle vient d'être expliquée. La loi faite par Charles V pour la fixation de l'âge de la majorité des rois, et par les grands qui l'approuvèrent, avoit toujours été entendue et pratiquée suivant son sens naturel de quatorze ans accomplis, quoique le terme *accomplis* n'y fût pas exprimé. Sans allonger ce récit de ce que personne n'ignore de l'histoire de ces temps difficiles, Catherine de Médicis, bien assurée de gouverner toujours, avoit intérêt que la minorité de Charles IX finît, et il étoit encore éloigné de plusieurs mois des quatorze ans accomplis. Elle voulut donc faire interpréter la loi de Charles V à quatorze ans commencés. La cour étoit en Normandie, et les affaires ne lui permettoient pas de la quitter. Elle mena donc Charles IX, suivi des pairs et des officiers de la couronne qui s'y trouvèrent, au parlement de Rouen, où la loi de Charles V fut interprétée comme elle le desiroit, et Charles IX déclaré majeur, ce qui pour l'âge a été suivi en toutes les majorités depuis. Le parlement de Paris jeta les hauts cris, députa vers le Roi et la Reine, prétendit qu'un tel acte ne pouvoit être fait dans un autre parlement. On se moqua d'eux. La Reine leur répondit que la cour des pairs n'étoit aucun parlement, mais le lieu tel qu'il fût où le Roi se trouvoit, et où il lui plaisoit d'assembler les pairs. La maxime est si vraie que, sans la circonstance de ces temps si difficiles, où la Reine avoit besoin de tout, elle n'avoit que faire du parlement de Rouen pour une interprétation de la loi de Charles V, sur laquelle ce parlement ne put opiner que par la présence des pairs, comme il a été expliqué, lesquels seuls la pouvoient faire avec les officiers de la couronne; mais comme il falloit en même temps déclarer le Roi majeur, qui est la simple cérémonie qui a été expliquée, qui ne se pouvoit faire qu'au parlement de Rouen, puisque le Roi étoit en cette ville, ce fut un véhicule pour y faire le tout ensemble. Le parlement de Paris se plaignit longtemps, sans pouvoir alléguer aucune raison, et il se tut enfin, quand il fut las de se plaindre, sans avoir reçu le moindre compliment.

Fondé sur des vérités si certaines et de si solides raisons, je proposai à M. le duc d'Orléans d'assembler tous les pairs et les officiers de la couronne, aussitôt que le Roi seroit mort, dans une des pièces de l'appartement de Sa Majesté, en rang et en séance, avec Monsieur le Duc, le seul des princes du sang en âge, le duc du Maine et le comte de Toulouse; que là tous assis et couverts seuls, dans la pièce, avec les trois secrétaires d'État au bas bout et derrière, la séance vis-à-vis de lui, ayant une table garnie devant eux, car le chancelier étoit le quatrième, Son Altesse Royale fît un court discours de louange et de regrets du Roi, de la nécessité urgente d'une administration, de son droit à la régence, qui ne pouvoit être contesté, du soin qu'il auroit d'éclairer ses bonnes intentions par leurs lumières; et subitement les regarder tous en leur disant avec un air de confiance, mais d'autorité : « Je ne soupçonne pas qu'aucun de vous s'y oppose »; se lever, gracieuser un chacun, les convier de se trouver l'après-dînée au Parlement; et si le Roi mouroit le soir, ne faire cette assemblée que le lendemain matin, pour ne laisser pas la nuit au duc du Maine à cabaler le Parlement, et au premier président d'y haranguer; arrivé droit au Parlement, lui dire qu'il vouloit, par l'estime qu'il avoit pour la Compagnie, sans rien de plus, leur venir faire part lui-même et se condouloir avec eux de la perte que la France venoit de faire, et de la régence qui lui échéoit par le droit de sa naissance, et les assurer du soin qu'il auroit de se faire éclairer de leurs lumières dans les besoins qu'il en auroit; que pour commencer à leur témoigner le desir qu'il en avoit, il leur communiquoit le plan qu'il estimoit le meilleur après M. le duc de Bourgogne, dans la cassette duquel il avoit été trouvé, et déclarer là les conseils sans nommer personne; abréger matière, et finir la séance.

Comme la régence étoit faite et déclarée avant que d'y entrer, les gens du Roi n'auroient point eu à parler, ni le Parlement à opiner ni rendre d'arrêt. Si M. du Maine s'étoit mis en devoir de parler, l'interrompre et lui dire que c'étoit à lui moins qu'à personne à vouloir contredire ce qui s'étoit fait comme dans toutes les régences précédentes à celle des deux dernières reines, dont le cas particulier de chacune d'elles demandoit la forme qu'elles avoient prise, qu'elle étoit trop nouvelle et trop différente de celle de tous les temps pour avoir la force de la changer par ces deux seuls exemples, et qu'après toutes les choses inouïes qu'il avoit obtenues, il devoit éviter avec soin de parler de ce qui étoit de règle, comme de ce qui n'y étoit pas, et sans attendre de réponse, lever la séance. Si le premier président avoit voulu parler sur la même chose, l'interrompre pareillement, lui dire qu'il marqueroit toujours au Parlement toute l'estime et la considération qu'il méritoit, mais qu'il ne croiroit jamais que l'équité et la sagesse de la Compagnie exigeât que ce fût aux dépens des droits de sa naissance et de ceux à qui il s'étoit adressé, ni qu'elle pût prétendre que deux exemples uniques et modernes prescrivissent une règle ignorée jusque-là de toute l'antiquité ; et pareillement lever la séance ; en se levant, passer les yeux sur tout le monde, et se faire suivre par tous les pairs, intéressés ainsi que les officiers de la couronne à soutenir ce qui s'étoit passé avec eux. Si le Roi avoit fait des dispositions, ajouter qu'il auroit toujours tout le respect pour la mémoire du Roi, et tous les égards qu'il lui seroit possible pour ses volontés, mais que tous les siècles apprenoient que toute l'autorité personnelle des rois finissoit avec eux, qu'ils n'en ont aucune sur une régence dont personne ne peut prendre prétexte par sa naissance de partager l'autorité ; que ce seroit manquer à ce qu'il se doit à soi-même de souffrir que son honneur, sa fidélité pour la personne du Roi, son attachement au bien de l'État demeurassent soupçonnés, et par son propre aveu, en se soumettant à des dispositions inspirées par l'ambition de qui avoit voulu profiter de la foiblesse de l'âge et des approches de la mort ; que les dispositions si sages et si utiles de Charles V et de Louis XIII n'avoient eu aucun effet ; que celles de Louis XIV, qui étoit bien éloigné des circonstances qui avoient porté ces deux grands rois à les faire, ne pouvoient donc être plus recommandables que les leurs, ni avoir un sort plus consistant ; qu'en un mot, celles de ces deux princes n'alloient qu'à maintenir le bon ordre et le repos de l'État ; que celles du Roi n'y pourroient mettre que du trouble, dont il n'est pas juste que l'État soit menacé ni travaillé par l'ambition particulière de quelques-uns, et pour exécuter aveuglément les dernières volontés du Roi en matière d'État, quand celles de pas un de ses nombreux prédécesseurs qui en avoient laissé n'avoient jamais été considérées un seul moment, et étoient tombées avec eux : cela dit, lever la séance.

Je représentai à M. le duc d'Orléans que s'il avoit affaire à un duc de Guise pour l'ambition, le duc du Maine n'avoit ni le parti ni les soutiens étrangers, ni le personnel des Guises; que c'étoit un homme timide à qui il falloit imposer et à son premier président tout d'abord; que cela seul les feroit trembler, et que dans le très-peu de gens sur lesquels ce fantôme de Guise se flattoit de pouvoir compter dans le décri où étoit sa personne, et l'indignation publique de tout ce à quoi il étoit parvenu, il n'y en auroit aucun qui, sur un appui aussi odieux et aussi frêle, osât lever la tête contre un régent unique en sa naissance, dont la valeur étoit connue, et qui savoit montrer le courage d'esprit que je lui conseillois, et la fermeté qui seroit son salut, et qui fonderoit sa gloire et son autorité entière et paisible pour tout le cours de sa régence; que le Parlement, adroit à se prévaloir de tout, mais n'ayant personne pour soi par l'intérêt des pairs et des officiers de la couronne, qui se trouveroient engagés d'honneur par ce qui se seroit passé le matin avec eux sur la régence à Versailles, sentiroit promptement son impuissance et l'embarras du fond et de la forme : du fond, d'ériger en loi, lui tout seul, deux exemples récents contraires à tous ceux qui les avoient précédés, et deux exemples singuliers par leurs circonstances et les conjonctures, et de se roidir à faire passer en règle les dispositions de Louis XIV odieuses par elles-mêmes, contre l'exemple constant de toutes les autres dispositions pareilles, dont pas une n'avoit eu le moindre effet, quoique si sages et si nécessaires; de la forme, par leur incompétence, reconnue par eux-mêmes, de délibérer, encore moins de statuer rien en matière d'État qu'avec les pairs et par leur présence et concours, et mandés pour ce par le Roi, ou en minorité par le Régent; et si dans des temps de troubles le Parlement, entraîné contre la cour, avoit quelquefois voulu entreprendre de se mêler d'affaires d'État ou de gouvernement, ce n'avoit jamais été qu'au moyen et à l'ombre de la présence des pairs, et quelquefois des officiers de la couronne qu'il envoyoit convier d'y venir prendre leurs places, chose qui n'étoit pas à craindre en cette occasion, par l'intérêt des pairs et des officiers de la couronne de ne se prêter pas au dessein de détruire leur droit autant qu'il étoit en eux, et leur ouvrage, pour soumettre l'un et l'autre aux magistrats qui n'en avoient aucun ; que, pour quelques-uns d'eux qui, en très-petit nombre, se trouveroient nommés dans les dispositions, la jalousie du grand nombre qui n'y auroit point de part l'empêcheroit de se prêter à soutenir cette disposition et les entreprises du Parlement contre eux-mêmes, encore moins quand la déclaration des conseils, sans nommer personne, leur montreroit un bien plus grand nombre de places considérables à remplir, et à y succéder par vacance, que les dispositions du Roi n'en auroient établi, dont l'espérance encore les retiendroit tous, et le choix achèveroit de les attacher à lui ; enfin que je m'attendois bien aux plaintes du Parlement, mais qu'elles seroient si semblables à celles qu'il fit sur la majorité de Charles IX et l'interprétation de la loi de Charles V faite au parlement de Rouen, que je comptois aussi que l'effet et la fin en seroit toute pareille, ce qui diminueroit d'autant le nom, le crédit, l'autorité du Parlement, à l'augmentation du pouvoir du Régent, et rendroit cette ardente Compagnie d'autant plus retenue à entreprendre.

J'ajoutai un détail des pairs et des officiers de la couronne qui le devoit bien rassurer, outre l'esprit qui régnoit alors si peu favorable aux bâtards, par conséquent aux dispositions que le Roi ne pourroit avoir faites qu'en leur faveur. Je fus d'avis que sur tout ce qui ne toucheroit ni l'État ni le gouvernement en aucune sorte, M. le duc d'Orléans se fît honneur d'en faire un entier à ces mêmes dispositions du Roi, non pas comme faisant loi et par nécessité de les suivre, mais par un respect volontaire et bienséant, par sa propre autorité à lui, et pour s'éloigner de la bassesse de porter des coups au lion mort. Par la même raison, je fus d'avis que Mᵐᵉ de Maintenon jouît pleinement, et son Saint-Cyr, de tout ce que ces dispositions auroient fait en leur faveur, et que s'il n'y en avoit point, que toute liberté lui fût laissée de se retirer où elle voudroit, et que rien de pécuniaire qu'elle desireroit ne lui fût refusé. Il n'y avoit plus rien à craindre de cette fée presque octogénaire ; sa puissante et pernicieuse baguette étoit brisée, elle étoit redevenue la vieille Scarron. Mais je crus aussi qu'excepté liberté et le pécuniaire personnel, tout crédit et toute sorte de considération lui devoit être soigneusement ôtée et refusée[1]. Elle avoit mérité bien pis de l'État, et de M. le duc d'Orléans.

Parmi ces mesures, je n'oubliai pas celles que, dispositions du Roi faites ou non, la prudence devoit inspirer. C'étoit de s'assurer du régiment des gardes, ce qui étoit fort aisé avec le duc de Guiche pour de l'argent. Contade, qui le gouvernoit et qui de plus étoit fort accrédité dans le régiment, étoit honnête homme et bien intentionné, et depuis longtemps je m'étois attaché à gagner Villars qui n'étoit qu'un avec Contade, et qui avoit son crédit personnel sur le duc de Guiche. J'ai déjà parlé de ces deux hommes. S'assurer de Reynold, colonel du régiment des gardes suisses, le premier et le plus accrédité de ce corps, et qui le menoit, fort homme d'honneur, et peu content en secret du joug du duc du Maine; s'attacher Saint-Hilaire, qui pour l'artillerie étoit au même point que Reynold dans les Suisses ; et ne pas négliger d'Argenson. Tout cela fut fait, et avec cela rien à craindre dans Paris, ni du Parlement, qui se trouveroit environné du régiment des gardes quand le Régent y iroit. Rien à faire dans les provinces, où personne n'avoit d'autorité, qui toutes étoient indignées de la grandeur des bâtards et qui n'oseroient branler. Pour les frontières, du Bourg, qui com-

---

1. Ces deux participes sont bien au féminin.

mandoit en Alsace, étoit honnête homme, sans liaisons de cour, qui vouloit le bâton de maréchal de France qu'il avoit bien mérité, et qui lui viendroit bien plus naturellement par le Régent que par des troubles; ainsi des vues et de la situation des autres principaux des frontières. Il ne restoit donc qu'à avoir du courage, de la suite, du sens froid [1], un air de sécurité, de bonté, mais de fermeté, et de marcher tranquille et tête levée aussitôt que la mort du Roi ouvriroit cette grande scène.

Je m'aperçus aisément que M. le duc d'Orléans étoit peiné de trouver tant d'évidence aux raisons dont j'appuyois la proposition que je lui faisois de se passer du Parlement pour sa régence. Il m'interrompit souvent dans les diverses conversations qui roulèrent là-dessus; il avouoit que j'avois raison, mais il ne pouvoit ni contester mon avis ni s'y rendre, quoique il ne le rejetât pas. Il falloit, pour l'embrasser utilement, plus de nerf, de résolution et de suite que la nature n'en avoit mis en lui, plus savoir payer d'autorité, de droit, d'assurance par soi-même et sur le pré, et vis-à-vis des gens et sans secours d'autrui, qu'il n'étoit en lui de le faire. Je me contentai de lui inculquer ce que je pensois, et les raisons de se conduire comme je le pensois, à diverses reprises, sans le presser au delà de ce qu'il en pouvoit porter. Sa défiance, qui n'avoit point de bornes, m'arrêta dans celles-ci. Je crus voir qu'elle venoit au secours de sa foiblesse, et que, pour se la cacher à lui-même, il se persuada que je voulois me servir de lui en haine du Parlement, par rapport à l'affaire du bonnet, et revendiquer le droit des pairs par rapport à la régence sur l'usurpation moderne du Parlement. L'expérience de ce qui s'y passa sur sa régence le fit repentir de ses soupçons, et de s'être laissé entraîner à des gens peu fidèles que sa foiblesse favorisa, et qui le jetèrent dans le dernier péril de se perdre avant de commencer d'être, comme on le verra

---

[1] Voyez tome I, p. 221 et note 1, et tome II, p. 255 et note 1.

en son lieu. Ces gens étoient Maisons, Effiat, deux scélérats dévoués au duc du Maine et au Parlement; Canillac, gouverné par l'encens de Maisons, devenu par là son oracle; peut-être Nocé, par ignorance, ébloui du nom du Parlement.

Nocé étoit un grand homme, qui avoit été fort bien fait, qui avoit assez servi pour sa réputation, qui avoit de l'esprit et quelque ornement dans l'esprit, et de la grâce quand il vouloit plaire. Il avoit du bien assez considérablement, et n'étoit point marié, parce qu'il estimoit la liberté par-dessus toutes choses. Il étoit fort connu de M. le duc d'Orléans, parce qu'il étoit fils de Fontenay, qui avoit été son sous-gouverneur, et il lui avoit plu par la haine de toute contrainte, par sa philosophie toute épicurienne, par une brusquerie qui, quand elle n'alloit pas à la brutalité, ce qui arrivoit assez souvent, étoit quelquefois plaisante sous le masque de franchise et de liberté; d'ailleurs un assez honnête mondain, pourtant fort particulier. Il étoit fort éloigné de s'accommoder de tout le monde, fort paresseux, ne se gênoit pour rien, ne se refusoit rien. Le climat, les saisons, les morceaux rares qui ne se trouvoient qu'en certains temps et en certaines provinces, les sociétés qui lui plaisoient, quelquefois une maîtresse où la salubrité de l'air, l'attiroient ici et là, et l'y retenoient des années, et quelquefois davantage; d'ailleurs poli, vouloit demeurer à sa place, ne se soucioit de rien que de quelque argent, sans être trop avide, pour jeter librement à toutes ses fantaisies, dont il étoit plein en tout genre, et à pas une desquelles il ne résista jamais. Tout cela plaisoit à M. le duc d'Orléans, et lui en avoit acquis l'amitié et la considération. C'étoit un de ceux qu'il voyoit toutes les fois qu'il alloit à Paris, quand Nocé y étoit lui-même, avec lesquels tous je n'avois ni liaison ni connoissance, parce que je ne voyois jamais M. le duc d'Orléans à Paris, et que ces personnes-là ne venoient jamais à Versailles. Depuis la régence, je n'eus guère plus de commerce avec eux. Leur partage étoit les soupers et les amusements du Régent, le mien les affaires, sans aucun mélange avec ses plaisirs.

CHAPITRE XIV.

Survivances, brevets de retenue, et charges à rembourser; raisons et moyen de le faire, et multiplication de récompenses à procurer. — Taxe proposée n'a rien de contraire à la convocation des états généraux, qui lui est favorable; autres remboursements peu à peu dans la suite. — Nulle grâce expectative; remplir subitement les vacances. — Réparations des chemins par les troupes. — Détails avec mesure; défiance, tracasseries. — Extérieur du Roi à imiter, et fort utile, et conduite personnelle.

J'avois depuis fort longtemps une idée dans la tête que je voulus examiner, et voir si elle étoit possible, lorsque je commençai à m'apercevoir de la diminution de la santé du Roi. Je fis sur cela un travail à la Ferté, où je m'aidai de gens plus propres que moi au calcul, sans leur communiquer à quoi il tendoit, et je connus qu'il y avoit de l'étoffe. Voici quelle elle étoit : je voulois rendre M. le duc d'Orléans maître de toutes les principales charges de la cour, à mesure qu'elles viendroient à vaquer, et d'autres dont je parlerai après, et lui donner auprès du Roi l'honneur de les lui faire trouver libres à sa majorité. Il n'y en avoit presque plus qui ne fussent en survivance ou chargées de gros brevets de retenue qui tendoient au même effet. Par ce moyen elles étoient rendues héréditaires. Qui n'en avoit point n'en pouvoit espérer; le Roi n'avoit rien à disposer. Les fils succédant aux pères obtenoient sûrement, ou sur-le-champ ou tôt après, le même brevet de retenue; et si, par un hasard d'une fois en vingt ans, il s'en trouvoit une à disposer, c'étoit en payant le brevet de retenue par le successeur, qui alors en obtenoit sur-le-champ un pareil. Cette grâce lui faisoit bien trouver la somme entière du prix de la charge, mais les arrérages de cet emprunt étoient au moins égaux aux appointements de la charge, en sorte qu'il la faisoit à ses dépens, et s'y ruinoit souvent. Je voulois donc payer tous ces brevets de retenue. C'eût été une grâce inespérée pour ceux qui en avoient que cela eût libérés du fonds hypothéqué dessus, et leur eût laissé libre et en gain la jouissance de leurs appointements.

Tout le gré de tant de gens considérables en eût été à M. le duc d'Orléans, qui, dans le cours de sa régence, auroit eu le choix libre pour remplir les vacances, et l'auroit remis au Roi à sa majorité. Mais aussi la condition essentielle étoit de se faire une loi immuable de ne donner jamais ni survivances ni brevets de retenue pour quelque raison que ce pût être. Chacun alors auroit espéré et se seroit conduit de façon à fortifier son espérance, et on auroit banni l'indécence de voir des enfants exercer les premières charges, et de jeunes gens gorgés les déshonorer par leur conduite, fondée sur une situation brillante qui ne peut leur manquer, et qui ne leur laisse ni crainte de perdre ni desir d'obtenir. Or les hommes se mènent presque tous beaucoup mieux par l'espérance et par la dépendance que par la reconnoissance et par d'autres égards, ce qui rendoit ce remboursement beaucoup plus utile encore à un régent, qui par là acquéroit[1] l'un et l'autre.

J'en voulois faire autant et par mêmes raisons, pour les gouvernements de province dont l'objet n'étoit pas fort, non plus que leurs lieutenances générales que j'avois encore plus à cœur. Voici ma raison d'affection particulière. Le nombre d'officiers généraux étoit devenu excessif dans ces guerres continuelles, par cette détestable méthode de faire de nombreuses promotions par l'ordre du tableau. En même temps presque point de récompenses; en sorte qu'on a vu des maréchaux de camp et force brigadiers demander, accepter avec joie, et n'obtenir pas toujours des emplois dont, avant cette foule, les commandants de bataillon des vieux corps se croyoient mal récompensés.

---

1. Saint-Simon a écrit *arquiéroit*.

Un gouvernement de place de quinze ou seize mille livres de rente à tout tirer, ordinairement à résidence, est tout ce qu'un bon et ancien lieutenant général peut espérer. Les gouvernements bons et médiocres ne sont pas en très-grand nombre, de sorte que beaucoup de lieutenants généraux attendent longtemps, et que plusieurs n'en ont jamais, et c'est pourtant tout ce qu'ils peuvent espérer. Les grandes croix de Saint-Louis sont en très-petit nombre, et quelque prostitution qu'il se soit faite des colliers de l'ordre du Saint-Esprit, ils sont rares pour ces récompenses, et ne donnent pas de subsistance. Je voulois donc affecter toutes les lieutenances générales des provinces à la récompense des lieutenants généraux, et les lieutenances de Roi des provinces aux maréchaux de camp, ce qui, avec les gouvernements de places qui leur en servent jusqu'à cette heure, fourniroit à tous, en observant que le même n'eût jamais l'une et l'autre. Rien de plus naturel, de plus convenable, ni de plus utile au vrai service du Roi et à celui des provinces, que cette sorte de récompense qui laisseroit les très-petits gouvernements de places et de forts, et tous les états majors des places, aux brigadiers et à ce grand nombre d'officiers si dignes de récompenses. Je voulois que ces lieutenants généraux et ces lieutenants de Roi des provinces en fissent les fonctions, et remettre ainsi l'épée en lustre et en autorité, en bridant et humiliant les intendants des provinces, et cette foule de trésoriers de France, d'élus, de petits juges, de gens de rien, enrichis et enorgueillis, qui sous les intendants sont les tyrans des provinces, le marteau continuel de la noblesse, et le fléau du peuple, qu'ils dévorent.

Rien de si indécent que la manière dont ces lieutenances générales et de Roi des provinces se trouvoient remplies. Les premières étoient devenues le patrimoine des possesseurs; c'étoient souvent des enfants, presque toujours de personnes aussi ineptes. Les autres, héréditaires par l'édit assez nouveau de leur création, n'étoient presque remplies que de gens qui n'étoient pas ou bien à peine gentilshommes, et qui pour leur argent avoient couru après ce petit titre pour se recrépir. Rembourser les uns et les autres, c'étoit ôter des images la plupart ridicules, pour leur substituer mérite, valeur, âge, maintien, usage de commander, en même temps se dévouer tout le militaire par une telle et si nombreuse destination de récompenses. Le moyen étoit par une taxe sourde aux gens d'affaires. L'expérience doit avoir dégoûté des chambres de justice. L'argent et la protection y sauvent tous les gros richards qui ne se sont pas rendus absolument odieux, et de ceux-là encore il s'en tire beaucoup d'affaires. On les vexe pour enrichir le protecteur; les alliances que la misère des gens de qualité leur a fait faire avec eux en délivrent encore un grand nombre; les médiocres financiers ont aussi leurs ressources pour échapper; les taxes, faites pour la forme, obtiennent des remises et des modérations; en un mot beaucoup de bruit, qui perd le crédit dont [on] a besoin tant que la finance demeure sur le pied où elle est; grands frais, que le Roi paye; force grâces à droite et à gauche aux dépens des malheureux; au bout, nul profit pour le Roi, ou si mince qu'on est honteux de l'avouer. Au lieu d'une si ruineuse méthode, parler à l'oreille à ces gens-là, leur dire qu'on ne veut ni les décréditer, ni les tourmenter, ni mettre leurs affaires au jour, mais qu'on n'est pas aveugle aussi sur leurs gains excessifs, qu'il est raisonnable qu'ils en aident le Roi, et qu'ils ne se commettent pas à un traitement rigoureux, au lieu du gré qu'ils acquerront[1] à faire les choses de bonne grâce, et se prépareront les voies à remplir une partie du vide qu'ils s'imposeront; les assurer que ce qu'on leur demande demeurera secret, pour ne pas intéresser leur crédit et leur réputation; leur faire à chacun des propositions modérées et proportionnées à ce que l'on peut raisonnablement

---

1. *Acquerreront*, au manuscrit.

savoir de leurs profits; leur répartir les brevets de retenue et les lieutenances générales des provinces par lots, suivant ce qu'on seroit convenu avec eux, et le temps court pour apporter les démissions et les quittances; et si quelques-uns d'eux faisoient les insolents, les traiter militairement, de Turc à More, et subitement sans merci, pour donner exemple aux autres.

A l'égard de ceux qui sont revêtus de ces emplois, dont il se trouveroit quelques-uns à conserver jusqu'à vacance, leur parler civilement, mais en leur montrant qu'on veut être obéi. Pour les lieutenances de Roi, où il y en auroit peut-être fort peu à conserver, mais en leur déclarant qu'il n'y a plus d'hérédité, la plupart se trouveroient de telle espèce qu'il n'y auroit pas grande différence entre eux et les charges municipales créées de même, et qui ont été supprimées aux dernières paix, et point ou très-peu remboursées. Quelle comparaison entre le mécontentement des remboursés et des supprimés de ces charges, et l'acclamation de toutes les troupes que M. le duc d'Orléans se dévoueroit par la réalité et par l'espérance de cette multiplication de belles récompenses, depuis le premier lieutenant général jusqu'au dernier enseigne et cornette, parce que ce grand nombre de différentes récompenses déboucheroit bien plus aisément les têtes des corps, et donneroit de justes espérances à la queue de monter plus tôt, et d'arriver; et quelle sûreté et quelle facilité dans tout le cours de la régence; et quelle considération après recueilleroit ce prince de s'être ainsi attaché toute la cour et tout le militaire de tout grade, et de les avoir mis de plus dans sa dépendance par ces solides espérances! Je dis jusqu'au dernier cornette : en voici la raison.

En proposant à M. le duc d'Orléans tout ce qui vient d'être expliqué dans cet article, je lui fis considérer que toutes les récompenses au-dessous des officiers généraux n'étoient que pour l'infanterie, qui est le nerf de l'État, et ne devoient aussi aller qu'à elle, parce que la cavalerie n'entend point les places ; qu'en même temps la cavalerie étoit aussi trop maltraitée depuis que les extrêmes besoins avoient engagé à retrancher les bons quartiers d'hiver et mille autres revenants-bons qui n'étoient pas de règle, mais sur lesquels M. de Louvois, et son fils après lui, fermoient les yeux pour un bien-être nécessaire à entretenir de belle cavalerie, et à suppléer aux récompenses dont les officiers sont privés en se retirant presque tous, parce qu'elles ne consistent qu'en pensions rares et modiques, et que ce moyen n'étoit pas onéreux, comme eût été d'en augmenter le pied. Ainsi je proposai à M. le duc d'Orléans de se faire une règle inaltérable de borner les officiers d'infanterie aux états-majors que les officiers supérieurs ne leur embleroient[1] plus, et à la plus modique portion qu'il se pourroit de grâces sur l'ordre de Saint-Louis, d'en affecter toutes les autres à la cavalerie et aux dragons, et toutes les pensions de retraite que le Roi se trouveroit en état de donner, sans plus aucune à l'infanterie, au moyen de quoi il empêcheroit par cette étoffe et par cette espérance la tête de ces régiments de quitter par ennui, par dégoût, par craindre d'achever de se ruiner, inconvénient qui renouvelle sans cesse ces corps, et qui les dépouille d'officiers expérimentés et capables.

En même temps je le pressai de songer, autant que les finances le pourroient porter, au rétablissement de la marine, d'où dépend en un royaume flanqué des deux mers toute la sûreté et la prospérité de son commerce et de ses colonies, qui est la source de l'abondance ; objet dont la nécessité et l'importance augmente à mesure que la longue paix intérieure de l'Angleterre, paix inouïe jusqu'ici depuis la durée de cette monarchie, l'a mise en état de couvrir toutes les mers de ses vaisseaux, et d'y donner la loi à toutes les autres puissances, tandis qu'il a été un temps où le Roi a disputé l'empire de la mer à l'Angleterre et à la Hollande unies contre lui, et y a eu

---

1. Voyez tome I, p. 46 et note 1, et tome II, p. 245 et note 1.

des succès et des victoires. Par cette même raison, augmenter l'émulation, en ne souffrant plus à l'avenir que les vice-amiraux devenant maréchaux de France conservassent leur vice-amirauté, puisqu'ils se trouvoient revêtus du premier grade militaire qui commandoit à tous, par quoi ce dédoublement feroit monter tout le monde ; et destiner aussi des récompenses, dont la marine est presque totalement privée, en lui affectant le gouvernement de tous les ports, et tous leurs états-majors, ce qui éviteroit de plus mille inconvénients pour le service, et des tracasseries sans fin entre les officiers de terre et de mer.

Revenant après sur mes pas à la taxe, je dis à M. le duc d'Orléans que cette entreprise n'avoit rien de contraire à ma proposition d'assembler les états généraux, parce que leur convocation n'étoit faite que pour rendre publique la situation forcée où il trouvoit les finances, et leur donner le choix des remèdes et de l'ordre qu'ils seroient d'avis d'y apporter ; que quelque taxe qu'on se pût proposer par une chambre de justice, ou par toute autre voie, elle ne pouvoit remplir aucun de ces deux objets ; et que celle qu'il feroit ne touchoit aussi ni à l'un ni à l'autre, par quoi il seroit toujours vrai de dire aux états qu'il n'avoit fait, en attendant leur assemblée et leur délibération, que continuer la forme de l'administration qu'il avoit trouvée dans les finances, sans innover en rien, pour leur laisser toutes choses entières. J'ajoutai que je ne voyois point d'occasion plus favorable de faire et de presser la taxe telle que je la proposois, qu'au moment de la première publicité de la convocation des états, pour faire peur aux financiers d'être abandonnés à leur merci, et les assurer qu'en payant avant leur première assemblée, ils seroient garantis de leur haine, de leur vengeance et de tout ce qu'ils avoient tant de lieu d'en appréhender, ce qui seroit le plus puissant et le plus pressant véhicule à céder et à payer promptement. Mon projet[1] pour les suites, dont je

---

1. On lit ici le mot *étoit*, ajouté après coup en marge.

fis sentir l'importance et la convenance à M. le duc d'Orléans, étoit de trouver moyen de payer peu à peu tous les régiments de cavalerie, d'infanterie et de dragons, pour en ôter la vénalité à jamais, qui ferme la porte à tout grade militaire à qui n'y peut atteindre, et en laisseroit la libre disposition au Roi. La France est le seul pays du monde où les offices de la couronne, les charges de la cour et de la guerre, et les gouvernements soient vénaux ; les inconvénients de cet usage, aussi pernicieux qu'il est unique, sont infinis, et il n'est point immense de l'abolir. A l'égard des autres sortes de charges, il seroit chimérique de penser sérieusement à en ôter la vénalité, tant cette mer est vaste, mais bien important de ne perdre pas les occasions de rendre libres les charges des premiers présidents, et des procureurs généraux des parlements, chambres des comptes et cours des aides, pour que le Roi en pût disposer librement.

Je n'oubliai pas encore de remontrer à M. le duc d'Orléans avec combien de raison le Roi s'étoit rendu si difficile sur les coadjutoreries d'évêchés et d'abbayes, qu'on n'en voyoit plus depuis longtemps, l'inconvénient de l'ambition des parents, et si souvent celles[1] de la mésintelligence qui se mettoit entre les titulaires et les coadjuteurs ; je le fis souvenir du juste repentir qu'avoit eu le Roi de la complaisance qu'il avoit eue de permettre celle de Cluni, et combien il se devoit garder, et le Roi lorsqu'il seroit majeur, de prendre jamais d'engagement avec qui que ce fût pour rien qui ne fût pas vacant, et combien il étoit utile tant pour les places de l'Église que pour toutes les autres, de se former un état de ceux qu'on croit devoir placer par étages et par classes, afin de pouvoir choisir soi-même le successeur d'une place dont le titulaire menace une ruine prochaine, ou dont on apprend la mort, pour n'être pas en proie aux demandeurs, à gens quelquefois qu'on ne veut pas refuser, et pouvoir disposer sur-

---

1. Saint-Simon a bien écrit *celles*, et non *celui*.

le-champ de la vacance pour donner soi-même, en avoir le gré, et ne se les laisser pas arracher avec peu ou point de reconnoissance, et encore moins de choix. Je le fis souvenir du très-juste scrupule qui avoit obligé le Roi à délivrer de vénalité les charges de ses aumôniers, parce qu'elles étoient le chemin ouvert aux bénéfices et aux prélatures, et le soin qu'il devoit se prescrire de ne l'y pas laisser rentrer; chose, s'il n'y étoit exact, qui seroit trouvée bien plus mauvaise de lui, par la licence de sa vie jusqu'alors, qui lui feroit mépriser les faubourgs de la simonie, que le Roi avoit si saintement anéantis.

Je lui parlai aussi de l'affreux état où on avoit laissé tomber les chemins par tout le royaume, tandis que chaque généralité payoit de si grosses sommes pour leurs réparations et entretien, et que si on [en] employoit quelque chose, il en demeuroit la moitié dans la poche des entrepreneurs, qui faisoient encore de très-mauvais ouvrages, et qui ne duroient rien; que cet article étoit de la dernière importance pour le commerce intérieur du royaume, qu'il interceptoit totalement en beaucoup d'endroits, faute de ponts et de chaussées qui manquoient sans nombre, et qui obligeoient à faire de longs détours, ce qui, joint au nombre doublé et triplé de chevaux pour traîner les voitures dans les chemins rompus, où elles s'embourboient et se cassoient continuellement, causoit une triple dépense, qui sans compter la peine et le travail, dégoûtoit les moins malaisés, et passoit les forces de tous les autres; que la Flandre espagnole ou conquise, l'Alsace, la Lorraine, la Franche-Comté, le Languedoc lui donnoient un exemple qu'il falloit suivre, et qui méritoit qu'il entrât dans la comparaison de l'aisance et du profit qu'y trouvoient ces provinces, pour leurs commerces de toutes les sortes, avec le dommage qu'éprouvoit tout le reste du royaume; que pour y parvenir, il étoit aisé de répandre en pleine paix les troupes par le royaume, et de se servir d'elles pour la réparation des chemins; qu'elles y trouveroient un bien-être qui ne coûteroit pas le demi-quart de ce qu'il s'y dépenseroit par tout autre moyen, que les officiers y veilleroient à un travail assidu, continuel, et toutefois réparti de façon à ne pas trop fatiguer les troupes ; que les ingénieurs qu'on emploieroit à visiter ces travaux, et les officiers qui en seroient les témoins, tiendroient de court les entrepreneurs sur la bonté de l'ouvrage et la solidité, de même que sur les gains illicites des gens du métier qui y seroient employés, et sur les friponneries des secrétaires et des domestiques des intendants, et souvent des intendants eux-mêmes, leurs négligences, leurs préférences, et qu'en quatre ans, et pour fort peu de chose, qui encore tourneroit au profit des troupes, les chemins se trouveroient beaux, bons et durables.

A l'égard des ponts, qu'il n'étoit pas difficile d'avoir un état de ceux qui étoient à refaire ou à réparer ; destiner ce qu'on pourroit pour le faire peu à peu, commençant par les plus nécessaires, et choisir les ingénieurs le plus en réputation d'honneur et d'intelligence en ouvrages, pour se trouver présents avec autorité aux adjudications qui en seroient faites par les intendants, et tenir de près les entrepreneurs sur la bonté, la solidité et la diligence des ouvrages qu'ils auroient entrepris, mais qu'à tout cela il falloit suite et fermeté, et se résoudre à des châtiments éclatants à quiconque les mériteroit, sans qu'aucune considération les en pût garantir ; que c'est à l'impunité, qui a porté l'audace au comble, qu'il se faut prendre des voleries immenses qui appauvrissent le Roi, ruinent le peuple, causent mille sortes de désordres partout, et enrichissent ceux qui les font, et beaucoup tête levée, assurés qu'ils sont qu'il n'en sera autre chose par la protection qu'ils ont, et souvent pécuniaire, ou même par leur propre considération, et de ce qu'ils sont eux-mêmes ; et si une fois en vingt ans il arrive quelque excès si poussé qu'il ne soit pas possible de n'en pas faire quelque sorte de justice, jamais elle n'a été plus loin que de déposséder le coupable de l'emploi dont il a abusé, qui peu après se raccroche à un autre, au pis aller demeure oisif, et jouit de ses larcins sans être recherché de rien de tout ce qu'il a commis.

Cette méthode à l'égard des chemins ôteroit de soi-même un autre abus, qui est multiplié à l'infini, qui est que sur une somme destinée et touchée effectivement pour tel ou tel chemin, l'homme de crédit qui s'en trouve à quelque distance, un intendant des finances, un fermier général, un trésorier de toute espèce, suprêmement les ministres, détournent ce fonds en partie, quelquefois en total, pour leur faire des chemins, des pavés, des chaussées, des ponts qui ne conduisent qu'à leurs maisons de campagne et dans leurs terres, moyennant quoi il ne se parle plus de la première et utile destination pour le public, et l'intendant qui y a connivé y trouve une protection sûre, qui le fait regarder avec distinction par les maîtres de son avancement. Je comptai à ce propos à M. le duc d'Orléans que c'étoit ainsi que les puissants de ce temps-ci, c'est-à-dire de la plume et de la robe, car il n'y en [a] plus d'autres, avoient embelli leurs parcs et leurs jardins de pièces d'eau revêtues, de canaux, de conduites d'eaux, de terrasses qui avoient coûté infiniment, et dont ils n'avoient déboursé que quelques pistoles, et que le Roi parlant à Mme de la Vrillière dans son carrosse, où étoit Mme la duchesse de Berry et Mme de Saint-Simon, allant à la chasse de Châteauneuf, où elle avoit été de Fontainebleau, elle lui en avoit vanté la terrasse, qui est en effet d'une rare beauté sur la Loire : « Je le crois bien, répondit sèchement le Roi, c'est à mes dépens qu'elle a été faite, et sur les fonds des ponts et chaussées de ces pays-là pendant bien des années. » J'ajoutai que si l'image d'un secrétaire d'État, car cette charge n'est pas autre chose, avoit osé faire ce trait sans qu'il en ait rien été, que n'auront pas fait tous les autres secrétaires d'État, et gens en place considérables dans la robe, dans la plume, et en sous-ordre, les financiers et les petits tyranneaux que j'ai nommés dans les provinces? Tout cela fut fort goûté et approuvé ; et il me parut que M. le duc d'Orléans étoit résolu à cette exécution.

Je ne manquai pas de le prier de se souvenir combien de fois lui et moi, tête à tête, nous nous étions échappés à l'envi sur les détails dont le Roi se piquoit, qui le persuadoient, aidé de l'adresse, de l'intérêt, des artifices de ses ministres, qu'il voyoit, qu'il faisoit, qu'il gouvernoit tout par lui-même, tandis qu'amusé par des bagatelles, il laissoit échapper le grand, qui devenoit la proie de ses ministres, parce que le jour n'a que vingt-quatre heures, et que le temps qu'on emploie au petit, on le perd pour le grand, sur lequel ils le faisoient tomber insensiblement du côté qu'ils vouloient, chacun dans son tripot. Je lui dis que, malgré la force de cet exemple et de son propre sentiment, il devoit être en garde continuelle avec lui-même sur l'appât des détails, qui sont la curiosité, les découvertes, tenir les gens en bride, briller aisément à ses propres yeux et à ceux des autres par une intelligence qui perce tant de différentes parties, le plaisir de paroître avec peu de peine, de sentir qu'on est maître et qu'on n'a qu'à commander, au lieu que le grand vous commande, oblige aux réflexions, aux combinaisons, à la recherche et à la conduite des moyens, occupe tout l'esprit sans l'amuser, et fait sentir l'impuissance de l'autorité qui humilie au lieu de flatter, et qui bande l'application à la recherche et à la suite de ce qui peut amener le succès auquel on tend, et fait sentir les fautes qu'on y a faites et l'inquiétude de les réparer ; en sorte que rien de plus satisfaisant que les détails, qui sont tous sous la main du prince, mais qui ne lui rapportent que du vent, parce qu'ils sont le partage du subalterne sous ses ordres généraux, qui là-dessus en savent[1] plus que lui ; et que rien n'est plus pénible et ne flatte moins que le travail en grand, du succès duquel dépend la prospérité des affaires, et la gloire et la réputation du prince qui s'y donne, par-

---

1. Ce verbe est bien au pluriel.

ce qu'il ne peut être le partage d'un autre, et qui y réussit. Non qu'il faille abandonner tous les détails aux autres, mais s'y appliquer et s'en faire rendre compte, de manière à tenir tout en ordre et en haleine, sans pourtant s'imaginer que ce soit si parfaitement que rien n'échappe, parce qu'il ne faut pas se proposer l'impossible, mais y entrer de façon qu'on n'y donne que très-peu d'un temps court, précieux, et qui s'enfuit sans cesse, qui doit de préférence être employé au plus important, et se contenter pour le reste d'une direction générale, surtout comprendre que ne pouvant suffire à tout, force est de se fier à ceux qu'on a choisis pour le courant, et souvent bien davantage, que cette confiance excite et pique d'honneur et d'attachement, au contraire de la défiance, qui ne sert qu'à être trompé, à décourager, à dégoûter, et souvent à se proposer de tromper, puisque le prince mérite de l'être par son injuste défiance.

Je le conjurai aussi de se défaire absolument de cet esprit de tracasserie puisé d'enfance dans la cour de Monsieur, entretenu depuis par l'habitude avec les femmes, et par la fausse idée de découvrir et de croire être mieux servi en brouillant les uns avec les autres, parce que, pour une fois que cela réussit avec des étourdis, ou par une surprise de colère, trompe sans cesse le prince par cela même dont il est rendu la dupe, dès qu'il est reconnu pour user de ce bas artifice, qui lui éloigne et ferme la bouche à ses vrais serviteurs, et lui rend les autres ennemis. Ce n'est pas qu'il n'y ait mesure à tout, singulièrement entre l'abandon aux gens et la vigilante défiance. C'est où le sens, la connoissance des personnes, l'expérience, la suite des choses et des affaires conduisent l'esprit. Se fermer aux rapports, surtout aux avis anonymes, c'est-à-dire aux fripons, tenir les yeux ouverts à tout, mais avec tranquillité, éplucher à part soi des apparences qui se trouvent si souvent trompeuses; si l'examen persuade qu'il y ait cause d'approfondir, le faire avec précaution et délicatesse; être en garde s'il n'y a rien au bout, contre la honte et quelquefois le dépit de s'être trompé ; si au contraire il se rencontre infidélité réelle ou incapacité dangereuse, se défaire sans délai irrémissiblement du sujet, plus ou moins honnêtement, suivant le mérite de la chose, également pour se délivrer de danger et pour servir d'exemple aux autres ; car j'y reviens toujours, nous périssons en tout genre par l'impunité. J'insistai souvent sur tout ce dernier article, pas la connoissance que j'avois du caractère de M. le duc d'Orléans.

Je lui dis aussi qu'il ne falloit pas moins se souvenir qu'après nous être souvent licenciés sur les détails du Roi dans nos conversations, nous y étions convenus aussi d'une de ses plus grandes parties, qu'il falloit bien inspirer à son successeur d'imiter, et à laquelle je souhaitois passionnément que son image qu'il alloit être voulût faire l'effort de se conformer. Cette partie si utile est la dignité constante, et la règle continuelle de son extérieur. L'une présentoit en tous les moments qu'il pouvoit être vu une décence majestueuse qui frappoit de respect ; l'autre une suite de jours et d'heures, où, en quelque lieu qu'il fût, on n'avoit qu'à savoir quel jour et quelle heure il étoit, pour savoir aussi ce que le Roi faisoit, sans jamais d'altération en rien, sinon d'employer les heures qu'il passoit dehors, ou à des chasses, ou à de simples promenades. Il n'est pas croyable combien cette exactitude en apportoit en son service, à l'éclat de sa cour, à la commodité de la lui faire et de lui parler, si on n'avoit que peu à lui dire, combien de règle à chacun, de commodité au commerce des uns avec les autres, d'agrément en ses demeures, de facilité et d'expédition à ses affaires, et à celles de tout le monde, ni combien son habitation constante hors de Paris faisoit d'une part un triage salutaire et commode, de l'autre un rassemblement continuel qui faisoit tout trouver à chacun sous sa main, et qui faisoit plus d'affaires, et donnoit plus d'accès à tous les ministres et à tous leurs bureaux en un jour, qu'en quinze si la cour étoit à Paris, par la dispersion des demeures et la dissipation du lieu.

Outre ces raisons également essentielles et vraies, j'en avois d'autres de craindre le séjour de la cour prochaine à Paris, par le caractère de M. le duc d'Orléans, sa facilité d'écouter, et de se laisser en prise à tout le monde, et à un monde éloigné par état et par habitude de la cour, et qui n'iroit pas l'y chercher à Versailles, ou bien rarement et bien incommodément, par conséquent hors de portée de recharges et de cabales entre eux pour l'attaquer par plusieurs et par divers côtés, gens ineptes en affaires d'État et de cour, ignorants, suffisants, croyant devoir tout gouverner; à un autre monde encore aussi ignorant, non moins avide, familiarisé avec lui par les plaisirs et les étranges parties, d'autant plus dangereux qu'ils le connoissoient mieux, et dont tout le soin pour le posséder et le gouverner seroit de le dissiper, de lui faire perdre tout son temps, de l'amuser par des ridicules toujours aisés à donner, dont le périlleux effet pour ceux qu'ils attaqueroient seroit funeste aux affaires et au prince; enfin les indécences, les maîtresses, un fréquent opéra, où il alloit de plein pied de son appartement, et mille inconvénients semblables, des soupers scandaleux et des sorties nocturnes qui les ramassoient tous ensemble.

Je lui dis, en lui représentant tous ces détails fort au long, qu'il savoit que depuis très-longtemps je m'abstenois de lui parler de la vie qu'il menoit, parce que j'en avois reconnu l'inutilité; mais que l'extrême nécessité où son nouvel état l'alloit mettre de la quitter m'ouvroit la bouche pour le supplier de penser sérieusement et de bonne foi en lui-même ce qu'il trouveroit et ce qu'il ne pourroit s'empêcher de dire, s'il étoit particulier, d'un régent du royaume qui, à plus de quarante ans, mèneroit et se piqueroit de plus de mener la vie d'un jeune mousquetaire de dix-huit ans, avec des compagnies souvent obscures, et telles que des gens de caractère n'oseroient voir; quel poids une telle conduite pouvoit donner à son autorité au dedans, à sa considération dans les pays étrangers, à son crédit dès que le Roi commenceroit à voir et à entendre, quels contre-temps aux affaires, quelle indécence à tout, quelle prise sur sa faveur aux petits compagnons de ses plaisirs, quelle honte et quel embarras à lui-même vis-à-vis des personnages françois et étrangers, quelle large porte aux discours, quel péril de mépris et du peu d'obéissance qui le suit toujours! J'ajoutai que le comble de la mesure seroit l'impiété, et tout ce qui la sentiroit, qui feroit ses ennemis de toute la nation dévote, cléricale, monacale, dont le danger étoit extrême, et qui en même temps lui éloigneroit les honnêtes gens, et ceux qui auroient des mœurs, de la gravité, surtout de la religion; que par là il rétorqueroit contre lui ce raisonnement des libertins, qu'il aimoit à répéter et à applaudir; que la religion est une chimère que les habiles gens ont inventée pour contenir les hommes, les faire vivre sous certaines lois qui maintiennent la société, pour s'en faire craindre, respecter, obéir, et qui étoit nécessaire aux rois et aux républiques pour cet usage, à tel point qu'il n'y avoit point eu de peuples policés qui n'en aient eu une que leur gouvernement avoit soigneusement maintenue, jusqu'aux différents peuples sauvages, à quoi leurs anciens et leur conseil étoient très-exacts pour eux-mêmes, et pour ceux qui leur obéissoient; qu'il devoit donc comprendre l'intérêt qu'il avoit de respecter la religion par ses propres principes, et de ne montrer pas un exemple d'impiété qui le rendroit odieux.

J'appuyai beaucoup sur un article si principal, et je lui dis ensuite qu'il ne s'agissoit point d'hypocrisie, qui est une autre extrémité fort méprisable, mais de s'interdire tout propos libre sur la religion, de traiter avec sérieux tout ce qui y a rapport, et d'en observer au moins les dehors par une pratique bien facile, dès qu'on s'en tient à l'écorce, et au pur indispensable de cette écorce; de ne souffrir en sa présence, ni plaisanterie, ni discours indiscret là-dessus, et de vivre au moins en honnête mondain qui respecte la religion du pays qu'il habite, et qui ne montre rien du peu de cas qu'il en fait. Je lui fis sentir le danger d'une maîtresse dans la place qu'il alloit remplir, et je le conjurai que, s'il avoit là-dessus des foiblesses, il eût soin de changer continuellement d'objet, pour ne se laisser pas prendre et subjuguer par l'amour qui naîtroit de l'habitude, et de se conduire dans cette misère avec toutes les précautions qu'y apportent certains prélats qui veulent conserver leur réputation par le secret profond de leur désordre.

Je lui représentai qu'il auroit désormais tant d'occupations, et si intéressantes, qu'il lui seroit aisé de ne plus dépendre de son corps, si son esprit n'étoit plus corrompu que l'animal de son âge, et qu'il avoit un intérêt si pressant de se faire aimer, estimer, respecter, considérer et obéir, que c'étoit bien de quoi contenir et occuper son esprit; qu'en toutes choses la mécanique étoit bien plus importante qu'elle ne sembloit l'être; que celle de ses journées serviroit[1] entièrement à la règle des affaires et à sa réputation, à éviter que tout ne tombât l'un sur l'autre, et que lui-même pensât à la débauche, non pas même à regretter ces sortes de plaisirs; que, pour cela, il se falloit tout d'abord établir un arrangement de journée, d'affaires, de cour, et de quelque délassement qui se pût soutenir, et qui ne lui laissât aucun vide, auquel il falloit être fidèle, et se regarder comme faisoient les ministres du Roi fort employés, qui disoient qu'ils n'avoient pas le temps de se déranger d'un quart d'heure, et qui disoient vrai et qui le pratiquoient; ne se pas excéder d'une tâche trop forte, dont la nouveauté plaît d'abord, que l'importance des choses fait regarder comme nécessaire, mais dont on se lasse, et qui se change imperceptiblement à bien moins qu'il ne faut, dont on profite aux dépens du prince, et qui met bientôt les affaires en désordre; se garder aussi de perdre beaucoup de temps en audiences,

---

1. *Serviroient*, au manuscrit.

surtout de femmes, qui en demandent souvent pour fort peu de chose, qui dégénèrent en conversations et en plaisanteries, qui ont souvent un but dont le prince ne s'aperçoit pas, et qui tirent vanité de leur longueur et, si elles le peuvent, de leur fréquence; les accoutumer à attendre chez Madame et chez Mme la duchesse d'Orléans, les heures où il va chez elles, et dans leur antichambre parler debout à celles qui sortiront au-devant de lui, écouter bien le nécessaire, suivre soigneusement l'excellente pratique du feu Roi, qui presque jamais ne répondoit qu'un « je verrai »; couper fort poliment très-court, et hors des cas fort rares, n'en voir jamais ailleurs pour affaires, et se mettre sur le pied qu'une fois entré dans la pièce où est Madame ou Mme la duchesse d'Orléans, qu'aucune femme ne le tire à part, ou s'approchant de lui, parle d'aucune affaire. Une éconduite polie, mais sèche, aux premières quelles qu'elles puissent être, qui voudroient tenter cette familiarité, empêchera sûrement qu'aucune s'y hasarde. A l'égard des hommes, tout l'ordinaire du monde lui parlera en passant comme on faisoit au Roi, et cela en débouche beaucoup chaque jour.

Les personnes des conseils, ce qui en emporte un nombre considérable et des principaux, le pourront aisément en travaillant avec lui et en entrant au conseil, dans la pièce précédente duquel les gens d'une considération distinguée lui parleront, avec lesquels il en usera comme avec les dames. Ce doit être là aussi où le gros du monde n'entrera point, où les audiences lui seront demandées en lui disant en deux mots le pourquoi. Ce sera à lui à juger si la chose la mérite[1], ou se peut expliquer là en peu de paroles. En général il doit être très-sobre à accorder des audiences qui font perdre beaucoup de temps. Avec de l'exactitude à éviter tout détail non nécessaire, à ne point écrémer les conseils, et à être jaloux de

---

1. Mérite l'audience.

les maintenir dans leurs fonctions, il se trouvera que la matière des audiences sera bien rétrécie. Je n'oubliai pas le soin de voir le Roi tous les jours, souvent à des heures différentes et rompues, pour se tenir dans l'usage d'y aller à toute heure sans nouveauté et d'en être reçu sans surprise, avec un respect qui lui plaise, parce qu'il n'y a rien de si glorieux que les enfants, et que ceux qui l'environneront y seront bien attentifs, et avec la familiarité aussi qui convient à la naissance et à la place, qui, ménagée avec esprit, accoutume et apprivoise les enfants; aller quelquefois aux heures de lui présenter le service, y être ouvert et gracieux à ses gens, avoir pour eux l'accès facile, les écouter avec patience si quelqu'un d'eux veut lui parler en entrant ou en sortant; mais pour les réponses en user comme avec les autres, et toutefois[1] être attentif à leur faire plaisir.

A l'égard des princes et princesses du sang qui arriveront tout droit dans son cabinet, sans que cela se puisse empêcher, les recevoir debout tant qu'il pourra, pour les obliger par ce mésaise d'abréger, alléguer les affaires pressées pour couper le plus court, et leur proposer de s'épargner cette peine en lui envoyant quelqu'un de leur confiance sur l'affaire dont il s'agit, afin de s'en mieux éclaircir, en effet pour perdre moins de temps et être plus libre d'abréger; pour les ministres étrangers, qui ne chercheront toujours qu'à le pénétrer et l'engager, force honnêtetés, force clôture, force fermeté à les renvoyer aux affaires étrangères. Cela lui procurera toujours le loisir d'examiner, de délibérer, et de se tenir hors de toute prise.

Le Roi n'a jamais traité avec pas un; il savoit d'avance quelle seroit la matière de l'audience demandée, répondoit courtement et sans jamais enfoncer, ni s'engager encore moins; si le ministre insistoit, ce qu'il n'osoit guère, il lui disoit honnêtement qu'il ne pouvoit s'expliquer davan-

---

1. On lit ici *à* au manuscrit.

tage, en lui montrant Torcy, qui étoit toujours présent, comme celui qui savoit ses intentions, et avec qui le ministre pouvoit traiter. Il l'éconduisoit ainsi, et si le ministre faisoit la sourde oreille, il le quittoit avec une légère inclination de tête, et se retiroit dans un autre cabinet. Il falloit bien alors que le ministre étranger s'en allât, à qui Torcy en montroit civilement le chemin. C'est l'imitation que je proposai entière et ferme à M. le duc d'Orléans, avec les suppléments de politesse que demande la différence qui est entre un régent et un roi, tel surtout que Louis XIV. J'eus toujours attention à ne lui rien dire sur Mme la duchesse de Berry, que j'affectai de ne nommer jamais directement ni indirectement : l'aventure de Fontainebleau, que j'ai racontée p.   [1], m'avoit rendu sage ; mais mon silence sur un point qui se présentoit si naturellement, en traitant tous les autres, devoit au moins être expressif, même éloquent. Si la suite fait voir combien je perdis mon temps et mes peines, la vérité veut que je ne retienne rien et que j'expose tout avec sincérité.

CHAPITRE XV.

Ondes de la cour. — Agitation du duc de Noailles. — Curiosité très-embarrassante de Mme la duchesse d'Orléans. — Maisons me fait une proposition énorme et folle, et ne se rebute point de la vouloir persuader à M. le duc d'Orléans et à moi. — Réflexions sur le but de Maisons. — Rare impiété et fin de Maisons et de sa famille.

Plus le temps paroissoit s'avancer par la décadence extérieure du Roi, dont pourtant les journées étoient toujours les mêmes, plus chacun pensoit à soi, quoique la terreur qu'on avoit de ce monarque dépérissant à vue d'œil fût telle que M. le duc d'Orléans n'en étoit pas moins absolument essculé jusque dans le salon de Marly. Mais je remarquois bien qu'on cherchoit à s'approcher de moi,

---

1. Voyez tome IX, p. 61-64.

et gros du monde, et gens les plus considérables, et de ces politiques aussi dont le manége effronté court après ceux à qui ils n'ont jamais parlé, dès qu'ils se les croient pouvoir rendre utiles, auprès desquels leur souplesse fait effort de les approcher. Je m'étois souvent moqué de ces prompts amis du crédit et des places; je riois en moi-même de ce vil empressement pour un homme qui n'en avoit encore que l'espérance, et j'en divertissois M. le duc d'Orléans pour le prémunir d'avance là-dessus lui-même.

Le duc de Noailles, qui ne le voyoit qu'en Nicodème[1], redoubloit peu à peu ses visites. Il tâchoit inutilement de s'attirer quelque confidence sur les projets d'un prochain avenir. Il m'en faisoit des plaintes amères, il se rabattoit sur la peine où le mettoit de ne pouvoir rien tirer sur les places que je lui avois dit que je desirois pour lui et pour son oncle. Je le tenois en haleine, je lui disois que la proposition que j'en avois faite avoit bien pris, mais que je n'en pouvois savoir d'avantage. Tantôt il me prioit d'insister, tantôt il m'assuroit que je savois bien à quoi m'en tenir, et me conjuroit de rompre mon silence. Je voyois en lui une passion extrême de cette place des finances, dont il m'entretenoit sans cesse, mais le Roi ne me paroissoit pas assez proche de sa fin, même après son testament fait, pour qu'on pût s'expliquer à personne de ce qui le devoit survivre, de sorte que je m'en tins là avec le duc de Noailles, et M. le duc d'Orléans aussi. Mais le testament fait, j'eus lieu de douter qu'il se tînt dans la même réserve sur ce qui regardoit Maisons avec lui, et quoique ce qui se verra de ce magistrat semble fort contrarier ce soupçon, tout ce que je remarquai, depuis le testament surtout, et dans l'un et dans l'autre, me persuadèrent[2] que Maisons comptoit fermement sur les sceaux et sur le premier crédit, sans toutefois que ni l'un ni l'autre m'en aient rien laissé entendre.

1. Qu'en secret, comme Nicodème visita d'abord Jésus-Christ.
2. Saint-Simon a bien écrit *persuadèrent*, et non *persuada*.

Mme la duchesse d'Orléans n'étoit pas la moins inquiète des limbes où on la laissoit sur l'avenir. Elle sentoit toute la situation du duc du Maine. Elle ne pouvoit se dissimuler ce qu'il méritoit de M. le duc d'Orléans. Cet intérêt à part, qui lui étoit le plus sensible, elle étoit touchée de celui de M. le duc d'Orléans, et de ce qu'il pouvoit former de projets, et prendre de mesures pour après le Roi. Ses tête-à-tête avec moi, surtout depuis le testament et l'habilité des bâtards à la couronne, rouloient pour la plupart là-dessus, rarement la duchesse Sforze en tiers, et me mettoient à la torture. Elle ne doutoit point que M. le duc d'Orléans n'eût en moi une confiance entière; elle ne voyoit que moi avec qui il pût s'ouvrir, consulter, projeter sur l'avenir. L'expérience lui avoit appris qu'il se reposoit beaucoup trop sur moi des vues, des mesures, des projets, qu'il n'étoit pas trop bon lui-même pour faire et pour imaginer, et que, quand cela lui arrivoit, c'étoit à moi qu'il les confioit, et avec qui il en délibéroit. L'imminence de tout le grand qui alloit tomber sur lui ne permettoit pas de croire que ni lui ni moi n'eussions rien là-dessus dans l'esprit, et la même expérience que Mme la duchesse d'Orléans avoit de l'un et de l'autre la persuadoit bien que, s'il étoit possible que M. le duc d'Orléans n'eût encore rien de débrouillé dans la tête, il s'en falloit tout que je fusse au même point. Sa curiosité étoit donc extrême, et ses questions par conséquent; c'étoit des contours adroits pour me surprendre; des gens dont elle me demandoit ce que je pensois, en un mot tout ce que l'art, le manége, la supériorité, le raisonnement, la liberté, l'amitié, la confiance, le plus proche intérêt, peuvent déployer sous toutes sortes de faces, avec tout l'esprit, la justesse et l'insinuation possible, mis sans cesse en œuvre avec une infatigable persévérance.

J'avois affaire à une personne fort supérieure, fort clairvoyante, fort appliquée, fort réfléchie, fort de suite, et qui par tout ce que j'avois manié de concert avec elle, et sous ses yeux, me connoissoit trop pour que je pusse me cacher de penser à l'avenir. Le plus grand intérêt et le même intérêt d'elle comme épouse, de moi à tout ce que je leur étois, et, depuis le raccommodement que j'avois fait de M. le duc d'Orléans avec elle en le séparant de Mme d'Argenton, l'amitié la plus intime et la confiance la plus entière établie entre elle et moi, et par le desir commun de M. le duc d'Orléans et d'elle, sans la plus légère altération jusqu'alors, devenoient en ces moments des liens bien embarrassants pour moi. Il falloit donc ménager et maintenir cette amitié, cette confiance, ce respect, cet air de communauté d'intérêts, surtout ne lui pas paroître rêver, comme l'on dit, à la suisse, dans de pareilles conjonctures, après lui en avoir montré tant de différence dans de grandes affaires : telles que celle d'Espagne, celle du mariage de Mme la duchesse de Berry, celle des noires et affreuses imputations, et de tant d'autres importantes ou de cour, ou d'intérieur de la famille royale ; en même temps me bien garder de laisser rien entrevoir, ni même soupçonner des secrets qui n'étoient pas les miens, raisonner toujours et répondre à tout comme à la sœur du duc du Maine, pour la grandeur duquel elle auroit sacrifié avec transport de joie mari, enfants et elle-même.

Je ne trouvai donc de ressource que dans la longueur des verbiages pour consumer le temps, l'embarras des combinaisons, le danger de penser à rien pendant la vie du Roi, l'inutilité de tous projets, si le Roi faisoit des dispositions, et après qu'il les eut faites, la folie d'imaginer les pouvoir attaquer, qui fut mon plus sûr retranchement et le plus utile, enfin la paresse d'esprit, la légèreté, le peu de suite qu'elle connoissoit dans M. le duc d'Orléans ; paraphraser longuement toutes ces difficultés, les tourner de tous les sens, surtout me tenir de fort court sur les personnes, sur lesquelles elle me promenoit et me demandoit ce que j'en pensois, plus encore en garde contre mon air et mon visage, qu'elle observoit toujours, pour tâcher attentivement à y découvrir mieux que dans mes paroles. Je me rabattois encore pour m'excuser de penser là-dessus par l'inutilité de le faire, sur la sagesse du gouvernement du Roi, sur la longue et générale habitude qu'on s'étoit faite de l'admiration, de la soumission, de la crainte; sur le danger de tout changement dans ces moments critiques; sur la difficulté de trouver mieux ni aussi bien; sur la rareté des sujets, sur les jalousies et le péril des méprises en matière d'innovation et de choix; sur le fâcheux état des finances et de l'intérieur du royaume, enfin sur le testament du Roi, après qu'il fut su qu'il en avoit fait un, qui me donna beau champ sur le respect qu'un tel et si long règne avoit imprimé dans l'esprit de tout le monde pour ses volontés, dont l'exécution seroit le seul parti sage et le meilleur qu'on pût prendre en soi, et dans un pays où la longue habitude de l'obéissance aveugle a tellement passé en loi qu'il n'y a plus personne qui imagine qu'il soit permis ni possible de s'y soustraire.

Tous ces propos, enflés et allongés, ne satisfaisoient point Mme la duchesse d'Orléans. Elle avoit eu trop d'occasions de me voir des sentiments plus libres, et de regimber contre l'éperon, pour se payer de ce que je lui répondois. Elle m'objecta le testament de Louis XIII, et en raisonna au mieux sur les conséquences à en tirer et à en prévoir pour celui de Louis XIV. Je sentis incontinent toute sa défiance de mes réponses, et toute celle qu'elle avoit de la solidité de ce dernier testament, dont, à ce qui s'y étoit passé, et qui a été rapporté p. 1408 et 9[1], elle ne se pouvoit cacher que le Roi ne doutât lui-même autant ou plus que personne. Il étoit très-important de la rassurer sur l'une et l'autre défiance.

Je me mis donc à raisonner sur la comparaison des temps, des personnes, des conjonctures, sur la différence d'un règne plein de factions et de guerres civiles, d'avec un autre du double de durée, d'une puissance absolue déployée en tout genre, sans la plus légère, non pas contra-

---

1. Pages 261-264 de notre tome X.

diction, mais représentation, qui non-seulement avoit anéanti toute autre autorité que la sienne immédiate, mais encore tout crédit, toute union, toute autre considération que la sienne et de ses ministres, par conséquent tout personnage et toute autre fonction d'emploi quelconque et de charges que des domestiques, ce qui ne laissoit personne aujourd'hui en aucun moyen de s'opposer ni de résister à quoi que ce soit, si tant est qu'il y eût encore quelqu'un qui s'avisât de se souvenir qu'esclave et sujet n'est pas la même chose; qu'il y avoit loin d'une reine de quarante et un ans, fille d'Espagne, qui avoit elle-même passé déjà par plus d'une étamine en affaires d'État, en tous les temps jusqu'alors intimement unie à la reine sa belle-mère et à Monsieur, qui avoit des généraux et des ministres attachés à elle, et dans les pays étrangers des créatures habiles, comme la duchesse de Chevreuse dans le considérable, et dans le bas, mais non moins utiles, comme Beringhen et d'autres que leurs aventures communes avec elle y avoit fait fuir pour leur sûreté, à M. le duc d'Orléans qui n'avoit que sa naissance, mais ni gouvernement, ni charge, ni troupes sous ses ordres, et qu'elle voyoit elle-même dans un abandon si universel quoique si proche du timon du royaume; qu'il y avoit loin encore d'un prince foible tel que Gaston, qui ne savoit jamais prendre aucun parti par lui-même, ni soutenir aucun de ceux qu'on lui avoit fait prendre, saisi à la chaude, au dépourvu, à l'instant, sans avoir un moment pour parler à quelqu'un, par une reine avec qui tout l'avoit tenu uni jusqu'alors dans toutes les différentes situations de sa vie, par conséquent accoutumé à se croire un avec elle, d'ailleurs sans force par lui-même pour résister aux cajoleries de cette reine et à une parole à lui donner sur-le-champ, dont il fut assez simple pour se promettre plus qu'il ne lui quittoit, et de Monsieur le Prince pris avec la même promptitude, à qui l'exemple de Monsieur ferma la bouche, qui ne le pressoit pas moins de le suivre que faisoit la Reine, dont l'union .

contre lui, s'il leur résistoit, lui fit tout appréhender, et dont le consentement entraîna aussitôt celui de tout le conseil de régence, hors d'état de leur résister seuls à tous les trois; qu'il y avoit bien loin de la situation si brusque de ces trois mêmes personnes et de la leur d'ailleurs en elles-mêmes, et de celle de M. le duc d'Orléans, d'avec la situation des personnes en faveur de qui il est croyable que le Roi a fait des dispositions, qui sont apparemment en volonté et en moyens de les défendre; qui n'ont ni les raisons de foiblesse et d'intimes liaisons qu'eut Gaston, ni le poids, ni le péril d'un tel exemple, en refusant de s'y conformer comme Monsieur le Prince ne l'osa, ni la disparité et la nudité de ceux du conseil de régence pour maintenir la part qui leur étoit donnée au gouvernement, quand Monsieur et Monsieur le Prince s'en dépouilloient en faveur de la Reine; que de plus les dispositions de Louis XIII avoient été rendues publiques par la lecture que ce monarque en avoit fait faire dans sa chambre, en présence de la Reine, de Monsieur, de Monsieur le Prince, des grands et des plus considérables de sa cour, même des principaux magistrats qu'il y avoit mandés; la Reine ainsi que tout le monde savoient leur contenu, au lieu qu'à l'égard de celles que le Roi a faites, M. le duc d'Orléans est avec tout le monde dans les plus profondes ténèbres, dont le voile ne sera levé qu'après que le Roi ne sera plus, et levé pour M. le duc d'Orléans et pour tout le monde à la fois, en plein Parlement, par l'ouverture et la lecture du testament qui y sera faite; qu'ainsi la différence est entière entre la facilité de la Reine, qui savoit à quoi tendre et comment y tendre, et l'épaisse obscurité de M. le duc. d'Orléans, qui le tient dans la plus invincible ignorance de ce qu'il a à faire, à qui il a à faire, et même s'il a quelque chose à faire. « Il n'en faut pas tant, Madame, ajoutai-je avec feu, pour servir de raison à ne rien faire, même à ne pas penser, à un homme aussi difficile à mettre en mouvement que vous devez connoître M. le duc d'Orléans, même dans les choses les plus aplanies et les plus importantes, s'il vous plaît de vous souvenir du mariage de Mme la duchesse de Berry et de beaucoup d'autres que vous avez vues comme moi. »

C'est ainsi que je m'efforçois d'échapper aux filets de toutes les sortes qui m'étoient continuellement tendus. Mais cette fausseté indispensable me coûtoit si prodigieusement, que j'étois toujours en crainte de la trahison de mon visage, du son de ma voix, de toute ma contenance. Il n'est pas possible d'exprimer le combat qui se passe au fond d'une âme franche, droite, naturelle, vraie, qui, au milieu des périls de la plus dangereuse cour du monde, n'a jamais pu se masquer même sur rien, et à qui il en a bien des fois coûté cher, sans avoir pu se résoudre à prendre leçon de ses expériences, dont ces *Mémoires* sont pleins ; quel tourment, dis-je, elle souffre lorsqu'elle se trouve en ce détroit unique : ou de perdre l'État, que je comptois sauver et réparer, perdre M. le duc d'Orléans, dont j'avois seul le secret, et me perdre moi-même, ou de tromper avec soin, art et industrie, une princesse avec qui je vivois depuis des années dans la plus intime et la plus réciproque amitié et confiance, qu'il falloit voir sans cesse sur ce même pied, en être attaqué sans mesure aussi avec toute sorte d'art et d'industrie, et la tromper continuellement par toutes sortes de détours. Je revenois quelquefois de chez elle chez M. le duc d'Orléans l'avertir promptement, pour qu'il se trouvât de la conformité dans ce qu'il lui répondroit avec les discours que je lui avois tenus, souvent aux larmes, et si plein de rage et de désespoir, qu'il augmentoit encore par en rire, lui à qui ce personnage n'étoit pas si nouveau, que je me licenciois de colère à lui en dire plus que très-librement mon avis ; et c'est de la sorte que s'écoula tout le temps jusqu'à la mort du Roi.

On a vu que l'édit qui appelle les bâtards du Roi à la couronne, etc., comme ayant l'honneur d'être ses fils et petits-fils, est de juillet 1714, enregistré le 2 août, même année ; que le Roi remit son testament aux premier président et procureur général le dimanche matin 27 août, même année ; qu'il n'y eut que vingt-six jours entre l'édit et le testament, et que le duc du Maine, Mme de Maintenon et le chancelier surent bien employer le temps, et n'en point perdre. Il n'y en eut guère non plus entre le testament fait et livré et le dernier voyage que le Roi ait fait à Fontainebleau, pendant lequel le duc du Maine commença à ourdir la noire et profonde trame de l'affaire du bonnet, et qu'il sut conduire comme on l'a vu. Je ne sais si Maisons étoit entré avec lui dans la confidence de ce chef-d'œuvre de scélérate politique, et qu'en ce cas il eût prévu que le fracas de la fin de cette affaire me rendroit peu accessible à lui, et moins capable de me prêter à ses raisonnements. Quoi qu'il en soit, il ne tarda pas à m'en venir faire un si surprenant, aussitôt que le testament fut déposé au Parlement, qu'il est nécessaire, avant de le rapporter, de remettre courtement ici devant les yeux ce qui se passa à cet égard.

Mesmes et Daguesseau, premier président et procureur général, mandés de se trouver à l'issue du lever du Roi à Versailles pour le dimanche 27 août 1714, y arrivèrent droit chez le chancelier, qui leur remit un édit fort court et fort sec, signé et scellé, pour le faire enregistrer le lendemain. Le Roi y déclaroit que « le paquet remis par lui aux premier président et procureur général du Parlelement contenoit son testament, par lequel il avoit pourvu à la garde et à la tutelle du Roi mineur, et au choix d'un conseil de régence, dont, pour de justes considérations, il n'avoit pas voulu rendre les dispositions publiques ; qu'il vouloit que ce dépôt fût conservé au greffe du Parlement pendant sa vie, et qu'au moment qu'il plairoit à Dieu le retirer de ce monde, toutes les chambres du Parlement s'assemblassent avec tous les princes de la maison royale, et tous les pairs de France qui s'y pourroient trouver, pour, en leur présence, y être fait ouverture du testament, et après sa lecture, les dispositions qu'il contenoit être rendues publiques et exécutées, sans qu'il fût permis à personne d'y contrevenir, et le duplicata dudit testament être envoyé à tous les parlements du royaume, par les ordres du conseil de régence, pour y être enregistré. »

Pas un mot dans cet édit d'honnêteté pour le Parlement, ni terme d'estime ni de confiance; nulle nomination, ni indication même d'exécuteur du testament; enfin, ce n'est point au Parlement ni à personne qu'il est confié. L'édit ordonne seulement qu'il sera déposé au greffe, sans parler d'aucune sorte de précaution pour l'y garder, et le greffe est choisi simplement comme un lieu public et ordinaire de dépôt. Ainsi le Parlement n'y est chargé de rien, ni pas un de ses magistrats; et le greffe ne l'est que comme de tous autres actes qui y sont déposés. Les duplicata envoyés aux parlements du royaume par les ordres du conseil de régence font[1] voir une attention marquée pour l'autorité de ce conseil, et pour omettre le nom de régent, laquelle est bien significative, et qui relève bien aussi toute la négligence affectée dans l'édit pour le Parlement, qui étoit l'occasion et le lieu de dire des choses à flatter cette Compagnie, dont il résulte deux choses : l'une, que le Parlement n'y fut pour rien, ni en corps, ni par aucun de ses membres; l'autre, que les précautions si grandes pour la conservation du dépôt furent uniquement du cru et du fait du premier président, pour rendre odieux le seul homme en haine duquel le testament parut fait, comme étant capable de s'en saisir par violence, et mettre ce dépôt ainsi que le duc du Maine, en faveur duquel il parut visiblement fait, sous la protection de la justice, du Parlement, du peuple, de la multitude. Il est certain que le duc du Maine ne pouvoit rien ajouter à de telles précautions, ni plus complétement profiter d'un premier président qui lui avoit livré son âme.

Le premier président et le procureur général allèrent

---

1. *Fait*, au manuscrit.

chez le Roi, au sortir de chez le chancelier. Ce voyage si concerté n'avoit point de moments convenables pour une visite du premier président à M. du Maine, dont sûrement il avoit bien auparavant reçu les ordres et les instructions, et tout débattu et concerté avec lui. Le Roi, en leur disant ce qui a été rapporté p. 1408[1], et sans parler d'aucune précaution, leur donna le paquet cacheté qui renfermoit son testament, et au sortir du cabinet du Roi ils s'en retournèrent à Paris. En y arrivant, ils envoyèrent chercher des ouvriers. Ils les conduisirent dans une tour du Palais, qui est derrière la buvette de la grand'chambre et le cabinet du premier président, laquelle répond au greffe et le joint. Ils firent creuser un grand trou dans la muraille de cette tour, qui est fort épaisse, y déposèrent le testament, en firent fermer l'ouverture d'une porte de fer, d'une grille aussi de fer en seconde porte, et murailler par-dessus. La porte et la grille eurent chacune trois différentes serrures, mais les mêmes à la porte et à la grille, et une clef pour chacune des trois, qui par conséquent ouvroit chacune deux serrures, une de la grille et une de la porte. Le premier président en garda une, le procureur général une autre, et la troisième fut confiée au greffier en chef du Parlement, sous prétexte que le dépôt étoit tout contre la chambre du greffe, en effet, pour éviter occasion de jalousie entre l'ancien des présidents à mortier et le doyen du Parlement, et la division entre les présidents et les conseillers qu'elle auroit pu faire naître.

Le lendemain lundi 28 août, le premier président assembla les chambres dès le matin, leur rendit compte du sujet de son voyage de la veille, fit présenter l'édit par les gens du Roi, qui fut enregistré, paraphrasa les sages et justes précautions du Roi avec force louanges, et n'oublia pas de suppléer au silence de l'édit par tout ce qu'il put de superbes flatteries, et de ce qu'il crut le plus

---

1. Pages 261 et 262 de notre tome X.

propre à intéresser la Compagnie à la protection des dispositions du Roi, lorsqu'il en seroit temps, et à la piquer d'honneur pour en procurer l'entière exécution.

Revenons présentement à Maisons. Ce président, comme je l'ai déjà dit, venoit presque tous les dimanches au lever du Roi, et après sa messe chez moi, où la porte étoit fermée à tout le monde, de règle, tant qu'il y étoit, et c'étoit toujours tête à tête. Il vint donc le premier dimanche d'après celui où le Roi avoit remis son testament au premier président et au procurer général, c'est-à-dire le septième jour après. Le dépôt étoit enfermé, et l'édit qui l'annonçoit enregistré, il y en avoit cinq. Il me fit un discours pathétique où il disserta fortement l'éclat, le venin, les motifs plus que très-apparents du testament, tout ce dont M. le duc d'Orléans étoit menacé. Il n'oublia pas de m'exciter par tout ce qu'il en put croire capable sur le surcroît de grandeur, et tout le pouvoir qui en résulteroit à M. du Maine et à la bâtardise, et de fois à autre s'interrompant sur la séduction, et par des déclamations vives contre les auteurs et les coopérateurs d'une pièce si funeste à l'État et à la maison royale.

Quand il eut bien péroré, je lui dis qu'il ne me persuadoit rien de nouveau; que je voyois les mêmes vérités que lui avec la même évidence; que le pis que j'y trouvois, c'est qu'il n'y avoit point de remède. « Point de remède! m'interrompit-il avec son rire en dessous, il y en a toujours aux choses les plus extrêmes avec du courage et de l'esprit; et je m'étonne qu'avec ce que vous avez de l'un et de l'autre, de vous trouver court sur ce qui va tout mettre en confusion; » et de là, à s'étendre sur ce qu'il y alloit de tout pour M. le duc d'Orléans, qu'une pièce qui ne pouvoit avoir été fabriquée qu'entre M. du Maine, Mme de Maintenon et le chancelier, et où sûrement rien n'avoit été oublié en faveur du duc du Maine et contre M. le duc d'Orléans, vît jamais le jour. Je convins que ce seroit bien le plus court; en même temps je lui demandai comment supprimer un testament déclaré par un édit enregistré, pièce par conséquent publique, et solennelle encore par sa nature, déposée de plus avec tant d'éclat, et de si solides précautions connues de tout le monde, dans l'intérieur le plus enfoncé du Palais, et le plus sûr par la nature et par l'art qui y avoit été ajouté. « Vous voilà donc bien embarrassé, me répliqua Maisons; avoir à l'instant de la mort du Roi des troupes sûres et des officiers sages, avisés et affidés tous prêts, avec eux des maçons et des serruriers, marcher au Palais, enfoncer les portes et la niche, enlever le testament, et qu'on le voie jamais. »

Dans ma surprise extrême, je lui demandai quel fruit d'une si prodigieuse violence, et de plus quelle mécanique pour en venir à bout. J'ajoutai que, quoi qu'il y eût dans le testament, je ne voyois point de comparaison entre la possible espérance qu'il n'eût pas plus d'exécution qu'en avoit eu celui de Louis XIII, comme le Roi lui-même ne s'étoit pas caché de le penser, entre essuyer même ses dispositions quelles qu'elles fussent, et violer à main armée un dépôt public et solennel, de cette qualité unique et si royale, dans le sein du sanctuaire de la justice, au milieu de la capitale, soulever le peuple et les provinces, la raison, la nature, ce que les hommes ont de plus sacré entre eux, donner aux ennemis de M. le duc d'Orléans les armes les plus spécieuses, lui débaucher ce qu'il peut avoir d'amis sages et raisonnables par la honte et le péril de lui demeurer attachés, donner aux horreurs répandues contre lui un poids que tous les artifices et toute l'autorité n'avoient pu leur acquérir, autoriser tout ce qui se déclareroit contre lui à tirer les plus grands usages de cette folie, et armer la juste fureur du Parlement, si grandement outragé par un attentat de cette nature, et dans le moment critique où l'usage abusif presque tourné en loi lui donnoit une autorité avec laquelle il falloit compter dès cet instant même, et souvent encore dans le cours de la régence. Que si, dans l'exécution si odieuse par elle-même, et que les bâtards et le Parlement qu'elle réuniroit pour toujours avoient tant d'intérêt d'empêcher, il arrivoit une sédition, peut-être appuyée des Suisses, et qu'il y eût du sang répandu, personne ne pouvoit prévoir jusqu'où cette action étoit capable de conduire, laquelle, quoi qu'il en succédât, combleroit M. le duc d'Orléans d'opprobre, de la plus grande, de la plus juste, de la plus universelle haine, et d'un mépris égal, si par l'événement le testament échappoit à l'attaque.

Tout cela fut commenté bien plus au long, sans que Maisons pût être ébranlé le moins du monde, et toutefois sans qu'il eût rien à répondre que l'importance de soustraire un testament qu'il étoit clair qu'on n'avoit fait que contre M. le duc d'Orléans et en faveur des bâtards. Maisons, au partir de chez moi, alla faire à M. le duc d'Orléans la même proposition avec les mêmes instances, et me gagna de la main, espérant apparemment de le persuader s'il lui parloit avant moi. Heureusement il n'en fut pas mieux reçu. Nous lui fîmes à peu près les mêmes objections, parce qu'elles se présentoient d'elles-mêmes, sans lui faire changer de sentiment, et[1] nous nous le contâmes l'un à l'autre, M. le duc d'Orléans et moi, et tous deux dans un étonnement extrême. Ce qui nous en donna davantage, c'est qu'il persista jusqu'à sa mort, qui précéda de très-peu de jours celle du Roi, à presser M. le duc d'Orléans de cette extravagance, et moi jusqu'à la persécution.

Il ne tint pas à ses instances redoublées que je ne fisse la sottise d'aller à la buvette de la grand'chambre reconnoître les lieux sur les indications qu'il m'en donnoit, moi qui n'en avois aucun prétexte, et qui de plus n'allois jamais au Palais, que pour des réceptions de pairs, ou des occasions où le Roi les y mandoit, et qui même alors n'avois jamais approché seulement de la buvette. Ne pouvant vaincre là-dessus ce qu'il appeloit mon opiniâtreté,

---

1. On lit ici *ne* au manuscrit.

il me demanda au moins de m'arrêter sur le quai de la Mégisserie, où on vend tant de ferrailles, et d'examiner de là, la rivière entre-deux, la tour où étoit le testament, qu'il me désigna et qui donnoit sur le quai des Morfondus, mais en arrière des bâtiments de ce quai. On peut juger quelle connoissance on pouvoit en tirer de ce point de vue. Je lui promis, non de m'arrêter sur ce quai pour me faire regarder des passants, mais d'y passer, et de voir ainsi ce que je pourrois remarquer, en ajoutant que c'étoit par complaisance, et pour le satisfaire sur une chose en soi indifférente, parce que rien au monde ne me pourroit tenter, encore moins me persuader, sur une pareille entreprise. L'incompréhensible est comment elle avoit pu entrer dans une tête aussi sensée, et que jusqu'à la mort, quoiqu'il nous ait trouvés inébranlables, M. le duc d'Orléans et moi, il ne se soit jamais lassé de nous presser là-dessus, ni rebuté de l'espérance de nous y amener.

Le plus mortel ennemi de M. le duc d'Orléans n'auroit pu imaginer rien de plus funeste à lui persuader, et je ne sais si on auroit trouvé plusieurs personnes assez dépourvues de sens pour y donner sérieusement. Que penser donc d'un président à mortier, de la considération que Maisons s'étoit acquise au Palais, à la ville, à la cour, où il avoit toujours passé pour un homme d'esprit, sage, avisé, intelligent, capable et mesuré? Étoit-il assez infatué de la nécessité dont il étoit pour M. le duc d'Orléans de supprimer le testament, assez aveuglé de la parole des sceaux, qu'il avoit enfin arrachée de ce prince, à ce que j'en pus juger, et de toute l'autorité qu'il se promettoit de tirer de cette place, qu'il sentoit bien qui seroit conservée à Voysin si M. du Maine étoit maître, après tout ce que cette âme damnée avoit si nouvellement fait pour lui, que la passion l'empêchât de voir les suites affreuses et indispensables de l'entreprise qu'il proposoit, que je lui mettois sans cesse devant les yeux, et à pas une desquelles il n'avoit d'autre réponse que le danger évident des dispositions du testament pernicieuses pour M. le duc d'Orléans, toutes pour la grandeur du duc du Maine, qui les sauroit bien faire valoir, établi comme il l'étoit, et la nécessité dès là indispensable de le supprimer comme que ce pût être ?

Sa persévérance de près d'une année, qui ne put être, non pas rebutée, mais même le moins du monde ralentie, ni par des raisons si palpables, ni par la résistance toujours égale qu'il trouva en M. le duc d'Orléans et en moi ; sa réserve là-dessus pour Canillac, dont il se servoit auprès de M. le duc d'Orléans pour soi-même, pour le Parlement, et pour tant d'autres choses, réserve dont il n'excepta personne, sans exception là-dessus que M. le duc d'Orléans et moi, donneroient-elles d'autres pensées ? Auroit-il été assez noir pour, de concert avec le duc du Maine, ouvrir cet abîme sous nos pas, et ne se lasser point de nous y pousser pour nous perdre, et par la chute de M. le duc d'Orléans, unique par son âge entre tous les princes du sang à pouvoir être revêtu de la régence, y porter le duc du Maine, qui de là à la couronne n'auroit eu qu'un pas à faire, et qui n'en ignoroit pas les moyens ? Un si puissant objet pour une âme de la trempe de celle du duc du Maine, et qui avoit su se le préparer avec tant d'art et de si loin, n'est rien moins qu'incroyable, si l'on se rapproche par quels chemins ce fils de ténèbres étoit parvenu à escalader tous les degrés du trône dont la place s'étoit aplanie et nettoyée devant lui, et tout ce qu'il avoit mis en œuvre pour noircir avec tant de succès le seul obstacle qui lui restoit à vaincre, d'un crime si fatal et si étranger à ce prince, crime qui, pour le moins, n'étoit pas fatal au duc du Maine pour la sûreté jusque-là plus que douteuse, jusqu'aux yeux du Roi même, de tout ce qu'il en avoit obtenu jusqu'alors, et par les pas de géant qu'il fit après vers la couronne. Ce service de Maisons valoit bien le sacrifice de Voysin, qui ne pouvoit plus être utile au duc du Maine, et d'éblouir Maisons de tout ce que le savant art de ce futur maire du palais n'auroit pas manqué de présenter à son ambition.

Qu'on se rappelle les anciennes liaisons de Maisons avec le duc du Maine, assez fortes pour en avoir espéré la place de premier président, refroidies par la préférence donnée à Mesmes; le renouement de ces liaisons ensuite, leur secret et celui dont il couvrit toujours celles qu'il prit tant de soin de faire et d'étreindre avec M. le duc d'Orléans, combien promptement et d'avance il fut toujours instruit avant personne des pas derniers des bâtards vers le trône; la scène qu'à ce propos il me donna chez lui pour m'aveugler, et par moi M. le duc d'Orléans, car la course qu'il me fit faire à Paris pour m'y apprendre ce qui fut le soir même public à Marly, étoit, sans ce *retentum*[1], parfaitement inutile; le contraste de cette scène avec ce dîner à huis clos qu'il donna mystérieusement aux deux bâtards le jour de leurs sites au Parlement pour l'enregistrement de leur habileté[2] à la couronne; l'embarras extrême où il tomba quand il m'en vit informé; son manége avec M. et Mme du Maine sur l'affaire du bonnet, et sous ce prétexte ses visites si fréquentes à Sceaux, où il ne paroissoit point, mais où il passoit deux heures chaque fois enfermé seul avec M. et Mme du Maine; les distinctions que seul de sa robe il recevoit du Roi sur ses fins, toutes les fois qu'il se présentoit devant lui, et celle qu'il eut dans les derniers mois, encore plus unique, d'aller de Maisons à Marly quand il vouloit, comme le duc de Berwick de Saint-Germain, sous prétexte d'un voisinage dont on ne s'étoit pas avisé jusque-là, et qui avec raison avoit été de tout temps pour le duc de Berwick; enfin la douleur si marquée de sa mort, arrivée le jeudi au soir, 22 août de cette année, dix jours avant celle du Roi, que témoigna le duc du Maine, qui n'en étoit pas prodigue, et l'ardeur si empressée avec laquelle il emporta dès le lendemain, vendredi matin, la charge de président à mortier pour le jeune Maisons, qui n'avoit

---

1. *Retentum*, chose retenue, gardée secrète. On appeloit *retentum* la partie d'un arrêt qui n'étoit pas rendue publique.
2. Voyez tome X, p. 260 et note 1, et ci-dessus, p. 304 et note 1.

pas dix-sept ans, et qui étoit accouru à lui de Paris dans cette confiance ; qu'on ramasse tout cela, je le dis avec horreur, conclura-t-on que ce soit pousser trop loin les soupçons ?

A mon égard, il lui falloit un homme toujours à portée de M. le duc d'Orléans, et à portée de tout avec lui, et qui fût dans le secret de leur liaison. Canillac ne voyoit ce prince qu'à Paris, où il n'alloit que des moments, et assez rarement depuis un temps ; Maisons n'en pouvoit donc espérer le même usage, et il se flattoit de me vaincre par le coin de la bâtardise, que Canillac avoit bien aussi, mais peut-être moins que moi, parce qu'il perdoit moins avec eux. Maisons, de longue main en grande société avec lui, eût peut-être été fâché de le perdre, et pour moi c'étoit double gain à tous égards, pour un bâtard et pour un président à mortier, et de s'ouvrir à d'autres n'alloit pas à leur but, et y étoit même directement contraire. Enfin Maisons vouloit-il voir si à la fin M. le duc d'Orléans ou moi serions assez dépourvus de sens commun pour mordre à un si pernicieux hameçon, nous conduire au bord du précipice, nous y laisser jeter dans l'espérance que le désordre effroyable qui en naîtroit mettroit la dictature du royaume entre les mains du Parlement, que lui, par son crédit dans la Compagnie et par ses accès, il se rendroit l'entremetteur entre les partis, et feroit longuement ainsi la première et la plus utile figure ; ou, nous voyant près de tenter l'entreprise, y faire naître lui-même des difficultés, nous affubler après de l'ignominie d'une résolution si folle et si désespérée, et se donner auprès du duc du Maine, du Parlement, du public, l'honneur de l'avoir empêchée ? Quoi qu'il en soit, il est incompréhensible qu'un président à mortier sage, sensé, de conduite toujours approuvée, avec beaucoup d'esprit, de réputation et de connoissance du monde, fort riche et fort compté partout, ait pu concevoir un projet d'une extravagance aussi parfaite et aussi désespérée, le proposer, en presser, et ne se point lasser de faire les derniers efforts pour le persuader, et continuellement, et sans se rebuter de rien pendant toute une année, et jusqu'à sa mort. Il n'a pas assez vécu pour donner le temps de percer ces étranges ténèbres. Ils suffisent du moins pour consoler de sa mort les gens sages, les gens de bien et d'honneur, et ceux qui aiment la paix et qui détestent les désordres. Achevons tout de suite ce qui regarde Maisons et les siens, pour n'en pas interrompre les derniers jours de Louis XIV.

Il n'est malheureusement que trop commun de trouver de ces prétendus esprits forts qui se piquent de n'avoir point de religion, et qui, séduits par leurs mœurs et par ce qu'ils croient le bel air du monde, laissent volontiers voir ce qu'ils tâchent de se persuader là-dessus, sans toutefois en pouvoir venir à bout avec eux-mêmes. Mais il est bien rare d'en trouver qui n'aient point de religion, sans que, par leur état dans le monde, ils osent s'en parer. Pour le prodige que je vais exposer, je doute qu'il ait jamais eu d'exemple, en même temps que je n'en puis douter par ce que mes enfants et ceux qui étoient auprès d'eux m'en ont appris, qui dès leur première jeunesse, comme on l'a vu ci-dessus, ont vécu avec le fils de Maisons dans la plus grande familiarité, et dans l'amitié la plus intime, qui n'a fini qu'avec la vie de ce jeune magistrat. Son père étoit sans aucune religion. Veuf sans enfants fort jeune, il épousa la sœur aînée de la maréchale de Villars, qui se trouva n'avoir pas plus de religion que lui. Ils eurent ce fils unique, pour lequel ils mirent tous leurs soins à chercher un homme d'esprit et de mise, qui joignît la connoissance du monde à une belle littérature, union bien rare, mais ce qui l'est encore plus, et dont le père et la mère firent également leur capital, un précepteur qui n'eût aucune religion, et qui, par principes, élevât avec soin leur fils à n'en point avoir. Pour leur malheur, ils rencontrèrent ce phénix accompli dans ces trois parties, d'agréable compagnie, qui se faisoit desirer dans la bonne, sage, mesuré, savant, de beaucoup d'esprit, très-corrompu en secret, mais d'un extérieur sans reproche, et sans pédanterie, réservé dans ses discours. Pris sur le pied et pour le dessein d'ôter toute religion à son pupille, en gardant tous les dehors indispensables, il s'en acquitta avec tant de succès, qu'il le rendit sur la religion parfaitement semblable au père et à la mère, qui ne réussirent pas moins bien à en faire un homme du grand monde comme eux, et comme eux parfaitement décrassé des fatuités de la présidence, du langage de la robe, des airs aussi de petit-maître qui méprise son métier, auquel, avec du sens et beaucoup d'esprit, il s'adonna de façon à surpasser son père en tout, s'il eût vécu. Il étoit unique, et le père et la mère et lui s'aimoient passionnément. J'ai suffisamment parlé de M. et de Mme de Maisons pour n'avoir plus que ce mot à ajouter.

Au milieu des richesses, de la considération publique, d'amis distingués en tout genre, touchant de la main à la plus haute fortune de son état et la plus ardemment desirée, il est supris d'un léger dévoiement dans ce temps de crise où il n'avoit pas le temps de s'écouter. Il prend mal à propos deux ou trois fois de la rhubarbe; plus mal à propos le cardinal de Bissy le vient entretenir longtemps sur la constitution, et contraint l'effet de la rhubarbe; le feu se met dans ses entrailles sans qu'il veuille consentir à être malade; le progrès devient extrême en peu d'heures; les médecins, bientôt à bout, n'osent l'avouer; le mal augmente à vue d'œil; tout devient éperdu chez lui; il y meurt à quarante-huit ans, au milieu d'une foule d'amis, de clients, de gens qui se font de fête, sans volonté ou sans loisir de penser un moment à ce qui alloit arriver à son âme.

Sa femme, après les premiers transports, et un long désespoir d'une si cruelle trahison de la fortune, car son mari n'avoit point de secret pour elle, paya enfin de courage et ramassa ses forces pour conserver les amis et les familiers de la maison, et la continuer sur le pied que son mari l'avoit mise. Mais l'âme n'y étoit plus. Restoient les nouvelles, les petites intrigues, les cabales du Parlement, les discours des gens oisifs et mécontents, un reste de tribunal en peinture, qui ressembloit mieux à un café renforcé, qu'elle faisoit valoir tout ce qu'elle pouvoit, dans lequel elle éleva son fils sur les traces de son père. La vie de Mme de Maisons se passa dix ou douze ans de la sorte, en projets et en travaux dont la chimère et les vaines espérances la flattoient, pleine d'opulence, de santé, d'autorité sur son fils, et de celle du reste de ses charmes sur ses amis et sur tout ce qui venoit chez elle, soutenue de la considération après laquelle elle couroit, lorsque, surprise d'une apoplexie dans son jardin, elle rassura son fils et ses amis, au lieu de profiter pour penser à elle d'un intervalle de peu de jours, au bout desquels une seconde attaque l'emporta, sans lui laisser un moment de libre, le 5 mai 1727, dans sa quarante-sixième année.

Son fils, longtemps fort affligé, chercha à se continuer et à s'acquérir des amis, surtout à se distinguer dans son métier. Il s'y attira en effet de l'estime et du crédit, et de la considération dans le monde, comme un jeune homme tourné à devenir un grand sujet. Les exemples domestiques ne lui servirent que pour ce monde à courir après la fortune, lorsque plein de vues, et ne se refusant rien de ce que peut donner l'abondance, il fut surpris à Paris de la petite vérole. La prompte déclaration de ce mal lui tourna la tête. Il se crut mort, il pensa à ce qu'il avoit méconnu toute sa vie, mais la frayeur qui le tourna subitement à la mort ne lui laissa plus de liberté, et il mourut de la sorte, dans sa trente-troisième année, le 13 septembre 1731, laissant un fils unique, qui, au milieu d'une troupe de femmes qui ne le perdoient jamais de vue, tomba d'entre leurs bras, et en mourut en peu de jours, à dix-huit mois, un an après son père, dont les grands biens allèrent à des collatéraux. Je n'ai pu refuser cette courte remarque à une aussi rare impiété.

Ces *Mémoires* ne sont pas un traité de morale; aussi me suis-je contenté d'un récit le plus simple et le plus nu; mais qu'il me soit permis d'y appliquer ces deux versets du Psaume XXXVI[1], qui paroissent si faits exprès : « J'ai vu l'impie exalté comme les cèdres du Liban; je n'ai fait que passer, il n'étoit déjà plus; je n'en ai pas même trouvé la moindre trace. »

CHAPITRE XVI.

Le duc de Noailles apprend enfin sa destination; folles propositions qu'il me fait. — M. le duc d'Orléans ne peut se résoudre à ne pas passer par le Parlement pour sa régence, et se dégoûte du projet d'assembler les états généraux. — Mme la duchesse d'Orléans, en crainte des pairs pour la première séance au Parlement après le Roi sur les bâtards, a recours à moi; je la rassure, et pourquoi, en lui déclarant que si les princes du sang les attaquent, en quelque temps que ce soit, les pairs les attaqueront à l'instant. — Prise du Roi avec le procureur général sur l'enregistrement pur et simple de la constitution. — Dernier retour de Marly. — Espèce de journal du Roi jusqu'à sa fin. — Audience de congé de l'ambassadeur de Perse. — Détail de la santé du Roi et des causes de sa mort. — Magnifique entrée à Paris du comte de Ribeira, ambassadeur de Portugal. — J'obtiens de M. le duc d'Orléans qu'il continuera à Chamillart sa pension de soixante mille livres, et la permission de le lui mander. — Le duc de Noailles, seul d'abord, puis aidé du procureur général, me propose l'expulsion radicale des jésuites hors du royaume. — Retour de Mme de Saint-Simon des eaux de Forges à Versailles. — Dames familières. — Duc du Maine chargé de voir la gendarmerie pour, au nom et avec l'autorité du Roi, qui l'avoit fait venir et n'en put faire la revue; mon avis là-dessus à M. le duc d'Orléans. — Je me joue de Pontchartrain. — Je méprise Desmarets. — Le Roi, hors d'état de s'habiller, veut choisir le premier habit qu'il prendra; courte réflexion.

Le Roi diminua si considérablement dans la seconde moitié du voyage de Marly,[2] que je crus qu'il étoit temps de mettre fin aux angoisses du duc de Noailles, pour être en état de lui parler ouvertement sur ce qui regardoit

---

1. Versets 35 et 36.
2. On lit ici *et* au manuscrit.

l'avenir par rapport aux finances, et d'en raisonner avec lui. M. le duc d'Orléans, à qui je le représentai, en jugea de même. Il me permit de lui dire sa destination, et celle de son oncle, et la lui confirma lui-même la première fois qu'il le vit chez lui. Il est difficile d'exprimer, et tout à la fois de contenir plus de joie; le sentiment fut le premier ressort, la vanité le second. L'adresse se plâtra de l'intérêt du cardinal de Noailles, avouant aussi combien les finances étoient de son goût, parce qu'il s'y étoit, disoit-il, toujours appliqué, et en dernier lieu sous Desmarets depuis son retour, et qu'il se flattoit d'y réussir moins mal que tout autre qu'on y pourroit mettre. Il ne m'épargna pas les protestations de la plus parfaite amitié, de la confiance la plus entière, du concert le plus parfait avec moi en tout, qu'il me demanda avec instance, enfin de la reconnoissance la plus vive de tout ce que j'avois fait pour lui auprès des ducs de Chevreuse et de Beauvillier, si éloignés de lui et de son oncle, et dans un temps de disgrâce profonde personnelle à tous les deux, d'abandon et du dernier embarras à son rappel d'Espagne, et par ces ducs auprès du Dauphin et de la Dauphine, dans leur plus éclatant apogée; après, de l'avoir raccommodé avec M. et Mme la duchesse d'Orléans, et conduit où il se voyoit enfin aussi bien que son oncle.

La porte une fois ouverte avec lui sur le futur, nous raisonnâmes sur la destination des autres chefs et présidents des conseils, qu'il approuva. Il me parla de d'Antin, qui depuis son duché me courtisoit fort, avec louange et surprise de ne l'entendre destiné à rien; nous nous parlâmes là-dessus avec confiance; il ne me nia point ses défauts, comme je lui avouai aussi ce que j'en pensois de bon. Tous deux convînmes que ceux qui étoient destinés à la tête des conseils lui étoient préférables par leur situation personnelle, qu'il n'y avoit même que le conseil du dedans qui lui pût convenir pour y entrer, ou pour en être chef si la place en devenoit vacante. Il applaudit surtout à la destruction des secrétaires d'État et à la disgrâce du chancelier, sur laquelle nous disputâmes en amitié pour les sceaux. Il les desiroit pour le procureur général, je les croyois mieux placés entre les mains du père ; outre que, placés là, ils influoient sur le fils, c'étoit un échelon de convenance au mérite de l'un et de l'autre que la perspective d'y pouvoir succéder. Il disserta force choses avec moi, et j'y donnois volontiers lieu, parce qu'[il] y en avoit d'autres dont je ne voulois pas l'instruire, dont j'aimois à le laisser dépayser lui-même.

L'ouverture qu'il prenoit de plus en plus avec moi sur les choses futures le jeta[1] dans des propos si forts à l'égard des bâtards que je les laisserai dans le silence, et qui de chose en autre le conduisirent à me proposer comme une chose fort raisonnable, et à faire, de fortifier Paris. Je ne pus lui cacher ma surprise. « Paris! lui dis-je ; et où les matériaux? où les millions? où les années d'en achever les travaux? et quand tout se feroit d'un coup de baguette, quelle garnison pour le défendre? quel approvisionnement de munitions de guerre et de bouche pour les troupes et pour les habitants? quelle artillerie? enfin quel fruit s'en pourroit-on proposer quand la possibilité en seroit aussi claire que l'étoit la démonstration de l'impossibilité ? » Il battit la campagne pendant quelques jours là-dessus, et je le laissai dire, parce que je ne craignois pas l'exécution de ce rare projet. Voyant qu'il ne me persuadoit pas, il m'en proposa un autre. Ce fut de transporter à Versailles les cours supérieures, les écoles publiques et tout ce qui est affaires et public. Je le regardai avec la même surprise; je lui demandai où, quand, et avec quels frais il établiroit tout cela à Versailles, lieu sans rivière ni eau bonne à boire, qui n'est que sable ou boue, à qui la nature refuse tout, jusqu'à des abreuvoirs commodes pour des chevaux, et où il ne croît rien loin à la ronde; de plus, quelle utilité d'une translation qui, quand elle seroit possible, n'apporteroit que du mésaise

---

1. Saint-Simon a écrit *jetèrent*.

et de la confusion à la cour, et laisseroit à Paris un vide irréparable, ruineroit plaideurs, magistrats, suppôts de justice et d'universités ; en un mot, rien de praticable, rien qui eût un objet. C'étoit, disoit-il, pour diminuer Paris, dont la consommation ruine les provinces, et séparer les cours supérieures de l'appui de ce peuple nombreux, dont en plusieurs occasions l'union est dangereuse. Peu à peu il convint de l'ingratitude de la situation de Versailles, déclama contre l'immense établissement que le Roi y avoit fait, vanta celle de Saint-Germain, et finalement me proposa comme une chose facile de démolir Versailles, d'en emporter tout à Saint-Germain, où, avec ces matériaux et ces richesses, on feroit le plus sain et le plus admirable séjour de l'Europe.

A ce troisième *sproposito*[1] la parole me manqua. « Voici un fou, me dis-je à moi-même, qui me va peut-être sauter aux yeux. Eh ! qu'ai-je fait ? et que vont devenir les finances ? » Tandis que je me parlois ainsi sans remuer les lèvres, il discouroit toujours, enchanté du plus beau lieu du monde qu'alloit devenir Saint-Germain des dépouilles entières de Versailles. A la fin mon silence l'arrêta, il me pria de le rompre. « Monsieur, lui dis-je, quand vous aurez les fées à votre disposition avec leurs baguettes, je serai de votre avis pour ceci ; car, en effet, rien ne seroit plus admirable, et je n'ai jamais compris qu'on ait pu choisir Versailles, beaucoup moins préférer ce cloaque à ce qu'est Saint-Germain ; mais pour ce que vous me proposez, il nous faut les fées ; jusqu'à ce [que] vous les ayez en main, il n'y a pas moyen d'en raisonner. » Il se mit à rire, et voulut soutenir que sans fées la chose étoit possible, et n'étoit pas un objet tel qu'il voyoit bien que je le pensois. Des trois propositions, ce fut celle qu'il appuya le moins et le moins longtemps, mais je n'en demeurai pas moins effarouché.

---

1. Voyez tome VI, p. 78, note 1.

Il y avoit déjà du temps qu'il m'en avoit fait une autre que je n'avois pas moins rejetée, et qu'il ne cessoit point de remettre toujours sur le tapis. Je lui faisois des objections auxquelles il ne put jamais faire la moindre réponse; il n'avoit que l'unique ressource de Maisons sur la sienne, qui étoit le danger du testament, et il n'en pouvoit trouver à exécuter ce qu'il proposoit, et néanmoins, comme Maisons, il ne cessa point de me presser là-dessus. Nous verrons bientôt, non par conjectures, comme sur la proposition d'enlever le testament du Roi, mais par les faits, quel étoit l'objet de Noailles dans une proposition si ridicule, mais si opiniâtre, et c'est alors que l'une [et] l'autre seront expliquées.

Je m'aperçus sur la fin de Marly que M. le duc d'Orléans avoit traité le point de l'assemblée des états généraux avec le duc de Noailles. Il me l'avoua comme chose trop connexe aux finances par l'objet qu'on s'en proposoit, pour la lui cacher, après lui avoir dit sa destination. Le duc de Noailles me l'avoua de même avec quelque embarras, et il me parut bientôt après que M. le duc d'Orléans n'étoit plus si déterminé à les assembler. Je le vis aussi mollir tout à fait à l'égard du Parlement pour la régence. Cet article lui avoit toujours paru dur, et le dépôt du testament lui fut un prétexte dont il se servit pour cacher sa foiblesse. Je la connoissois trop pour me flatter de l'emporter sur elle pour deux articles aussi majeurs que l'étoient celui-là et celui des états généraux. Ce dernier me sembla toujours si extrêmement important, et à tant de grands égards, que je ne balançai pas à lui sacrifier l'autre. J'espérai d'autant mieux de cette conduite, que ma complaisance délivroit M. le duc d'Orléans de la dispute et de la présence d'un objet où il falloit payer de sa personne, et que je ramassois toutes mes forces pour maintenir l'autre qu'il avoit constamment goûté et résolu jusqu'alors, où il n'avoit nul tour de force à tirer de soi, où au contraire tout étoit riant pour lui, gracieux pour toute la France, aplani partout. C'est ce que je continuai de faire, mais avec peu de progrès jusqu'à la veille de la mort du Roi, qu'il me déclara nettement qu'il n'y falloit plus penser.

Dès lors j'en vis assez pour mal augurer des affaires. Je sentis l'intérêt du duc de Noailles, qui, dans le plan de la convocation des états généraux, n'auroit pas été maître dans les finances, et qu'il avoit fait comprendre au Régent que lui-même ne le seroit pas. Je ne dissimulerai pas que cela ne fût vrai, et même l'un des biens qui m'en paroissoit résulter. L'expérience de ce qui s'est passé depuis dans les finances a dû montrer si j'avois eu raison. Avec le projet d'assembler les états généraux tomba celui de la banqueroute : il ôtoit trop les moyens de pêcher en eau trouble. Les liquidations et la continuation des impôts et des traités y ouvroit une large porte aux fortunes, aux grâces, aux défaveurs dont M. le duc d'Orléans, et mieux encore le duc de Noailles, auroit le robinet entre les mains. Par là aussi tomba le projet des taxes, et du même coup celui des remboursements et de la multiplication des récompenses qui ont été expliquées. Il n'est pas temps encore de parler des tristes réflexions dont ce début m'accabla, et des autres choses qui les fortifièrent. Les matières vont tellement se multiplier pendant un mois ou six semaines, que ce sera beaucoup faire de n'en rien oublier, et de les démêler pour les présenter avec quelque netteté et quelque ordre.

Tout à la fin de Marly, le Roi parut si affoibli, quoiqu'il n'eût encore rien changé dans ses journées, que Mme la duchesse d'Orléans me tourna sur ses frères, et qu'après quelques détours assez empêtrés, car l'orgueil luciférien souffroit bien d'en venir là, elle me témoigna son inquiétude de la première séance au Parlement après le Roi, et qu'elle m'auroit une grande obligation si je pouvois détourner les pairs d'y rien faire en des moments déjà si accablants pour elle. Je n'avois pas à être embarrassé de la réponse : je lui dis que je ne croyois pas que les pairs songeassent qu'aux affaires [1] indispensables d'une séance qui en seroit aussi chargée, et qu'elle pouvoit se rassurer là-dessus. « Mais, Monsieur, reprit-elle, m'en voudriez-vous bien donner votre parole, au moins me promettre de faire ce qui sera en vous pour que Messieurs les pairs ne fassent rien ce jour-là contre le rang de mes frères ? — Oui, Madame, lui dis-je, du dernier s'entend, car je ne suis pas le maître de mes égaux, comme vous le pouvez bien penser, mais de les détourner autant qu'il me sera possible à cet égard, et je m'y engage d'autant plus librement que je ne vois pas qu'ils y pensent. Mais tout d'un temps, Madame, puisque Votre Altesse Royale me force à lui parler sur un article si délicat, qu'elle prenne garde aux princes du sang ; c'est leur affaire plus que la nôtre, depuis l'habilité à la couronne, le nom et la qualité et totalité en tout de princes du sang donnée à Messieurs vos frères et à leur postérité, et tenez-vous au moins pour avertie que si les princes du sang les attaquent, dans l'instant même nous revendiquerons notre rang à ce qu'il n'y ait personne dans l'intervalle entre les princes du sang et nous, et que tous soient comme nous dans leur rang de pairie. »

Cette déclaration, si amère en soi pour M#me# la duchesse d'Orléans, passa le plus doucement du monde au moyen du répit que je lui promettois, et du mépris qu'il lui plaisoit faire de jeunes princes du sang et de Mesdames leurs mères. Elle me remercia même fort honnêtement, et avec des marques d'amitié et de confiance. Elle me craignoit étrangement sur ce point de ses frères qu'elle nomma toujours ainsi, sans oser jamais proférer en cette occasion le nom de duc du Maine, qui en avoit encore plus de peur, et qui sûrement n'avoit pas oublié la dernière visite qu'il avoit reçue de moi, en conséquence de laquelle je m'étois conduit depuis à son égard sans mesure. Ma promptitude à répondre à M#me# la duchesse d'Orléans

1. Songeassent à autre chose qu'aux affaires.

ne me coûta guère. Il n'y avoit pas moyen d'attaquer les bâtards et le bonnet tout à la fois, et de détourner les affaires de l'État à des intérêts personnels à régler dans la première séance au Parlement, après la mort du Roi. L'occasion du bonnet, qui ne s'y pouvoit éviter, ne laissoit pas de choix entre cette affaire et celle des bâtards ; ainsi je n'hasardois[1] rien à leur égard avec Mme la duchesse d'Orléans par ma réponse.

Le vendredi 9 août, le P. Tellier répéta le Roi longtemps le matin sur l'enregistrement pur et simple de la constitution, et vit là-dessus le premier président et le procureur général, qu'il avoit mandés la veille. Le Roi courut le cerf après dîner dans sa calèche, qu'il mena lui-même à l'ordinaire, pour la dernière fois de sa vie, et parut très-abattu au retour. Il eut le soir grande musique chez Mme de Maintenon. Le samedi 10 août, il se promena avant dîner dans ses jardins à Marly ; il en revint à Versailles sur les six heures du soir pour la dernière fois de sa vie, et ne revoir jamais cet étrange ouvrage de ses mains. Il travailla le soir chez Mme de Maintenon avec le chancelier, et parut fort mal à tout le monde. Le dimanche 11 août, il tint le conseil d'État, s'alla promener l'après-dînée à Trianon pour ne plus sortir de sa vie. Il avoit mandé le procureur général, avec lequel il eut une forte prise. Il en avoit déjà eu une avec lui en présence du premier président et du chancelier, le jeudi précédent à Marly, sur l'enregistrement pur et simple de la constitution. Il trouva le procureur général seul, armé des mêmes raisons et de la même fermeté. Il ne se sentoit pas en état d'aller lui-même au Parlement comme il l'avoit annoncé. Quoique il n'en eût pas perdu l'espérance, il n'en fut que plus outré contre le procureur général, jusqu'à sortir de son naturel, et en venir aux menaces de lui ôter sa charge en lui tournant le dos. Ce fut ainsi que finit cette audience, dont ce magistrat ne fut pas plus ébranlé.

1. Voyez tome IV, p. 174, tome V, p. 141, tome VI, p. 17, etc.

Le lendemain 12[1] août, il prit médecine à son ordinaire, et vécut à son ordinaire aussi de ces jours-là. On sut qu'il se plaignoit d'une sciatique à la jambe et à la cuisse. Il n'avoit jamais eu de sciatique ni de rhumatisme; jamais enrhumé, et il y avoit longtemps qu'il n'avoit eu de ressentiment de goutte. Il y eut le soir petite musique chez Mme de Maintenon, et ce fut la dernière fois de sa vie qu'il marcha.

Le mardi 13 août, il fit son dernier effort pour donner, en revenant de la messe, où il [se] fit porter, l'audience de congé, debout et sans appui, à ce prétendu ambassadeur de Perse. Sa santé ne lui permit pas les magnificences qu'il s'étoit proposées comme à sa première audience; il se contenta de le recevoir dans la pièce du trône, et il n'y eut rien de remarquable. Ce fut la dernière action publique du Roi, où Pontchartrain trompoit si grossièrement sa vanité pour lui faire sa cour. Il n'eut pas honte de terminer cette comédie par la signature d'un traité dont les suites montrèrent le faux de cette ambassade. Cette audience, qui fut assez longue, fatigua fort le Roi. Il résista en rentrant chez lui à l'envie de se coucher; il tint le conseil de finance, dîna à son petit couvert ordinaire, se fit porter chez Mme de Maintenon, où il y eut petite musique, et, en sortant de son cabinet, s'arrêta pour la duchesse de la Rochefoucauld, qui lui présenta la duchesse de la Rocheguyon, sa belle-fille, qui fut la dernière dame qui lui ait été présentée. Elle prit le soir son tabouret au souper du Roi, qui fut le dernier de sa vie au grand couvert. Il avoit travaillé seul chez lui après son dîner avec le chancelier. Il envoya le lendemain force présents et quelques pierreries à ce bel ambassadeur, qu'on mena deux jours après chez un bourgeois à Chaillot, et à peu de distance, au Havre-de-Grâce, où il s'embarqua. Ce fut ce même jour que la princesse des Ursins,

---

1. Il y a 11, pour 12, au manuscrit.

effrayée, comme on l'a dit, de l'état du Roi, partit de Paris pour gagner Lyon en diligence, le lendemain mercredi, veille de l'Assomption.

Il y avoit plus d'un an que la santé du Roi tomboit. Ses valets intérieurs s'en aperçurent d'abord, et en remarquèrent tous les progrès, sans que pas un osât en ouvrir la bouche. Les bâtards, ou, pour mieux dire, M. du Maine le voyoit bien aussi, qui, aidé de Mme de Maintenon et de leur chancelier-secrétaire d'État, hâta tout ce qui le regardoit. Fagon, premier médecin, fort tombé de corps et d'esprit, fut de tout cet intérieur le seul qui ne s'aperçût de rien. Maréchal, premier chirurgien, lui en parla plusieurs fois, et fut toujours durement repoussé. Pressé enfin par son devoir et par son attachement, il se hasarda un matin vers la Pentecôte d'aller trouver Mme de Maintenon. Il lui dit ce qu'il voyoit, et combien grossièrement Fagon se trompoit. Il l'assura que le Roi, à qui il avoit tâté le pouls souvent, avoit depuis longtemps une petite fièvre lente interne; que son tempérament étoit si bon, qu'avec des remèdes et de l'attention, tout étoit encore plein de ressources, mais que, si on laissoit gagner le mal, il n'y en auroit plus. Mme de Maintenon se fâcha, et tout ce qu'il remporta de son zèle fut de la colère. Elle lui dit qu'il n'y avoit que les ennemis personnels de Fagon qui trouvassent ce qu'il lui disoit là de la santé du Roi, sur laquelle la capacité, l'application, l'expérience du premier médecin ne se pouvoit tromper. Le rare est que Maréchal, qui avoit autrefois taillé Fagon de la pierre, avoit été mis en place de premier chirurgien par lui, et qu'ils avoient toujours vécu depuis jusqu'alors dans la plus parfaite intelligence. Maréchal outré, qui me l'a conté, n'eut plus de mesures à pouvoir prendre, et commença dès lors à déplorer la mort de son maître. Fagon, en effet, étoit en science et en expérience le premier médecin de l'Europe, mais sa santé ne lui permettoit plus depuis longtemps d'entretenir son expérience, et le haut point d'autorité où sa capacité et sa faveur l'avoient porté l'avoit[1] enfin gâté. Il ne vouloit ni raisons ni réplique, et continuoit de conduire la santé du Roi comme il avoit fait dans un âge moins avancé, et le tua par cette opiniâtreté.

La goutte, dont il avoit eu de longues attaques, avoit engagé Fagon à emmailloter le Roi, pour ainsi dire, tous les soirs dans un tas d'oreillers de plume qui le faisoient tellement suer toutes les nuits, qu'il le falloit frotter et changer tous les matins avant que le grand chambellan et les premiers gentilshommes de la chambre entrassent. Il ne buvoit depuis longues années, au lieu du meilleur vin de Champagne, dont il avoit uniquement usé toute sa vie, que du vin de Bourgogne avec la moitié d'eau, si vieux qu'il en étoit usé. Il disoit quelquefois, en riant, qu'il y avoit souvent des seigneurs étrangers bien attrapés à vouloir goûter du vin de sa bouche. Jamais il n'en avoit bu de pur en aucun temps, ni usé de nulle sorte[2] de liqueurs, non pas même de thé, café, ni chocolat. A son lever seulement, au lieu d'un peu de pain, de vin et d'eau, il prenoit depuis fort longtemps deux tasses de sauge et de véronique; souvent entre ses repas et toujours en se mettant au lit des verres d'eau avec un peu d'eau de fleurs d'orange qui tenoient chopine, et toujours à la glace en tout temps; même les jours de médecine il y buvoit, et toujours aussi à ses repas, entre lesquels il ne mangea jamais quoi que ce fût, que quelque pastille de cannelle, qu'il mettoit dans sa poche à son fruit, avec force biscotins pour ses chiennes couchantes de son cabinet.

Comme il devint la dernière année de sa vie de plus en plus resserré, Fagon lui faisoit manger à l'entrée de son repas beaucoup de fruits à la glace, c'est-à-dire des mûres, des melons et des figues, et celles-ci pourries à force d'être mûres, et à son dessert beaucoup d'autres fruits, qu'il finissoit par une quantité de sucreries qui surprenoit

1. *L'avoient*, au manuscrit.
2. Il y a *nulle* au singulier, et *sortes* au pluriel.

toujours. Toute l'année il mangeoit à souper une quantité prodigieuse de salade. Ses potages, dont il mangeoit soir et matin de plusieurs, et en quantité de chacun sans préjudice du reste, étoient pleins de jus et d'une extrême force, et tout ce qu'on lui servoit plein d'épices, au double au moins de ce qu'on y en met ordinairement, et très-fort d'ailleurs. Cela et les sucreries n'étoit pas de l'avis de Fagon, qui, en le voyant manger, faisoit quelquefois des mines fort plaisantes, sans toutefois oser rien dire, que par-ci par-là, à Livry et à Benoist, qui lui répondoient que c'étoit à eux à faire manger le Roi, et à lui à le purger. Il ne mangeoit d'aucune sorte de venaison ni d'oiseaux d'eau, mais d'ailleurs de tout sans exception, gras et maigre, qu'il fit toujours, excepté le carême que quelques jours seulement, depuis une vingtaine d'années. Il redoubla ce régime de fruits et de boisson cet été.

A la fin, ces fruits pris après son potage lui noyèrent l'estomac, en émoussèrent les digestifs, lui ôtèrent l'appétit, qui ne lui avoit manqué encore de sa vie, sans avoir jamais eu ni faim ni besoin de manger, quelque tard que des hasards l'eussent fait dîner quelquefois. Mais aux premières cuillerées de potage, l'appétit s'ouvroit toujours, à ce que je lui ai ouï dire plusieurs fois, et il mangeoit si prodigieusement et si solidement soir et matin, et si également encore, qu'on ne s'accoutumoit point à le voir. Tant d'eau et tant de fruits, sans être corrigés par rien de spiritueux, tournèrent son sang en gangrène, à force d'en diminuer les esprits, et de l'appauvrir par ces sueurs forcées des nuits, et furent cause de sa mort, comme on le reconnut à l'ouverture de son corps. Les parties s'en trouvèrent toutes si belles et si saines qu'il y eut lieu de juger qu'il auroit passé le siècle de sa vie. Son estomac surtout étonna, et ses boyaux par leur volume et leur étendue au double de l'ordinaire, d'où lui vint d'être si grand mangeur et si égal. On ne songea aux remèdes que quand il n'en fut plus temps, parce que Fagon ne voulut jamais le croire malade, et que l'aveuglement de Mme de Maintenon fut pareil là-dessus, quoiqu'elle eût bien su prendre toutes les précautions possibles pour Saint-Cyr et pour M. du Maine. Parmi tout cela, le Roi sentit son état avant eux, et le disoit quelquefois à ses valets intérieurs. Fagon le rassuroit toujours sans lui rien faire. Le Roi se contentoit de ce qu'il lui disoit sans en être persuadé, mais son amitié pour lui le retenoit, et Mme de Maintenon encore plus.

Le mercredi, 14 août, il se fit porter à la messe pour la dernière fois, tint conseil d'État, mangea gras, et eut grande musique chez Mme de Maintenon. Il soupa au petit couvert dans sa chambre, où la cour le vit comme à son dîner. Il fut peu dans son cabinet avec sa famille, et se coucha peu après dix heures.

Le jeudi, fête de l'Assomption, il entendit la messe dans son lit. La nuit avoit été inquiète et altérée. Il dîna devant tout le monde dans son lit, se leva à cinq heures, et se fit porter chez Mme de Maintenon, où il eut petite musique. Entre sa messe et son dîner il avoit parlé séparément au chancelier, à Desmarets, à Pontchartrain. Il soupa et se coucha comme la veille. Ce fut toujours depuis de même, tant qu'il put se lever.

Le vendredi 16 août, la nuit n'avoit pas été meilleure; beaucoup de soif et de boisson. Il ne fit entrer qu'à dix heures. La messe et le dîner dans son lit comme toujours depuis, donna audience dans son cabinet à un envoyé de Wolfenbuttel, se fit porter chez Mme de Maintenon; il y joua avec les dames familières, et y eut après grande musique.

Le samedi 17 août, la nuit comme la précédente. Il tint dans son lit le conseil de finances, vit tout le monde à son dîner, se leva aussitôt après, donna audience dans son cabinet au général de l'ordre de Sainte-Croix de la Bretonnerie, passa chez Mme de Maintenon, où il travailla avec le chancelier. Le soir, Fagon coucha pour la première fois dans sa chambre.

Le dimanche 18 août se passa comme les jours précédents. Fagon prétendit qu'il n'avoit point eu de fièvre. Il tint conseil d'État avant et après son dîner, travailla après sur les fortifications avec Pelletier à l'ordinaire, puis passa chez Mme de Maintenon, où il y eut musique. Ce même jour le comte de Ribeira, ambassadeur extraordinaire de Portugal, dont la mère, qui étoit morte, étoit sœur du prince et du cardinal de Rohan, fit à Paris son entrée avec une magnificence extraordinaire, et jeta au peuple beaucoup de médailles d'argent et quelques-unes d'or. L'état du Roi, qui montroit manifestement ne pouvoir plus durer que peu de jours, et dont je savois par Maréchal des nouvelles plus sûres que celles que Fagon se vouloit persuader à soi et aux autres, me fit penser à Chamillart, qui avoit, en sortant de places, une pension du Roi de soixante mille livres. J'en demandai la conservation et l'assurance à M. le duc d'Orléans, et je l'obtins aussitôt, avec la permission de le lui mander à Paris. Il y étoit fort touché de la maladie du Roi, et fort peu de toute autre chose. Il ne laissa pas d'être agréablement surpris de ma lettre, et d'être bien sensible à un soin de ma part qu'il n'avoit pas eu pour lui-même. Il m'envoya une lettre de remerciement, que je rendis à M. le duc d'Orléans. Je n'ai rien fait qui m'ait donné plus de plaisir. La chose demeura secrète jusqu'à la mort du Roi ; je ne perdis pas de temps à la faire déclarer incontinent après la régence.

Ce même jour, je montai chez le duc de Noailles sur les huit heures du soir, au bas du degré duquel je logeois. Il étoit enfermé dans son cabinet, d'où il vint me trouver dans sa chambre. Après plusieurs propos sur l'état du Roi et sur l'avenir, il se mit à enfiler un assez long discours sur les jésuites, dont la conclusion fut de me proposer de les chasser tous de France, de remettre en leur premier état les bénéfices qu'ils avoient fait unir à leurs maisons, et d'appliquer leurs biens aux universités où ils se trouveroient situés. Quoique les propositions extravagantes du duc de Noailles, dont j'ai parlé, me dussent avoir appris qu'il en pouvoit faire encore d'aussi folles, j'avoue que celle-là me surprit autant que si elle eût été la première de ce genre. Il s'en aperçut à mon air effrayé, il se mit en raisonnements; et cependant son cabinet s'ouvrit, d'où je vis le procureur général sortir et venir à nous. Plusieurs du Parlement étoient venus le matin savoir des nouvelles du Roi, comme en tout temps ils y venoient souvent les dimanches, mais j'avois cru le duc de Noailles seul dans son cabinet, et le procureur général retourné à Paris de fort bonne heure, comme ces magistrats faisoient toujours.

A peine se fut-il tiré un siége auprès de nous, que le duc de Noailles lui dit ce qu'il s'agitoit entre lui et moi, qui pourtant n'avois pas dit un mot encore, mais à qui un geste échappé de surprise avoit mis le duc de Noailles en plaidoyer. Il remit le peu qu'il venoit de dire au procureur général, qui l'interrompit bientôt pour me regarder froidement, et me dire de même que c'étoit la meilleure et la plus utile chose que l'on pût faire au commencement de la régence que l'expulsion totale, radicale et sans retour des jésuites hors du royaume, et de disposer sur-le-champ de leurs maisons et de leurs biens en faveur des universités. Je ne puis exprimer ce que je devins à cette sentence du procureur général; cette folie, assez contagieuse pour offusquer un homme aussi sage, et dans une place qui ne lui permettoit pas d'en ignorer la mécanique et les suites, me fit peur d'en être gagné aussi. L'étonnement où je fus me mit en doute aussi d'avoir bien entendu; je le fis répéter et je demeurai stupéfait. Ils s'aperçurent bientôt à ma contenance que j'étois plus occupé de mes pensées que de leur discours; ils me prièrent de leur dire ce que je trouvois de leur proposition. Je leur avouai que je la trouvois tellement étrange, que j'avois peine à croire à mes oreilles. Ils se mirent là-dessus, l'un avec feu, l'autre avec poids et gravité, et s'interrompant l'un l'autre, à me dire ce que chacun sait sur les jésuites, leur domination, leur danger pour l'Église et pour l'État et pour les particuliers. A la fin l'impatience me prit, je les interrompis à mon tour, et il me parut que je leur faisois plaisir, dans celle où ils étoient d'entendre ce que j'avois à leur dire.

Je leur déclarai que, pour abréger, je ne leur contesterois rien de tout ce qu'ils voudroient alléguer contre les jésuites, et sur les avantages que trouveroit la France d'en être délivrée, encore qu'il y eût beaucoup à dire làdessus; que je me retranchois uniquement sur la cause, le comment et sur les suites; sur le comment que nous n'étions pas dans une île dont l'intérieur fût désert, comme la Sicile, où il n'y eût qu'un certain nombre de maisons de jésuites dans deux villes principales, comme Palerme et Messine, et répandues en d'autres gros lieux sur la côte, où il avoit été aisé au vice-roi Maffei de les prendre tous au même instant d'un coup de filet, de les embarquer sur-le-champ, de leur faire prendre le large, et de faire tout de suite de leurs maisons et de leurs biens ce que le roi de Sicile lui avoit ordonné; que ce prince de plus étoit en droit et en raison d'en user de la sorte avec des gens qui allumoient à visage découvert le feu de la révolte contre lui, sur le différend qu'il avoit avec la cour de Rome; qui, sur des prétextes les plus frivoles d'immunité ecclésiastique qui même n'avoit pas été violée, entreprenoit d'abolir le tribunal de la monarchie accordé tel qu'il étoit par les papes aux premiers princes normands qui avoient conquis la Sicile, et l'avoient bien voulu relever des papes sans aucune nécessité ni droit, tribunal sans l'exercice duquel les rois de Sicile se trouveroient privés de toute autorité, pour l'abolition duquel Rome prodiguoit ses censures, et, secondée de plusieurs évêques, de quelques-uns du clergé séculier, de presque tout le régulier, surtout des jésuites, portoit[1] la révolte et la sédition dans tous les esprits, et

---

1. Saint-Simon a écrit *portoient*, et à la ligne suivante, *faisoient*, au pluriel.

en faisoit un point de conscience; qu'en France il ne s'étoit rien passé, depuis la mort d'Henri IV jusqu'alors, sur quoi on ait pu, je ne dis pas accuser, mais soupçonner les jésuites de brasser rien contre l'État, ni contre Louis XIII ni Louis XIV; nul délit, par conséquent, sur lequel on pût fonder le bannissement du plus obscur particulier; quelle violence donc à l'égard de toute une Compagnie que ces deux Messieurs représentoient si appuyée, si puissante, si dangereuse; la faire au bout de deux règnes qui l'avoient si constamment favorisée; la faire à l'entrée d'une régence, qui est toujours un temps de ménagement et de foiblesse; la faire enfin par un régent accusé de n'avoir point de religion, sans parler du reste, et que la vie publiquement débauchée et les propos peu mesurés sur la religion rendoient infiniment moins propre à cette exécution, quand elle seroit juste et possible.

A l'égard de la manière de l'exécuter, je me trouvois l'esprit trop borné pour en imaginer aucune sur le nombre infini de maisons de jésuites répandues dans toutes les provinces de la domination du Roi, et le nombre immense de jésuites qui les remplissoient; que le tout à la fois, comme avoit fait le Maffei, étoit mathématiquement impossible; que par parties, quels cris! quels troubles! quels mouvements dès les premiers pas! Cette immensité de jésuites, leurs familles, leurs écoliers, et les familles de ces écoliers, leurs pénitents, les troupeaux de leurs retraites et de leurs congrégations, les sectateurs de leurs sermons, leurs amis et ceux de leur doctrine, quel vacarme avant qu'on en eût nettoyé la province par laquelle on auroit commencé, et quand et comment achèveroit-on dans toutes les provinces? où conduire ces exilés? Hors la frontière la plus prochaine, répondra-t-on; mais qui les empêchera de rentrer? point de mer, comme pour retourner en Sicile, ni de grande muraille comme à la Chine, tout ouvert partout, et favorisés de ce nombre immense de tous états et de tous lieux dont je viens de parler. C'est donc une chimère évidemment impossible. Mais supposons-la pour un moment, non-seulement faisable, mais exécutée. Que dira la cour de Rome, dont les jésuites sont en France les plus utiles instruments et les plus dévoués à ses prétentions et à ses ordres? Que dira le roi d'Espagne, si dévot, si publiquement jésuite, et qui est avec M. le duc d'Orléans comme chacun sait? Que diront toutes les puissances catholiques, chez qui toutes les jésuites ont tant de crédit, et de qui presque toutes ils sont les confesseurs? Et les peuples catholiques de toute l'Europe où par la chaire, le confessionnal, les classes, les jésuites ont autant d'amis et de partisans que ces mêmes moyens leur en donnent en France? Que diront tous les ordres réguliers, peut-être jusqu'aux bénédictins, dominicains et chanoines réguliers divers, les seuls peut-être d'entre les réguliers qui soient ennemis des jésuites? Ne doit-on pas juger que tous frémiront d'un coup qui peut les frapper à leur tour, si la fantaisie en prend; qu'ils en craindront le menaçant exemple, et qu'ils se réuniront avec tout ce qui se sentira, ou se croira intéressé à l'empêcher? et s'ils en viennent à bout, quelle folie, quelle ignominie se sera-t-on si gratuitement préparée, mais quel péril encore, et péril à ne plus pouvoir espérer sûreté ni tranquillité, après s'être mis le dedans et le dehors contre soi avec ce qu'on appelle la religion à la tête! Je conclus enfin que cette tentative, si bien concertée qu'elle pût être, seroit la perte de M. le duc d'Orléans, et un tel bouleversement que je ne voyois pas comment ni quand on pourroit le calmer.

Mon discours fut plus étendu que je ne le rapporte, et je ne fus point interrompu. Quand j'eus fini, je vis deux hommes étonnés et fâchés qui ne purent répondre un seul mot à pas une des objections que je venois de faire, et qui en même temps me déclarèrent l'un et l'autre que je ne les avois point persuadés. Tous deux, en s'interrompant l'un l'autre, revinrent au danger des jésuites en France pour le général de l'État et de l'Église, et pour le particulier; moi à leur répéter que ce n'étoit pas la question, mais la cause, les moyens et les suites, qu'ils avoient ces trois choses à me prouver possibles et garanties. J'avois beau les ramener, ils persistoient, le dirai-je? à aboyer à la lune. Leur peu de succès avec moi, et l'heure indue pour un magistrat de regagner Paris, nous sépara sans le moindre progrès fait de part ni d'autre. Je sortis en même temps que le procureur général pour revenir chez moi, noyé dans l'étonnement et la recherche de ce que le procureur général pouvoit avoir fait de son sens, de ses lumières, de sa sagesse, et persuadé qu'ils étoient sur cette matière à délibérer ensemble quand j'arrivai, à la manière subite dont le duc de Noailles m'en ouvrit le propos, et dont il le remit au procureur général lorsqu'il nous vint trouver en tiers. Je demeurai à bout sur le procureur général, qui n'avoit sûrement point de vues obliques, mais que le pouvoir du duc de Noailles sur son esprit avoit gagné, déjà ennemi personnel et parlementaire de la Société, et qui se laissa aller à la folie de son ami, sans que des raisons aussi nettement décisives l'en pussent faire revenir, quoique il ne leur en pût opposer aucune, et c'est ce qui porta mon étonnement jusqu'à en demeurer confondu.

Le lundi 19 août, la nuit fut également agitée, sans que Fagon voulût trouver que le Roi eût de la fièvre. Il eut envie de lui faire venir des eaux de Bourbonne. Le Roi travailla avec Pontchartrain, eut petite musique chez Mme de Maintenon, déclara qu'il n'iroit point à Fontainebleau, et dit qu'il verroit la gendarmerie le mercredi suivant de dessus son balcon. Il l'avoit fait venir de ses quartiers pour en faire la revue : ce ne fut que ce jour-là qu'il vit qu'il ne le pourroit, et qu'il se borna à la regarder dans la grande cour de Versailles par la fenêtre. Le mardi 20 août, la nuit fut comme les précédentes. Il travailla le matin avec le chancelier; il ne voulut voir que peu de gens distingués et les ministres étrangers à son dîner, qui avoient, et ont encore, le mardi fixé pour aller à Versailles. Il tint conseil de finances ensuite, et travailla après avec Desmarets seul. Il ne put aller chez Mme de Maintenon, qu'il envoya chercher. Mme de Dangeau et Mme de Caylus y furent admises quelque temps après pour aider à la conversation. Il soupa en robe de chambre dans son fauteuil. Il ne sortit plus de son appartement, et ne s'habilla plus. La soirée courte comme les précédentes. Fagon enfin lui proposa une assemblée des principaux médecins de Paris et de la cour.

Ce même jour, Mme de Saint-Simon, que j'avois pressée de revenir, arriva des eaux de Forges. Le Roi entrant après souper dans son cabinet l'aperçut. Il fit arrêter sa roulette, lui témoigna beaucoup de bonté sur son voyage et son retour, puis continua à se faire pousser par Bloin dans l'autre cabinet. Ce fut la dernière femme de la cour à qui il ait parlé, parce que je ne compte pas Mmes de Lévy, Dangeau, Caylus et d'O, qui étoient les familières du jeu et des musiques chez Mme de Maintenon, et qui vinrent chez lui quand il ne put plus sortir. Mme de Saint-Simon me dit le soir qu'elle n'auroit pas reconnu le Roi, si elle l'avoit rencontré ailleurs que chez lui. Elle n'étoit partie de Marly pour Forges que le 6 juillet.

Le mercredi 21 août, quatre médecins virent le Roi, et n'eurent garde de rien dire que les louanges de Fagon, qui lui fit prendre de la casse. Il remit au vendredi suivant à voir la gendarmerie de ses fenêtres, tint le conseil d'État après son dîner, travailla ensuite avec le chancelier. Mme de Maintenon vint après, puis les dames familières, et grande musique. Il soupa en robe de chambre dans son fauteuil. Depuis quelques jours on commençoit à s'apercevoir qu'il avoit peine à manger de la viande, et même du pain, dont toute sa vie il avoit très-peu mangé, et depuis très-longtemps rien que la mie, parce qu'il n'avoit plus de dents. Le potage en plus grande quantité, les hachis fort clairs, et les œufs suppléoient, mais il mangeoit fort médiocrement.

Le jeudi 22 août, le Roi fut encore plus mal. Il vit les

quatre autres médecins, qui, comme les quatre premiers, ne firent qu'admirer les savantes connoissances et l'admirable conduite de Fagon, qui lui fit prendre sur le soir du quinquina à l'eau, et lui destina pour la nuit du lait d'ânesse. Ne comptant plus dès la veille de pouvoir se mettre sur un balcon pour voir la gendarmerie dans sa cour, il mit à profit pour le duc du Maine jusqu'à sa dernière foiblesse. Il le chargea d'aller faire la revue de ce corps d'élite en sa place, avec toute son autorité, pour en montrer en lui les prémices aux troupes, les accoutumer de son vivant à le considérer comme lui-même, et lui donner envers eux les grâces d'un compte favorable et flatteur. C'est ce que ce foible échappé des Guises et de Cromwell sut se ménager; mais comme il manquoit absolument de leur courage, la peur le saisit de ce qui pourroit lui arriver en cette extrémité connue du Roi, si M. le duc d'Orléans connoissoit ses forces naturelles, et s'avisoit d'en faire usage. Il chercha donc un bouclier qui le pût mettre à couvert, et il ne lui fut pas difficile par Mme de Maintenon de le trouver.

Mme de Ventadour, excitée par son ancien amant et ami intime le maréchal de Villeroy, qui savoit bien ce qu'il faisoit, donna envie à Monseigneur le Dauphin d'aller à cette revue. Il commençoit à monter un petit bidet, et il alla demander au Roi la permission d'y aller. Le jeu de cette comédie fut visible en ce que l'habit uniforme de capitaine de gendarmerie se trouva tout fait pour Monsieur le Dauphin, qui avoit pris les chausses depuis fort peu. Le Roi trouva cette envie d'un enfant fort de son goût, et lui permit d'y aller.

L'état du Roi, qui n'étoit plus ignoré de personne, avoit déjà changé le désert de l'appartement de M. le duc d'Orléans en foule. Je lui proposai d'aller à la revue; et sous prétexte d'honorer dans M. du Maine l'autorité du Roi même, dont il étoit revêtu pour cette revue, de l'y suivre en courtisan, comme il auroit fait le Roi même, de lui répondre sur ce ton s'il avoit voulu s'en défendre, de s'attacher à lui malgré lui, d'affecter de ne lui parler jamais que chapeau bas, comme il auroit fait au Roi, et de le devancer de cinquante pas en approchant de ses compagnies de gendarmerie, pour l'y saluer à leur tête, et de le joindre après, et le suivre chapeau bas dans leurs rangs, en même temps de donner fréquemment le coup d'œil à sa suite et aux troupes, de n'y laisser pas ignorer le sarcasme par ses manières respectueusement insultantes, et d'y montrer ce roi de carton pâmé d'effroi et d'embarras. Outre le plaisir de lui marcher ainsi sur le ventre au milieu de son triomphe, il y avoit tout à gagner par l'impression de la peur, et par montrer aux troupes, aux spectateurs, et par eux à la cour et à la ville, quelle est la force de la nature sur l'usurpation, et que s'il ne s'opposoit à rien pendant la vie du Roi, qui en étoit aux derniers jours, il n'étoit pas pour laisser jouir ce bâtard des avantages qu'il avoit su se faire donner à son préjudice, et à celui du droit et des lois. M. d'Orléans n'avoit rien à craindre, le Roi avoit fait tout ce qu'il avoit pu par ses dispositions contre lui et pour ses bâtards; personne n'en doutoit, ni n'en pouvoit douter, ni M. le duc d'Orléans non plus. Rien donc à perdre dans cette conduite, dont même l'extérieur, quelque ironique qu'il fût, n'auroit pu fournir aucune plainte; et encore à qui? et qu'eût pu faire ce Jupiter mourant? et au contraire tout à gagner en intimidant le duc du Maine et les siens, et se montrant, lui, tel qu'il devoit être à toute la France. Je voulois aussi qu'il s'y montrât nu et sans suite; que tout ce qui se voudroit[1] ramasser autour de lui, il le renvoyât avec un respect de dérision à M. du Maine; que sur tout ce qui regarderoit la revue, il s'en expliquât comme le dernier particulier à qui on feroit trop d'honneur d'en parler, et qui ne se sentiroit pas en caractère d'y répondre; que pour ses propres compagnies, il fit auprès du duc du Maine le personnage d'un officier captant sa protection

---

1. On lit ici une seconde fois le mot *se*.

auprès du Roi, dans le compte qu'il lui en devoit rendre, en même temps que lui-même lui rendoit compte de ses compagnies, et lui en présenteroit les officiers en les faisant valoir comme il auroit fait au Roi même, mais avec un respect insultant et finement menaçant.

J'avoue que, s'il eût été possible, j'eusse acheté cher de pouvoir être alors M. le duc d'Orléans pour vingt-quatre heures. Tel qu'étoit M. du Maine, je ne sais s'il n'en seroit pas mort de peur. La présence d'un Dauphin de cinq ans ne devoit rien déconcerter. Il n'étoit en âge que de recevoir des respects, tout le reste demeuroit au duc du Maine, et hors de sa présence, même tous les respects, puisqu'il y tenoit la place du Roi. Mais la foiblesse de M. le duc d'Orléans ne fut pas capable d'une si délicieuse comédie. Il alla à la revue, il y examina ses compagnies, il salua à leur tête Monseigneur le Dauphin, il s'approcha peu de M. du Maine, qui pâlit en le voyant, et dont l'embarras et l'angoisse frappa tout le monde, qui le laissa pour accompagner toujours M. le duc d'Orléans, sans qu'il y mît rien du sien. Tout ce qui se trouva à la revue se montra indigné de la voir faire au duc du Maine, M. le duc d'Orléans présent; qu'eût-ce été si ce prince eût eu la force de s'y conduire comme je l'en avois pressé? Il le sentit après, et il en fut honteux; je m'en servis pour lui donner plus de courage. La gendarmerie même fut indignée, et ne s'en cacha pas, quelque soin que le Roi prît de publier et de faire valoir, aux heures où il voyoit encore le monde, aux officiers de la gendarmerie les éloges et les merveilles du compte que le duc du Maine lui avoit rendu de ce corps.

Le public trouva cette commission fort étrange, et le duc du Maine ne gagna rien à se l'être fait donner, quelques flatteries qu'il eût employées envers ce corps pendant et après cette revue. Il voulut, dans son extrême embarras, et qui fut visible à tout ce qui s'y trouva, en faire les honneurs à M. le duc d'Orléans, qui se contenta de lui répondre qu'il n'étoit venu que comme capitaine de gendarmerie, qui n'accepta rien, et qui s'en retourna après avoir vu ses compagnies, et avoir salué Monseigneur le Dauphin à leur tête. La gendarmerie fut aussitôt après renvoyée dans ses quartiers. Ce fut là où M. le duc d'Orléans et le duc du Maine sentirent les prémices de ce qui les attendoit. Tout y courut au premier, et laissa l'autre, qui en demeura confondu ; les troupes mêmes furent frappées du contraste. Le public s'en expliqua durement et librement, trouva que cette fonction étoit due à M. le duc d'Orléans, si par un prince [1], ou par un maréchal de France ou un officier général distingué, pour en rendre simplement compte au Roi.

Je me donnai en miniature [2] de particulier le plaisir que M. le duc d'Orléans n'avoit osé prendre en prochain régent du royaume. J'allai voir Pontchartrain, chez qui je n'allois presque jamais, et j'y tombai comme une bombe, chose toujours plus triste et plus fâcheuse pour la bombe que pour ceux qui la reçoivent, mais qui pour cette fois ne le fut que pour la compagnie, et me fit un double plaisir. Les ministres étoient fort en peine de leur sort. La terreur du Roi les retenoit encore, aucun d'eux n'avoit osé se tourner vers M. le duc d'Orléans ; la vigilance du duc du Maine et la frayeur de Mme de Maintenon les tenoit de court, parce qu'il restoit encore assez de vie au Roi pour les chasser, et qu'ils n'auroient pu en ce cas se flatter d'être regardés par M. le duc d'Orléans comme ses martyrs, mais seulement comme martyrs de leur tardive politique. Je voulus donc jouir de l'embarras de Ponchartrain, et me donner le plaisir de me jouer à mon tour de ce détestable cyclope.

Je le trouvai enfermé avec Besons et d'Effiat, mais ses gens, après un instant d'incertitude, n'osèrent me refuser sa porte. J'entrai donc dans son cabinet, où le premier coup d'œil m'offrit trois hommes assis si proches les uns des autres, et leurs têtes ensemble, qui se réveillèrent

---

1. Si elle était faite par un prince.
2. *Mignature*, au manuscrit.

comme en sursaut à mon arrivée, avec un air de dépit que j'aperçus d'abord, et qui se changea aussitôt en compliments qui tenoient du désordre que mon importune présence leur causoit. Plus je les vis empêtrés et interrompus dans le petit conseil qu'ils tenoient, plus je m'en divertis, et moins j'eus envie de me retirer, comme j'aurois fait en tout autre temps. Ils l'espéroient, mais comme ils virent que je me mis à parler de choses indifférentes, en homme qui ne songeoit pas qu'il les incommodoit, Effiat fit sèchement la révérence, Besons aussitôt après, et s'en allèrent.

Pontchartrain, qui jusqu'alors n'avoit ni recueilli ni fait aucun cas de Besons, avoit réclamé leur parenté quand il sentit son besoin auprès de M. le duc d'Orléans. Il en fit son patron, et Besons, que son attachement à M. le duc d'Orléans avoit fourré parmi ses officiers, et qui s'étoit fait ami d'Effiat, l'avoit mis dans les intérêts de Pontchartrain. Dès qu'ils furent sortis, j'eus la malice de lui dire que je croyois les avoir interrompus, et que j'aurois mieux fait de les laisser. Pontchartrain, à travers les compliments, me l'avoua assez pour me donner lieu à lui dire qu'il étoit là avec deux hommes bien en état de le servir. L'agonie où il sentoit sa fortune l'aveugla au point de ne pas voir que je ne cherchois qu'à le faire parler pour me moquer de lui, et d'oublier assez ses forfaits, et tout ce qui s'étoit passé entre lui et moi, pour se flatter de ma visite, et me parler avec une sorte de confiance ornée de respects à lui jusqu'alors inconnus. Je n'eus pas même la peine de me l'attirer par des compliments vagues et des propos de cour ; il s'enfila de lui-même, me conta ses peines, ses inquiétudes, son embarras, son apologie, enfin, à l'égard de M. le duc d'Orléans, m'avoua qu'il avoit eu recours à Besons, et par lui à d'Effiat, vanta l'amitié et les bontés, car ce roi des autres se ravala jusqu'à ce mot, qu'il recevoit d'eux, et revint toujours à ses inquiétudes, lardant par-ci par-là des demi-mots qui marquoient combien il desiroit ma protection, et combien il étoit embarrassé de n'oser tout à fait me la demander.

Après m'être longtemps réjoui à l'entendre ramper de la sorte, je lui dis que je m'étonnois qu'un homme d'esprit comme lui, qui avoit tant d'usage de la cour et du monde, pût s'inquiéter de ce qu'il deviendroit après le Roi, qui en effet (le regardant bien fixement) n'en avoit pas, à ce qu'il paroissoit, pour longtemps; qu'avec sa capacité et son expérience dans la marine, dans laquelle il pouvoit compter qu'il n'étoit personne qui approchât de lui, M. le duc d'Orléans seroit trop heureux de le continuer dans une charge si nécessaire et si principale, et dans laquelle un homme comme lui ne pouvoit être succédé par personne qui en eût la moindre notion. Il me parut que je lui rendois la vie, mais comme il étoit fort prolixe, il ne laissoit pas de revenir à ses craintes, que je me plus diverses fois à appuyer à demi, à voir pâlir mon homme, puis à le rassurer par ces mêmes discours qu'il étoit un homme nécessaire dans sa place, duquel il n'étoit pas possible de se passer, et qui par là, sûr de son fait, pouvoit vivre en paix et n'avoir besoin de personne. Cette savoureuse comédie que je me donnai dura bien trois bons quarts d'heure. J'y eus grand soin de n'y pas dire un seul mot qui sentît l'offre de service, l'avis, ni l'amitié passée; je n'eus que la peine de lâcher de fois à autre quelques mots pour entretenir son flux de bouche, et j'y appris que Besons et d'Effiat s'étoient rendus ses protecteurs. J'étois journellement assuré par M. le duc d'Orléans qu'il ne le laisseroit pas en place, en déclarant le choix des membres du conseil de marine, et je m'applaudissois ainsi de ma secrète dérision en face, et de me voir si sûr, et si près de lui tenir la parole dont j'ai parlé en son temps.

Desmarets, qui ne se sentoit pas mieux assuré que Pontchartrain, se souvint alors que j'étois au monde. Louville, gendre du frère de Mme Desmarets, me vint parler pour lui. Il étoit, comme on l'a vu, de tout temps mon ami intime ; il n'ignoroit pas la conduite que j'avois eue avec Desmarets, ni ses procédés avec moi. Il m'étala ses respects, ses regrets, ses desirs, et les appuya de son esprit et de son éloquence. Je ne m'ouvris point avec lui de l'expulsion de Desmarets résolue, mais je lui dis qu'il étoit désormais trop tard de se repentir à mon égard, et nettement que Desmarets étoit un homme dont je m'étois bien su passer jusqu'alors, et dont je ne voulois ouïr parler de ma vie. Cette éconduite fut suivie d'une lettre de la duchesse de Beauvillier, pressante au dernier point, qui parloit aussi au nom de la duchesse de Chevreuse, et qui, pour dernier motif, vouloit me toucher en faveur de Desmarets par sa capacité pour les finances, et par les besoins de l'État à l'égard d'une partie si principale. Je répondis tout ce que je pus de plus respectueux, de plus dévoué, de plus soumis, pour faire passer le refus inébranlable sur Desmarets, sans m'expliquer d'ailleurs sur ce qu'il avoit à craindre ni à espérer, tellement que la fermeté de ces deux refus me délivrèrent[1] de sollicitations nouvelles, et purent augmenter les frayeurs de brutal et insolent ministre, et les regrets à mon égard de sa folle ingratitude.

Ce même jour, jeudi 22 août, que le duc du Maine fit au lieu du Roi la revue de la gendarmerie, le Roi ordonna à son coucher au duc de la Rochefoucauld de lui faire voir le lendemain matin des habits, pour choisir celui qui lui conviendra en quittant le deuil d'un fils de Mme la duchesse de Lorraine, qu'on appeloit le prince François, qui avoit vingt-six ans, et les abbayes de Stavelo et de Malmédy. On voit ici combien il y avoit qu'il ne marchoit plus, qu'il ne s'habilloit plus même les derniers jours qu'il se fit porter chez Mme de Maintenon, qu'il ne sortoit de son lit que pour souper en robe de chambre, que les médecins couchoient dans sa chambre et dans les pièces voisines, enfin qu'il ne pouvoit plus rien avaler de solide, et il comptoit encore, comme on le voit ici, de

---

1. Il y a bien ici *délivrèrent*, et à la ligne suivante, *purent*, au pluriel.

guérir, puisqu'il comptoit de s'habille encore, et qu'il voulut se choisir un habit pour quand il le pourroit mettre. Aussi voit-on la même suite de conseils, de travail, d'amusements ; c'est que les hommes ne veulent point mourir, et se le dissimulent tant et si loin qu'il leur est possible.

Le vendredi 23 août se passa comme les précédents. Le Roi travailla le matin avec le P. Tellier, puis n'espérant plus pouvoir voir la gendarmerie, il la renvoya dans ses quartiers. La singularité de ce jour-là fut que le Roi ne dîna pas dans son lit, mais debout, en robe de chambre. Il s'amusa après avec Mᵐᵉ de Maintenon, puis avec les dames familières. Pendant tous ces temps-là il faut se souvenir que les courtisans un peu distingués entrèrent à ses repas, ceux qui avoient les grandes ou les premières entrées à sa messe, et à la fin de son lever, et au commencement de son coucher, M. le duc d'Orléans comme les autres, et que le reste des journées que les conseils ou les ministres laissoient vides, étoient remplies, comme quand il étoit debout, par ses bâtards, bien plus M. du Maine que le comte de Toulouse, et souvent M. du Maine y demeuroit avec Mᵐᵉ de Maintenon seule, et quelquefois avec les dames familières, entrant et sortant toujours, comme à son ordinaire, par le petit degré du derrière des cabinets, en sorte qu'on ne le voyoit jamais entrer ni sortir, ni le comte de Toulouse ; Mᵐᵉ de Maintenon et les dames familières toujours par les antichambres : les valets intérieurs étoient comme à l'ordinaire avec le Roi, quand il n'y avoit que ses bâtards ou personne ; mais peu lorsque M. du Maine étoit seul avec lui.

Il a fallu conduire la maladie du Roi, jusqu'à la veille de son extrémité, avec ce qui s'est passé alors, sans en faire perdre de vue la suite par un trop long récit qui y fût étranger, pour y conserver l'ordre des choses. La même raison veut surtout que tout ce qui appartient à son extrémité jusqu'à sa fin soit encore moins interrompu :

c'est ce qui m'engage à placer ici tout de suite ce qui
n'auroit pu l'être en sa place précise sans déranger cette
suite et la netteté que je m'y suis proposée. Pour en conserver l'ordre sans l'altérer, il faut maintenant retourner
un peu sur ses pas, et aller tout de suite un peu au delà
du jour où nous en sommes, pour reprendre après cette
espèce de journal où nous le laissons présentement, pour
ne le plus interrompre jusqu'à la mort du Roi.

CHAPITRE XVII.

Misère des ducs. — Duc et duchesse du Maine excitent avec plein
succès les gens de qualité et soi-disant tels contre les ducs. —
Abomination du duc de Noailles; il me propose de le faire faire
premier ministre. — Proposition du duc de Noailles d'une nouveauté qu'il soutient contre toutes mes raisons. — Le duc de Noailles
m'impute la proposition que j'avois si puissamment combattue, et
soulève tout contre moi. — Étrange embarras de Noailles avec la
duchesse de Saint-Simon. — J'apprends la scélératesse de Noailles.
— Monstrueuse ingratitude de Noailles; son affreux et profond projet.
— Courte réflexion. — J'éclate sans mesure contre Noailles, qui plie
les épaules et suit sa pointe parmi la noblesse, et cabale des ducs
contre moi. — Je me raccommode avec le duc de Luxembourg; son
caractère. — Suites de l'éclat. — Bassesse et désespoir de Noailles;
sa conduite à mon égard, et la mienne au sien. — Noailles n'oublie
rien, mais inutilement, pour me fléchir. — Noailles, depuis la mort
de M. le duc d'Orléans, aussi infatigable, et inutilement, à m'adoucir; leur désir extrême[1] du raccommodement fait enfin le mariage de
mon fils aîné. — Raccommodement entre Noailles et moi, et ses
légères suites.

La noire politique du duc et de la duchesse du Maine
ne s'étoit pas bornée à se rassurer contre les ducs par les
suites de la cruelle affaire du bonnet, qu'ils avoient exprès
suscitée, conduite, et terminée de la manière qui a été
expliquée. Elle avoit donné lieu à plusieurs ducs de se
contenir ensemble, et à veiller à ce qu'aucun ne vît le
premier président. M. d'Aumont et fort peu d'autres se

---

1. Le désir extrême des Noailles.

démanchèrent. Le procédé de celui-là fâcha sans étonner : toute sa conduite n'avoit été équivoque que pour qui n'avoit pas voulu avoir des yeux, et ressembloit trop à celle de toute sa vie pour avoir pu s'y méprendre. La vérité est que les ducs ne paroissoient pas propres à se soutenir sur rien depuis longtemps.

L'esprit d'intérêt particulier, de mode, de servitude, une ignorance profonde et honteuse, incapacité de tout concert entre eux, le sot bel air de faire les honneurs de ce qui n'appartient à nul particulier d'entre eux, et de s'y croire montrer supérieur en en faisant sottement litière à tout ce qui en profite en se moquant d'eux, l'habitude de leur continuelle décadence, étoient à tout des obstacles pour eux, et des raisons à chacun pour leur tirer des plumes. On a vu, et on l'exposera encore mieux, quel fut toujours le Roi à cet égard, en général, pour tout ce qui ne fut ni bâtard ni ministre : ainsi large facilité contre les ducs, jusque par eux-mêmes. Le nombre, sans cesse augmenté et peu choisi, et la mal-apprise jeunesse de plusieurs ducs par démission de leurs pères, augmentoit l'inconsidération et la jalousie ; et ces ducs, qui ne se soutenoient ni ne songeoient pas seulement à être soutenus, ne savoient que s'avilir tous les jours. Quoique les personnes sans titre, et souvent de la première qualité, fissent sans cesse des alliances fort basses, celles de cette sorte que faisoient les ducs sembloient les mêler davantage, et marquer plus par la distinction de leur rang, qui irritoit dans les duchesses de cette sorte les dames de qualité : celles surtout qui l'étoient aussi par elles-mêmes s'en rendoient plus libres à hasarder avec ces duchesses à ne leur rendre pas ce qui leur étoit dû, et réciproquement celles-ci, embarrassées et plus souples, à glisser et à supporter.

M. et Mme du Maine, qui n'ignoroient pas cette situation, ni que l'ignorance et la sottise ne fût aussi profonde et aussi vastement répandue parmi les gens sans titre que parmi les ducs, s'appliquèrent à en profiter, et à saisir l'occasion de l'éclat de la fin de l'affaire du bonnet pour encourager les gens non titrés contre les ducs, et brouiller ceux-ci avec le même éclat qui avoit si bien réussi à l'égard du Parlement. Le duc du Maine suppléoit aux vertus par les talents les plus noirs et les plus ténébreux; il en avoit fait de continuelles épreuves. On a vu jusqu'à quel point il s'y étoit surpassé pendant la campagne de Lille. Eh! plût à Dieu qu'il s'y fût borné! Après ces coups de maître, son art pouvoit-il trouver quelque chose de difficile? Il le mit en œuvre par le même soin et les mêmes émissaires qui l'y avoient si bien servi, et qui de nouveau se surpassèrent, ainsi que lui-même et la duchesse du Maine.

D'abord on se contenta de sonder, de jeter des propos, de cultiver, après de rassembler, mais dans les ténèbres. Il falloit d'abord infatuer un nombre de sots glorieux et ignorants, pour s'en servir à en recruter d'autres, attirer des personnes de cette espèce de naissance distinguée, piquer ceux du commun de la vanité de penser comme celles-là, et de l'honneur de s'unir à elles par un intérêt dont la communauté les égaloit à eux, faire en même temps que les gens de qualité souffrissent, puis se prêtassent à ce difforme assemblage, par leur faire sentir la nécessité du nombre pour réussir par le fracas, en les flattant après le succès d'une séparation d'alliage qui ne se pourroit, disoit-on, refuser après le besoin passé, et par ces ruses, faire un groupe où toutes sortes de gens pussent entrer, se donner le beau nom collectif de noblesse, et par un très-grand nombre si bien dupé et masqué, causer un si grand bruit, que les ducs ne pussent penser qu'à la défense, bien loin de pouvoir attaquer les bâtards réunis par la première et la seconde adresse à la robe et à la soi-disant noblesse contre eux, et en état avec cette double multitude de faire la loi au Régent; qui fut[1] la double vue du duc et de la duchesse du Maine. Ce

---

1. Ce qui fut.

crayon suffira pour le présent; il y aura lieu bientôt de le changer en tableau, quand l'usage de cette folle cohue sera devenu plus dangereux[1] pour le gouvernement. C'en est assez ici pour expliquer ce qu'en sut faire le duc de Noailles, non moins bon ouvrier, et en même genre et goût, que le duc du Maine. On ne peut mieux exalter son infernal talent, ni faire en même temps une comparaison plus exactement juste.

J'ai dit plus haut que le duc de Noailles m'avoit fait une proposition absurde, que j'avois fort rejetée, et qu'il n'étoit pas temps d'expliquer : c'est maintenant ce qu'il s'agit de faire. C'étoit qu'à la mort du Roi tout ce qui se trouveroit de ducs à la cour allassent ensemble saluer le nouveau Roi à la suite de M. le duc d'Orléans et des princes du sang. Je ne sais si dès lors il étoit informé du mouvement qui se préparoit parmi la noblesse; je ne l'étois point encore, et le secret en étoit alors entier. Il revint souvent à la charge là-dessus sans avoir pu m'ébranler ni répondre aux raisons que je lui alléguai, et qui seront mieux plus bas en leur place. Il en parla à d'autres ducs pour essayer de m'ébranler, et se servit pour cela des diverses petites assemblées qui, à mesure que le Roi baissoit, se faisoient chez divers ducs sur la conduite à tenir au Parlement sur le bonnet, et qui se référoient des unes aux autres par quelqu'un de ces diverses petites assemblées. Il s'en tenoit aussi chez moi, indépendamment desquelles mon appartement étoit toujours assez rempli d'amis particuliers, curieux de tout ce qui se passoit d'un moment à l'autre en des temps si vifs et si intéressants, et bientôt je fus averti que les entours de mon appartement étoient assiégés[2] nuit et jour de valets de chambre et de laquais de toutes sortes de personnes de la cour, pour voir qui y entroit et sortoit, et pénétrer ce qui s'y passoit, autant que ces dehors le pouvoient permettre.

1. Saint-Simon a écrit : *sera devenue plus dangereuse.*
2. *Étoit assiégé*, au manuscrit.

Un soir d'assez bonne heure que je montai chez le duc de Noailles, que je trouvai seul, il se mit à raisonner avec moi pour tâcher de me déprendre du projet de la convocation des états généraux, et à travers mille louanges d'un si beau dessein, dont il sentoit pour lui les entraves, et combien il l'éloigneroit du but qu'il s'étoit proposé dans sa passion pour l'administration des finances, il tâcha d'en présenter les embarras et les difficultés. Il s'échappa après à essayer de me faire sentir le danger de la multitude avec un prince tel qu'étoit M. le duc d'Orléans, puis l'avantage de la solitude avec lui. Il bavarda longtemps sans dire grand'chose ; peu à peu s'échauffant comme exprès dans son harnois, mais possédant toute son âme, ses paroles et jusqu'à ses regards : « Vous n'avez pas voulu, me dit-il, des finances (M. le duc d'Orléans le lui avoit dit), vous ne voulez vous charger directement de rien ; vous avez raison. Vous vous réservez pour être de tout, et vous attacher uniquement à M. le duc d'Orléans : au point où vous êtes avec lui, vous ne sauriez mieux faire. En nous entendant bien vous et moi, nous en ferons tout ce que nous voudrons ; mais pour cela, ajouta-t-il, ce n'est pas assez des finances, il me faut les autres parties : il ne faut point que nous ayons à compter avec personne. »

J'écoutois avec un profond étonnement une ouverture si personnelle, si démasquée, si peu mesurée sur M. le duc d'Orléans et sur le bien de l'État, et je pointois mes oreilles et mon entendement à pénétrer où il vouloit se conduire par de si étranges propos, lorsqu'il me mit hors du soin de la recherche. « Des états généraux, poursuivit-il, c'est un embrouillement dont vous ne sortiriez point ; j'aime le travail, je vous le dirai franchement ; c'est une pensée qui m'est venue, je la crois la meilleure ; encore une fois, agissons de concert, entendons-nous bien, faites-moi faire premier ministre, et nous serons les maîtres. — Premier ministre ! » interrompis-je avec l'indignation que son discours m'avoit donnée, que j'avois contenue, et que cette fin combla : « Premier ministre ! Monsieur, je veux bien que vous sachiez que s'il y avoit un premier ministre à faire, et que j'en eusse envie, ce seroit moi qui le serois, et que je pense aussi que vous ne vous persuadez pas que vous l'emportassiez sur moi ; mais je vous déclare que tant que M. le duc d'Orléans m'honorera de quelque part en sa confiance, ni moi, ni vous, ni homme qui vive ne sera jamais premier ministre, dont je regarde la place et le pouvoir comme le fléau, la peste, la ruine d'un État, l'opprobre et le geôlier d'un roi ou d'un régent qui se donne ou se souffre ce maître, duquel, pour tout partage, il n'est plus que l'instrument et le bouclier. » J'ajoutai encore quelques mots à cette trop véritable et naïve peinture, les yeux toujours collés sur mon homme, sur le visage et toute la contenance duquel l'excès de l'embarras, du dépit, du déconcertement étoit peint, et néanmoins assez maître de lui-même pour soutenir une apparente tranquillité, jusqu'à me répondre qu'il n'insistoit point, d'un air le plus détaché, le plus indifférent, qu'il avouoit que cette pensée lui étoit venue et lui avoit paru bonne.

On peut juger qu'après cela la conversation languit, et ne dura qu'autant que nous pûmes nous séparer honnêtement et nous délivrer d'un tête-à-tête devenu si pesant à tous les deux. On doit penser aussi que mes réflexions furent profondes. Elles étoient pourtant bien éloignées encore de ce que l'on va voir et qu'il n'est pas temps d'interrompre. M. de Noailles me vit dès le lendemain, et toujours comme s'il n'eût pas été question entre nous du premier ministère. Nous vécûmes quelques jours de la sorte, qui gagnèrent les derniers jours du Roi, car il en vécut encore trois depuis ce que je vais raconter.

J'ai déjà dit que l'état désespéré et pressant du Roi avoit engagé les ducs à voir entre eux, par petites assemblées particulières sans bruit, quelle seroit leur conduite sur l'affaire du bonnet, qui s'alloit nécessairement présenter lorsqu'ils iroient au Parlement pour la régence, et qu'on se référoit des uns aux autres ce qui se passoit en ces petites assemblées. Sur les six heures ou sept heures du soir, le duc de Noailles vint dans ma chambre, où Mailly, archevêque de Reims, les ducs de Sully, la Force, Charost, je ne sais plus qui encore, et le duc d'Humières, quoique il ne fût pas pair, traitions cette matière depuis peu de moments qu'ils étoient arrivés. On continua avec le duc de Noailles, qui ne dit pas grand'chose, et qui presque incontinent interrompit l'affaire du bonnet, et proposa la salutation du Roi futur comme il me l'avoit expliquée. J'en fus d'autant plus surpris qu'après m'en avoir importuné sans cesse, il y avoit plus de quinze jours qu'il ne m'en parloit plus, et que je le croyois rendu à mes raisons, puisqu'il avoit cessé d'insister et de m'en parler. Je lui en témoignai mon étonnement et combien j'étois éloigné de goûter une nouveauté de cette nature.

Il faut remarquer que les mouvements de la noblesse dont j'ai parlé éclatoient fortement alors depuis quelques jours, et faisoient la nouvelle et un sujet principal de toutes les conversations. M. de Noailles insista, m'interrompit, prit le ton d'orateur, l'air d'autorité, se dit appuyé de l'avis des ducs qui s'étoient vus chez le maréchal d'Harcourt, et, à force de poumons beaucoup plus fort que les miens, mena la parole, et toujours étouffant la mienne. De colère et d'impatience je montai sur le gradin de mes fenêtres et m'assis sur l'armoire, disant que c'étoit pour être mieux entendu, et que je voulois aussi parler à mon tour. Je m'exprimai avec tant de feu, que ces Messieurs firent taire Noailles qui toujours vouloit continuer, qui m'interrompit d'abord une fois ou deux, et à qui j'imposai à la fin, en lui déclarant que je voulois être entendu, et que nous n'étions pas là pour être devant lui à plaît-il maître. Ces Messieurs voulurent m'écouter, et l'obligèrent à me laisser parler.

Je leur dis que ce que le duc de Noailles proposoit étoit

une nouveauté dont on ne trouvoit pas la moindre trace, ni dans rien qui fût écrit de l'avénement de pas un roi à la couronne, ni dans la mémoire d'aucun homme dont pas un n'avoit jamais parlé de rien de semblable à l'avénement de Louis XIV à la couronne ; que cette première salutation se faisoit toujours sans ordre, à mesure que chacun arrivoit, plus tôt ou plus tard, à la différence de l'hommage, qui quelquefois s'étoit rendu au premier lit de justice ; mais qu'en cette première salutation on ne voyoit pas que les princes du sang même eussent jamais affecté de l'aller faire ensemble ; que d'entreprendre de le faire ne pouvoit rien acquérir aux ducs ; qu'au mieux, il demeureroit qu'ils auroient salué le Roi de la sorte, ce qui ne s'étant jamais fait en cérémonie et ne s'y faisant là même par nuls autres, ne tiendroit lieu de rien aux ducs ; qu'ils paroîtroient seulement les plus diligents, dont ils ne tireroient nul avantage sur les princes étrangers, puisqu'il n'y avoit jamais eu en cette occasion de cérémonie, ni sur les gens de qualité, tant par cette raison que par celle qu'ils n'avoient jamais été en nulle compétence [1] avec eux en rien, ni prétendu quoi que ce soit sur eux ; que n'y ayant point de cérémonie en cette première salutation, à la différence de l'hommage quelquefois rendu au premier lit de justice, il n'y en auroit aussi rien d'écrit, par conséquent rien qui pût faire passer cette salutation en usage, encore moins en avantage, et qui ne pourroit en mériter le nom, par conséquent que rien ne pouvoit appuyer cette proposition ; qu'en même temps qu'on n'y trouvoit que du vide à acquérir, elle pouvoit devenir fort nuisible dans l'effervescence qui éclatoit parmi les gens de qualité, et non même de qualité, à l'égard des ducs, semée et fomentée par le duc et la duchesse du Maine, qui se sauroient bien servir d'une nouveauté qu'ils feroient passer pour une entreprise ; que la noblesse prendroit aisément à ce hameçon [2], s'offenseroit de ce que les

---

1. En nulle compétition.
2. Voyez tome IV, p. 348 et note 1, et tome VIII, p. 181.

ducs étant allés ensemble, sans que cela se fût jamais pratiqué, auroient voulu non-seulement faire bande à part, mais corps à part de la noblesse ; que ceux à qui je parlois n'ignoroient pas que l'odieux de cette idée de corps à part commençoit à y être semé, à être imputé[1] aux ducs avec une fausseté même sans apparence, mais avec une malignité et un art qui y suppléoit ; que le meilleur moyen de la confirmer étoit d'y donner cette occasion, qui, toute éloignée qu'elle en étoit, seroit montrée, donnée et reçue de ce côté-là ; que le Parlement ne demanderoit pas mieux que de fasciner la noblesse avec ces prestiges ; que l'intérêt du Parlement, le même en cela que celui de M. et de Mme du Maine, étoit de la séparer et de la brouiller avec les ducs ; que c'étoit à ceux-ci à sentir combien il étoit du leur d'être unis à la noblesse, leur corps et leur ordre commun ; qu'occupés de plus forcément de l'affaire du bonnet, ils n'avoient pas besoin d'ennemis nouveaux et en si prodigieux nombre ; qu'enfin à comparer le néant de l'avantage de cette salutation avec les inconvénients infinis et durables qu'il entraîneroit et qu'il étoit évident par les dispositions présentes qu'il ne pouvoit manquer d'entraîner, je ne comprenois pas qu'on pût balancer un instant.

Je donnai encore plus de force et d'étendue à ce que je rapporte ici en raccourci. Noailles répliqua, cria, se débattit, soutint qu'il n'y avoit rien que de sûr dans ce qu'il proposoit, rien que de foible dans ce qui étoit objecté, et sans avoir pu articuler une seule raison, même apparente, ce fut une impétuosité de paroles soutenue d'une force de voix qui entraîna les autres comme d'effroi sans les persuader. Je repris la parole à diverses reprises ; et voyant enfin que cela dégénéroit en dispute personnelle, où l'étourdissement des autres les empêchoit de montrer grande part, je les attestai de ma résistance et du refus net, ferme, précis de mon consentement ; j'ajoutai que je

---

1. Il y a au manuscrit *semée* et *imputée*, au féminin.

ne me séparerois point de mes confrères, mais que j'espérois que ceux à qui on en parleroit seroient plus heureux que moi à leur faire faire d'utiles et de salutaires réflexions, et je finis tout à fait hors de voix par protester de tous les inconvénients infinis et très-suivis que j'y voyois et que je déplorois par avance.

J'avois représenté au duc de Noailles dès les premières fois qu'il m'avoit fait cette proposition tête à tête, outre les raisons qu'on vient de voir, qu'il falloit toujours considérer un but principal que rien ne devoit faire perdre de vue, et n'y pas mettre des obstacles si aisés à éviter ; que ce but étoit de tirer la noblesse en général de l'abaissement et du néant où la robe et la plume l'avoient réduite, et pour cela la mettre dans toutes les places du gouvernement qu'elle pouvoit occuper par son état, au lieu des gens de robe et de plume qui les tenoient, et peu à peu l'en rendre capable, et lui donner de l'émulation ; d'étendre ses emplois, et de la relever de la sorte dans son être naturel ; que pour cela il falloit être unis, s'entendre, s'aider, fraterniser, et ne pas jeter de l'huile sur un feu que M. et Mme du Maine excitoient sans cesse, car dès lors il paroissoit, parce qu'ils comprenoient que leur salut consistoit à brouiller tous les ordres entre eux, surtout celui de la noblesse avec elle-même ; comme le salut de la noblesse consistoit en son union entre elle, à laquelle on ne devoit cesser de travailler ; que rien n'étoit si ignorant, si glorieux, si propre à tomber dans toutes sortes de panneaux et de piéges que cette noblesse ; que par noblesse j'entendois ducs et non-ducs ; que les ducs ne devoient songer qu'à découvrir à ceux qui n'étoient pas ducs ces panneaux et ces piéges, que pour le faire utilement, il en falloit être aimés, et que puisqu'en effet il s'agissoit d'un intérêt commun, dans un moment de crise dont on pouvoit profiter pour la remettre en lustre, et qui, manqué une fois, ne reviendroit plus, il ne falloit pas tenter leur ignorance, leur vanité, leur sottise par une nouveauté qui, à la vérité, ne leur nuisoit en rien, puisqu'en aucune occasion la noblesse non titrée ne pouvoit être et n'avoit jamais été en égalité avec la noblesse titrée, moins encore la précéder, mais qui étant nouveauté, et dans les circonstances présentes de l'égarement de bouche que M. et Mme du Maine souffloient avec tant d'art et si peu de ménagement, il étoit de la prudence d'éviter toutes sortes de prétextes et d'occasions dont la noblesse non titrée se pouvoit blesser, quelque mal à propos que ce fût, et ne songer qu'à relever les ducs et elle tout ensemble, travailler à un rétablissement commun qui, peu à peu, rendant à chacun sa considération, remettroit chacun en sa place, ouvriroit les yeux à tous, et feroit sentir à la noblesse non titrée la malignité des piéges et des panneaux qu'on lui auroit tendus, l'ignorance de son propre intérêt, combien il en étoit d'être unie aux ducs; que tous ne pouvant être ducs, mais le pouvant devenir, chercher à abattre les distinctions des ducs étoit vouloir abattre sa propre ambition, puisque cette dignité en étoit nécessairement le dernier période, et qu'en cette différence de ceux qui avoient ou qui n'avoient pas de dignité, la France étoit semblable à tous les royaumes, républiques et États de l'univers, où il y avoit toujours eu des dignités et des charges; des gens qui n'en avoient pas, quoique quelquefois d'aussi bonne et de meilleure maison que ceux qui avoient des charges ou des dignités, avec toutefois grande différence de rang et de distinction entre ceux qui en ont et ceux qui n'en ont pas, et qui mettoit les uns au-dessus des autres sans que personne s'en fût jamais blessé, et sans quoi le Roi et ses sujets seroient sans récompense à donner ni à recevoir, et toute émulation éteinte, sinon médiocre et personnelle uniquement.

Tant de raisons, et dont[1] à chaque fois que le duc de Noailles me parla ne trouvèrent en lui aucune réplique, mais un enthousiasme de sécurité et d'entêtement, au-

---

1. Il y a bien *dont*, et non *qui*, au manuscrit.

roient persuadé l'homme le moins éclairé et le moins raisonnable, et je me flattois enfin d'y avoir réussi, parce qu'il y avoit plus de quinze jours qu'il avoit tout à fait cessé de me parler de cette folie, lorsqu'au moment que j'avois lieu de m'y attendre le moins, il vint chez moi, en apparence sur le bonnet, en effet pour cette scène qu'il avoit préparée; c'est que rien ne persuade qui met son plus cher intérêt à ne l'être ou à ne le paroître pas. On va voir qu'il ne pensa jamais sérieusement à cette nouveauté, qu'il n'en avoit parlé à aucun autre duc que cette fois dans ma chambre, que la pièce n'étoit jouée que pour moi, et l'usage pour lequel il l'avoit imaginée. Le duc de Noailles étant sorti, j'en dis encore mon avis à ceux qui étoient dans ma chambre qui ne purent nier que je n'eusse toute la raison possible, et qui de guerre lasse, parce que la conférence avoit été longue et infiniment vive, s'en allèrent. Plein de la chose, je passai dans la chambre de Mme de Saint-Simon à qui je contai ce qui venoit de se passer, et avec qui je déplorai une démence si parfaitement inutile à réussir, et dont les suites deviendroient aussi pernicieuses.

Les ducs qui s'étoient trouvés dans ma chambre, et qui ne faisoient que d'en sortir, n'eurent pas le temps de parler à aucun autre duc de ce qui avoit fait chez moi cette manière de scène. Dès ce moment cette belle idée de salutation du Roi se répandit en prétention, vola de bouche en bouche. Coetquen, beau-frère de Noailles, et fort lié avec lui, quoique fort peu avec sa sœur, courut le château, ameutant les gens de qualité, qui, comme je l'avois prévu et prédit, prirent subitement le tour et le ton que j'avois annoncé[1], tellement que le soir même ce fut un grand bruit qui se fomenta toute la nuit en allées et venues, et dont Paris fut incontinent informé.

Outre l'affluence que l'extrémité du Roi, la curiosité, les divers intérêts, l'attente de ce qui alloit suivre ce grand

1. Ce participe est bien au singulier.

événement, attiroit à Versailles, ce bruit de la salutation y amena encore une infinité de monde, et les plus petits compagnons s'empressèrent et s'honorèrent d'augmenter le vacarme pour s'agréger aux gens de qualité, qui le souffroient par ne s'en pouvoir défaire, et dans la fougue d'augmenter le tumulte par le nombre. Le tout ensemble s'appela la noblesse, et cette noblesse pénétroit partout par ses cris contre les ducs. Ceux-ci, qui à l'exception de ceux qui s'étoient trouvés dans ma chambre n'avoient pas ouï dire un mot de cette salutation du Roi, n'entendirent que lentement et à peine de quoi il s'agissoit, qui, partie de timidité de cet ouragan subit, partie de pique de n'avoir point été consultés, se mirent aussi à déclamer contre leurs confrères. Mais ces confrères qu'on ne nommoit point, et contre qui l'animosité devenoit si furieuse et si générale, ne demeurèrent pas longtemps en nom collectif. Saint-Herem le premier, plusieurs autres après, vinrent avertir Mme de Saint-Simon que tout tomboit uniquement sur moi, comme sur le seul inventeur et auteur du projet de cette salutation, dont l'autorité naissante avoit entraîné un petit nombre de ducs malgré eux, à l'insu des autres. Ces Messieurs ajoutèrent à Mme de Saint-Simon que je n'étois pas en sûreté dans une émotion si générale et si furieuse, et qu'elle feroit sagement d'y prendre garde. Sa surprise fut d'autant plus grande qu'elle n'ignoroit rien de tout ce qui s'étoit passé là-dessus entre Noailles et moi. Mais elle monta au comble lorsqu'elle apprit du même Saint-Herem, et de plus de dix autres encore, et pour l'avoir ouï de leurs oreilles, que c'étoit Noailles qui souffloit ce feu, qui me donnoit pour l'auteur et le promoteur unique de[1] cette salutation, et soi-même pour celui qui s'y étoit opposé de toutes ses forces. Ce dernier avis fut donné et confirmé à la duchesse de Saint-Simon vers le soir de la surveille de la mort du Roi, laquelle se fit bien expliquer et répéter qu'ils l'avoient

---

1. Saint-Simon a écrit *que*, pour *de*.

eux-mêmes entendu de la bouche du duc de Noailles, qui alloit le semant partout lui-même, et par Coetquen et d'autres émissaires.

Le hasard fit que le lendemain matin elle rencontra le duc de Noailles dans la galerie, qui étoit lors remplie à toute heure de toute la cour, où il passoit avec le chevalier depuis duc de Sully. Elle l'arrêta et le tira dans l'embrasure d'une fenêtre. Là, elle lui demanda d'abord ce que c'étoit donc que tout ce bruit contre les ducs. Noailles voulut glisser, dit que ce n'étoit rien, et que cela tomberoit de soi-même. Elle le pressa, et lui ne cherchoit qu'à se dépêtrer; mais, à la fin, après lui avoir déduit en peu de mots l'excès de ces cris et de ces mouvements publics, pour lui faire sentir qu'elle en étoit bien instruite, elle lui témoigna sa surprise d'apprendre qu'ils tomboient tous sur moi. Là-dessus Noailles s'embarrassa, et l'assura qu'il ne l'avoit pas ouï dire; mais Mme de Saint-Simon lui répondant qu'il devoit savoir mieux que personne qui étoit l'auteur et le promoteur de ce projet de salutation du Roi, et qui le contradicteur, par ce qui s'étoit passé encore la surveille là-dessus dans ma chambre, Noailles l'avoua, tout comme la chose a été ici racontée, et qu'il étoit vrai que c'étoit lui qui l'avoit proposé, et que je m'y étois toujours opposé, et lui toujours persévéré. Alors Mme de Saint-Simon lui demanda pourquoi donc il s'en excusoit et me donnoit pour l'auteur et le promoteur de cette invention. Noailles, interdit et accablé, balbutia une foible négative. Il essuya tout de suite de courts, mais de cruels reproches de tout ce qu'il me devoit, et de la noire et perfide calomnie dont il m'en payoit. Ils se séparèrent de la sorte, elle dans le froid d'une indignation si juste, lui dans le désordre d'une foible et timide négative, et le désespoir de la découverte de son crime, des aveux arrachés sur tout ce qu'il me devoit, et de ceux encore que la force de la vérité avoit malgré lui tirés de sa bouche sur les véritables auteurs et contradicteurs de ce projet de salutation.

Une leçon si forte et si peu attendue, et en présence du

frère d'un des ducs, qui s'étoit trouvé dans ma chambre à la scène du duc de Noailles et de moi là-dessus, n'étoit pas pour changer un scélérat consommé dans un crime pourpensé[1] et amené de si loin, dont il commençoit si bien à goûter ce qu'il s'en proposoit, et que ce succès animoit à poursuivre jusqu'au but qu'il s'en étoit promis. Il eut beau protester à Mme de Saint-Simon qu'il diroit partout combien je m'étois opposé à ce projet, il étoit bien éloigné d'une palinodie si subite, et si destructive de ses projets particuliers. Il continua donc, par tout ce qu'il avoit mis en campagne et par lui-même, à répandre les mêmes discours qui avoient si parfaitement réussi à son gré; mais personnellement il prit mieux garde devant qui il parloit, et il fut très-attentif à m'éviter partout et Mme de Saint-Simon aussi, même en lieux publics, autant qu'il lui fut possible.

Je ne fus informé que tard de cette exécrable perfidie, et de tout son effet. Alors seulement les écailles me tombèrent des yeux. Je commençai à comprendre la cause de cette étrange idée de salutation du Roi, et de cette fermeté encore plus surprenante à la soutenir, malgré mes raisons invincibles au contraire. Je revins à ce qui s'étoit nouvellement passé entre Noailles et moi sur la place de premier ministre; je me rappelai son ardeur pour les finances, sa traîtreuse conduite avec Desmarets, depuis que je savois qu'il pensoit à lui succéder, et surtout depuis qu'il en avoit l'assurance. Je me rappelai aussi son éloignement doux, mais adroit et constant, de la convocation des états généraux; et je me souvins que, deux jours avant ce dernier éclat, j'avois inutilement pressé M. le duc d'Orléans de songer promptement, et avant tout, à donner les ordres pour la faire, lui qui jusque-là n'avoit respiré autre chose. Enfin je vis qu'un guet-apens[2], de si loin et si profondément pourpensé, si con-

---

1. Voyez ci-dessus, p. 229 et note 1.
2. Ici encore Saint-Simon écrit *guet a pend*. Voyez tome VII, p. 460, note 4.

tradictoire à toute vérité, si subit, si à bout portant, et dans une telle crise de toute espèce de choses et d'affaires, étoit le fruit de la plus infernale ambition, et de l'ingratitude la plus consommée.

Sans ressource auprès du Roi et de Mᵐᵉ de Maintenon, aussi mal avec Mᵍʳ et Mᵐᵉ la duchesse de Bourgogne, et par même forfaiture en abomination à la cour d'Espagne, guère mieux à la nôtre, qui l'avoit mieux reconnu que moi, brouillé avec M. et Mᵐᵉ la duchesse d'Orléans, rebuté de tous les ministres excepté de Desmarets, son esprit me trompa. Je le crus droit, capable, utile; sa faute en Espagne ne me parut qu'un égarement d'emportement de jeunesse, de cour, et d'affaires, qu'il étoit vrai que Mᵐᵉ des Ursins perdoit; je vainquis la répugnance du duc de Beauvillier à cet égard, et pour le fils et le neveu du maréchal et du cardinal de Noailles; je le mis bien avec lui à force de bras, puis par lui avec M. le duc de Bourgogne, qui apaisa Mᵐᵉ la duchesse de Bourgogne; je le raccommodai avec M. et Mᵐᵉ la duchesse d'Orléans, je l'y maintins à force malgré tous ses douteux ménagements; enfin je forçai ce prince à lui destiner les finances et à tirer son oncle du fond de l'abîme pour le mettre à la tête des affaires ecclésiastiques, dernière chose qui mettoit le comble au solide du neveu, quoique ce dernier point ne fût pas directement pour lui.

Tant de puissants coups frappés en sa faveur excitèrent sa jalousie au lieu de reconnoissance. Il sentit qu'il faudroit compter avec moi; il ne vouloit compter avec personne, mais être le maître, dominer, gouverner, en un mot être premier ministre. Je n'en puis douter puisqu'il me proposa de lui faire donner cette épouvantable place. Ce n'étoit pas que de plus loin il n'eût conçu le dessein de me perdre, dans l'espérance de demeurer après le maître de tout. Ce fut pour cela qu'il conçut cette idée de salutation du Roi pour l'usage qu'il m'en préparoit, et qui l'empêcha si constamment de se rendre à mes raisons, quoique il ne leur en pût opposer aucune. Il voulut avant tout essayer de me faire donner dans ce piége, pour publier avec vérité ce qu'il répandit avec tant de calomnie, et ne se rebuta point de tâcher de m'y faire tomber. Mais auparavant, il voulut faire un dernier essai de mon crédit, dont il s'étoit si bien trouvé et si fort au-dessus de ses espérances, pour se faire par moi premier ministre, pour s'en assurer davantage. Désespérant de m'y faire travailler, il se garda bien d'en montrer son dépit; il n'avoit garde aussi de se montrer refroidi dans un dessein qui, jusqu'à son éclat, vouloit la même union pour le rendre plus certain; il hâta donc son dernier effort dans ma chambre pour me faire tomber dans ses filets, et n'y pouvant réussir, il ne tarda plus un instant à consommer sa perfidie par la plus atroce scélératesse, et la calomnie la plus parfaite que le démon, possédant un homme, lui puisse faire exécuter. Les espérances les plus flatteuses s'en présentoient à lui avec la plus parfaite confiance, que de quelque façon que ce fût je n'en pourrois échapper. Un cri public, une noblesse ramassée, ignorante, furieuse, répandue partout, me devoit être une source de querelles et de voies de fait au moins fréquentes, et dont les suites même, en s'en tirant avec succès, ont des recherches légales, longues et fort embarrassantes.

Cette ressource de combats particuliers et de querelles avec tout le monde lui parut immanquable. Si contre toute attente je sortois heureusement d'un si dangereux labyrinthe, il se flattoit que M. le duc d'Orléans ne pourrait jamais conserver dans les affaires, dans sa confiance publique, dans les places, un homme en but[1] à toute la noblesse qui se portoit publiquement contre lui. Enfin, si, contre toute apparence, M. le duc d'Orléans ne se laissoit ni vaincre ni étourdir par ce bruit, le dépit d'essuyer de la part du public une injustice si criante, si universelle, si continuelle, et d'un public fou en ce genre, à l'ivresse duquel il ne me seroit pas possible de faire entendre

---

1. Voyez tome X, p. 202 et note 1.

aucune raison, moins encore de lui persuader la vérité sur ce qui le mettoit en fureur, me feroit d'indignation quitter la partie, et le délivreroit au moins ainsi de moi.

A tout ce qu'on vient de voir qui a précédé cet éclat et qui l'a accompagné, on ne peut soupçonner ce raisonnement d'imputation la plus légère. Il est vrai que c'est un raisonnement de démon, duquel il a toutes les qualités : profondeur, noirceur, calomnie, attentat à tout, assassinat, ambition sans bornes, ingratitude exquise, effronterie sans mesure, méchanceté de toute espèce la plus atroce, scélératesse la plus raffinée, la plus consommée ; mais il est vrai aussi que ce raisonnement en a toute l'étendue, la réflexion, l'esprit, la finesse, la justesse, l'adresse ; que la conjoncture de l'exécution en couronne toute la prudence qui s'y pouvoit mettre, et que le tout ensemble est sublimement marqué au coin du prince des démons, qui seul l'a pu inspirer et conduire. Je bornerai là le peu de réflexions que je n'ai pu me refuser sur une conduite de ténèbres si digne du vrai fils du père du mensonge et du séducteur du genre humain.

Il n'étoit pas difficile d'imaginer à quoi m'alloit porter une telle perfidie ; l'éclat aussi fut tel et si subit, qu'il ne fut pas difficile d'y mettre tous les obstacles qui l'empêchèrent, d'autant que Noailles évita avec un soin extrême toute rencontre, dont il ne se crut pas assez en sûreté dans le château de Versailles pour s'y hasarder. Ma ressource fut donc le témoignage que rendirent les ducs témoins de ce qui s'étoit passé dans ma chambre, qu'ils rendirent public, et ce que mes amis non titrés prirent soin de répandre. J'en parlai aussi à tout ce que je trouvai sous ma main avec une force qui n'épargna ni choses ni termes sur le duc de Noailles, qui nomma tout par son nom, les choses par le leur, et que je répandis à tous venants. Je m'expliquai en mêmes termes à M. le duc d'Orléans ; mais la conjoncture étoit si chargée d'affaires les plus importantes, et de ces pressantes bagatelles qui prennent nécessairement alors le temps même des affaires, que cet accablement des derniers moments, pour ainsi dire, du Roi, ne permirent[1] guère d'attention suivie à une affaire particulière.

Noailles, qui m'évita jusque chez M. le duc d'Orléans, où il craignit mes insultes, même en sa présence, outré de tout ce qui lui revenoit de toutes parts des propos sans mesure que je tenois sur lui, s'arma de toile cirée et de silence pour les laisser glisser, et poussa sa pointe parmi la noblesse, sur le gros de laquelle le témoignage des ducs qui s'étoient trouvés chez moi avec le duc de Noailles, ni ceux de mes amis de leurs confrères sur mes sentiments à l'égard de la noblesse, ne les put ramener. Noailles avoit bien pris ses mesures pour les mettre et les entretenir dans l'opinion et la furie qui lui convenoit sur moi.

Il ne faut pas demander si M. et Mme du Maine surent profiter d'une si favorable occasion à leurs intérêts et à leur disposition pour moi; plus que tout quand la chose fut une fois enfournée. L'envie et la jalousie générale de la figure que personne ne douta que je n'allasse faire par un régent avec qui j'avois les plus anciennes, les plus importantes, les plus uniques liaisons, qui lui avois rendu les plus signalés services, qui étois demeuré le seul homme dont l'attachement pour lui avoit été fidèle et public sans craindre les menaces ni les plus grands dangers, et qui étoit le seul dans toute sa confiance et vu publiquement tel: cette gangrène du monde avoit gagné même des ducs; Noailles en sut profiter.

Son abattement depuis son rappel d'Espagne avoit émoussé l'envie et la jalousie sur lui; celle qu'on prenoit de moi avoit toute sa force dans le moment naissant d'une splendeur prévue, toujours bien au-dessus de ce qui arrive en effet. Par Canillac, ami intime de la Feuillade, il se lia à lui: on a pu voir par divers traits qu'ils étoient tous

---

1. Ce verbe est bien au pluriel.

deux assez homogènes ; par la Feuillade, avec les ducs de Villeroy et de la Rochefoucauld, lequel rogue, glorieux, et aussi envieux que son père, avec aussi peu d'esprit, n'avoit pu me pardonner la préséance sur lui, ni son beau-frère, un avec lui. Richelieu, jeune étourdi alors, plein d'esprit, de feu, d'ambition, de légèreté, de galanterie, apprenoit à voler sous les ailes de la Feuillade, que le bel air avoit rendu son oracle, et qui, cousin germain de Noailles par sa femme, et uni à lui par la protection ouverte de Mme de Maintenon, se promit bien de figurer par ces Messieurs, qui, pour s'autoriser d'un homme de poids, firent des assemblées chez le maréchal d'Harcourt, ami de la Rochefoucauld et de Villeroy, et qui par Mme de Maintenon étoit de tout temps en mesure avec Noailles. Harcourt ne me vouloit point de mal ; on a vu en divers endroits qu'il s'étoit ouvert fort librement à moi sur les bâtards et sur d'autres choses ; qu'il avoit tenté plus d'une fois liaison et union avec moi, à laquelle la mienne avec M. de Beauvillier n'avoit pu me permettre de me laisser entraîner. Comme l'autre n'avoit fait que tenter, ma retenue n'avoit pu nous brouiller, mais elle avoit diminué la bienveillance, et d'ailleurs il étoit fort opposé en dessous à M. le duc d'Orléans, ainsi que la Rochefoucauld, Villeroy et la Feuillade. Néanmoins il ne fut que leur ombre. Ses diverses attaques d'apoplexie l'avoient extrêmement abattu ; il n'étoit plus que la figure extérieure d'un homme, et sa tête ne pouvoit s'appliquer, ni sa langue, embarrassée déjà, s'expliquer bien aisément ; mais ce groupe suppléoit, et se couvroit de son nom pour séduire autant de ducs qu'ils purent. La Feuillade me haïssoit de tout temps, sans que j'en aie jamais pu découvrir la cause, plus encore comme l'ami de M. le duc d'Orléans, et comme l'envie même, qui surnageoit à tous ses autres vices. Depuis la disgrâce de Turin, dont il n'avoit pu se relever du tout, il avoit fait le philosophe sans quitter le bel air. Il avoit cherché à capter les gens importants par leur état ou par leur réputation, surtout parmi ceux qui étoient ou faisoient les mécontents. Il avoit fait extrêmement sa cour au marquis de Liancourt, qu'il trompa par ses belles maximes, et qui s'en sépara à la fin hautement; et par Liancourt, qui étoit plein d'esprit, d'honneur, de savoir et de probité, qui n'étoit qu'un avec la Rochefoucauld son frère, et le duc de Villeroy, il se lia étroitement avec eux.

M. de Luxembourg, le plus intime ami de ces trois hommes, par leur ancienne union avec feu M. le prince de Conti, fut de compagnie envahi par la Feuillade. Luxembourg étoit un fort homme d'honneur, qui avoit à peine le sens commun, rectifié par le grand usage du meilleur et du plus grand monde où son père l'avoit initié. Il étoit plein de petitesses dans le commerce, quoique le meilleur homme du monde; mais il vouloit des soins, des prévenances, qu'il rendoit bien à la vérité, mais qui étoient importunes à la continue. La bonté de son caractère, les anciennes liaisons du temps de son père, la magnificence et la commodité de sa maison, y avoit accoutumé le monde. J'étois le seul des ducs opposants à sa préséance qui étois demeuré brouillé avec lui. Quelques jours avant l'éclat dont je parle, je l'avois rencontré dans la galerie de l'aile neuve, au bout de laquelle il avoit un beau logement en haut. Je sentois l'importance de la réunion de tous les ducs. Je l'abordai et je lui fis civilité sur les petites assemblées qui s'étoient tenues chez moi, dont je lui dis que je voulois lui rendre compte. Il y fut sensible au point qu'il vint chez moi, qu'il ne fut plus mention du passé, qu'il fut, sans que je le susse qu'après, ferme à me défendre contre toutes les attaques de ses amis et de tout le monde, qu'il me fit mille recherches, et que nous sommes demeurés en liaison jusqu'à sa mort.

Noailles avoit si bien profité de la sottise publique, et M. du Maine aussi, qu'il me fut impossible d'y faire entendre raison et vérité; mais la Providence arrêta aussi leurs cruelles espérances. Je sortis, allai et vins tout à mon ordinaire, je ne trouvai jamais personne qui me dît quoi que ce soit qui pût, non pas me fâcher, mais m'indisposer. Les plus enivrés passoient leur chemin avec une salutation froide, en sorte que je n'eus ni à courir, ni à me défendre, ni même à attaquer, et je suis encore à le comprendre, d'un nombre infini de têtes aussi échauffées, aussi excitées, et de ce nombre d'entours du duc de Noailles, qui, quand cela se trouvoit à leur portée, m'entendoient parler de lui de la manière la plus diffamante et la plus démesurée. Je coulerai ici cette affaire à fond pour n'avoir plus à y revenir, et pour éclaircir par là plusieurs choses qui se sont passées depuis tout pendant la régence, et même après.

Noailles souffrit tout en coupable écrasé sous le poids de son crime. Les insultes publiques qu'il essuya de moi sans nombre ne le rebutèrent point. Il ne se lassa jamais de s'arrêter devant moi chez le Régent, ou en entrant et sortant du conseil de régence, avec une révérence extrêmement marquée, ni moi de passer droit sans le saluer jamais, et quelquefois de tourner la tête avec insulte ; et il est très-souvent arrivé que je lui ai fait des sorties chez M. le duc d'Orléans et au conseil de régence, dès que j'y trouvois le moindre jour, dont le ton, les termes, les manières effrayoient l'assistance, sans qu'il répondît jamais un mot ; mais il rougissoit, il pâlissoit, et n'osoit se commettre à une nouvelle reprise. Si rarement il répondoit un mot, je le dis avec vérité, il le faisoit d'un ton et avec des paroles aussi respectueuses que s'il eût répondu à M. le duc d'Orléans. Parmi cela, les affaires n'en souffrirent jamais. Je m'en étois fait une loi, à laquelle je n'ai point eu à me reprocher d'avoir jamais manqué. J'étois de son avis quand je croyois qu'il étoit bon ; il m'est arrivé quelquefois de l'avoir appuyé contre d'autres ; du reste, même hauteur, mêmes propos, même conduite à son égard. Il est quelquefois sorti si outré du Palais-Royal ou des Tuileries, de ce que je lui avois dit et fait en face, devant le Régent et tout ce qui s'y trouvoit, qu'il est allé quelquefois tout droit chez lui se jeter sur son lit comme au désespoir, et disant qu'il ne pouvoit plus soutenir les traitements qu'il essuyoit de moi ; jusque-là qu'au sortir d'un conseil où je le forçai de rapporter une affaire que je savois qu'il affectionnoit, et sur laquelle je l'entrepris sans mesure et le fis tondre, lui dictai l'arrêt tout de suite et le lus après qu'il l'eut écrit, en lui montrant avec hauteur et dérision ma défiance et à tout le conseil, il se leva, jeta son tabouret à dix pas, et lui qui en place n'avoit osé répondre un seul mot que de l'affaire même avec l'air le plus embarrassé et le plus respectueux : « Mort...! dit-il en se tournant pour s'en aller, il n'y a plus moyen d'y durer, » s'en alla chez lui, d'où ses plaintes me revinrent, et la fièvre lui en prit. Il y avoit peu de semaines qu'il n'en essuyât de très-fortes, moi toujours sans le saluer, ni lui parler qu'en opinant, pour le bourrer dès que j'y trouvois jour, lui sans se lasser de me faire les révérences les plus marquées, et de m'adresser souvent la parole avec un air de respect dans les rapports qu'il faisoit, n'osant d'ailleurs s'approcher de moi, beaucoup moins me parler.

Il ne fut pas longtemps sans chercher à m'apaiser, dans le désespoir où il étoit d'avoir montré tout ce dont il étoit capable, sans en avoir recueilli ce qu'il s'en étoit proposé, et qu'il avoit compté immanquable. Il essuyoit de moi sans cesse des sorties publiques, des hauteurs en passant devant lui dont le mépris affecté faisoit regarder tout le monde, et des propos sur lui où rien n'étoit ménagé. Un ennemi qui se piquoit de l'être et de le paroître sans aucune mesure, à qui les plus cruelles expressions étoient les plus familières, les insultes et les sorties en toute occasion en plein conseil, et au Palais-Royal en présence du Régent, avec cette hauteur et cet air de mépris que la vertu offensée prend sur le crime infamant, fut si pesant à ce coupable, qu'il n'omit rien au moins pour m'émousser. Il se mit à chanter mes louanges, à dire qu'il ignoroit quelle grippe j'avois prise contre lui, que ce n'étoit au plus qu'un malentendu, qu'il avoit toujours été mon serviteur, et le

vouloit demeurer même malgré moi, et qu'il n'y avoit
rien qu'il ne voulût faire pour regagner mes bonnes
grâces. Sa mère, que j'avois toujours eu lieu d'aimer,
étoit au désespoir contre son fils, et me fit parler.

D'une infinité d'endroits directs et indirects je fus attaqué; Mme de Saint-Simon fut exhortée sur le ton de
piété, mes amis les plus particuliers furent priés de tâcher
à m'adoucir. Je répondis toujours que c'étoit assez d'avoir
été dupe une fois pour ne l'être pas une seconde du
même homme, qu'il n'y en avoit point qui eût pu se
douter, ni par conséquent, échapper à une si noire scélératesse, si pourpensée[1], si profonde, si achevée; mais
qu'il falloit croire avoir affaire à un stupide incapable
d'aucune sorte de sentiment pour imaginer de lui faire
oublier une perfidie et une calomnie de cette espèce et
de cette suite, dont le criminel auteur seroit à jamais
l'objet de ma haine et de ma vengeance la plus publique
et la plus implacable, dont il pouvoit compter que la
mesure seroit de n'en garder aucune. Ma conduite y
répondit pleinement, et la sienne à mon égard fut aussi
la même en bassesse. Ce qui le confondit et le désola le
plus, au milieu de sa prospérité, de ne pouvoir parvenir
à une réconciliation avec moi, c'étoit le contraste de son
oncle, dont la liaison avec moi ne souffrit pas le moins
du monde, et qui étoit publique. Je n'en fus que plus
ardent pour le cardinal de Noailles qui venoit sans
cesse chez moi, et moi chez lui, avec la plus grande confiance, et que je servis toujours de tout ce que [je] pus, et
ouvertement.

Ce contraste tomboit à plomb sur le duc de Noailles, qui
à la fin me fit demander grâce, en propres termes, par
M. le duc d'Orléans, à qui je sus répondre de façon qu'il
se garda depuis d'y revenir. Le duc de Noailles fut accablé
de ce refus. Il me fit revenir des choses que je n'oserois
écrire, parce que, quoique vraies, elles ne seroient pas

1. Voyez ci-dessus, p. 229 et note 1.

croyables : par exemple, que j'aurois enfin pitié de lui, si je connoissois l'état où je le mettois, et des bassesses de toutes sortes. Le cardinal de Noailles chercha souvent à me tourner, et enfin me parla de cette division à deux reprises, qui, me dit-il, le combloit de douleur, et chez lequel je ne rencontrai jamais le duc de Noailles, qui avoit grand soin de m'éviter. Je répondis la même chose au cardinal toutes les deux fois. Je lui dis que, quand il lui plairoit, je lui rendrois un compte exact de ce qui l'avoit causée; qu'il falloit, s'il le vouloit ainsi, qu'il se préparât à entendre d'étranges choses; qu'après cela je ne voulois point d'autre juge que lui. Toutes les deux fois la proposition lui ferma la bouche, et il ne m'en parla plus. Je demeurai persuadé qu'il en savoit assez pour craindre de l'entendre, et que c'est ce qui l'arrêta tout court; mais il en gémissoit, car il aimoit cet indigne neveu, et indigne pour lui-même comme on le verra en son temps. Je passe d'autres tentatives très-fortes du duc de Noailles pour essayer de me rapprocher, parce qu'elles se retrouveront pendant la régence.

Tant qu'elle dura j'en usai de la sorte avec lui, sans qu'il se soit jamais lassé de ses révérences respectueuses, sans que je l'aie jamais daigné saluer le moins du monde, ni payé ses façons de déférence que par le mépris le plus marqué, ou la hauteur la plus insultante, et toujours les sorties sur lui en face en toutes les occasions que j'en pouvois faire naître. Douze années se passèrent de la sorte sans le moindre adoucissement de ma part, et sans qu'en aucun temps les devoirs communs aient cessé ni foibli entre toute sa famille et moi et la mienne. Cette parenthèse est longue, mais il en faut voir le bout.

On verra dans la suite de la régence combien le duc de Noailles fut infatigable, avec une persévérance sans fin, à essuyer tout de moi, et à ne se lasser jamais de rechercher tous les moyens imaginables de se raccommoder avec moi, pour le moins de m'adoucir. Tout fut non-seulement inutile tant qu'elle dura, mais encore après la mort de

M. le duc d'Orléans. Les occasions de nous rencontrer devinrent bien plus rares; mais le maintien, quand cela arrivoit, fut toujours le même des deux parts; et les propos de la mienne aussi pesants, aussi fermes et aussi sans mesure, tant qu'il s'en présentoit d'occasions. C'est une chose terrible que la poursuite intérieure du crime.

Il y avoit longtemps que j'avois quitté le conseil; mon crédit s'étoit éteint avec la vie de M. le duc d'Orléans; je n'avois plus de place, et je vivois fort en particulier. M. de Noailles, au contraire, avec ses gouvernements, et sa charge de premier capitaine des gardes du corps, se trouvoit à la tête de la famille la plus puissante en tout genre par toutes sortes de grands établissements. Malgré cette différence totale, ni lui ni les siens ne purent supporter cette situation avec moi. Le duc de Guiche, maréchal de France en 1724, où il prit le nom de maréchal de Gramont, mort à Paris en septembre 1725, à cinquante-trois ans, avoit deux fils, morts l'un après l'autre, colonels du régiment des gardes après lui, et deux filles. Il avoit marié l'aînée au fils aîné de Biron, morts tous deux, connus sous le nom de duc et de duchesse de Gontaut; et l'autre au prince de Bournonville, fils du cousin germain de la maréchale de Noailles et d'une sœur du duc de Chevreuse, tous deux morts. Ce mariage s'étoit fait à la fin de mars 1719, quoique le marié, qui n'avoit guère que vingt-deux ans, eût déjà les nerfs affectés à ne se pouvoir presque soutenir. Il devint bientôt après impotent, puis tout à fait perclus, et menaça longuement d'une fin prochaine. La mère de sa femme étoit l'aînée des sœurs du duc de Noailles, parmi lesquels elle avoit toujours été la plus comptée. Ils songèrent tous à mon fils aîné pour elle, dès qu'elle seroit libre, comme un moyen de raccommodement. Elle étoit belle, bien faite, n'étoit jamais sortie de dessous l'aile de sa mère; et pour le bien étoit le plus grand parti de France alors parmi les personnes de qualité.

Ils n'osèrent me faire rien jeter là-dessus, mais ils

crurent trouver Mme de Saint-Simon plus accessible. Ils ne se trompèrent pas. Elle me sonda de loin avec peu de succès; elle ne se rebuta point; elle me parla ouvertement, me prit par le monde sur l'alliance et le bien, et par la religion comme un moyen honnête de mettre fin à la longueur et à l'éclat toujours renaissant d'une rupture ouverte. Je fus plus d'un an à me laisser vaincre par l'horreur du raccommodement. Enfin, pour abréger matière, dès que j'eus consenti, tout fut bientôt fait. Chauvelin, président à mortier, depuis garde des sceaux, etc., étoit le conducteur des affaires de la maréchale de Gramont. Il me courtisoit depuis plusieurs années. Dès qu'il sut que je m'étois enfin rendu, car jusque-là il n'avoit osé m'en parler directement, il dit que la maréchale de Gramont ne pouvoit entrer en rien pendant la vie de son gendre, mais qu'il se chargeoit de tout ; et en effet tout fut réglé entre Mme de Saint-Simon et lui, se faisant forts[1] l'un et l'autre de n'être pas dédits. Dans le peu que cela dura de la sorte, le cardinal de Noailles m'en parloit sans cesse, et la maréchale de Gramont et sa fille ne négligeoient aucune occasion de courtiser tout ce qui tenoit intimement à nous. Le premier article fut un raccommodement entre le duc de Noailles et moi. J'y prescrivis qu'il ne s'y parleroit de rien, ni en aucun temps, et qu'on n'exigeroit de moi rien de plus que la bienséance commune; on ne disputa sur rien.

Il arriva qu'une après-dînée j'allai par hasard à l'hôtel de Lauzun, où je trouvai Mme de Bournonville qui jouoit à l'hombre, amenée et gardée par Mme de Beaumanoir, qui logeoit avec sa sœur la maréchale de Gramont. Un peu après on vint demander Mme de Beaumanoir, qui sortit et rentra aussitôt, parla bas à Mme de Lauzun, et me regarda en riant. Elle dit après à sa nièce qu'il falloit demander permission de quitter le jeu, et, à demi bas,

---

1. Saint-Simon a bien écrit *forts*, avec le signe du pluriel.

aller voir M. de Bournonville, qui logeoit chez la duchesse de Duras, sa sœur, depuis longtemps, et qui venoit de se trouver fort mal. Cela arrivoit quelquefois, et ces sortes de longues maladies font qu'on ne les croit jamais à leur fin. J'allai le soir à l'archevêché ; j'y trouvai la maréchale de Gramont et Mme de Beaumanoir, qui avoit ramené et laissé sa nièce, qui parla de M. de Bournonville comme d'un homme qui pouvoit durer longtemps. Le cardinal et elle, après une légère préface chrétienne, laissèrent échapper leur impatience en me regardant ; la maréchale me regarda aussi, sourit avec eux, laissa échapper quelques mines, et se levant tout de suite, se mit à rire tout à fait, et, m'adressant la parole, me dit qu'il valoit mieux s'en aller. Le bon cardinal me parla après avec effusion de cœur. Chauvelin nous manda fort tard que le mal augmentoit ; et le lendemain matin, comme j'étois chez moi avec du monde, on me fit sortir pour un message de Chauvelin, qui me mandoit que M. de Bournonville venoit de mourir.

J'envoyai dire aussitôt à Mme de Saint-Simon, qui étoit à la messe aux Jacobins, tout proche du logis, que je la priois de revenir ; elle ne tarda pas, et me trouva avec la même compagnie, devant qui je lui dis le fait tout bas. Il étoit convenu que, dès que cela arriveroit, nous ferions sur-le-champ la demande au cardinal, qui se chargeroit de tout. Mme de Saint-Simon y alla. C'étoit la veille de l'Annonciation, qu'il étoit à table pour aller officier aux premières vêpres à Notre-Dame. Il sortit de table et vint au-devant d'elle les bras ouverts, dans une joie qu'il ne cacha point ; et, sans lui donner le temps de parler, devant tous ses gens : « Vite, dit-il, les chevaux à mon carrosse ! » puis à elle : « Je vois bien ce qui vous amène ; Dieu en a disposé, nous sommes libres ; je m'en vais chez la maréchale de Gramont, et vous aurez bientôt de mes nouvelles. » Il la mena dans sa chambre un moment. Comme il l'accompagnoit, ses gens lui parlèrent de vêpres. « Mon carrosse, répondit-il ; vêpres pour aujourd'hui attendront, dépêchons. » Mme de Saint-Simon revint, et nous nous mîmes à table.

Comme à peine nous en sortions, nous entendîmes un carrosse dans la cour; c'étoit le cardinal de Noailles. Je descendis au-devant de lui; il m'embrassa à plusieurs reprises, et tout aussitôt devant tout le domestique se prit à me dire : « Où est mon neveu? car je veux voir mon neveu, envoyez-le donc chercher. » Je répondis fort étonné qu'il étoit à Marly. « Oh bien! envoyez-y donc tout à l'heure le chercher, car je meurs d'envie de l'embrasser, et il faut bien qu'il aille voir la maréchale de Gramont et sa prétendue. » Je ne sortois point d'étonnement d'une telle franchise, qui apprenoit tout à son domestique et au nôtre, qui étoient là en foule. Nous montions cependant le commencement du degré. Mme de Saint-Simon descendoit en même temps, et nous fit redescendre le peu que nous avions monté, pour faire entrer le cardinal dans mon appartement et ne lui pas donner la peine de monter en haut. Jamais je ne vis homme si aise. Il nous dit que la maréchale de Gramont et sa fille étoient ravies; que tout étoit accordé; qu'il avoit voulu se donner la satisfaction de nous le venir dire et de le déclarer tout haut, comme il avoit fait, parce qu'au nombre de grands partis en hommes qui n'attendoient que ce moment, de leur connoissance à tous, pour faire des démarches pour ce mariage, il n'y avoit de bon qu'à bâcler et déclarer pour leur fermer la bouche et arrêter par là tous les manéges qui se font pour faire rompre et se faire préférer, au lieu qu'il n'y a plus à y penser quand les choses sont faites, déclarées et publiées par les parties mêmes; qu'il aimoit mieux qu'on le dît un radoteur d'avoir déclaré si vite, et que cela fût fini. Après mille amitiés il s'en alla à ses vêpres. Il fut convenu que le jour même Mme de Saint-Simon iroit au Bon-Pasteur, où elle trouveroit la maréchale de Gramont dans sa tribune. Mon fils arriva le soir.

Le lendemain, comme nous dînions avec assez de monde

au logis, arrivèrent tous les Gramonts et plusieurs Noailles, mais non la future, sa mère ni sa grand'mère, de manière qu'il n'y eut rien de plus public, et la maréchale de Gramont vint au logis dès l'après-dînée. Mon fils, qui les alla voir et la maréchale de Gramont, et que je menai chez le cardinal, retourna le soir à Marly pour demander au Roi l'agrément du mariage, et en donner part après à ceux de nos plus proches ou de nos plus particuliers amis qui y étoient, avant de la donner en forme. Tout en arrivant, il trouva le duc de Chaulnes dans un des petits salons, à qui il le dit à l'oreille. « Cela ne peut pas être, » lui répondit-il, et ne voulut jamais le croire, quoique mon fils lui expliquât qu'il avoit vu le cardinal de Noailles, la maréchale de Gramont, etc. C'est qu'il comptoit son affaire sûre pour son fils par Mme de Mortemart, amie intime de tout temps, et de gnose[1], de la maréchale de Gramont, qui lui en avoit fort parlé et qui l'avoit laissée espérer sans s'ouvrir, sur la raison de ne le pas pouvoir pendant la vie de M. de Bournonville. En trois ou quatre jours tout fut signé et passa par Chauvelin. La duchesse de Duras trouva fort bon qu'on n'eût point attendu, et qu'on fît incessamment le mariage. Mais comme il pouvoit en arriver une grossesse prompte, tout ce qui fut consulté de part et d'autre fut d'avis de différer de trois ou quatre mois, quoique M. de Bournonville n'eût jamais été en état d'être avec sa femme, et qu'il n'y logeât plus même depuis deux ou trois ans.

Tout alloit bien jusque-là. Jamais tant d'empressement ni de marques de joie, et c'en fut une toute particulière que la visite dont j'ai parlé, parce que c'est à la famille du mari futur à aller chez l'autre famille la première. Tout cela fait, il fut question du raccommodement. Le président Chauvelin me fit pour le duc de Noailles les plus beaux compliments du monde, et me pressa de sa part et de celle du cardinal, de la maréchale de Noailles,

---

1. Voyez tome VII, p. 278 et note 1, et tome VIII, p. 426 et 427.

de lui permettre de venir chez moi. La crainte d'une visite à laquelle je ne pourrois mettre une fin aussi prompte que je le voudrois m'empêcha d'y consentir, et je voulus si fermement que nous nous vissions chez le cardinal de Noailles qu'il en fallut passer par là. Ce fut où je m'en tins, sans dire si ni qui je voulois bien qui s'y trouvât, et sans qu'on m'en parlât non plus. Le duc de Noailles, qui sortoit de quartier, vint donc à Paris pour le jour marqué. Ce même jour, Mme de Saint-Simon et moi dînions vis-à-vis du logis, chez Hasfeld, depuis maréchal de France, avec le maréchal et la maréchale de Berwick et quelques autres amis particuliers. J'étois de fort mauvaise humeur, je prolongeois la table tant que je pouvois, et après qu'on en fut sorti, je me fis chasser à maintes reprises. Ils savoient le rendez-vous, qui n'en étoit pas un d'amour, et ils m'exhortoient d'y bien faire et de bonne grâce. Je retournai donc chez moi prendre haleine, et comme on dit, son escousse[1], tandis que Mme de Saint-Simon s'acheminoit et qu'on atteloit mon carrosse. Je partis enfin, et j'arrivai à l'archevêché comme un homme qui va au supplice.

En entrant dans la chambre où étoient la maréchale de Gramont, Mme de Beaumanoir, Mme de Saint-Simon et Mme de Lauzun, le cardinal de Noailles vint à moi dès qu'il m'aperçut, tenant le duc de Noailles par la main, et me dit : « Monsieur, je vous présente mon neveu, que je vous prie de vouloir bien embrasser. » Je demeurai froid tout droit, je regardai un moment le duc de Noailles, et je lui dis sèchement : « Monsieur, Monsieur le cardinal le veut, » et j'avançai un pas. Dans l'instant le duc de Noailles se jeta à moi si bas que ce fut au-dessous de ma poitrine, et m'embrassa de la sorte des deux côtés. Cela fait, je saluai le cardinal, qui m'embrassa ainsi que ses deux nièces, et je m'assis avec eux auprès de Mme de Saint-Simon. Tout le corps me trembloit, et le peu que je dis

---

1. Son élan.

dans une conversation assez empêtrée fut la parole d'un homme qui a la fièvre. On ne parla que du mariage, de la joie, et de quelques bagatelles indifférentes. Le duc de Noailles, interdit à l'excès, qui m'adressa deux ou trois fois la parole avec un air de respect et d'embarras, je lui répondis courtement, mais point trop malhonnêtement. Au bout d'un quart d'heure, je dis qu'il ne falloit pas abuser du temps de Monsieur le cardinal, et je me levai. Le duc de Noailles voulut me conduire; les dames dirent qu'il ne falloit point m'importuner, ni faire de façons avec moi; et je cours encore. Je revins chez moi comme un homme ivre et qui se trouve mal. En effet, peu après que j'y fus, il se fit un tel mouvement en moi, de la violence que je m'étois faite, que je fus au moment de me faire saigner; la vérité est qu'elle fut extrême. Je crus au moins en être quitte pour longtemps.

Dès le lendemain le duc de Noailles vint chez moi, et me trouva. La visite se passa tête à tête; c'étoit à la fin de la matinée. Il n'y fut question que de noces et de choses indifférentes. Il tint le dé tant qu'il voulut. Il parut moins embarrassé et plus à lui-même. Pour moi, j'y étois fort peu, et souffrois fort à soutenir la conversation, qui fut de plus de demi-heure, et qui me parut sans fin. La conduite se passa comme à l'archevêché. J'allai le lendemain voir la maréchale de Noailles, que je trouvai ravie. Je demandai son fils, qui logeoit avec elle, et qui heureusement ne s'y trouva pas. Il chercha fort depuis à me rapprocher, et moi à éviter. Nous nous sommes vus depuis aux occasions, et rarement chez lui autrement, c'est-à-dire comme point, lui chez moi tant qu'il pouvoit, ou, s'il m'est permis de trancher le mot, tant qu'il osoit. Il vint à la noce. Ce fut la dernière cérémonie du cardinal de Noailles, qui les maria dans sa grande chapelle, et qui donna un festin superbe et exquis. J'en donnai un autre le lendemain, où le duc de Noailles fut convié, qui y vint.

Quelques années après, étant à la Ferté, la duchesse de Ruffec me dit qu'il mouroit d'envie d'y venir, et après force tours et retours là-dessus, elle m'assura qu'il viendroit incessamment. Je demeurai fort froid et presque muet. Quand nous nous fûmes séparés, j'appelai mon fils, qui en avoit entendu le commencement; je lui en racontai la fin. Je lui dis après de dire à sa femme que, par honnêteté pour elle, je n'avois pas voulu lui parler franchement, mais qu'elle fît comme elle voudroit avec son oncle, de la part duquel elle m'avoit parlé à la fin de son propos, mais que je ne voulois point du duc de Noailles à la Ferté, quand même elle devroit le lui mander. Je n'avois garde de souffrir que par ce voyage il se parât d'un renouvellement de liaison avec moi, moins encore de m'exposer à des tête-à-tête avec lui, que les matinées et les promenades fournissent à qui a résolu d'en profiter, et qui ne se peuvent éviter, dont il eût pu après dire et publier tout ce qui ne se seroit ni dit ni traité entre nous, mais qu'il lui eût convenu de répandre, ce qui m'avoit fait avoir grand soin, toutes les fois qu'il m'avoit trouvé chez moi, de prier, dès qu'on l'annonçoit, ce qu'il s'y rencontroit de demeurer et de ne s'en aller qu'après lui. Il a persévéré longtemps encore à tâcher de me rapprivoiser. A la fin le peu de succès l'a lassé, et ma persévérance sèche, froide, et précise aux simples devoirs d'indispensable bienséance, m'ont délivré, et l'ont réduit[1] au même point avec moi. Dieu commande de pardonner, mais non de s'abandonner soi-même, et de se livrer après une expérience aussi cruelle. Le monde a vu et connu depuis quel homme il est, et ce qu'il a été dans la cour, dans le conseil et à la tête des armées.

Retournons maintenant d'où nous sommes partis, qui est du jeudi 22 août, remarquable par la revue de la gendarmerie faite au nom et avec toute l'autorité du Roi par le duc du Maine, pendant laquelle le Roi s'amusa à vouloir choisir l'habit qu'il prendroit lorsqu'il pourroit s'habiller.

---

1. Ces deux verbes sont bien au pluriel.

CHAPITRE XVIII.

Reprise du journal des derniers jours du Roi; il refuse de nommer aux bénéfices vacants. — Mécanique de l'appartement du Roi pendant sa dernière maladie. — Extrémité du Roi. — Le Roi reçoit les derniers sacrements. — Le Roi achève son codicille; parle à M. le duc d'Orléans. — Scélératesse des chefs de la constitution. — Adieux du Roi. — Le Roi ordonne que son successeur aille à Vincennes, et revienne demeurer à Versailles. — Le Roi brûle des papiers, ordonne que son cœur soit porté à Paris, aux Jésuites; sa présence d'esprit et ses dispositions. — Le Brun, Provençal, malmène Fagon, et donne de son élixir au Roi; duc du Maine. — Mme de Maintenon se retire à Saint-Cyr. — Charost fait réparer la négligence de la messe. — Rayon de mieux du Roi; solitude entière chez M. le duc d'Orléans. — Misère de M. le duc d'Orléans; il change sur les états généraux et sur l'expulsion du chancelier. — Le Roi, fort mal, fait revenir Mme de Maintenon de Saint-Cyr. — Dernières paroles du Roi; sa mort.

Le vendredi 23 août, la nuit fut à l'ordinaire, et la matinée aussi. Il[1] travailla avec le P. Tellier, qui fit inutilement des efforts pour faire nommer aux grands et nombreux bénéfices qui vaquoient, c'est-à-dire pour en disposer lui-même, et ne les pas laisser à donner par M. le duc d'Orléans. Il faut dire tout de suite que plus le Roi empira, plus le P. Tellier le pressa là-dessus, pour ne pas laisser échapper une si riche proie, ni l'occasion de se munir de créatures affidées avec lesquelles ses marchés étoient faits, non en argent, mais en cabales. Il n'y put jamais réussir. Le Roi lui déclara qu'il avoit assez de comptes à rendre à Dieu sans se charger encore de ceux de cette nomination, si prêt à paroître devant lui, et lui défendit de lui en parler davantage. Il dîna debout dans sa chambre en robe de chambre, y vit les courtisans, ainsi qu'à son souper de même, passa chez lui l'après-dînée avec ses deux bâtards, M. du Maine surtout, Mme de Maintenon et les dames familières; la soirée à l'ordinaire.

1. Le Roi. Voyez la fin du chapitre précédent.

Ce fut ce même jour qu'il apprit la mort de Maisons, et qu'il donna sa charge à son fils, à la prière du duc du Maine.

Il ne faut pas aller plus loin sans expliquer la mécanique de l'appartement du Roi, depuis qu'il ne sortoit plus. Toute la cour se tenoit tout le jour dans la galerie. Personne ne s'arrêtoit dans l'antichambre la plus proche de sa chambre, que les valets familiers, et la pharmacie, qui y faisoient chauffer ce qui étoit nécessaire; on y passoit seulement, et vite, d'une porte à l'autre. Les entrées[1] passoient dans les cabinets par la porte de glace qui y donnoit de la galerie qui étoit toujours fermée, et qui ne s'ouvroit que lorsqu'on y grattoit, et se refermoit à l'instant. Les ministres et les secrétaires d'État y entroient aussi, et tous se tenoient dans le cabinet qui joignoit la galerie. Les princes du sang, ni les princesses filles du Roi n'entroient pas plus avant, à moins que le Roi ne les demandât, ce qui n'arrivoit guère. Le maréchal de Villeroy, le chancelier, les deux bâtards, M. le duc d'Orléans, le P. Tellier, le curé de la paroisse, et quand Maréchal, Fagon et les premiers valets de chambre n'étoient pas dans la chambre, ils[2] se tenoient dans le cabinet du conseil, qui est entre la chambre du Roi et cet autre cabinet où étoient les princes et princesses du sang, les entrées et les ministres.

Le duc de Tresmes, premier gentilhomme de la chambre en année, se tenoit sur la porte, entre les deux cabinets, qui demeuroit ouverte, et n'entroit dans la chambre du Roi que pour les moments de son service absolument nécessaire. Dans tout le jour personne n'entroit dans la chambre du Roi que par le cabinet du conseil, excepté ces valets intérieurs ou de la pharmacie qui demeuroient dans la première antichambre, Mme de Maintenon et les dames familières, et pour le dîner et le souper, le service et les courtisans qu'on y laissoit entrer. M. le duc

1. Ceux qui avaient les entrées.
2. Ce mot *ils* a été ajouté après coup, en interligne.

d'Orléans se mesuroit fort à n'entrer dans la chambre qu'une fois ou deux le jour au plus, un instant, lorsque le duc de Tresmes y entroit, et se présentoit un autre instant une fois le jour sur la porte du cabinet du conseil dans la chambre, d'où le Roi le pouvoit voir de son lit. Il demandoit quelquefois le chancelier, le maréchal de Villeroy, le P. Tellier, rarement quelque ministre, M. du Maine souvent, peu le comte de Toulouse, point d'autres, ni même les cardinaux de Rohan et de Bissy, qui étoient souvent dans le cabinet où se tenoient les entrées. Quelquefois, lorsqu'il étoit seul avec Mme de Maintenon, il faisoit appeler le maréchal de Villeroy, ou le chancelier, ou tous les deux, et fort souvent le duc du Maine. Madame ni Mme la duchesse de Berry n'alloient point dans ces cabinets, et ne voyoient presque jamais le Roi dans cette maladie, et si elles y alloient, c'étoit par les antichambres, et ressortoient à l'instant.

Le samedi 24, la nuit ne fut guère plus mauvaise qu'à l'ordinaire, car elles l'étoient toujours. Mais sa jambe parut considérablement plus mal, et lui fit plus de douleur. La messe à l'ordinaire, le dîner dans son lit, où les principaux courtisans sans entrées le virent; conseil de finances ensuite, puis il travailla avec le chancelier seul. Succèdèrent Mme de Maintenon et les dames familières. Il soupa debout en robe de chambre, en présence des courtisans, pour la dernière fois. J'y observai qu'il ne put avaler que du liquide, et qu'il avoit peine à être regardé. Il ne put achever, et dit aux courtisans qu'il les prioit de passer, c'est-à-dire de sortir. Il se fit remettre au lit; on visita sa jambe, où il parut des marques noires. Il envoya chercher le P. Tellier, et se confessa. La confusion se mit parmi la médecine. On avoit tenté le lait et le quinquina à l'eau; on les supprima l'un et l'autre sans savoir que faire. Ils avouèrent qu'ils lui croyoient une fièvre lente depuis la Pentecôte, et s'excusoient de ne lui avoir rien fait sur ce qu'il ne vouloit point de remèdes, et qu'ils ne le croyoient pas si mal eux-mêmes. Par ce que j'ai rapporté de ce qui s'étoit passé dès avant ce temps-là entre Maréchal et Mme de Maintenon là-dessus, on voit ce qu'on en doit croire.

Le dimanche 25 août, fête de Saint-Louis, la nuit fut bien plus mauvaise. On ne fit plus mystère du danger, et tout de suite grand et imminent. Néanmoins, il voulut expressément qu'il ne fût rien changé à l'ordre accoutumé de cette journée, c'est-à-dire que les tambours et les hautbois, qui s'étoient rendus sous ses fenêtres, lui donnassent, dès qu'il fut éveillé, leur musique ordinaire, et que les vingt-quatre violons jouassent de même dans son antichambre pendant son dîner. Il fut ensuite en particulier avec Mme de Maintenon, le chancelier et un peu le duc du Maine. Il y avoit eu la veille du papier et de l'encre pendant son travail tête à tête avec le chancelier; il y en eut encore ce jour-ci, Mme de Maintenon présente, et c'est l'un des deux que le chancelier écrivit sous lui son codicille. Mme de Maintenon et M. du Maine, qui pensoit sans cesse à soi, ne trouvèrent pas que le Roi eût assez fait pour lui par son testament; ils y voulurent remédier par un codicille, qui montra également l'énorme abus qu'ils firent de la foiblesse du Roi dans cette extrémité, et jusqu'où l'excès de l'ambition peut porter un homme. Par ce codicille le Roi soumettoit toute la maison civile et militaire du Roi au duc du Maine immédiatement et sans réserve, et sous ses ordres au maréchal de Villeroy, qui par cette disposition devenoient les maîtres uniques de la personne et du lieu de la demeure du Roi; de Paris, par les deux régiments des gardes et les deux compagnies des mousquetaires; de toute la garde intérieure et extérieure; de tout le service, chambre, garde-robe, chapelle, bouche, écuries; tellement que le Régent n'y avoit plus l'ombre même de la plus légère autorité, et se trouvoit à leur merci, et en état continuel d'être arrêté, et pis, toutes les fois qu'il auroit plu au duc du Maine.

Peu après que le chancelier fut sorti de chez le Roi, Mme de Maintenon, qui y étoit restée, y manda les dames familières, et la musique y arriva à sept heures du soir. Cependant le Roi s'étoit endormi pendant la conversation des dames. Il se réveilla la tête embarrassée, ce qui les effraya et leur fit appeler les médecins. Ils trouvèrent le pouls si mauvais qu'ils ne balancèrent pas à proposer au Roi, qui revenoit cependant de son absence, de ne pas différer à recevoir les sacrements. On envoya querir le P. Tellier, et avertir le cardinal de Rohan, qui étoit chez lui en compagnie, et qui ne songeoit à rien moins, et cependant on renvoya la musique qui avoit déjà préparé ses livres et ses instruments, et les dames familières sortirent.

Le hasard fit que je passai dans ce moment-là la galerie et les antichambres pour aller de chez moi, dans l'aile neuve, dans l'autre aile chez Mme la duchesse d'Orléans, et chez M. le duc d'Orléans après. Je vis même des restes de musique dont je crus le gros entré. Comme j'approchois de l'entrée de la salle des gardes, Pernault, huissier de l'antichambre, vint à moi qui me demanda si je savois ce qui se passoit, et qui me l'apprit. Je trouvai Mme la duchesse d'Orléans au lit, d'un reste de migraine, environnée de dames qui faisoient la conversation, ne pensant à rien moins. Je m'approchai du lit et dis le fait à Mme la duchesse d'Orléans, qui n'en voulut rien croire, et qui m'assura qu'il y avoit actuellement musique, et que le Roi étoit bien ; puis, comme je lui avois parlé bas, elle demanda tout haut aux dames si elles en avoient ouï dire quelque chose. Pas une n'en savoit un mot, et Mme la duchesse d'Orléans demeuroit rassurée. Je lui dis une seconde fois que j'étois sûr de la chose, et qu'il me paroissoit qu'elle valoit bien la peine d'envoyer au moins aux nouvelles, et en attendant de se lever. Elle me crut, et je passai chez M. le duc d'Orléans, que j'avertis aussi, et qui avec raison jugea à propos de demeurer chez lui, puisqu'il n'étoit point mandé.

En un quart d'heure, depuis le renvoi de la musique et des dames, tout fut fait. Le P. Tellier confessa le Roi, tandis que le cardinal de Rohan fut prendre le saint sacrement à la chapelle, et qu'il envoya chercher le curé et les saintes huiles. Deux aumôniers du Roi, mandés par le cardinal, accoururent, et sept ou huit flambeaux portés par des garçons bleus du château, deux laquais de Fagon, et un de Mme de Maintenon. Ce très-petit accompagnement monta chez le Roi par le petit escalier de ses cabinets, à travers desquels le cardinal arriva dans sa chambre. Le P. Tellier, Mme de Maintenon, et une douzaine d'entrées, maîtres ou valets, y reçurent ou y suivirent le saint sacrement. Le cardinal dit deux mots au Roi sur cette grande et dernière action, pendant laquelle le Roi parut très-ferme, mais très-pénétré de ce qu'il faisoit. Dès qu'il eut reçu Notre-Seigneur et les saintes huiles, tout ce qui étoit dans la chambre sortit devant et après le saint sacrement; il n'y demeura que Mme de Maintenon et le chancelier. Tout aussitôt, et cet aussitôt fut un peu étrange, on apporta sur le lit une espèce de livre ou de petite table; le chancelier lui présenta le codicille, à la fin duquel il écrivit quatre ou cinq lignes de sa main, et le rendit après au chancelier.

Le Roi demanda à boire, puis appela le maréchal de Villeroy, qui, avec très-peu des plus marqués, étoit dans la porte de la chambre au cabinet du conseil, et lui parla seul près d'un quart d'heure. Il envoya chercher M. le duc d'Orléans, à qui il parla seul aussi un peu plus qu'il n'avoit fait au maréchal de Villeroy. Il lui témoigna beaucoup d'estime, d'amitié, de confiance; mais ce qui est terrible, avec Jésus-Christ sur les lèvres encore, qu'il venoit de recevoir, il l'assura qu'il ne trouveroit rien dans son testament dont il ne dût être content, puis lui recommanda l'État et la personne du Roi futur. Entre sa communion et l'extrême-onction et cette conversation, il n'y eut pas une demi-heure; il ne pouvoit avoir oublié les étranges dispositions qu'on lui avoit arrachées avec tant de peine, et il venoit de retoucher dans l'entre-deux son codicille si fraîchement fait, qui mettoit le couteau dans la gorge à M. le duc d'Orléans, dont il livroit le manche en plein au duc du Maine. Le rare est que le bruit de ce particulier, le premier que le Roi eût encore eu avec M. le duc d'Orléans, fit courir [1] qu'il venoit d'être déclaré régent.

Dès qu'il se fut retiré, le duc du Maine, qui étoit dans le cabinet, fut appelé. Le Roi lui parla plus d'un quart d'heure, puis fit appeler le comte de Toulouse, qui étoit aussi dans le cabinet, lequel fut un autre quart d'heure en tiers avec le Roi et le duc du Maine. Il n'y avoit que peu de valets des plus nécessaires dans la chambre avec Mme de Maintenon. Elle ne s'approcha point tant que le Roi parla à M. le duc d'Orléans. Pendant tout ce temps-là, les trois bâtardes du Roi, les deux fils de Madame la Duchesse et le prince de Conti avoient eu le temps d'arriver dans le cabinet. Après que le Roi eut fini avec le duc du Maine et le comte de Toulouse, il fit appeler les princes du sang, qu'il avoit aperçus sur la porte du cabinet, dans sa chambre, et ne leur dit que peu de chose ensemble, et point en particulier ni bas. Les médecins s'avancèrent presque en même temps pour panser sa jambe. Les princes sortirent, il ne demeura que le pur nécessaire et Mme de Maintenon. Tandis que tout cela se passoit, le chancelier prit à part M. le duc d'Orléans dans le cabinet du conseil, et lui montra le codicille. Le Roi pansé sut que les princesses étoient dans le cabinet; il les fit appeler, leur dit deux mots tout haut, et, prenant occasion de leurs larmes, les pria de s'en aller, parce qu'il vouloit reposer. Elles sorties avec le peu qui étoit entré, le rideau du lit fut un peu tiré; et Mme de Maintenon passa dans les arrière-cabinets.

Le lundi 26 août la nuit ne fut pas meilleure. Il fut pansé, puis entendit la messe. Il y avoit le pur nécessaire dans la chambre, qui sortit après la messe. Le Roi fit demeurer les cardinaux de Rohan et de Bissy. Mme de

---

1. Saint-Simon avait écrit ici les mots *le bruit*, qu'il a biffés ensuite pour éviter une répétition.

Maintenon resta aussi comme elle demeuroit toujours, et avec elle le maréchal de Villeroy, le P. Tellier et le chancelier. Il appela les deux cardinaux, protesta qu'il mouroit dans la foi et la soumission à l'Église, puis ajouta en les regardant qu'il étoit fâché de laisser les affaires de l'Église en l'état où elles étoient, qu'il y étoit parfaitement ignorant, qu'ils savoient, et qu'il les en attestoit, qu'il n'y avoit rien fait que ce qu'ils avoient voulu, qu'il y avoit fait tout ce qu'ils avoient voulu, que c'étoit donc à eux à répondre devant Dieu pour lui de tout ce qui s'y étoit fait, et du trop ou du trop peu, qu'il protestoit de nouveau qu'il les en chargeoit devant Dieu, et qu'il en avoit la conscience nette, comme un ignorant qui s'étoit abandonné absolument à eux dans toute la suite de l'affaire. Quel affreux coup de tonnerre! Mais les deux cardinaux n'étoient pas pour s'en épouvanter; leur calme étoit à toute épreuve. Leur réponse ne fut que sécurité et louanges; et le Roi à répéter que, dans son ignorance, il avoit cru ne pouvoir mieux faire pour sa conscience que de se laisser conduire en toute confiance par eux, par quoi il étoit déchargé devant Dieu sur eux. Il ajouta que, pour le cardinal de Noailles, Dieu lui étoit témoin qu'il ne le haïssoit point, et qu'il avoit toujours été fâché de ce qu'il avoit cru devoir faire contre lui. A ces dernières paroles Bloin, Fagon, tout baissé et tout courtisan qu'il étoit, et Maréchal, qui étoient en vue et assez près du Roi, se regardèrent, et se demandèrent entre haut et bas si on laisseroit mourir le Roi sans voir son archevêque, sans marquer par là réconciliation et pardon, que c'étoit un scandale nécessaire à lever. Le Roi, qui les entendit, reprit la parole aussitôt, et déclara que non-seulement il ne s'y sentoit point de répugnance, mais qu'il le desiroit.

Ce mot interdit les deux cardinaux bien plus [que] la citation que le Roi venoit de leur faire devant Dieu à sa décharge. Mme de Maintenon en fut effrayée; le P. Tellier en trembla. Un retour de confiance dans le Roi, un autre de générosité et de vérité dans le pasteur, les intimidèrent. Ils redoutèrent les moments où le respect et la crainte fuient si loin devant des considérations plus prégnantes [1]. Le silence régnoit dans ce terrible embarras. Le Roi le rompit par ordonner au chancelier d'envoyer sur-le-champ chercher le cardinal de Noailles, si ces Messieurs, en regardant les cardinaux de Rohan et de Bissy, jugeoient qu'il n'y eût point d'inconvénient. Tous deux se regardèrent, puis s'éloignèrent jusque vers la fenêtre, avec le Tellier, le chancelier et Mme de Maintenon. Tellier cria tout bas, et fut appuyé de Bissy; Mme de Maintenon trouva la chose dangereuse; Rohan, plus doux ou plus politique sur le futur, ne dit rien; le chancelier non plus. La résolution enfin fut de finir la scène comme ils l'avoient commencée et conduite jusqu'alors, en trompant le Roi et se jouant de lui. Ils s'en rapprochèrent, et lui firent entendre avec forces louanges qu'il ne falloit pas exposer la bonne cause au triomphe de ses ennemis, et à ce qu'ils sauroient tirer d'une démarche qui ne partoit que de la bonne volonté du Roi et d'un excès de délicatesse de conscience; qu'ainsi ils approuvoient bien que le cardinal de Noailles eût l'honneur de le voir, mais à condition qu'il accepteroit la constitution, et qu'il en donneroit sa parole. Le Roi, encore en cela, se soumit à leur avis, mais sans raisonner, et dans le moment le chancelier écrivit conformément, et dépêcha au cardinal de Noailles.

Dès que le Roi eut consenti, les deux cardinaux le flattèrent de la grande œuvre qu'il alloit opérer (tant leur frayeur fut grande qu'il ne revînt à le vouloir voir sans condition, dont le piége étoit si misérable et si aisé à découvrir), ou en ramenant le cardinal de Noailles, ou en manifestant par son refus et son opiniâtreté invincible à troubler l'Église, et son ingratitude consommée pour un roi à qui il devoit tout, et qui lui tendoit ses bras mou-

---

1. Voyez ci-dessus, p. 271 et note 1.

rants. Le dernier arriva. Le cardinal de Noailles fut pénétré de douleur de ce dernier comble de l'artifice. Il avoit tort ou raison devant tout parti sur l'affaire de la constitution ; mais quoi qu'il en fût, l'événement de la mort instante du Roi n'opéroit rien sur la vérité de cette matière, ni ne pouvoit opérer, par conséquent, aucun changement d'opinion. Rien de plus touchant que la conjoncture, mais rien de plus étranger à la question, rien aussi de plus odieux que ce piége, qui par rapport au Roi, de l'état duquel ils achevèrent d'abuser si indignement, et par rapport au cardinal de Noailles, qu'ils voulurent brider ou noircir si grossièrement[1]. Ce trait énorme émut tout le public contre eux, avec d'autant plus de violence que l'extrémité du Roi rendit la liberté, que sa terreur avoit si longtemps retenue captive. Mais quand on en sut le détail, et l'apostrophe du Roi aux deux cardinaux, sur le compte qu'ils auroient à rendre pour lui de tout ce qu'il avoit fait sur la constitution, et le détail de ce qui là même s'étoit passé tout de suite sur le cardinal de Noailles, l'indignation générale rompit les digues, et ne se contraignit plus ; personne au contraire qui blâmât le cardinal de Noailles, dont la réponse au chancelier fut en peu de mots un chef-d'œuvre de religion, de douleur et de sagesse.

Ce même lundi 26 août, après que les deux cardinaux furent sortis, le Roi dina dans son lit en présence de ce qui avoit les entrées. Il les fit approcher comme on desservoit, et leur dit ces paroles, qui furent à l'heure même recueillies : « Messieurs, je vous demande pardon du mauvais exemple que je vous ai donné. J'ai bien à vous remercier de la manière dont vous m'avez servi, et de l'attachement et de la fidélité que vous m'avez toujours marquée. Je suis bien fâché de n'avoir pas fait pour vous ce que j'aurois bien voulu faire. Les mauvais temps en sont cause. Je vous demande pour mon petit-fils la même

---

1. Cette phrase est inachevée.

application et la même fidélité que vous avez eue pour moi. C'est un enfant qui pourra essuyer bien des traverses. Que votre exemple en soit un pour tous mes autres sujets. Suivez les ordres que mon neveu vous donnera, il va gouverner le royaume. J'espère qu'il le fera bien ; j'espère aussi que vous contribuerez tous à l'union, et que si quelqu'un s'en écartoit, vous aideriez à le ramener. Je sens que je m'attendris, et que je vous attendris aussi. Je vous en demande pardon. Adieu, Messieurs : je compte que vous vous souviendrez quelquefois de moi. »

Un peu après que tout le monde fut sorti, le Roi demanda le maréchal de Villeroy, et lui dit ces mêmes paroles, qu'il retint bien, et qu'il a depuis rendues : « Monsieur le maréchal, je vous donne une nouvelle marque de mon amitié et de ma confiance en mourant. Je vous fais gouverneur du Dauphin, qui est l'emploi le plus important que je puisse donner. Vous saurez par ce qui est dans mon testament ce que vous aurez à faire à l'égard du duc du Maine. Je ne doute pas que vous ne me serviez après ma mort avec la même fidélité que vous l'avez fait pendant ma vie. J'espère que mon neveu vivra avec vous avec la considération et la confiance qu'il doit avoir pour un homme que j'ai toujours aimé. Adieu, Monsieur le maréchal : j'espère que vous vous souviendrez de moi. »

Le Roi, après quelque intervalle, fit appeler Monsieur le Duc et M. le prince de Conti, qui étoient dans les cabinets ; et sans les faire trop approcher, il leur recommanda l'union desirable entre les princes, et de ne pas suivre les exemples domestiques sur les troubles et les guerres. Il ne leur en dit pas davantage ; puis entendant des femmes dans le cabinet, il comprit bien qui elles étoient, et tout de suite leur manda d'entrer. C'étoit Mme la duchesse de Berry, Madame, Mme la duchesse d'Orléans, et les princesses du sang, qui crioient, et à qui le Roi dit qu'il ne falloit point crier ainsi. Il leur fit des amitiés courtes, distingua Madame, et finit par exhorter

Mme la duchesse d'Orléans et Madame la Duchesse de se raccommoder. Tout cela fut court, et il les congédia. Elles se retirèrent par les cabinets, pleurant et criant fort, ce qui fit croire au dehors, parce que les fenêtres du cabinet étoient ouvertes, que le Roi étoit mort, dont le bruit alla à Paris, et jusque dans les provinces.

Quelque temps après il manda à la duchesse de Ventadour de lui amener le Dauphin. Il le fit approcher et lui dit ces paroles devant Mme de Maintenon et le très-peu des plus intimement privilégiés ou valets nécessaires, qui les recueillirent : « Mon enfant, vous allez être un grand roi; ne m'imitez pas dans le goût que j'ai eu pour les bâtiments, ni dans celui que j'ai eu pour la guerre; tâchez, au contraire, d'avoir la paix avec vos voisins. Rendez à Dieu ce que vous lui devez; reconnoissez les obligations que vous lui avez, faites-le honorer par vos sujets. Suivez toujours les bons conseils, tâchez de soulager vos peuples, ce que je suis assez malheureux pour n'avoir pu faire. N'oubliez point la reconnoissance que vous devez à Mme de Ventadour. Madame (s'adressant à elle), que je l'embrasse; » et en l'embrassant lui dit : « Mon cher enfant, je vous donne ma bénédiction de tout mon cœur. » Comme on eût[1] ôté le petit prince de dessus le lit du Roi, il le redemanda, l'embrassa de nouveau, et, levant les mains et les yeux au ciel, le bénit encore. Ce spectacle fut extrêmement touchant; la duchesse de Ventadour se hâta d'emporter le Dauphin et de le remener dans son appartement.

Après une courte pause, le Roi fit appeler le duc du Maine et le comte de Toulouse, fit sortir tout ce peu qui étoit dans sa chambre et fermer les portes. Ce particulier dura assez longtemps. Les choses remises dans leur ordre accoutumé, quand il eut fait avec eux, il envoya chercher M. le duc d'Orléans, qui étoit chez lui. Il lui parla fort peu de temps, et le rappela comme il sortoit pour lui dire

---

1. Ce verbe est bien au subjonctif.

encore quelque chose, qui fut fort court. Ce fut là qu'il lui ordonna de faire conduire, dès ce qu'il seroit mort, le Roi futur à Vincennes, dont l'air est bon, jusqu'à ce que toutes les cérémonies fussent finies à Versailles et le château bien nettoyé après, avant de le ramener à Versailles, où il destinoit son séjour. Il en avoit apparemment parlé auparavant au duc du Maine et au maréchal de Villeroy, car après que M. le duc d'Orléans fut sorti, il donna ses ordres pour aller meubler Vincennes, et mettre ce lieu en état de recevoir incessamment son successeur. Mme du Maine, qui jusqu'alors n'avoit pas pris la peine de bouger de Sceaux, avec ses compagnies et ses passe-temps, étoit arrivée à Versailles, et fit demander au Roi la permission de le voir un moment après ces ordres donnés. Elle étoit déjà dans l'antichambre : elle entra, et sortit un moment après.

Le mardi 27 août personne n'entra dans la chambre du Roi que le P. Tellier, Mme de Maintenon, et pour la messe seulement le cardinal de Rohan et les deux aumôniers de quartier. Sur les deux heures, il envoya chercher le chancelier, et, seul avec lui et Mme de Maintenon, lui fit ouvrir deux cassettes pleines de papiers, dont il lui fit brûler beaucoup, et lui donna ses ordres pour ce qu'il voulut qu'il fît des autres. Sur les six heures du soir, il manda encore le chancelier. Mme de Maintenon ne sortit point de sa chambre de la journée, et personne n'y entra que les valets, et dans des moments, l'apparition du service le plus indispensable. Sur le soir, il fit appeler le P. Tellier, et presque aussitôt après qu'il lui eut parlé, il envoya chercher Pontchartrain, et lui ordonna d'expédier aussitôt qu'il seroit mort un ordre pour faire porter son cœur dans l'église de la maison professe des jésuites à Paris, et l'y faire placer vis-à-vis celui du Roi son père, et de la même manière.

Peu après, il se souvint que Cavoye, grand maréchal des logis de sa maison, n'avoit jamais fait les logements de la cour à Vincennes, parce qu'il y avoit cinquante ans que la cour n'y avoit été; il indiqua une cassette où on trouveroit le plan de ce château, et ordonna de le prendre et de le porter à Cavoye. Quelque temps après ces ordres donnés, il dit à Mme de Maintenon qu'il avoit toujours ouï dire qu'il étoit difficile de se résoudre à la mort ; que pour lui, qui se trouvoit sur le point de ce moment si redoutable aux hommes, il ne trouvoit pas que cette résolution fût si pénible à prendre. Elle lui répondit qu'elle l'étoit beaucoup quand on avoit de l'attachement aux créatures, de la haine dans le cœur, des restitutions à faire. « Ha ! reprit le Roi, pour des restitutions à faire, je n'en dois à personne comme particulier; mais pour celles que je dois au royaume, j'espère en la miséricorde de Dieu. » La nuit qui suivit fut fort agitée. On lui voyoit à tous moments joindre les mains, et on l'entendoit dire les prières qu'il avoit accoutumées en santé, et se frapper la poitrine au *Confiteor*.

Le mercredi 28 août, il fit le matin une amitié à Mme de Maintenon qui ne lui plut guère, et à laquelle elle ne répondit pas un mot. Il lui dit que ce qui le consoloit de la quitter étoit l'espérance, à l'âge où elle étoit, qu'ils se rejoindroient bientôt. Sur les sept heures du matin, il fit appeler le P. Tellier, et comme il lui parloit de Dieu, il vit dans le miroir de sa cheminée deux garçons de sa chambre assis au pied de son lit qui pleuroient. Il leur dit : « Pourquoi pleurez-vous ? est-ce que vous m'avez cru immortel ? Pour moi, je n'ai point cru l'être, et vous avez dû, à l'âge où je suis, vous préparer à me perdre. »

Une espèce de manant provençal fort grossier apprit l'extrémité du Roi en chemin de Marseille à Paris, et vint ce matin-ci à Versailles, avec un remède, qui, disoit-il, guérissoit la gangrène. Le Roi étoit si mal et les médecins tellement à bout, qu'ils y consentirent sans difficulté, en présence de Mme de Maintenon et du duc du Maine. Fagon voulut dire quelque chose; ce manant, qui se nommoit le Brun, le malmena fort brutalement, dont Fagon, qui avoit accoutumé de malmener les autres et d'en être respecté jusqu'au tremblement, demeura tout abasourdi. On donna donc au Roi dix gouttes de cet élixir dans du vin d'Alicante, sur les onze heures du matin. Quelque temps après il se trouva plus fort, mais le pouls étant retombé et devenu fort mauvais, on lui en présenta une autre prise sur les quatre heures, en lui disant que c'étoit pour le rappeler à la vie. Il répondit en prenant le verre où cela étoit : « A la vie ou à la mort, tout ce qui plaira à Dieu. »

Mme de Maintenon venoit de sortir de chez le Roi, ses coiffes baissées, menée par le maréchal de Villeroy par-devant chez elle, sans y entrer, jusqu'au bas du grand degré, où elle leva ses coiffes. Elle embrassa le maréchal d'un œil fort sec, en lui disant : « Adieu, Monsieur le maréchal; » monta dans un carrosse du Roi qui la servoit toujours, dans lequel Mme de Caylus l'attendoit seule, et s'en alla à Saint-Cyr, suivie de son carrosse où étoient ses femmes. Le soir le duc du Maine fit chez lui une gorge chaude fort plaisante de l'aventure de Fagon avec le Brun. On reviendra ailleurs à parler de sa conduite, et de celle de Mme de Maintenon et du P. Tellier en ces derniers jours de la vie du Roi. Le remède de le Brun fut continué comme il voulut, et il le vit toujours prendre au Roi. Sur un bouillon qu'on lui proposa de prendre, il répondit qu'il ne falloit pas lui parler comme à un autre homme, que ce n'étoit pas un bouillon qu'il lui falloit, mais son confesseur, et il le fit appeler. Un jour qu'il revenoit d'une perte de connoissance, il demanda l'absolution générale de ses péchés au P. Tellier, qui lui demanda s'il souffroit beaucoup. « Eh! non, répondit le Roi, c'est ce qui me fâche, je voudrois souffrir davantage pour l'expiation de mes péchés. »

Le jeudi 29 août, dont la nuit et le jour précédent avoient été si mauvais, l'absence des tenants, qui n'avoient plus à besogner au delà de ce qu'ils avoient fait, laissa l'entrée de la chambre plus libre aux grands officiers, qui en avoient toujours été exclus. Il n'y avoit point

eu de messe la veille, et on ne comptoit plus qu'il y en
eût. Le duc de Charost, capitaine des gardes, qui s'étoit
aussi glissé dans la chambre, le trouva mauvais avec raison, et fit demander au Roi par un des valets familiers,
s'il ne seroit pas bien aise de l'entendre. Le Roi dit qu'il
le desiroit; sur quoi on alla querir les gens et les choses
nécessaires, et on continua les jours suivants. Le matin de
ce jeudi, il parut plus de force et quelque rayon de mieux,
qui fut incontinent grossi et dont le bruit courut de tous
côtés. Le Roi mangea même deux petits biscuits dans un
peu de vin d'Alicante avec une sorte d'appétit. J'allai ce
jour-là, sur les deux heures après midi, chez M. le duc
d'Orléans, dans les appartements duquel la foule étoit au
point depuis huit jours, et à toute heure, qu'exactement
parlant une épingle n'y seroit pas tombée à terre. Je n'y
trouvai qui que ce soit. Dès qu'il me vit, il se mit à rire,
et à me dire que j'étois le premier homme qu'il eût encore
vu chez lui de la journée, qui jusqu'au soir fut entièrement déserte chez lui. Voilà le monde.

Je pris ce temps de loisir pour lui parler de bien des
choses. Ce fut où je reconnus qu'il n'étoit plus le même
pour la convocation des états généraux, et qu'excepté ce
que nous avions arrêté sur les conseils, qui a été expliqué
ici en son temps, il n'y avoit pas pensé depuis, ni à bien
d'autres choses, dont je pris la liberté de lui dire fortement mon avis. Je le trouvai toujours dans la même
résolution de chasser Desmarets et Pontchartrain, mais
d'une mollesse sur le chancelier qui m'engagea à le presser
et à le forcer de s'expliquer. Enfin il m'avoua avec une
honte extrême que M{ᵐᵉ} la duchesse d'Orléans, que le maréchal de Villeroy étoit allé trouver en secret, même de
lui, l'avoit pressé de le voir et de s'accommoder avec lui
sur des choses fort principales auxquelles il vouloit bien
se prêter sous un grand secret, et qui l'embarrasseroient
périlleusement s'il refusoit d'y entrer, s'excusant de s'en
expliquer davantage sur le secret qu'elle avoit promis au
maréchal, et sans lequel il ne se seroit pas ouvert à elle;

qu'après avoir résisté à le voir, il y avoit consenti ; que le maréchal étoit venu chez lui, il y avoit quatre ou cinq jours, en grand mystère, et pour prix de ce qu'il vouloit bien lui apprendre et faire, il lui avoit demandé sa parole de conserver le chancelier dans toutes ses fonctions de chancelier et de garde des sceaux, moyennant la parole qu'il avoit du chancelier, dont il demeuroit garant, de donner sa démission de la charge de secrétaire d'État, dès qu'il l'en feroit rembourser en entier ; qu'après une forte dispute, et la parole donnée pour le chancelier, le maréchal lui avoit dit que M. du Maine étoit surintendant de l'éducation, et lui gouverneur, avec toute autorité ; qu'il lui avoit appris après le codicille et ce qu'il portoit, et que ce que le maréchal vouloit bien faire étoit de n'en point profiter dans toute son étendue ; que cela avoit produit une dispute fort vive sans être convenus de rien quant au maréchal, mais bien quant au chancelier, qui là-dessus l'en avoit remercié dans le cabinet du Roi, confirmé la parole de sa démission de secrétaire d'État aux conditions susdites, et pour marque de reconnoissance lui avoit là même montré le codicille.

J'avoue que je fus outré d'un commencement si foible et si dupe, et que je ne le cachai pas à M. le duc d'Orléans, dont l'embarras avec moi fut extrême. Je lui demandai ce qu'il avoit fait de son discernement, lui qui n'avoit jamais mis de différence entre M. du Maine et Mme la duchesse d'Orléans, dont il m'avoit tant de fois recommandé de me défier et de me cacher, et si souvent répété par rapport à elle que nous étions dans un bois. S'il n'avoit pas vu le jeu joué entre M. du Maine et Mme la duchesse d'Orléans pour lui faire peur par le maréchal de Villeroy, découvrir ce qu'ils auroient à faire, en découvrant comme il prendroit la proposition et la confidence de ce qui n'alloit à rien moins qu'à l'égorger, et n'hasardant[1] rien à tenter de conserver à si bon marché leur

---

1. Voyez tome IV, p. 174, tome V, p. 141, tome VI, p. 17, etc.

créature abandonnée, et l'instrument pernicieux de tout ce qui s'étoit fait contre lui, et dans une place aussi importante dans une régence dont ils prétendoient bien ne lui laisser que l'ombre.

Cette matière se discuta longuement entre nous deux; mais la parole étoit donnée. Il n'avoit pas eu la force de résister; et avec tant d'esprit, il avoit été la dupe de croire faire un bon marché par une démission en remboursant, que le chancelier faisoit bien meilleur en s'assurant du remboursement entier d'une charge qu'il sentoit bien qu'il ne se pouvoit jamais conserver, et qui lui valoit la sûreté de demeurer dans la plus importante place, tandis que le moindre ordre suffisoit pour lui faire rendre les sceaux, l'exiler où on auroit voulu, et lui supprimer une charge qui, comme on l'a vu, ne lui coûtoit plus rien depuis que le Roi lui en avoit rendu ce qu'elle avoit été payée, lui qui sentoit tout ce qu'il méritoit de M. le duc d'Orléans, et qui avec la haine et le mépris de la cour et du militaire, qu'il s'étoit si bien et si justement acquis[1], n'avoit plus de bouclier ni de protection après le Roi, du moment que son testament seroit tacitement cassé, comme lui-même n'en doutoit pas. Aux choses faites, il n'y a plus de remède; mais je conjurai M. le duc d'Orléans d'apprendre de cette funeste leçon à être en garde désormais contre les ennemis de toute espèce, contre la duperie, la facilité, la foiblesse surtout de sentir l'affront et le péril du codicille, s'il en souffroit l'exécution en quoi que ce pût être.

Jamais il ne me put dire à quoi il en étoit là-dessus avec le maréchal de Villeroy. Seulement étoit-il constant qu'il n'avoit été question de rien par rapport au duc du Maine, qui par conséquent se comptoit demeurer maître absolu et indépendant de la maison du Roi civile et militaire, ce qui subsistant, peu importoit de la cascade du maréchal de Villeroy, sinon au maréchal, mais qui faisoit

---

1. *Acquise,* au manuscrit.

du duc du Maine un maire du palais, et de M. le duc d'Orléans un fantôme de régent impuissant et ridicule, et une victime sans cesse sous le couteau du maire du palais. Ce prince, avec tout son génie, n'en avoit pas tant vu. Je le laissai fort pensif et fort repentant d'une si lourde faute. Il reparla si ferme à Mme la duchesse d'Orléans qu'ils eurent peur qu'il ne tînt rien pour avoir trop promis. Le maréchal mandé par elle fila doux, et ne songea qu'à bien serrer ce qu'il avoit saisi, en faisant entendre qu'à son égard il ne disputeroit rien qui pût porter ombrage; mais la mesure de la vie du Roi se serroit de si près qu'il échappa aisément à plus d'éclaircissements, et que par ce qu'il s'étoit passé dans le cabinet du Roi, du chancelier à M. le duc d'Orléans immédiatement, la bécasse demeura bridée à son égard, si j'ose me servir de ce misérable mot.

Le soir fort tard ne répondit pas à l'applaudissement qu'on avoit voulu donner à la journée, pendant laquelle il avoit dit au curé de Versailles, qui avoit profité de la liberté d'entrer, qu'il n'étoit pas question de sa vie, sur [ce] qu'il lui disoit que tout étoit en prières pour la demander, mais de son salut, pour lequel il falloit bien prier. Il lui échappa ce même jour, en donnant des ordres, d'appeler le Dauphin le jeune Roi. Il vit un mouvement dans ce qui étoit autour de lui. « Hé pourquoi ? leur dit-il, cela ne me fait aucune peine. » Il prit sur les huit heures du soir de l'élixir de cet homme de Provence. Sa tête parut embarrassée; il dit lui-même qu'il se sentoit fort mal. Vers onze heures du soir sa jambe fut visitée. La gangrène se trouva dans tout le pied, dans le genou, et la cuisse fort enflée. Il s'évanouit pendant cet examen. Il s'étoit aperçu avec peine de l'absence de Mme de Maintenon, qui ne comptoit plus revenir. Il la demanda plusieurs fois dans la journée; on ne lui put cacher son départ. Il l'envoya chercher à Saint-Cyr; elle revint le soir.

Le vendredi 30 août, la journée fut aussi fâcheuse qu'avoit été la nuit, un grand assoupissement, et dans les intervalles la tête embarrassée. Il prit de temps en temps un peu de gelée et de l'eau pure, ne pouvant plus souffrir le vin. Il n'y eut dans sa chambre que les valets les plus indispensables pour le service, et la médecine, Mme de Maintenon et quelques rares apparitions du P. Tellier, que Bloin ou Maréchal envoyoient chercher. Il se tenoit peu même dans les cabinets, non plus que M. du Maine. Le Roi revenoit aisément à la piété quand Mme de Maintenon ou le P. Tellier trouvoient les moments où sa tête étoit moins embarrassée ; mais ils étoient rares et courts. Sur les cinq heures du soir, Mme de Maintenon passa chez elle, distribua ce qu'elle avoit de meubles dans son appartement à son domestique, et s'en alla à Saint-Cyr pour n'en sortir jamais.

Le samedi 31 août, la nuit et la journée furent détestables. Il n'y eut que de rares et de courts instants de connoissance. La gangrène avoit gagné le genou et toute la cuisse. On lui donna du remède du feu abbé Aignan, que la duchesse du Maine avoit envoyé proposer, qui étoit un excellent remède pour la petite vérole. Les médecins consentoient à tout, parce qu'il n'y avoit plus d'espérance. Vers onze heures du soir on le trouva si mal qu'on lui dit les prières des agonisants. L'appareil le rappela à lui. Il récita des prières d'une voix si forte qu'elle se faisoit entendre à travers celle du grand nombre d'ecclésiastiques et de tout ce qui étoit entré. A la fin des prières, il reconnut le cardinal de Rohan, et lui dit : « Ce sont là les dernières grâces de l'Église. » Ce fut le dernier homme à qui il parla. Il répéta plusieurs fois : *Nunc et in hora mortis*, puis dit : « O mon Dieu, venez à mon aide, hâtez-vous de me secourir. » Ce furent ses dernières paroles. Toute la nuit fut sans connoissance, et une longue agonie, qui finit le dimanche 1er septembre 1715, à huit heures un quart du matin, trois jours avant qu'il eût soixante-dix-sept ans accomplis, dans la soixante-douzième année de son règne.

Il se maria à vingt-deux ans, en signant la fameuse paix des Pyrénées, en 1660. Il en avoit vingt-trois quand la mort délivra la France du cardinal Mazarin; vingt-sept lorsqu'il perdit la Reine sa mère, en 1666. Il devint veuf à quarante-quatre ans en 1683, perdit Monsieur à soixante-trois ans en 1701, et survécut tous ses fils et petits-fils, excepté son successeur, le roi d'Espagne, et les enfants de ce prince. L'Europe ne vit jamais un si long règne, ni la France un roi si âgé.

Par l'ouverture de son corps, qui fut faite par Maréchal, son premier chirurgien, avec l'assistance et les cérémonies accoutumées, on lui trouva toutes les parties si entières, si saines, et tout si parfaitement conformé, qu'on jugea qu'il auroit vécu plus d'un siècle sans les fautes dont il a eté parlé, qui lui mirent la gangrène dans le sang. On lui trouva aussi la capacité de l'estomac et des intestins double au moins des hommes de sa taille, ce qui est fort extraordinaire, et ce qui étoit cause qu'il étoit si grand mangeur et si égal.

FIN DU ONZIÈME VOLUME.

TABLE

DES CHAPITRES DU ONZIÈME VOLUME.

CHAPITRE PREMIER. — M. du Maine, devenu prince du sang, me dit un mot du bonnet, que je laisse tomber. — M. du Maine, sans qu'on pût s'y attendre, s'offre sur l'affaire du bonnet, dont il n'étoit pas question, et à force d'art et d'avance, jette les ducs dans le danger du refus ou de l'acceptation; il répond du Roi, du premier président et du Parlement. — On accepte, et pourquoi, mais malgré soi, les offres du duc du Maine. — M. du Maine répond des princes du sang et de Madame la Princesse. — Merveilles du premier président aux ducs de Noailles et d'Aumont. — Le Roi parle le premier à d'Antin du bonnet; l'échappatoire préparée. — M. du Maine exige un court mémoire au Roi; précautions extrêmes sur ce mémoire. — M. le duc d'Orléans me donne sa parole positive, et Madame la Duchesse aux ducs de la Rochefoucauld, Villeroy et d'Antin, d'être en tout favorables aux ducs sur le bonnet, et la tiennent exactement et parfaitement. — Précédentes avances sur le bonnet à moi et à d'autres ducs froidement reçues, et de plus en plus redoublées par le duc du Maine jusqu'à l'engagement forcé de l'affaire. — Premier président à Marly, tout changé, y reçoit la recommandation de M. le duc d'Orléans et le mémoire du Roi, qui lui parle favorablement. — Éclat du premier président sur le mémoire, contre parole et vérité, de propos délibéré; il fait longtemps le malade. — Premier président visité des ducs de Noailles et d'Antin, leur propose, en équivalent du bonnet, de suivre les présidents entrant et sortant de séance; divers points singulièrement discutés, sans que les deux ducs eussent compté de parler de quoi que ce fût au premier président, lesquels rejettent cette suite et tout équivalent du bonnet. — Inquiétude des présidents; personnage de Maisons, son extraction. — Ruse de Novion qui dévoue Maisons aux présidents. — Dîner engagé chez d'Antin, à Paris, avec le premier président; convives; le Roi y envoie les seigneurs de son service; s'en passe pour la première fois de sa vie; est servi par Souvré, maître de la garde-robe, et cela se répète trois fois, les deux dernières sans repas; simples conférences; tout sans succès. — Premier président manque malhonnêtement au dîner; Maisons s'y trouve; sa conduite; se relie plus que jamais au duc et à la duchesse du Maine, dont il étoit mécontent. 1

Chapitre II. — Duc d'Aumont essaye de me tonneler sur la suite des présidents. — Délais sans fin du premier président; il est mandé à Marly, et pressé par le Roi très-favorablement pour les ducs; sort furieux; impudence de ses plaintes et des propos qu'il faisoit semer; cause de son dépit. — Maisons mène Aligre au duc et à la duchesse du Maine demander grâce pour le Parlement. — Efforts de Maisons à me persuader, et à quelques autres, la suite des présidents. — Le Roi cru de moitié avec le duc du Maine; raisons de [ne] le pas croire; opinion du Roi du duc du Maine. — Profondeurs du duc du Maine. — Embarras du premier président; manéges qui font durer l'affaire. — Noires impostures du premier président au Roi contre les ducs, à qui le Roi les fait rendre aussitôt; éclat sans mesure contre le premier président. — Premier président se plaint au Roi du duc de Tresmes, dont il a peu de contentement. — Affront fait au premier président de Novion par le duc d'Aumont, dans la chambre du Roi, tout près de lui, dont il ne fut rien. — Double embarras du duc du Maine avec le premier président, avec les ducs; engage les ducs, et toujours malgré eux, à une conférence à Sceaux avec la duchesse du Maine seule. — Personnage étrange du duc d'Aumont. — Conférence à Sceaux entre la duchesse du Maine et les ducs de la Force et d'Aumont. — Propositions énormes de la duchesse du Maine. — Monstrueuses paroles de la duchesse du Maine, qui terminent la conférence. — Exactitude du récit de la conférence de Sceaux. — Le duc du Maine introduit Madame la Princesse, dont il avoit nommément répondu, et finit l'affaire du bonnet en le laissant comme il étoit. — Évidence du jeu du duc du Maine. — Je visite le duc du Maine, et lui tiens les plus durs propos. — Réflexion sur le péril de former des monstres de grandeur. — Réflexion sur le bonnet; présidents ne représentent point le Roi au Parlement; les pairs y ont sur eux la droite, etc., tant aux hauts siéges qu'aux bas siéges. — Comparaison du chancelier, qui se découvre au conseil pour prendre l'avis des ducs, et du premier président. — Étrange pension donnée au premier président. 21

Chapitre III. — 1715. — Grillo vient faire au Roi les remercîments de la reine d'Espagne. — Trois cent mille livres de brevet de retenue au duc de Bouillon sur son gouvernement d'Auvergne; trois mille livres de pension à Arpajon; six mille à Celi, intendant à Pau. — Électeur de Bavière à Versailles; électeur de Cologne y prend congé du Roi, et retourne dans ses États. — Mariage du prince héréditaire d'Hesse-Cassel avec la sœur du roi de Suède. — Mort de la princesse d'Isenghien Pot, sans enfants. — Mort et caractère et famille du comte de Grignan; sa dépouille. — Mort et caractère du maréchal de Chamilly; sa dépouille. — Caractère, vie, conduite et mort de Fénelon, archevêque de Cambray. — Menées de Fleury, évêque de Fréjus, pour être précepteur de Louis XV. — Origine de la haine implacable et de la persécution sans bornes ni mesure de Fleury, évêque de Fréjus, depuis cardinal et maître du royaume, contre le P. Quesnel et les jansénistes. — La Parisière, évêque de Nîmes, Zopyre du P. Tellier; son invention ultramontaine; sa misérable mort. — Mort et caractère de l'abbé de Lyonne et d'Henriot, évêque de Boulogne. — Gesvres, archevêque de Bourges, obtient la nomination au cardinalat des deux rois de Pologne, Stanislas et électeur de Saxe. — Languet fait évêque de Soissons, et quelques autres bénéfices donnés. — Mort et caractère de la duchesse de Nevers; infructueuse malice de Monsieur le Prince. 54

Chapitre IV. — Chute de la princesse des Ursins. — Réflexions. — Comtesse douairière d'Altamire camarera-mayor, et le prince de Cellamare grand écuyer de la reine. — Cardinal del Giudice rappelé; Macañas et Orry chassés d'Espagne. — Pompadour remercié, et le duc de Saint-Aignan ambassadeur en Espagne. — Tolède donné à un simple curé. — Mort de la duchesse d'Aveiro et du marquis de Mancera. — Succès de la reine près du roi d'Espagne; sa préférence pour les Italiens. — Mort de la comtesse de Roye à Londres; sa famille. — Mariage du comte de Poitiers avec Mlle de Malause. — Mariage d'Ancezune avec une fille de Torcy; les Caderousses. — Mariage du fils d'O avec une fille de Lassay, et d'Arpajon avec la fille de Montargis. — Statue avortée du maréchal de Montrevel. — Ambassadeur de Perse, plus que douteux, à Paris; son entrée; sa première audience; sa conduite; magnificences étalées devant lui. — Citation à Malte sans effet comme sans cause effective; le grand prieur y va sans avoir pu voir le Roi. — Cent mille francs à Bonrepaus! — La Chapelle, un des premiers commis de la marine tout à Pontchartrain, et sa femme chassés par la jalousie et les artifices de Pontchartrain. — Électeur de Bavière visite à Blois la reine de Pologne, sa belle-mère; fait à Compiègne la noce de sa maîtresse avec le comte d'Albert; prend congé du Roi à Versailles en particulier, et s'en va dans ses États. 74

Chapitre V. — Mort à Rome du cardinal de Bouillon; précis de sa vie; cause et genre de sa mort; son caractère. — Cardinal de Bouillon méprisé et délaissé à Rome. — Imagine pour les cardinaux la distinction de conserver leur calotte sur leur tête parlant au Pape, lesquels lui en donnent le démenti; la rage l'en saisit, et il en crève. — Personnel du cardinal de Bouillon. — Belle et singulière retraite du cardinal Marescotti; quel il fut; sa mort. — Voyage du duc et de la duchesse de Savoie en Sicile; conduite de ce nouveau roi dans sa famille et avec son fils aîné; rare mérite de ce prince, et sa mort, causée par la jalousie et les duretés de son père. — Voysin, comme chancelier, va prendre sa place au Parlement. — Tallart, démis à son fils, ne peut être pair; son fils l'est fait au lieu de lui. — Affaires de Suisse en deux mots; renouvellement très-mal à propos de l'alliance des seuls cantons catholiques avec la France. — Changements en Espagne: Orry, chassé d'Espagne et de la cour en France; Veragua et Frigilliane chefs des conseils de marine et du commerce, et de celui des Indes; Cellamare ambassadeur en France; Chalais et Lanti ont défense de retourner en Espagne; Giudice chef des affaires étrangères et de justice, et gouverneur du prince des Asturies; P. Robinet chassé; P. Daubenton confesseur du roi d'Espagne en sa place; leur caractère. — Flotte et Renaut en liberté; réconciliation de M. le duc d'Orléans avec le roi d'Espagne. — Alonzo Manriquez fait duc del Arco, grand d'Espagne et grand écuyer; son caractère et sa fortune; Valouse premier écuyer. — Montalègre sommelier du corps; sa fortune, son caractère. — Valero vice-roi du Mexique; sa fortune, son caractère. — Princesse des Ursins à Paris; dégoûts qu'elle essuie; je passe huit heures de suite tête à tête avec elle. — Court et triste voyage de la princesse des Ursins à Versailles; elle obtient quarante mille livres de rentes sur la Ville, au lieu de sa pension de vingt mille livres. 94

CHAPITRE VI. — Le comte de Lusace et les princes d'Anhalt et de Darmstadt à la chasse avec le Roi. — Bolingbroke à Paris; sa catastrophe. — Stairs ambassadeur d'Angleterre à Paris; son caractère. — Mariage du fils unique du comte de Matignon, fait duc, avec la fille aînée du prince de Monaco, et ses étranges concessions et conditions. — Cinq cent mille [francs], etc., sur le non-complet des troupes, donnés au chancelier Voysin. — Le Camus, premier président de la cour des aides, prévôt et grand maître des cérémonies de l'ordre. — Mort de la comtesse d'Acigné; du duc de Richelieu; de la princesse d'Harcourt; de Sézanne, dont la Toison est donnée à un de ses neveux. — Mort du docteur Burnet, évêque de Salisbury, et de l'abbé d'Estrades. — Mariage de Castelmoron avec la fille de Fontanieu; d'Heudicourt avec la fille de Surville; du troisième fils du duc de Rohan avec la comtesse de Jarnac; de Cayeux avec la fille de Pompone; de Saint-Sulpice avec la fille du comte d'Estaing. — Éclipse de soleil. — Bout de l'an de M. le duc de Berry; le Roi fait quitter le grand deuil avant le temps à Mme la duchesse de Berry, et la mène jouer dans le salon à Marly; elle en obtient quatre dames pour la suivre: Mmes de Coettenfao, de Brancas, de Clermont, de Pons; Mmes d'Armentières et de Beauvau succèdent peu après aux deux premières. — Mort de Mme de Coettenfao, qui me donne presque tout son bien, que je rends sans y toucher à M. de Coettenfao. — Précaution nouvelle et extraordinaire du parlement de Paris contre les fidéicommis. — Coettenfao m'envoie furtivement pour soixante mille livres de belle vaisselle, qu'il me force après d'accepter. — Dernier voyage du Roi à Marly; la reine d'Angleterre à Plombières; Chamlay, en apoplexie, va à Bourbon. — Effiat à Marly; crayon de ce personnage; étrange trait de lui avec moi. — Mme de Nassau à la Bastille. — Maladie de Mme la duchesse d'Orléans, dont on tâche de profiter. — Paris ouverts en Angleterre sur la mort prochaine du Roi, qui par hasard les voit dans une gazette d'Hollande. — Prince de Dombes visité par les ambassadeurs comme les princes du sang; adresse là-dessus du duc du Maine; il obtient la qualité et le titre de prince du sang pour lui et sa postérité, et pour son frère, par une nouvelle et très-précise déclaration du Roi, incontinent enregistrée au Parlement. — Sainte-Maure conserve les livrées et les voitures de M. le duc de Berry. — Prince électoral de Saxe prend congé du Roi dans son cabinet à Marly; Mme de Maintenon lui fait les honneurs de Saint-Cyr. — Mort de du Casse; sa fortune, son caractère. [— Mort de Nesmond, évêque de Bayeux.]. 118

CHAPITRE VII. — Mort du cardinal Sala; son extraction, sa fortune, son caractère. — Bissy cardinal; extraction des Bissy. — Trois autres cardinaux italiens. — Extraction, caractère et fortune de Massei. — Mœurs et caractère du nonce Bentivoglio. — Jésuites obtiennent un arrêt qui rend leurs religieux renvoyés par leurs supérieurs capables de revenir à partage dans leurs familles jusqu'à l'âge de trente-trois ans. — Majorque, etc., soumis au roi d'Espagne par le chevalier d'Hasfeld, qui en a la Toison; prostitution inouïe des Toisons; Rubi, chef de la révolte de Catalogne; quel. — Premier président marie sa seconde fille au fils d'Ambres; succès de ce mariage; quelles étoient les deux filles du premier président. — Mariage du duc de la Rocheguyon avec Mlle de Toiras. — Cellamare, ambassadeur d'Espagne, arrive à Paris, puis à Marly, où il s'établit; petitesse du Roi sur [Courtenvaux]. — Boulainvilliers; quel il étoit; son caractère; ses prédictions vraies et fausses. — Voysin obtient six cent mille [livres] de gratification sur le non-complet des troupes. — Le Roi veut aller faire enregistrer la constitution en lit de justice sans modification; curieux entretien là-dessus par ses suites entre M. le duc d'Orléans et moi, mais sans effet, parce que le Roi ne put aller au Parlement. — Mort et caractère de Chauvelin, avocat général; sa dépouille. — Sédition des troupes sur le pain. — Belle fin et mort du maréchal Rosen. — Duc d'Ormond se sauve d'Angleterre en France. — Princesse des Ursins prend congé du Roi à Marly, où je la vois pour la dernière fois. — Incertitude de la princesse des Ursins où fixer sa demeure; elle se hâte de gagner Lyon, puis Chambéry; s'établit à Gênes, enfin à Rome; sa vie à Rome jusqu'à sa mort. 142

CHAPITRE VIII. — Nécessité d'interrompre un peu le reste si court de la vie du Roi. — Première partie du caractère de M. le duc d'Orléans. — Débonnaireté et son histoire. — Malheur de l'éducation et de la jeunesse de M. le duc d'Orléans. — Folie de l'abbé du Bois, qui le perd auprès du Roi pour toujours. — Caractère de l'abbé, depuis cardinal, du Bois. — Seconde partie du caractère de M. le duc d'Orléans. — M. le duc d'Orléans excellemment peint par Madame. — Aventure du faux marquis de Ruffec. — Quel étoit M. le duc d'Orléans sur la religion. — Caractère de Mme la duchesse d'Orléans. — Saint-Pierre et sa femme ; leur caractère. — Duchesse Sforze ; courte disgression sur les Sforzes. — Caractère de la duchesse de Sforze. 164

CHAPITRE IX. — Vie ordinaire de M. et de Mme la duchesse d'Orléans. — Caractère de Mme la duchesse de Berry. — Caractère de la Mouchy et de son mari. — Caractère de Madame. — Embarras domestiques de M. le duc d'Orléans. — Singulier manége du maréchal de Villeroy avec moi. — Caractère du maréchal de Villeroy. 195

CHAPITRE X. — Quels, à l'égard de M. le duc d'Orléans, étoient le maréchal de Villeroy, Tallart, le cardinal et le prince de Rohan, la duchesse de Ventadour, Vaudemont, ses nièces, Harcourt, Tresmes, le duc de Villeroy, Liancourt, la Rochefoucauld, Charost, Antin, Guiche, Aumont, le premier écuyer, Monsieur de Metz, Huxelles, le maréchal et l'abbé d'Estrées, les ministres, les secrétaires d'État, le P. Tellier. — Inquiétude et manége du P. Tellier avec moi. — Caractère du duc de Noailles. — Inquiétude du duc de Noailles sur les desseins de M. le duc d'Orléans. — Contade ; sa fortune, son caractère. — Liaison du duc de Noailles et de Maisons. — Caractère de Canillac. — Liaison du duc de Noailles avec Canillac par Maisons. — Noailles et l'abbé du Bois anciennement liés. — Liaison de Noailles et d'Effiat. — Extraction et caractère d'Effiat ; ses liaisons. — Effiat bien traité du Roi ; fort considéré de M. le duc d'Orléans. — Noailles raccroche Longepierre, lequel s'abandonne après à l'abbé du Bois. 221

CHAPITRE XI. — Réflexions sur le gouvernement présent et sur celui à établir. — Je propose à M. le duc d'Orléans les divers conseils et l'ordre à y tenir. — L'établissement des conseils résolu ; discussion de leurs chefs. — Marine. — Finances et guerre. — Affaires ecclésiastiques et feuille des bénéfices. — Constitution. — Jésuites. — P. Tellier. — Rome et le nonce. — Évêques et leur assemblée. — Commerce du clergé de France à Rome, et à Paris avec le nonce. — Affaires étrangères. — Affaires du dedans du royaume. — Je m'excuse de me choisir une place, et je refuse obstinément l'administration des finances. — État forcé des finances ; banqueroute préférable à tout autre parti. — Je persiste au refus des finances, malgré le chagrin plus que marqué de M. le duc d'Orléans. — Je propose le duc de

Noailles; résistance et débat là-dessus; M. le duc d'Orléans y consent à la fin. — Je suis destiné au conseil de régence. 241

Chapitre XII. — Précautions que je suggère à M. le duc d'Orléans. — Résolution que je propose à M. le duc d'Orléans sur l'éducation du Roi futur. — Je lui propose le duc de Charost pour gouverneur du Roi futur, et Nesmond, archevêque d'Alby, pour précepteur. — Discussion entre M. le duc d'Orléans et moi sur le choix des membres du conseil de régence et l'exclusion des gens à écarter. — Villeroy à conserver, Voysin à chasser, et donner les sceaux au bonhomme Daguesseau. — Torcy. — Desmarets et Pontchartrain à chasser. — Je sauve la Vrillière à grand'peine, et lui procure une place principale et unique. — Discussion de la mécanique et de la composition du conseil de régence. — Je propose à M. le duc d'Orléans de convoquer aussitôt après la mort du Roi les états généraux, qui sont sans danger, utiles sur les finances, avantageux à M. le duc d'Orléans. — Grand parti à tirer délicatement des états généraux sur les renonciations. — Rien de répréhensible par rapport au Roi dans la conduite proposée à M. le duc d'Orléans, par rapport à la tenue des états généraux. — Usage possible à faire des états généraux à l'égard du duc du Maine. — Mécanique à observer. 282

Chapitre XIII. — Discussion entre M. le duc d'Orléans et moi sur la manière d'établir et de déclarer sa régence. — Aveu célèbre du Parlement, par la bouche du premier président de la Vacquerie y séant, de l'entière incompétence de cette Compagnie de toute matière d'État et de gouvernement. — Deux uniques et modernes exemples de régences faites au Parlement; causes de cette nouveauté. — Raisons de se passer du Parlement pour la régence, comme toujours avant ces deux derniers exemples. — Observation à l'occasion de la majorité de Charles IX et de l'interprétation de l'âge de la majorité des rois. — Mesures et conduite à tenir pour prendre la régence. — Conduite à tenir sur les dispositions du Roi indifférentes, et sur le traitement à faire à Mme de Maintenon. — Prévoyances à avoir. — Foiblesse de M. le duc d'Orléans à l'égard du Parlement. — État et caractère de Nocé. 316

Chapitre XIV. — Survivances, brevets de retenue, et charges à rembourser; raisons et moyen de le faire, et multiplication de récompenses à procurer. — Taxe proposée n'a rien de contraire à la convocation des états généraux, qui lui est favorable; autres remboursements peu à peu dans la suite. — Nulle grâce expectative; remplir subitement les vacances. — Réparations des chemins par les troupes. — Détails avec mesure; défiance, tracasseries. — Extérieur du Roi à imiter, et fort utile, et conduite personnelle. 336

Chapitre XV. — Ondes de la cour. — Agitation du duc de Noailles. —

Curiosité très-embarrassante de Mme la duchesse d'Orléans. — Maisons me fait une proposition énorme et folle, et ne se rebute point de la vouloir persuader à M. le duc d'Orléans et à moi. — Réflexions sur le but de Maisons. — Rare impiété et fin de Maisons et de sa famille. 355

CHAPITRE XVI. — Le duc de Noailles apprend enfin sa destination; folles propositions qu'il me fait. — M. le duc d'Orléans ne peut se résoudre à ne pas passer par le Parlement pour sa régence, et se dégoûte du projet d'assembler les états généraux. — Mme la duchesse d'Orléans, en crainte des pairs pour la première séance au Parlement après le Roi sur les bâtards, a recours à moi; je la rassure, et pourquoi, en lui déclarant que si les princes du sang les attaquent, en quelque temps que ce soit, les pairs les attaqueront à l'instant. — Prise du Roi avec le procureur général sur l'enregistrement pur et simple de la constitution. — Dernier retour de Marly. — Espèce de journal du Roi jusqu'à sa fin. — Audience de congé de l'ambassadeur de Perse. — Détail de la santé du Roi et des causes de sa mort. — Magnifique entrée à Paris du comte de Ribeira, ambassadeur de Portugal. — J'obtiens de M. le duc d'Orléans qu'il continuera à Chamillart sa pension de soixante mille livres, et la permission de le lui mander. — Le duc de Noailles, seul d'abord, puis aidé du procureur général, me propose l'expulsion radicale des jésuites hors du royaume. — Retour de Mme de Saint-Simon des eaux de Forges à Versailles. — Dames familières. — Duc du Maine chargé de voir la gendarmerie pour, au nom et avec l'autorité du Roi, qui l'avoit fait venir et n'en put faire la revue; mon avis là-dessus à M. le duc d'Orléans. — Je me joue de Pontchartrain. — Je méprise Desmarets. — Le Roi, hors d'état de s'habiller, veut choisir le premier habit qu'il prendra; courte réflexion. 376

CHAPITRE XVII. — Misère des ducs. — Duc et duchesse du Maine excitent avec plein succès les gens de qualité et soi-disant tels contre les ducs. — Abomination du duc de Noailles; il me propose de le faire faire premier ministre. — Proposition du duc de Noailles d'une nouveauté qu'il soutient contre toutes mes raisons. — Le duc de Noailles m'impute la proposition que j'avois si puissamment combattue, et soulève tout contre moi. — Étrange embarras de Noailles avec la duchesse de Saint-Simon. — J'apprends la scélératesse de Noailles. — Monstrueuse ingratitude de Noailles; son affreux et profond projet. — Courte réflexion. — J'éclate sans mesure contre Noailles, qui plie les épaules et suit sa pointe parmi la noblesse, et cabale des ducs contre moi. — Je me raccommode avec le duc de Luxembourg; son caractère. — Suites de l'éclat. — Bassesse et désespoir de Noailles; sa conduite à mon égard, et la mienne au sien. — Noailles n'oublie rien, mais inutilement, pour me fléchir. — Noailles, depuis la mort de M. le duc d'Orléans, aussi infatigable, et inutilement, à m'adoucir;

leur desir extrême [1] du raccommodement fait enfin le mariage de mon fils aîné. — Raccommodement entre Noailles et moi, et ses légères suites. 404

Chapitre XVIII. — Reprise du journal des derniers jours du Roi; Il refuse de nommer aux bénéfices vacants. — Mécanique de l'appartement du Roi pendant sa dernière maladie. — Extrémité du Roi. — Le Roi reçoit les derniers sacrements. — Le Roi achève son codicille; parle à M. le duc d'Orléans. — Scélératesse des chefs de la constitution. — Adieux du Roi. — Le Roi ordonne que son successeur aille à Vincennes, et revienne demeurer à Versailles. — Le Roi brûle des papiers, ordonne que son cœur soit porté à Paris, aux Jésuites; sa présence d'esprit et ses dispositions. — Le Brun, Provençal, malmène Fagon, et donne de son élixir au Roi; duc du Maine. — Mme de Maintenon se retire à Saint-Cyr. — Charost fait réparer la négligence de la messe. — Rayon de mieux du Roi; solitude entière chez M. le duc d'Orléans. — Misère de M. le duc d'Orléans; il change sur les états généraux et sur l'expulsion du chancelier. — Le Roi, fort mal, fait revenir Mme de Maintenon de Saint-Cyr. — Dernières paroles du Roi; sa mort. 437

1. Le désir extrême des Noailles.

FIN DE LA TABLE DES CHAPITRES DU ONZIÈME VOLUME

www.ingramcontent.com/pod-product-compliance
Lightning Source LLC
Chambersburg PA
CBHW060517230426
43665CB00013B/1555